U0583871

中国传统学术史概论

尹玉珊　编著

社会科学文献出版社
SOCIAL SCIENCES ACADEMIC PRESS (CHINA)

目　录

下　编

绪言：中国传统学术史的前世今生

学术是知识活动的高层产物，知识活动的专门化使其持有者的抽象思维水平日益提高、见解日益系统化，并通过思辨、传习和文字记载来表达或保存这些系统性的见解，从而形成了早期的学术。学术的发展有着明显的持续性，这是由于学术系统内充满理性认识因素，可以使积极的学术继承与认识的革新有机结合起来。学术在持续发展过程中积累了丰富的遗产，清理和评价这一中国古代文化财富中最为睿智的组成部分，是学术史研究的要务。

中国传统学术的历史可上溯到经典时代，距今约3000年。中国学术史的论文，最早出现于战国后期，距今已有2000多年。《庄子·天下》篇或许是中国最早的一篇“学术史”，然后才是《荀子·非十二子》、《韩非子·显学》和《易传》，汉代有司马谈的《论六家要指》和《汉书·艺文志》的《六艺略》《诸子略》等。据传世文献看，系统、全面的学术史专著始于赵宋，盛于明、清两朝。

赵宋的系统学术史专著，以理学的脉络最为清晰，其中特以濂、关、洛、闽之学为主，以朱熹的《伊洛渊源录》与李心传的《道命录》为开端，这类学术史的撰写贯穿了有明一代并延至清初。直到黄宗羲《明儒学案》与《宋元学案》的出现，才开启了学术史著作会异同、戒门户的新阶段。有清一代，不仅学分汉、宋，并且分南北、划地域，所以学术史的写作也是异彩纷呈，虽各有特点，但少见会同之作。

清末民初以后的学术史研究，内涵稍有转化。一是所谓国学研究，力图继续从中国人文传统自身发展的内在理路来述说中国学术的发展；二是引进了西方的学科概念，有了文学、史学、哲学等学科之分，出现了学科发展史（如文学史、史学史、哲学史）的研究，在形式上和方法上借助西方学术来剪裁和处理中国学术。在中国学术界内部，双方曾经有过争论和较劲，在西学处于强势文化的近百年，后者便成了主流选择。但对中国学术史特殊性的强调，在中国仍有相当强的生命力。

梁启超是近代最早身体力行地开展学术史研究的学者，他于1902年发表的《论中国学术思想变迁之大势》，关注哲学与思想，相当于一部简明的中国学术思想史。他的《清代学术概论》（1920年）和《中国近三百年学术史》（1926年）给我们展示了更为清晰的学术史路径。《清代学术概论》讨论的主要是清代经史之学，兼及其他。但在《中国近三百年学术史》中，则是以学科为中心讨论理学、史学、经学、小学、音韵学、考据学及科学方面的学者及其成就。之后钱穆的《中国近三百年学术史》（1937年），完全以人物为中心，内容是经、史、子、集的范围。此类断代性质的学术史著作还有唐晏的《两汉三国学案》、吕思勉的《理学纲要》、罗振玉的《本朝学术源流概略》、刘汝霖《汉晋学术编年》《东晋南北朝学术编年》、钱穆的《先秦诸子系年》与顾颉刚的《汉代学术史略》等。通史性质的学术史著作包括刘师培的《经学教科书》、章太炎的《国学概论》、孙其敏的《中国学术思想史》、马宗霍的《中国经学史》、钱穆的《国学概论》《中国学术通义》、杨东莼《中国学术史讲话》、蔡尚思的《中国学术大纲》、林尹《中国学术思想大纲》与王伯祥《中国学术思想演进史》等。对中国传统学术做较为全面研究的，仅后七部。

当代的中国传统学术史著作层出不穷，由于西方学科分类的影响，学术史与思想史、哲学史的学科范围有交叉，因此很多思想史、哲学史的著作其实也是学术史的组成部分。又加上学科专精的要求，各类分年代、分学派的学术史专著大量涌现，无法一一梳理。仅以通代的、综合的且题名“学术史”的著作来考察，有林其彦《中国学术思想史》（1994年，台北）、卢钟锋《中国传统学术史》（1998年，叙述内容主要限于历代学术总结性作品，相当于“学术史”之“史”）、雷绍锋《中国学术流变史》（2000年）、李学勤《中国学术史》二卷本（2001年）、巩本栋《中国学术与中国思想史》（2002年）、冯天瑜等《中国学术流变》（2003年）、张立文等《中国学术通史》三卷本（2004年）、关长龙《中国学术史述论》（2004年）、张岂之《中国学术思想编年》六卷本（2005年）、廖明春

《中国学术史新证》（2005 年）、张国刚、乔治忠《中国学术史》（2006 年）、尹继佐等《中国学术思潮史》八卷本（2006 年）、步近智、张安奇《中国学术思想史稿》（2007 年）、周山《中国学术思潮史纲》（2008 年）等。近十年内仅有三部重要专著，且都偏重“思想”，曹聚仁《中国学术思想史随笔》（2012 年）为随笔性质，虽内容丰富但不成体系；蒋广学《中国学术思想史纲要》（2014 年）为分专题的述评；邝士元《中国学术思想史》（2014 年）既依时代又分专题，先秦学术重在比较，其后学术仅重经学、佛学、哲学与史学等门类，编排稍嫌杂乱。

本书既借鉴中国传统学术史以研究学者（人）、学术流派（学案）和学术著作（书）为主的著作方式，并且注意吸纳学界对于专人、专论和专书的最新研究成果；又汲取学科分类方法，关注的学术成果涵盖了政治学、社会学、史学、哲学、文学、宗教与文献学，甚至天文、地理、数学与科学技术等门类。既避免了新、旧观点的冲突，又综合了两者的优势。最为突出的是，著者倚靠自己的治学优势，新增了很多以前学术史（思想史、哲学史）著作忽视的学者及其学术成果，更加全面地梳理了中国传统学术的概况，把握学术承传的源流，分门别类地揭示了中国传统学术的发展脉络。

本书分为上、下两编，上编包括先秦学术史概论、秦汉学术史概论、三国两晋学术史概论、南北朝学术史概论、隋唐五代学术史概论，下编包括宋代学术史概论、辽金元学术史概论、明代学术史概论与清代学术史概论，共九大时段。每个时段依据经学、史学、玄学、佛学等门类分别阐述，根据各时段学术发展特点，侧重不同，在厘清学术发展脉络的同时，尽量做到重点突出、特征鲜明。

本书选择学者的主要条件有二：一是具有原创性和强烈的学术个性，二是其学术成就一般具有时代意义。评述学者的学术成就时，以勾勒其最具影响力的学术成就为主，兼顾其生平事迹介绍和著作评介；以述为主，以论为辅；既注重阐述其学术成就的渊源和内在理路，又关注其与社会的互动、对时代的影响及其后续延传，从而达到“述学”的目的。

上　编

第一章
先秦学术史概论

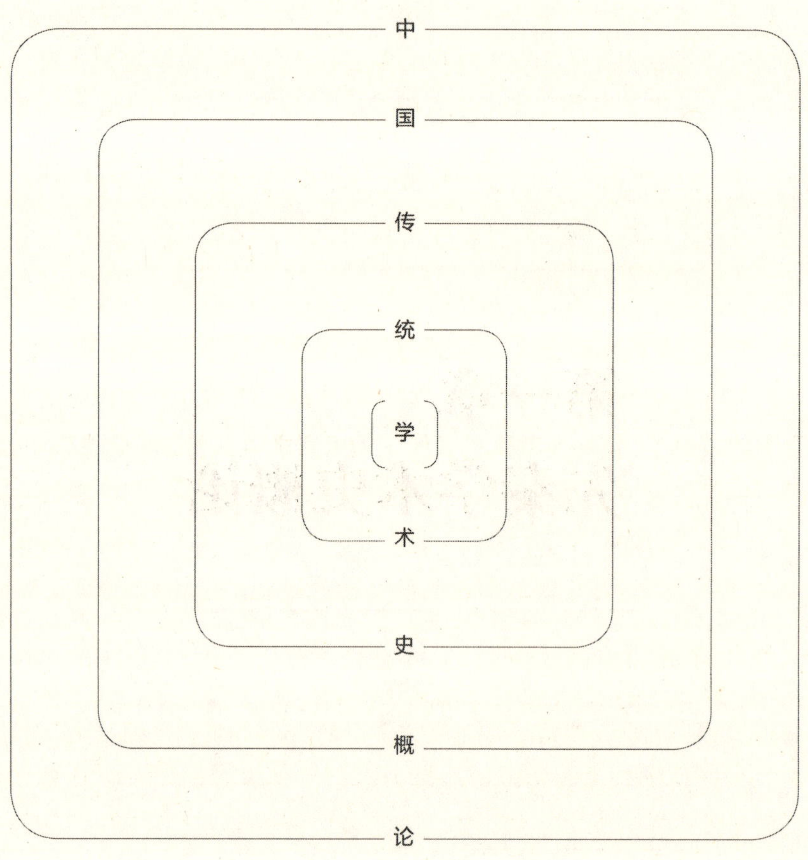
中
国
传
统
学
术
史
概
论

总论："六经"的初生与子学的长育

先秦学术思想与先秦社会平行发展，周初建立的天命神学思想体系与宗族国家的形成相对应。经历春秋时期的社会变革，宗族国家瓦解，思想学术领域出现庄子所谓"道术将为天下裂"（《庄子·天下》）的现象。此时期是先秦学术繁盛期，表现为"六经"的初生与"百家争鸣"的诸子学说的长育。

一　"六经"的初生

"经"是对具有普遍性、恒常性价值的重要典籍的特称。春秋战国时期，思想界、学术界等社会各界，都在强烈地呼唤创立作为价值信仰、思想依据的"经"。儒家学者从"三代"的王官之学及相关文献档案中收集、整理"六经"文本，将西周贵族教育的礼、乐、射、御、书、数的"六艺之学"，发展为儒家士人教育的《诗》《书》《礼》《乐》《易》《春秋》的"六经之学"，将原属于贵族的技能素质教育发展为士人的经典文化教育。

二　子学的长育

诸子百家之学，即诸子学。诸子学说的特点可谓同宗而异流，各家重发明、多创见，形成诸多流派；诸子各家学说观点鲜明，虽有显、隐之别，但无贵贱尊卑之分，不妥协，有交锋，有辩驳，即所谓"不相为谋"（杂家除外）。

（一）先秦诸子的渊源

先秦诸子所尊之"宗"，目前学界意见大致有以下数种：

1. 诸子出于王官说

此说，刘向、刘歆《七略》首倡。其后为班固（《汉书·艺文志》）所本，章太炎力主其说。章太炎谓："九流皆出王官，及其发舒，王官所弗能与；官人守要，而九流究宣其义。”（《诸子学略说》）此观点为“信古”派所认同。

2. 起于救时之弊说

此说，《淮南子·要略》首倡。学者认为，此从诸子学说兴起之因的角度阐述，与“出于王官”说并不矛盾。

3. 诸子不出于王官说

此说，胡适首倡。胡适认为：“诸子之学皆春秋战国之时势世变所产生，其一家之兴，无非应时而起。”（《诸子不出王官论》）此观点主要为“疑古”派所认同。

4. 诸子出于职业说

此说，傅斯年首倡。傅斯年认为：“百家之说皆由于才智之士在一个特殊的地域当一个特殊的时代凭借一种特殊的职业而生。”（《战国子家叙论》）此说为胡适所认可。而后冯友兰落实为：“儒家出于文士，墨家出于武士，换言之，即儒家出于儒，墨家出于侠。”“道家之学，即出于隐士。”“阴阳家者流，出于方士；名家者流，出于辩士；法家者流，出于法术之士。”（《三松堂学术文集》）发展推广而集大成。“释古”派，既不怀疑也不迷信，重视探寻“因”。

5. 诸子的“远宗”与“近亲”

诸子同宗而异流，这是学界共识。但《汉志》中的“九流十家”产生却有早晚，因此各“流”与“宗”的关系并不一样，需要认真辨析。从流派形成时代来看，道家最早，其次儒家，然后才是其他诸家。即便十家同宗，但道、儒两家因为产生较早，又加之两家思想既有突出个性，又具有宽厚的包容胸怀，因此它们可看作其他诸家的“近亲”。

首先，道、儒两家的突出个性，表现在处理人与社会关系上鲜明的分歧，一强调入世，一强调出世，其他诸子的思想都没有突破这两家的路径，或在出世之途中发展，或在入世之途中发展。也就是说先秦诸子关于人生与社会的关系，不外乎出、入两端间抉择、衡量或调和，而道、儒开其端。

其次，道、儒之外各流派的代表人物几乎都与道、儒两家有关系。比如，墨子最初学儒，后因不满于儒家之“蔽”而另起炉灶。他的节葬、重俭等思想固然与儒家厚葬与用文相矛盾，但其兼爱、非攻实则源于儒家之仁爱、王道。法家之李斯、韩非子曾师从荀子，而兵家吴起也曾从学于曾子。

再次，诸家思想与道、儒的接近。名家和形名家（或曰刑名家，谭戒甫主张两家当区别）的名实之辨，或为孔子主张的发展；墨家的尚俭与老子的守素抱朴、墨家的非攻与老子的厌兵；兵家的“贵静”与老子的贵虚贵静等。这些都说明，道、儒两家学术的包容性，可视为诸家学术诞生的温床。

最后，先秦诸家流派以学人为代表，并无学派划分之名称，最早的“学科名称”可追溯到孔门“四科”，其他诸学派人物的发展均可看作在“四科”基础上的突出与壮大。也就是说，诸子的流派似乎是在德行、言语、政事与文学基础上的“扩充”。比如，言语的榜样宰我、子贡身上透出的就是纵横家与名辩家的气质，德行的榜样颜渊、闵子骞、冉伯牛与仲弓具有儒、道两家的含混气质，政事的榜样季路则体现出墨家的献身精神，文学的榜样子游、子夏则是后世教书育人的儒家典型。

那个曾经向孔子问稼的樊迟身上，谁说不能有农家者流的萌芽？而那个想在春天里优游歌咏的曾点，又何尝没有道家的浪漫风范呢？虽然孔子不语怪力乱神，但他对此并不否认，既言“子不语”，就已说明有对此好奇的弟子，那么阴阳、方术之家是否也能从此汲取营养而壮大呢？当然，道家应该是阴阳、方术家更为丰厚的土壤。老子思想在汉初与黄帝结合，在魏晋转而与庄子结合。儒家思想适应于董仲舒的改造，这些一方面源于荀、庄等人所批评的后继者的“辟”与“俗”，另一方面也说明其思想通融的一面。名家的惠施是庄子的辩敌兼好友，身为儒者与孔门后人的孔穿欲从学于名辩的公孙龙，说明公孙龙身上有为儒家所取的营养，而公孙龙的兼爱与偃兵思想也正为汲取儒家仁义王道营养的成果。

（二）先秦诸子的派别

古书中较详细谈论诸子派别的先秦著述有《庄子·天下》《荀子·非十二子》与《韩非子·显学》，汉人著述有《淮南子·要略》、司马谈《论六家要指》《汉书·艺文志》，以及北齐刘昼的《刘子·九流》（书名又作《刘子新论》)。

《庄子·天下》篇论及六派：墨翟、禽滑釐；宋钘、尹文；彭蒙、田骈、慎到；关尹、老聃；庄周；惠施、桓团、公孙龙。

《荀子·非十二子》篇也分六派：它嚣、魏牟；陈仲、史鳝；墨翟、宋钘；慎到、田骈；惠施、邓析；子思、孟轲。

《韩非子·显学》：孔子、漆雕氏；墨子；宋荣子。

《淮南子·要略》：孔子；墨子；管子；晏子（纵横家）；申子（刑名家）；商鞅。

司马谈《论六家要指》中分为：阴阳、儒、墨、名、法、道德六家。

《汉书·艺文志》增加了纵横、杂、农、小说，为诸子十家，去除小说家，谓之九流。

吕思勉《先秦学术概论》根据《七略》在诸子略之外又有兵书、数术、方技三略，并数术入阴阳，并方技入医家，兵书单独一列，因此以十二家论先秦学术：阴阳、儒、墨、名、法、道德、纵横、杂、农、小说、兵、医。(案：小说、医不在本书讲述范围。)

（三）早期文献对先秦诸子的概述

1.《庄子·天下》

天下大乱，贤圣不明，道德不一，天下多得一察焉以自好。譬如耳目鼻口，皆有所明，不能相通。犹百家众技也，皆有所长，时有所用。虽然，不赅不遍，一曲之士也。判天地之美，析万物之理，察古人之全，寡能备于天地之美，称神明之容。是故内圣外王之道，暗而不明，郁而不发，天下之人各为其所欲焉以自为方。悲夫，百家往而不反，必不合矣！后世之学者，不幸不见天地之纯，古人之大体，道术将为天下裂。

2.《荀子·非十二子》

一天下，财万物，长养人民，兼利天下，通达之属，莫不从服，六说者立息，十二子者迁化，则圣人之得势者，舜禹是也。

3.《荀子·解蔽》

墨子蔽于用而不知文，宋子蔽于欲而不知得，慎子蔽于法而不知贤，申子蔽于势而不知知，惠子蔽于辞而不知实，庄子蔽于天而不知人。故由用谓之道，尽利矣；由欲谓之道，尽嗛矣；由法谓之道，尽数矣；由势谓之道，尽便矣；由辞谓之道，尽论矣；由天谓之道，尽因矣：此数具者，皆道之一隅也。夫道者，体常而尽变。一隅不足以举之。曲知之人，观于道之一隅而未之能识也，故以为足而饰之，内以自乱，外以惑人，上以蔽下，下以蔽上，此蔽塞之祸也。孔子仁知且不蔽，故学乱术，足以为先王者也。一家得周道，举而用之，不蔽于成积也。故德与周公齐，名与三王并，此不蔽之福也。

4.《韩非子·显学》

世之显学，儒、墨也。儒之所至，孔丘也。墨之所至，墨翟也。自孔子之死也，有子张之儒，有子思之儒，有颜氏之儒，有孟氏之儒，有漆雕氏之儒，有仲良氏之儒，有孙氏之儒，有乐正氏之儒。自墨子之死也，有相里氏之墨，有相夫氏之墨，有邓陵氏之墨。故孔、墨之后，儒分为八，墨离为三，取舍相反不同，而皆自谓真孔、墨，孔、墨不可复生，将谁使定世之学乎？孔子、墨子俱道尧、舜，而取舍不同，皆自谓真尧、舜，尧、舜不复生，将谁使定儒、墨之诚乎？殷、周七百余岁，虞、夏二千余岁，而不能定儒、墨之真，今乃欲审尧、舜之道于三千岁之前，意者其不可必乎！无参验而必之者，愚也；弗能必而据之者，诬也。故明据先王，必定尧、舜者，非愚则诬也。愚诬之学，杂反之行，明主弗受也。

墨者之葬也，冬日冬服，夏日夏服，桐棺三寸，服丧三月。世主以为俭而礼之。儒者破家而葬，服丧三年，大毁扶杖，世主以为孝而礼之。夫是墨子之俭，将非孔子之侈也；是孔子之孝，将非墨子之戾也。今孝戾侈俭俱在儒、墨，而上兼礼之。

漆雕之议，不色挠，不目逃，行曲则违于臧获，行直则怒于诸侯，世主以为廉而礼之。宋荣子之议，设不斗争，取不随仇，不羞囹圄，见侮不辱，世主以为宽而礼之。夫是漆雕之廉，将非宋荣之恕也；是宋荣之宽，将非漆雕之暴也。今宽廉恕暴俱在二子，人主兼而礼之。自愚诬之学、杂反之辞争，而人主俱听之，故海内之士言无定术，行无常议。夫冰炭不同器而久，寒暑不兼时而至，杂反之学不两立而治。今兼听杂学缪行同异之辞，安得无乱乎！听行如此，其于治人，又必然矣。

5. 司马谈《论六家要指》

《易大传》："天下一致而百虑，同归而殊途。"夫阴阳、儒、墨、名、法、道德，此务为治者也，直所从言之异路，有省不省耳。尝窃观阴阳之术，大祥而众忌讳，使人拘而多所畏；然其序四时之大顺，不可失也。儒者博而寡要，劳而少功，是以其事难尽从；然其序君臣父子之礼，列夫妇长幼之别，不可易也。墨者俭而难遵，是以其事不可遍循；然其强本节用，不可废也。法家严而少恩；然其正君臣上下之分，不可改矣。名家使人俭而善失真；然其正名实，不可不察也。道家使人精神专一，动合无形，赡足万物。其为术也，因阴阳之大顺，采儒、墨之善，撮名、法之要，与时迁移，应物变化，立俗施事，无所不宜，指约而易操，事少而功多。儒者则不然。以为人主天下之仪表也，主倡而臣和，主先而臣随。如此则主劳而臣逸。至于大道之要，去健羡，绌聪明，释此而任术。夫神大用则竭，形大劳则敝。形神骚动，欲与天地长久，非所闻也。

6. 《汉书·艺文志》

诸子十家，其可观者九家而已。皆起于王道既微，诸侯力政，时君世主，好恶殊方，是以九家之（说）〔术〕蜂出并作，各引一端，崇其所善，以此驰说，取合诸侯。其言虽殊，辟犹水火，相灭亦相生也。仁之与义，敬之与和，相反而皆相成也。《易》曰："天下同归而殊（途），一致而百虑。"今异家者各推所长，穷知究虑，以明其指，虽有蔽短，合其要归，亦《六经》之支与流裔。使其人遭明王圣主，得其所折中，皆股肱之材已。仲尼有言："礼失而求诸野。"方今去圣久远，道术缺废，无所更索，彼九家者，不犹愈于野乎？若能修六艺之术，而观此九家之言，舍短取长，则可以通万方之略矣。

7. 《刘子·九流》

观此九家之学，虽旨有深浅，辞有详略，偝僪形反，流分乖隔，然皆同其妙理，俱会治道，迹虽有殊，归趣无异。犹五行相灭亦还相生，四气相反而共成岁，淄、渑殊源同归于海，宫商异声俱会于乐。夷、惠异操，齐踪为贤；三子殊行，等迹为仁。

8. 《文心雕龙·诸子》

诸子者，入道见志之书。太上立德，其次立言。百姓之群居，苦纷杂而莫显；君子之处世，疾名德之不章。唯英才特达，则炳曜垂文，腾其姓氏，悬诸日月焉。昔《风后》、《力牧》、《伊尹》，咸其流也。篇述者，盖上古遗语，而战代所记者也。至鬻熊知道，而文王咨询，余文遗事，录为《鬻子》。子自肇始，莫先于兹。及伯阳识礼，而仲尼访问，爰序《道德》，以冠百氏。然则鬻惟文友，李实孔师，圣贤并世，而经、子异流矣。

三　先秦学术的分期

（一）西周（前1045～前770）时期的天命论

此期学术思想史上的三件大事：箕子述《洪范》；周公阐发德治思想；《周易》的成书。

（二）春秋（前770～前476）学术思想呈现由天命神学向诸子学的过渡性

春秋末期老子、孔子学说的出现，是过渡完成的标志。其学术思想的过渡性特点具体表现在三个方面：从重神向重人发展；从德治向礼治演化；从“天人合一”向“天道”“人道”相分嬗变。

（三）春秋末期（前5世纪初）老子与孔子学说的诞生

他们与其后继者分别组成的道家学派、儒家学派，学术成就有所不同且互相补充，观点互有不同且互相争论，构成了整个中国思想学术史的主线。

（四）战国前期（前475 ~前386）的儒、墨“显学”

儒学发展：孔门弟子分化为八：子张之儒、子思之儒、颜氏之儒、孟氏之儒、漆雕氏之儒、仲良氏之儒、孙氏之儒、乐正氏之儒。（《韩非子·显学》）

墨学发展：墨子与子思同时，初“学儒者之业，受孔子之术”，后“以为其礼烦扰而不说，厚葬靡财而贫民，（久）服伤生而害术”，便另立新说，形成墨家学派。（《淮南子·要略》）。

（五）战国中期（前385—前260年）的“百家争鸣”

战国中期，影响比较大的诸子可分为三辈人来叙述：商鞅、申不害和邹忌为代表的法家，思想学术以富国强兵为宗旨；儒家孟子、名家惠施和道家庄子；阴阳家邹衍、名家公孙龙和稷下学者（孟子、荀子；邹衍、邹奭；兒说、田巴；淳于髡；慎到、宋钘、尹文、田骈、环渊、接子等）。

（六）战国后期（前260年~前221年）学术思想的综合趋势

战国后期，影响最大的荀子、吕不韦、韩非，生平都与秦国有关，思想学术都具有综合的取向。

第一节　道家

道家，道德家的简称。“道”即天地自然之道，万物所生之总原理。道家，一者本治世之术，其所言皆君道也。一者重视个体生命，轻视社会群体，主张恬淡清静的生活方式。

先秦道家的代表主要有老子、庄子，还有列子、杨朱、宋钘、尹文等人。

评述道家的早期文献为：(1)《庄子・天下》：“以本为精，以物为粗，以有积为不足，澹然独与神明居，古之道术有在于是者。关尹、老聃闻其风而悦之。建之以常无有，主之以太一，以濡弱谦下为表，以空虚不毁万物为实。”“不累于俗，不饰于物，不苟于人，不忮于众，愿天下之安宁以活民命，人我之养毕足而止，以此白心，古之道术有在于是者。宋钘、尹文闻其风而悦之。作为华山之冠以自表，接万物以别宥为始；语心之容，命之曰心之行，以聏合欢，以调海内，请欲置之以为主。见侮不辱，救民之斗，禁攻寝兵，救世之战。以此周行天下，上说下教，虽天下不取，强聒而不舍者也，故曰上下见厌而强见也。”“芴漠无形，变化无常，死与生与，天地并与，神明往与！芒乎何之，忽乎何适，万物毕罗，莫足以归，古之道术有在于是者，庄周闻其风而悦之。以谬悠之说，荒唐之言，无端崖之辞，时恣纵而不傥，不以觭见之也。以天下为沈浊，不可与庄语，以卮言为曼衍，以重言为真，以寓言为广。独与天地精神往来，而不敖倪于万物，不谴是非，以与世俗处。其书虽瑰玮，而连犿无伤也。其辞虽参差，而諔诡可观。彼其充实，不可以已，上与造物者游，而下与外死生无终始者为友。其于本也，弘大而辟，深闳而肆；其于宗也，可谓稠适而上遂矣。虽然，其应于化而解于物也，其理不竭，其来不蜕，芒乎昧乎，未之尽者。”（2）司马谈《论六家要指》：“道家使人精神专一，动合无形，赡足万物。其为术也，因阴阳之大顺，采儒、墨之善，撮名、法之要，与时迁移，应物变化，立俗施事，无所不宜，指约而易操，事少而功多。”“道家无为，又曰无不为，其实易行，其辞难知。其术以虚无为本，以因循为用。无成势，无常形，故能究万物之情。不为物先，不为物后，故能为万物主。有法无法，因时为业；有度无度，因物与合。故曰：‘圣人不朽，时变是守。虚者道之常也，因者君之纲’也。群臣并至，使各自明也。其实中其声者谓之端，实不中其声者谓之窾。窾言不听，奸乃不生，贤不肖自分，白黑乃形。在所欲用耳，何事不成。乃合大道，混混冥冥。光耀天下，复反无名。凡人所生者神也，所托者形也。神大用则竭，形大劳则敝，形神离则死。死者不可复生，离者不可复反，故圣人重之。由是观之，神者生之本也，形者生之具也。不先定其神形，而曰‘我有以治天下’，何由哉?”（3）《汉书·艺文志》：“道家者流，盖出于史官，历记成败存亡祸福古今之道，然后知秉要执本，清虚以自守，卑弱以自持，此君人南面之术也。合于尧之克攘，《易》之嗛嗛，一谦而四益，此其所长也。及放者为之，则欲绝去礼学，兼弃仁义，曰独任清虚可以为治。”（4）《刘子·九流》：“道者，鬻熊、老聃、关尹、庞涓、庄周之类也。以空虚为本，清净为心，谦抑为德，卑弱为行。处无为之事，行不言之教，裁成宇宙不见其迹，亭毒万物不有其功。然而薄者，全弃忠孝，杜绝仁义，专任清虚，欲以为治也。……道者，玄化为本。……道以无为化世，……无为以清虚为心，……道家虽为达情之论，而违礼复不可以救弊。今治世之贤，宜以礼教为先；嘉遁之士，应以无为是务，则操业俱遂而身名两全也。”

老　子

【生平】

老子（约前571～约前471），春秋后期人，姓李名耳，字聃（高亨：姓老名聃，字伯阳）。楚国苦县厉乡曲仁里人，曾任周守藏室之史。详见《史记·老子韩非列传》。

【著述】

《老子》（传世本、简书本、帛书本）。

【学术成就】

老子学术包括道本论、圣人无为论与小国寡民的理想社会论等，其主旨在于通过宣扬对自然之“道”的认识与把握，来矫正当世之大弊。

1. 道本论

“道”产生于天地形成之前，它是真实存在的，但却不属于可感知的形器世界。因为它是无形的，所以不会生灭变化，因此可以永久存在。道不可名，因此就不具有规定性，不会被限定。道虽超越了我们感觉知觉的作用，但它却并非空无所有，它是一个真实的存在体，所谓无状之状，无物之象，即“惚兮恍兮，其中有象；恍兮惚兮，其中有物。窈兮冥兮，其中有精；其精甚真，其中有信”。道是形而上的真实的存在体，在宇宙间是唯一的、绝对的，是“万物之母”。

一方面，道是不可感知的超经验存在，相对于具体的可感知的事物而言，可称之为“无”。唯其如此，道才能从万物中脱颖而出，成为最高的本体。另一方面，道虽幽隐无形，不可感知，但并非空无所有，其中有象、有物、有精、有信，是真实存在的，因而相对于虚无来说又可称之为“有”。

道法自然，一是说道以它自己的状况为依据，以它内在的原因决定了本身的存在和运动，而不必靠外在的其他原因；二是说道对待万物也是遵循这一自然的原则。因此，自然是包括人在内的天地万物所必须遵循的最高原则。

道创生了万物，又内在于万物，成为万物各自的本性，故曰“德畜之”；万物依据各自所得之于道的本性而发展为独立的存在，故曰“物形之”；周围环境的培养，使得万物生长成熟，故曰“势成之”。道创造和成就万物并不含有意识性，也不带有目的性，从不将万物据为己有而宰制之，也不希望有所回报。

2. 自然与无为

老子所谓的自然，是自己如此、本来如此的意思，宇宙是一个和谐的、平衡的整体，万事万物在不受外界强力干扰的情况下，通常都能发挥出自己的最佳状态，都能与周围的其他事物保持着良好的关系，整个宇宙就在万物的最佳状态和良好关系中达到了和谐与平衡，发挥出最大功能。“无为”不是无所作为，而是不妄为，指顺任事物之自然而为。所谓“为无为，事无事”，是以无为的态度去“为”，以清静无事的方式去“事”。

“为无为，则无不治”，道永远是“无为”的，然而没有一件事不是它所为，天地万物都是它创生的，又都依赖于它才得以存在和发展，离开了道的世界是不可想象的，这就是“无为而不为”。落实到社会政治领域，表现为“不欲以静，天下将自定”。好静、无事、无欲都是无为思想的写状，都是无为的内涵。好静是针对统治者的搅扰而提出的，无事是针对统治者的烦苛政举而提出的，无欲是针对统治者的贪得无厌而提出的。

3. 对反的辩证思维方式

老子揭示了对反双方的互相依存，更揭示了其互相转化。“天下皆知美之为美，斯恶已；皆知善之为善，斯不善已”，美与恶，善与不善，都是相对而生的。同样相对而生的还有“有无相生，难易相成，长短相形，高下相倾，音声相和，前后相随”，“祸兮！福之所倚；福兮！祸之所伏”。此外，它们还会向对立面转化，“物壮则老”“兵强则灭，木强则折”“甚爱必大费，多藏必厚亡”。由于这种向对立面转化的持续进行，因而事物变化的基本模式便表现为循环。

他说：“万物并作，吾以观复。夫物云云，各复归其根。”“吾不知其名，强字之曰道，强为之名曰大。大曰逝，逝曰远，远曰反。”事物循环转化的内在原动力来自道，作为宇宙本原的道，本身就处在不断的循环运动之中。道化生万物，万物从道那里禀受了形质，也同时禀受了运动变化的本性。万物生生不息、变动不居，最终又复归于朴，返回到道的出发点，接下来是朴散则为器，又开始新的循环。

4. 见素抱朴，达于玄同

见素抱朴，即立身敦厚而不浅薄，存心笃实而不虚华，即“大丈夫处其厚，不处其薄；居其实，不居其华”。人性本是朴素自然的，并不受也无须受任何道德观念的制约。人的行为若是出于这样的本性，便与大道自然相合，虽不知道德为何物，却又是最道德的。

婴儿纯真，完全没有道德诉求，因此他们的形体与朴素自然的精神是浑然一体的，是朴的象征。老子认为具有高尚道德修养的人，内心当如婴儿一样。成人想要得到婴儿一样的浑朴，就要“致虚极，守静笃”，虚是形容心境原本是空明的状态，静是形容心灵不受外物扰动的状态，无欲无为，都是指心的自然状态。达到“挫其锐，解其忿，和其光，同其尘”的境界，也就是“玄同”。玄同是老子的理想人生境界，达于玄同之境者，泯除了一切差别，超越了一切对立，而与天地万物同一。达到玄同境界的体道之士所具之德，老子称之为玄德，它的特点是与物反，超越世俗而返朴归真，合于自然。

老子在中国哲学史上第一次提出天地万物起源的问题和天地万物存在的根据问题，第一个将道提升为真正的哲学范畴而予以系统化的论证，以道为世界的本原和万物运动变化的总规律。

宋尹学派

【生平】

宋钘、尹文，为齐国“稷下”先生，二人为师生，大约先后活动于齐威王、宣王到湣王时期（前 356 ~ 前 284）。详见《庄子·天下》《荀子·非十二子》。

【著述】

《宋子》《尹文子》（现存于《管子》的《心术》《内业》《白心》《枢

言》等篇中观点）。

【学术成就】

宋尹学派是老子学说在战国中期的一个支系，因二人撮合老聃和田齐尊奉的黄帝，所以又称稷下黄老之学。

1. 精气说

宋尹学派的精气说，明确地把“气”（精气）看作是离开人的意识而独立存在的客观物质，是构成天地万物的本原。“精气”自身是没有固定形态的，是经常变化无定形的物质元素。人的“精”和“形”分别来自天地，而且都是气，只不过“精”是气的更为精粹细微的部分，而“形气”是一种粗糙的气。由于“精气”和“形气”配合得当（“和”），人就有了生命，否则就会死亡，即“有气则生，无气则死，生者以其气”（《管子·枢言》）。人的精神活动也是“精气”所派生的，“气，道（通）乃生，生乃思，思乃知，知乃止矣”（《管子·内业》）。也就是说，精气产生了人的生命，有了生命才有了人的思想和智慧。因此，人只要“敬除其害”，精气就会跑来居于心中（“精舍”），人的聪明才智就能充实提高，也就能正确地认识客观世界。所以，它认为人们只要精气专一到极点，就能不靠卜筮而知吉凶。

2. 静因之道

静因之道就是要因物之实，客观地认识事物，因而要排除干扰，使内心虚静。他们很重视主体“心”的认识作用，提倡“治心”，即“人皆欲知，而莫索其所以知，彼也。其所以知，此也”（《管子·心术上》）。“彼”为认识对象，“此”为认识主体，而“知”就是主体对客体的认识。“治心”就是对“心”的修养，“不修之此，焉能知彼”。

他们虽然强调“治心”，但并不否认感觉经验的作用，提出了“洁其宫，开其门”的主张，提倡去除心中的好恶成见，开其耳目视听的大门，去客观地认识世界。迥异于老子的闭目塞听。他们为了“洁宫”“治心”，还倡导“虚”“静”的养心方法。“虚者，无藏也”（《管子·心术上》），就是不带丝毫成见。心如君，只有静才能控制耳目感官，冷静观察、正确认识事物。

宋尹学派的精气说，是对春秋时期气说的继承和发展。它认为鬼神不是人格的主宰，而只是一种游离状态的“精气”，发展了春秋时代朴素唯物主义的无神论。墨子重感官认识轻理性认识、孟子过分强调人的主观能动性，而“静因之道”的认识论克服了上述两种片面性，对荀子的认识论具有启发作用。

庄　子

【生平】

庄子（约前369～约前286或前275），名周，与梁惠王、齐宣王同时，宋国蒙（今河南商丘）人，做过漆园吏。曾拒绝楚威王的聘请，惠施是他的辩友。详见《史记·老子韩非列传》《庄子》。

【著述】

《庄子》（《说剑》篇疑为战国策士所作，《天下》篇总结先秦各派思想，其余三十一篇思想大体统一，可视作道家中庄子文献的汇集。内七篇是庄子思想的基础，外篇、杂篇深刻阐发了庄子思想中某些重要的部分）。

【学术成就】

庄子学术的起点是解决人在乱世生存的问题，其终点是以“忘我”打通人与本真自然的隔阂，给人生找到一个美好的安顿。他的“游世”思想既不同于儒家的“入世”，也不同于老子的“避世”。他的“道论”源于老子又有创新，澄清了道在老子那里身兼自然本体与抽象准则的含混状态。

1. 游世

“游世”是庄子对现实人生观察后提出的供普通人参考的生存哲学，他在“材”与“不材”之外打造出了第三空间，认为在乱世保生的人，只有处于“材”与“不材”之间才可。他用山木和家雁两个故事，分别展演“不材”与“材”两种价值形态的不良结局，他说：“周将处乎材与不材之间。材与不材之间，似之而非也，故未免乎累。”（《庄子·山木》）最后推出支离疏这个典型代表，并总结自己的心得：“夫支离者其形者，犹足以养其身，终其天年，又况支离其德者乎！”（《庄子·人间世》）支离疏的“形”是经过“支离”的，五官不是没有，只是不同于常人，五脏也不是没有，只是与常人不同。因此“支离其德”也不是无德，只是不同于常德。有“材”与可“鸣”皆为世用，象征出仕之人，在乱世为名利所裹挟，祸患在所难免；“不材”与“不鸣”为世所轻，象征避世的隐士。两类人在乱世都不能绝对全身免祸，因此，庄子发明了“游世”的生存方式。

2. 齐物论

庄子的“物化”观念，强调对待之相齐，亦即在对待的交参与互转中，彼转为此，此转为彼。这样，则彼即是此，此即是彼，不必以人为的“知”与“言”将之分化而对立。庄子举庄周梦蝶的喻示，指出不论庄周或蝶，两者之间既有所别，也有所通。所谓“道通为一”（《庄子·齐物论》）、“通天下一气耳”（《庄子·知北游》），指的是我们若能超越感官之知的分别与执著，则可在更高的形上视点下，知庄周与蝶或我与物皆同为“道”之不同赋形，皆立根于“道”的本真，故能同于大道。齐物论对物我之间的差异同体肯定，以不齐之齐包容及涵摄一切人间的分歧，再由心斋、坐忘的修持功夫，正本清源地消解了世人的烦恼与痛苦的根由。

3. 逍遥游

“逍遥游”是引导人们超越形体生命种种限制下的不自由，觉醒人的精神生命，在迈向妙契道真，与天地精神相往来的心灵境界中，先验的精神“吾”超拔飞跃于形体的“我”，神与物游而享受逍遥的无限乐趣。鲲鹏之化，喻示在人生命的意义和价值取向上，可开拓形上的境域，在心境上“妙道之行”悠游于无限的天地境界中，享受天地间无限的审美情趣。“游”包含了丰富而深刻的内容，一方面，“游”的主体是人内在先验的精神，另一方面，人与天地精神相往来，意指神与物游，在道气相涵融为一，及旁通统贯天地万物为一的形上境域中，“游”于天地万物是超越现象之知及感性欲望的束缚，展现出“无待”和“顺应”的精神。从而衍生了第三个意义，即逍遥游是人内在精神享有无待的绝对自由，对天地万物进行不计较世俗利害算计的纯美趣味的体验。

4. 心斋、坐忘

庄子认为，烦恼和痛苦多源自“心”的现象之知和形体不适当的感性欲望，以及机心的竞求。因此他反复教人离形去智，而根本的修持方法就是破除知识在生命安顿上所造成的障蔽，努力在心斋、坐忘的实践中实现“吾丧我”，越“形”而任“道”。心斋、坐忘旨在消解人的经验世界中既已形成的知识执和欲望执。他说：“唯道集虚。虚者，心斋也。”（《庄子·人间世》）现象世界物象纷然，诱惑多端而且不停，人的形体有感官物欲，因此很难抗拒外在诱惑力的召唤。人的生命在随从物象流转，与他人在物欲竞逐中极易迷失精神的自主性。但是欲的物象想要进入人的形神之中，首先要通过感官。心斋是要求人与物象交接时，不要用感性的耳朵去听，而是用“心”去听，并且也不是以认知心去听，而是以虚静无执的心去听，听之以气。气为流行的有机的存在，是“心”与“道”的中介。这样就斩断了物象对人体感官的诱惑，而抵达“吾丧我”的境界。“吾丧我”的“吾”是顺大化大道的精神我，超越有我之境而能体证本体（道）。“我”是形体的层级，囿于小知及大知的现象之知，而执于相对之知和感性欲望之贪。

老子与庄子都是愤世嫉俗的人，但老子尚想以历史上的典范矫正时弊，以虚下后己之教弥纶当时的争斗与贼害之风。他谈论政治，与人世并不过于疏远。而庄子的逍遥游则企图超脱一切现象界，趋于理想之境。

杨　朱

【生平】

杨朱（前485或前475年？～前385或前375年？），又称阳朱、阳子居，或与墨子同时。详见《列子·杨朱》。

【著述】

《列子·杨朱》、《杨子》（已佚）等。

【学术成就】

杨朱的核心思想正是对“理无不死”的看透，其他所谓贵己、重生与纵欲，都是这一思想下的生发。

1. 理无不死

杨朱与诸子最大的不同在于，他总是正面谈论死亡，反复强调死亡的必然与不可避免。如他说：“十年亦死，百年亦死。仁圣亦死，凶愚亦死。”万物之生不同，但必死的结局是一样的，不会因为等级尊卑而有差异。他对弟子孟孙阳说“理无不死”“理无久生”（《列子·杨朱》），将死亡的必然性表现得淋漓尽致。他对于生命必然面对死亡的不留余地的揭示，是他所有思想的逻辑起点。由此起点可以推论，一切以延续生命为目标的努力，最终都是无效的。所以，季梁病重而死，杨朱却能“望其门而歌”（《列子·仲尼》）。

2. 养生

由于生命本身所包含的各种“苦”，也没必要去延续它。如杨朱说：“百年犹厌其多，况久生之苦也乎？”“百年，寿之大齐，得百年者，千无一焉。设有一者，孩抱以逮昏老，几居其半矣……遑遑尔竞一时之虚誉，规死后之余荣……徒失当年之至乐，不能自肆于一时。重囚累梏，何以异哉？”（《列子·杨朱》）杨朱的深刻之处在于，虽然已充分考虑到死亡的不可避免和生命本身之苦，但并不提倡轻易放弃生命，他反而说：“既生，则废而任之，究其所欲，以俟于死。将死，则废而任之，究其所之，以放于尽。”（《列子·杨朱》）废而任之，大意是不要多余的无所谓行动而应听任生命本身的发展。因而对人生来说，唯一有价值的就是现世的生命以及使生命感到快乐的声色之欲，即“人之生也奚为哉？奚乐哉？为美厚尔，为声色尔”（《列子·杨朱》），这也就是他的养生。

3. 反对名和礼义

如果仅考虑此生的逸乐，将死亡作为个体一切意义毁灭的终点，那么就不应以任何理由来干扰生之所欲的达成，更不必考虑死后世人的评价，于是就可推论：名和礼义，在生命本身的欲望和必然来临的死亡面前，都是毫无意义的，包括它们在内，没有任何东西值得人们以生命本身为代价去追求。他以舜、禹、周、孔“四美”与桀、纣“二凶”作对比，就是为了说明四圣“无一日之欢”，而二凶生有“从欲之欢”，一旦“同归于死”，则美誉恶名都毫无意义。因此他主张放弃对“名”的追求，享受现世之乐。礼义更是扭曲生命、压制欲望的枷锁，所以他建议应“纵欲于长夜，不以礼义自苦”（同上）。

杨朱思想中最具个性与思想史意义的内容，就是他对死亡的无条件正视。

第二节　儒家

孔子之前，“儒”为学者之通称，一般从事相礼与教学活动。因为孔子修订六艺，功劳甚伟，所以学者以孔子之学为儒学，孔子一派学者则为儒家。儒家高度重视政治伦理价值，倡王道、行仁政，以“六经”教人。儒家以圣人为人生高标，以“学”为修身养性的手段，以“独善”与“兼济”为人生穷、达两大指标。其长处在于和谐社会关系，短处在于以富贵利禄为心。

先秦儒家的代表为孔子及其后学，战国中期的孟子、后期的荀子等人。

评述儒家的早期文献为：(1)《荀子·非十二子》：“略法先王而不知其统，犹然而材剧志大，闻见杂博。案往旧造说，谓之五行，甚僻违而无类，幽隐而无说，闭约而无解。案饰其辞而祗敬之曰：‘此真先君子之言也’。子思唱之，孟轲和之，世俗之沟犹瞀儒，嚾嚾然不知其所非也，遂受而传之，以为仲尼、子游为兹厚于后世，是则子思、孟轲之罪也。”“若夫总方略，齐言行，壹统类，而群天下之英杰而告之以大古，教之以至顺，奥窔之间，簟席之上，敛然圣王之文章具焉，佛然平世之俗起焉，六说者不能入也，十二子者不能亲也，无置锥之地而王公不能与之争名，在一大夫之位则一君不能独畜，一国不能独容，成名况乎诸侯，莫不愿以为臣，是圣人之不得势者也，仲尼、子弓是也。”（2）《淮南子·要略》：“孔子修成、康之道，述周公之训，以教七十子，使服其衣冠，修其篇籍，故儒者之学生焉。”（3）司马谈《论六家要指》：“儒者博而寡要，劳而少功，是以其事难尽从；然其序君臣父子之礼，列夫妇长幼之别，不可易也。”“儒者则不然。以为人主天下之仪表也，主倡而臣和，主先而臣随。如此则主劳而臣逸。至于大道之要，去健羡，绌聪明，释此而任术。夫神大用则竭，形大劳则敝。形神骚动，欲与天地长久，非所闻也。”“夫儒者以六艺为法。六艺经传以千万数，累世不能通其学，当年不能究其礼，故曰‘博而寡要，劳而少功’。若夫列君臣父子之礼，序夫妇长幼之别，虽百家弗能易也。”（4）《汉书·艺文志》：“儒家者流，盖出于司徒之官，助人君顺阴阳明教化者也。游文于六经之中，留意于仁义之际，祖述尧舜，宪章文武，宗师仲尼，以重其言，于道最为高。孔子曰：‘如有所誉，其有所试。’唐虞之隆，殷周之盛，仲尼之业，已试之故者也。然惑者既失精微，而辟者又随时抑扬，违离道本，苟以哗众取宠。后进循之，是以《五经》乖析，儒学浸衰，此辟儒之患。”（5）《刘子·九流》：“儒者，晏婴、子思、孟轲、荀卿之类也。顺阴阳之性，明教化之本，游心于六艺，留情于五常，厚葬久服，重乐有命，祖述尧、舜，宪章文、武，宗师仲尼，以尊敬其道。然而薄者，流广文繁，难可穷究也。……儒者，德教为宗。……儒者以六艺济俗。……六艺以礼教为训。……儒教虽非得真之说，然兹教可以导物。”

孔　子

【生平】

孔子（前 551 ~ 前 479），名丘，字仲尼，鲁国陬邑（今山东曲阜）人。详见《史记·孔子世家》。

【著述】

《论语》、《礼记·礼运》、《孔子家语》、《孔子诗论》（上海博物馆藏战国楚简）等。

【学术成就】

孔子的学术中，“礼”处于重要地位。从他所处的文化背景看，他主张“复礼”的确具有改良时政的积极意义。

1. 仁与礼

“仁”的总义指爱人，还有一些与爱人有直接或间接关系的其他含义。“仁者人也”（《礼记·中庸》）“君子去仁，恶乎成名，君子无终食之间违仁，造次必于是，颠沛必于是”（《论语·里仁》），说明人之所以为人的道理，为人之道，就是人生之道，就是仁的人生哲学。一个君子在任何情况下都不应违背仁的原理。

人道之实践，表现于人性的合理行为，施之于父母曰孝，施之于兄弟曰悌，尽己所能曰忠，推己及人曰恕，尊义而薄利，修己以安人。仁作为德目总称，它的伸缩性很大，可以从诸多德目来体现仁的部分内容，只有德目之和才是最高层次的仁，可以等同于圣。而“仁”的诸多德目须借“礼”来实施与推行，因此发展为以仁为核心、礼为形式的仁礼观。“人而不仁，如礼何？人而不仁，如乐何？”（《论语·八佾》）“克己复礼为仁。一日克己复礼，天下归仁焉。”（《论语·颜渊》）仁是礼的思想内核，没有“仁”，光有玉帛、钟鼓等礼的形式，不能称作“礼”。与礼结合的仁，不是无差别的人类之爱，而是以亲亲、尊尊为核心的有等差的爱；其人格自觉也不是一般人的自觉，而是宗法、等级下的人的自觉。

2. 教育思想

孔子教育提倡有教无类，一方面，他招收学生不受贵贱、贫富、老幼、国籍不同等限制。颜回“一箪食，一瓢饮，在陋巷”（《论语·雍也》）；仲弓父为“贱人”，家“无置锥之地”；子路，为“卞之野人”。另一方面，他认为人人可以通过教育革新自我，强调后天习染的重要作用。孔子的教育，是实现其政治理想的方法和手段，其目的是“学而优则仕”，最终是想通过教育，造就齐家、治国、平天下的优秀人才，使他们参与政治改革，改变春秋时期“天下无道”的混乱局面，实现“老安”“少怀”“友信”的理想社会。

孔子是伦理道德的理论家和实践家，必然把美育和道德观念密切结合在一起。他说的“文质彬彬”是结合行为美的，他提出的“智、仁、勇”是结合心灵美的，他主张的“席不正不坐”是结合环境美的。孔子以《诗》、《书》、六艺为教材，以陶冶人格为归趣。“志于道，据于德，依于仁，游于艺”（《论语·述而》），道即人道，孔子以人道为其德，并以之为最高目标。据德依仁是躬行实践，游艺是文学讲诵。孔子强调学、思结合，学是占有知识，思是思考分析问题。他因材施教，循循善诱，深入了解弟子们不同的志趣、智慧和能力，掌握每个人的特点，施以不同的教育方法。

3. 仁政德治

首先是尊“先王之道”，就是尊文、武、周公之道。有子说：“礼之用，和为贵。先王之道，斯为美。”（《论语·学而》）周公总结殷亡教训，对贵族提出敬德保民主张，孔子的“仁政德治”理想即为周公思想的发展。“先王之道”以“礼”为最美，是因为用礼建立秩序，能使人人按不同等级和睦相处。礼治就是仁政的必然表现形式。

其次是举贤。孔子认为西周正是贤人在位之世，虽有至亲，却不如仁人，因此周初辅弼大臣和一般官吏自然都是贤才。“先有司，赦小过，举贤才”（《论语·子路》），孔子认为，自古以来政治上大有作为的君主，成功的秘密之一，就是举用贤才。贤才必须在大的原则上掌握文、武之道，即仁内礼外的儒者之道。孔子强调君子德才兼备，而以德为主。他对贤才也并不求全责备，主张充分发挥他们在某一方面的特长。

最后，孔子一生以维护、恢复周礼为己任，他的各项政治主张都是根据这一总目标而提出的。“微管仲，吾其被发左衽矣”（《论语·宪问》）；“夷狄之有君，不如诸夏之亡也”（《论语·八佾》）。孔子觉察到当时民族斗争的严重性，从维护周礼到自觉维护“诸夏”的团结统一，充分肯定管仲的成绩，把管仲的贡献提到仁的高度。孔子认为当时的夷狄虽有君，却并不行周礼，君臣上下的名分有等于无；而“诸夏”哪怕无君，但君臣上下、尊卑贵贱的等级秩序照样存在。孔子的明夷、夏之别的政治主张，到秦汉以后逐渐以“明华夷之辨”的命题为历代儒家所继承和发扬。

4. 中庸之道

中庸，即“用中为常道也”（《礼记·中庸》郑玄注）。《礼记·中庸》

发挥了孔子中庸思想，“执其两端，用其中于民”，要坚持“中”，必须把握“两端”，即矛盾的对立面。不过执“两”，不是要用“两”，而是要用它们的“中”。这样可以避免偏于一个极端的危险，站在中立的立场上，是矛盾的统一协调地保持下去。

“过犹不及”（《论语·先进》）的思想，或无过无不及的思想，正是中庸原则的具体应用。过与不及都是相对于一定的标准来说的，它们是在相反方向上脱离标准的对立倾向，构成名副其实的两端。“中”是过与不及的联结点和分界点。“中”既有过的因素，也有不及的因素，它既不是过，也不是不及，而是它们的否定。但中庸不等于折中主义，即孔子所说的“乡愿”，前者有原则，后者无原则。

“君子之中庸也，君子而时中”（《礼记·中庸》），“中”并不是一成不变的，它将随着时间和条件的不同而发生变化，时中，即在不同的时机上用中。在某种条件下是中的行为，在另一种条件下不是中。要时时得中，便要审时度势，灵活处置。“权”谓通权达变，即“时中”。

和而不同，是贯彻中庸思想必须加以提倡的正确做法。君子坚持有原则的和睦相处，反对无原则的苟同；小人只喜欢无原则的苟同，而不喜欢有原则的和睦相处。凡无关原则的小事，要讲协调，重和睦，不要小题大做，闹不团结；凡事关原则性的大问题，就要坚持原则，不应苟同。

孔子从礼出发，把礼与仁结合，创立了以政治伦理为中心的学术体系。他整理保存了古代文化遗产，并通过教育事业传给后人，成为中华民族传统文化的先师。

曾子

【生平】

曾子（前505～前435），字子舆，鲁国南武城（今山东平邑）人。详见《史记·仲尼弟子列传》《孔子家语·七十二弟子解》。

【著述】

《曾子》（已佚，今有《曾子辑校》）、《大戴礼·主言》、《礼记·曾子问》、《礼记·大学》、《孝经》（存疑）等。

【学术成就】

曾子在孔门诸子中，是能继承孔子思想学术而最见儒家精神的人。

1. 论孝

曾子对于儒家所谓孝道者，最能身体力行，又能发挥尽致。他把孝分为三个等级："大孝尊亲，其次不辱，其下能养。"（《曾子·大孝》）自己的行为能使亲人受人尊敬的，是大孝；生能养、死能葬的，是最低层次的孝。他说："故孝之于亲也，生则有义以辅之，死者哀以莅焉，祭祀则莅之以敬。如此，而成于孝子也。"（《曾子·本孝》）一个真正的孝子，在父母活着的时候能以"义"为最高原则而辅佐他们，死时能尽哀，祭奠能致敬。他还把"孝"与"忠"相联系，"君子立孝，其忠之用，礼之贵"（《曾子·立孝》），由于事亲之孝很容易转化为事君之忠，因此为礼所重。

2. 修身思想

曾子的修身，包括自省、自律与慎独。曾子富有自省精神，他说："吾日三省吾身：为人谋而不忠乎？与朋友交而不信乎？传不习乎？"（《论语·学而》）每日反省的内容，一项是针对自己的学业，两项是与朋友的交往。"君子修礼以立志，则贪欲之心不来。君子思礼以修身，则怠惰慢易之节不至。君子修礼以仁义，则忿争暴乱之辞远。"《说苑·修文》这是强调君子的自律，皆以礼为中心。"故君子必慎其独也"（《礼记·大学》），说的是君子独处时也须谨慎，修身不为别人，全在自己能"诚其意"。

曾子的主要事业是讲学，培养出孔伋、乐正子春、公明宣、公明仪、公明高、阳肤、沈犹行、单居离、吴起、子襄等著名弟子。他通过教学传授孔子学问，发挥孔子思想，被后世尊为"宗圣"。

子　思

【生平】

子思（约前483～前402），名伋，字子思，孔子孙。相传他师承曾子，备受孟子推崇。详见《荀子·非十二子》《史记·孟子荀卿列传》。

【著述】

《礼记·中庸》、《子思子》（已佚，今有辑本）等。

【学术成就】

子思继承发展曾子重人、重内修的思想，提出以“诚”为核心的学说体系。

1. 中庸之道

子思的中庸之道是对孔子中庸思想的发挥，他把孔子执中、用中和允执厥中的方法论提到了世界观的高度。他认为中为“天下之大本”，和为“天下之达道也，致中和，天地位焉，万物育焉”（《礼记·中庸》）。中、和是宇宙中最根本、最普遍的法则，只要遵循这一法则，就能使天地万物各得其所，获得和谐的发展。

然后他继续探讨实行中庸之道的两种方法，第一是保持“中和”，第二是“慎独”。“中”指“喜怒哀乐之未发”，“和”指“发而皆中节”（《礼记·中庸》），子思认为人应按上天赋予人的道德本性去行事，始终保持这样不偏不倚、合乎节度的精神状态。“慎独”指在个人独处的情况下，更要谨慎恭敬，时刻提醒自己以宗法伦理道德规范律己，做到言行无“过”与“不及”。子思的“慎独”，其实是对孔子“内省”与曾子“一日三省吾身”的自省思想的发挥。

2. 存诚尽性

子思不但把诚作为道德最高准则，且以诚为其本体论的最高范畴。他说：“诚者，天之道也；诚之者，人之道也。”他又说：“天命之谓性，率性之谓道。”（《礼记·中庸》）天命就是“性”，遵循“性”就是“道”，因为作为“天道”的“诚”体现在人的身上就是“性”。也就是说，“诚”既是“天命”，也是“性”，也是“道”。这样，人性在本质上和作为“诚”的天道是合一的，这就把外化为天道的“诚”变成了一种主观精神。

他进而提出了“不诚无物”的命题，认为诚是产生万物的本原，如果没有诚也就没有万物，即主观精神的“诚”是第一性的，客观存在的“物”是第二性的。如此重要的“诚”如何才能达到呢？即为“尽其性”。这是一个“循性以求”的道德修养过程，即努力发掘和扩充内心得之于天的本性，从“尽人之性”到“尽物之性”，以至于“可以赞天地之化育”“与天地参”（《礼记·中庸》）的境界。也就是说，通过“存诚尽性”的途径，达到了“天人合一”的神秘境界。

子思又提出伦理道德的仁、义、礼、智、圣的“五行”《荀子·非十二子》观念，后经孟子发挥而成“五常”。

孟　子

【生平】

孟子（约前372~前289），名轲，战国邹国（今山东邹县）人，受业于子思之门人，深受曾子与子思的思想影响。他的时代大约与齐宣王、梁惠王同时。详见《史记·孟子荀卿列传》。

【著述】

《孟子》等。

【学术成就】

孟子为了论证实行仁政的可能性，把孔子的“性相近”思想发展为性善说，并把伦理范畴与性善说联系起来，作了更为深入的探讨。

1. 仁政

孟子主张推行仁政，也就是圣王之道，圣王是孟子理想中的善良统治者。王道之下的君臣关系：臣是君的辅弼，首先必须是一个善人，“夫苟好善，则四海之内，皆将轻千里而来告之以善”（《孟子·告子下》）。其次是要像舜对尧一样“敬其君”，“不以舜之所以事尧事君，不敬其君者也”（《孟子·离娄上》）。最后是正君，在孟子划分的四类臣中，能正君之臣是级别最高的，所谓“有大人者，正己而物正者也”（《孟子·尽心上》)。他对君的要求是对臣尊重爱护，“君之视臣如手足，则臣视君如腹心；君之视臣如犬马，则臣视君如国人；君之视臣如土芥，则臣视君如寇仇”(《孟子·离娄下》)。国君召见贤人必须致敬尽礼，还要重用他们，甚至以臣下为老师，他以商汤对伊尹、桓公对管仲为榜样。

王道之下的君民关系是民贵君轻，“民为贵，社稷次之，君为轻。是故得乎丘民而为天子，得乎天子为诸侯，得乎诸侯为大夫”(《孟子·尽心下》)。得到众民，就是得到民心，桀纣失天下，因为失民心，汤武得天下，因为得民心。如何才能得民心呢？首先要解决百姓的基本生活问题，使其“仰足以事父母，俯足以蓄妻子，乐岁终身饱，凶年免于死亡”(《孟子·梁惠王上》)。其次要善于听从百姓的意见，所谓国人贤之，国人杀之。最后是与民同乐，天下无敌，“乐民之乐者，民亦乐其乐；忧民之忧者，民亦忧其忧”(《孟子·梁惠王下》)。

2. 四端之性与义利之辨

孟子的“性善”，只是说性有善端，即“恻隐之心，仁之端也；羞恶之心，义之端也；辞让之心，礼之端也；是非之心，智之端也”(《孟子·公孙丑上》)，并不是说人的性已是纯然善的，不需要再修养。如对善端加以扩充，即可为圣人而“王天下”。人有四端之性，行事却常背弃仁义。他认为，这种义利不辨的原因在于失去了“本心”。因此他提倡“求其放心”(《孟子·告子上》)，就是恢复善性——追求失去的良心。

孟子说能立心官之大体者则能思、能辨，特别是在见有利益可得时能思义，在贪婪的“欲望”与道德理性之“义理”关系紧张时能存理，消解不合理的贪欲。四端之心虽然力量微弱，却是人类所宜珍爱的道德本源，也是人能创发一切道德行为的内在动力。存养它的方法，积极方面指能爱人、敬人，使人处于良好的人际关系中，以成人之美；消极方面则在于寡欲，即他所说的“养心莫善于寡欲”(《孟子·尽心下》)。

3. 以意逆志与知人论世

这是孟子的文学主张。他说：“不以文害辞，不以辞害志。以意逆志，是为得之。”(《孟子·万章上》)文是文字，辞是言辞，志是作者的思想。他要求说诗者不要拘泥于个别字句的表面意义，而应当根据全篇主旨去分析作品内容，去体会作者的意图，这样才能得到正确的理解。

他说："颂其诗，读其书，不知其人，可乎？是以论其世也。"（《孟子·万章下》）要正确理解作品，还必须对作者的生平思想及其所处时代有一定的认识。他解读《小弁》《凯风》两首诗，说前者由于父亲过错大所以表现出抱怨，后者由于母亲过错小所以并无抱怨，就是结合作者的遭逢、境遇，结合作品的背景加以考虑的。

孟子学术源出仲尼而又有发展，其发展体现在突出对义的坚守与对仁政理想的实践力度上，即刘勰所说的"孟轲膺儒以磬折"（《文心雕龙·诸子》）。

荀 子

【生平】

荀子（约前313～前238），名况，字卿，又称孙卿，战国末期赵国人。荀卿曾三为齐国稷下学宫祭酒。有徒李斯、韩非。详见《史记·孟子荀卿列传》。

【著述】

《荀子》等。

【学术成就】

荀子学术有综合百家的特色，他对儒家人物不是一概肯定，而是分为俗儒、雅儒和大儒三类进行评价。他对儒家以外的各派也不一概否定，承认其都有"有见"的一面。

1. 性恶论

荀子的"性恶"，是指人的感性欲望及其所引起的社会后果，如"饥而欲饱，寒而欲暖，劳而欲休"（《荀子·性恶》）等，顺其发展，必然会出现争夺、残害等恶行。而且人性之恶又是普遍的，甚至尧、舜与桀、纣都一样。荀子的"明于天人之分"思想贯彻到人性论领域，就是讲"性伪之分"。性是"不可学，不可事，而在人者"，伪是"可学而能，可事而成之在人者”（《荀子·性恶》）。他坚持“化性起伪”，又是基于他的天人观和性恶论。他认为人产生于自然界，是“天职”所成就的“天功”的一部分。人有了形体之后，也随之产生了精神活动，也就具有了情感（“天情”）、感性（“天官”）和理性（“天君”）的认识能力。情感、感性是性恶的根源，只有理性才是人被“化性起伪”的条件。先有古代圣王“积思虑”的理性，后有理性指导下厌恶混乱的情感，于是创制了礼义。礼义调节人的欲望与所得之间的平衡，社会由乱而治。

2. 隆礼重法

荀子从性恶论出发，探讨礼教的根源。既然人的天性是恶的，凡是善都是人为（“伪”）的，因此需要隆礼重法。他说：“故圣人化性而起伪，伪起而生礼义，礼义生而制法度。”（《荀子·性恶》）隆礼重法的目的，就是去人性之恶而使之向善。因为人性恶，所以“从人之性，顺人之情，必出于争夺，合于犯分乱理，而归于暴”（《荀子·性恶》），纵任性情的话就必然会互相争夺而诉诸暴力。只有力学从师，学习六经中的礼义之道，才能使人“出于辞让，合于文理，而归于治”（《荀子·性恶》）。礼法能去人之恶的本能，使人文明向善，天下才可大治。

3. 法后王

相比其他儒家，荀子最重视法后王。他说：“王者之制，道不过三代，法不贰后王。”（《荀子·王制》）强调法后王为王者的唯一至道。他的“后王”不是上古之王，而是“天下之君也；舍后王而道上古，譬之是犹舍己之君而事人之君也”（《荀子·非相》）。他之所以要法后王，是着眼于当下的时政需要，“故善言古者，必有节于今；善言天者，必有征于人”（《荀子·性恶》）。所以他的“后王”，表面上是师法周代的文、武等诸王，与孔子“从周”的思想差不多，但实际就是指当世的王。

4. 教育的基础

荀子的教育思想之所以有比较完备的体系，在于他先创造了“性”“情”“虑”“伪”“知”“能”等概念来全面分析人的心理。“生之所以然者谓之性。性之和所生，精合感应，不事而自然谓之性。性之好、恶、喜、怒、哀、乐谓之情。情然而心为之择谓之虑。心虑而能为之动谓之伪。虑积焉、能习焉而后成谓之伪。正利而为谓之事。正义而为谓之行。

所以知之在人者谓之知。知有所合谓之智。智所以能之在人者谓之能。能有所合谓之能。性伤谓之病。节遇谓之命。”（《荀子·正名》）

性，就是自然赋予人的本性；情，就是喜、怒、哀、乐等感情，它是出于性的；虑，就是考虑；伪，是经过心考虑而发生的人为的礼义、法度等，它可以通过学习而获得，事是合乎利的事情，行是合乎义的行为；知是能知的本质，能知道得正确就是智；能，就是有用的才能。这六个概念，包含了人的所有心理。这种理论应用在教育上，就是承认人人都有知、能，都可以受教育。

荀子首创“性恶”论，是他对以前法家思想的发展。他的认识强调“虚壹而静”（《荀子·解蔽》），即排除干扰、保持谨慎高度集中，充分发挥心的认识能力，这又是对道家思想的吸收和改造。

第三节　墨家

墨家之得名，因为墨翟为此派的开创者。但是关于墨翟之“墨”，学界说法不同。大多数学者认为“墨”为姓氏，但也有学者认为“墨”是学问道术之称，而非墨子之姓。其得名，实由于“瘠墨”“不文”“以绳墨自矫”而来，故曰“墨”。其为学，始于大禹，传于史佚，至墨子而益发扬，为一时之盛世。乃以其学称其人，故曰“墨子”（江瑔《读子卮言》之《论墨子非姓墨》）。其长处在于言必信、行必果的献身精神和强本节用的治国理念，短处在于取消了亲亲尊尊的正常人情，以及对于个人生活要求的过度俭朴、苛刻。

先秦墨家的代表有墨子及其后学禽滑釐、胡非子、孟胜、田鸠、腹䵍等人。

评述墨家的早期文献为：（1）《庄子·天下》：“不侈于后世，不靡于万物，不晖于数度，以绳墨自矫，而备世之急；古之道术有在于是者。墨翟、禽滑釐闻其风而说之。为之大过，已之大循。作为《非乐》，命之曰

《节用》；生不歌，死无服。墨子氾爱兼利而非斗，其道不怒；又好学而博，不异，不与先王同，毁古之礼乐。”“墨翟、禽滑釐之意则是，其行则非也。将使后世之墨者，必自苦以腓无胈胫无毛，相进而已矣。乱之上也，治之下也。虽然，墨子真天下之好也，将求之不得也，虽枯槁不舍也，才士也夫！”（2）《荀子·非十二子》：“不知壹天下、建国家之权称，上功用、大俭约而僈差等，曾不足以容辨异、县君臣；然而其持之有故，其言之成理，足以欺惑愚众，是墨翟、宋钘也。”（3）《淮南子·要略》：“墨子学儒者之业，受孔子之术，以为其礼烦扰而不说，厚葬靡财而贫民，服伤生而害事，故背周道而用夏政。禹之时，天下大水，禹身执虆垂，以为民先，剔河而道九岐，凿江而通九路，辟五湖而定东海。当此之时，烧不暇撌，濡不给扢，死陵者葬陵，死泽者葬泽，故节财、薄葬、闲服生焉。”（4）司马谈《论六家要指》：“墨者俭而难遵，是以其事不可遍循；然其强本节用，不可废也。”“墨者亦尚尧舜道，言其德行曰：‘堂高三尺，土阶三等，茅茨不剪，采椽不刮。食土簋，啜土刑，粝粱之食，藜藿之羹。夏日葛衣，冬日鹿裘。’其送死，桐棺三寸，举音不尽其哀。教丧礼，必以此为万民之率。使天下法若此，则尊卑无别也。夫世异时移，事业不必同，故曰‘俭而难遵’。要曰强本节用，则人给家足之道也。此墨子之所长，虽百家弗能废也。”（5）《汉书·艺文志》：“墨家者流，盖出于清庙之守。茅屋采椽，是以贵俭；养三老五更，是以兼爱；选士大射，是以上贤；宗祀严父，是以右鬼；顺四时而行，是以非命；以孝视天下，是以上同：此其所长也。及蔽者为之，见俭之利，因以非礼，推兼爱之意，而不知别亲疏。”（6）《刘子·九流》：“墨者，尹佚、墨翟、禽滑、胡非之类也。俭啬、兼爱、尚贤、右鬼、非命、薄葬、无服、不怒、非斗。然而薄者，其道大觳，俭而难遵也。”

墨　子

【生平】

墨子（约前 468 ~ 前 376 或前 475 ~ 前 390），名翟，鲁国人，一说宋国大夫。战国初年，上逮孔子，下接孟子。见《史记·孟子荀卿列传》(或有脱简)、《墨子》。

【著述】

《墨子》等。

【学术成就】

墨子“节用”与“非攻”学说的基本出发点是“兼爱”，由此生发出墨家“兼相爱，交相利”学说。为贯彻“节用”“非攻”学说，他提出“天志”说；为威慑弟子内部加强纪律性以洁身自好，他提出“明鬼”说。

1. 兼爱说

兼爱说为墨子学说的根本，他说：“当察乱何自起？起不相爱。”(《墨子·兼爱上》）他的兼爱即“爱无差等”，不同于孔子“有差等”的爱。墨子对人性的理解，更强调它的物质性，即人的自然性。他说：“夫爱人者，人必从而爱之；利人者，人必从而利之。”（《墨子·兼爱中》）可见他的理想社会是“兼相爱”与“交相利”的结合。墨子希望全社会人人平等，有财相分，有利相交，彼此互爱。“兼爱”是内在的道德心，“交利”是道德心的外在表现；前者是思想，后者是行为；思想与行为一致，也就是言行一致。“兴天下之利，除天下之害”（《墨子·兼爱下》），是墨子功利主义所要达到的最高境界。求天下之利，就是要“交相利”，就是要使生产劳动创造出来的物质财富能得到合理的分配。

2. 强力非命说

强力，强调“赖其力者生”（《墨子·非乐上》)。墨子对社会秩序的稳定和社会发展的看法，始终注意人事努力，强调人力对社会的支配和控制，所以极力非命。他首先指出“有命”的危害，万一大家都相信贫富、众寡、治乱、寿夭都由命来规定，人力不能改变，那么将导致“卿大夫必怠乎治官府”“妇人必怠乎纺绩织纴”(《墨子·非命下》)，结果是全社会的混乱，“上不听治，下不从事。上不听治，则刑政乱；下不从事，则财用不足”(《墨子·非命上》)。如果“有命”，那么赏、罚就不需要了，也就消除了礼法教化的积极作用。但综观历史，“在于桀、纣，则天下乱；

在于汤、武，则天下治”（《墨子·非命上》），暴王的时候天下乱，圣王的时候天下治，这就说明“命”是没有的。

3. 尚贤、尚同

尚贤、尚同为墨家致力的十项教义之首，但不是教条式的宣传，而是看对象而发的。墨子以尚贤为为政之本，而取法于天；以尚同为致治之要，而一天下之志。尚贤，是尊尚贤人；尚同，就是统一政权。他说：“凡入国，必择务而从事焉。国家昏乱，则语之尚贤、尚同；国家贫，则语之节用、节葬；国家憙音湛湎，则语之非乐、非命；国家淫僻无礼，则语之尊天、事鬼；国家务夺侵凌，即语之兼爱、非攻，故曰：择务而从事焉。”（《墨子·鲁问》）

择务从事，就是看实际情况进行说教。国家昏乱，指贵族阶级昏庸腐朽，需要提拔下层有才能的人管理整治，统一政权。国家贫，指贵族阶级剥削过分，人民贫困，需要节省开支，戒除奢侈。国家憙音湛湎，指贵族阶级淫乱享受，需要反对音乐酒色，反对迷信天命。国家淫僻无礼，指贵族阶级暴虐无道，需要用天、鬼来警告他们，使他们不敢胡作非为。国家务夺侵凌，指贵族阶级多从事兼并战争，使人民痛苦，需要提倡兼爱，反对兼并。这表现出墨家的“务时”之风。

4. 三表法

这是墨子用来判断真理的标准。他首先强调“言必立仪”，提出三表之法作为立辞之仪。三表亦叫三法，“考（本）之”之法，即今所谓演绎法；“原之”“用之”，即今所谓归纳法。他说：“于何本之？上本之于古者圣王之事。于何原之？下原察百姓耳目之实。于何用之？废（发）以为刑政，观其中国家百姓人民之利。”（《墨子·非命上》）意思是，任何言论是否合理，首先看它是否符合古代圣王的各种历史经验，其次看是否符合现实社会百姓大众的感性经验，最后看是否有利于国家百姓。强调历史经验与现实效用相结合，圣人经验与百姓体验相结合。

墨子批评儒学，多出于为天下兴利除害的实际需要。墨子学说缺乏完整理论，存在一些自相矛盾之处。但他的“三表法”是对古代认识论的杰出贡献。他总结出来的“类”“故”两个逻辑概念，可称为中国古代逻辑的起点。

第四节　法家

法家大概有两种，一重术的发明，一重法的建设。《尚书·吕刑》："唯作五虐之刑曰法。"《易经·系辞》："制而用之谓之法。"法者，《史记》所谓刑名、法术。其长处在于治乱的效果比较明显，短处在于弃仁去义，而无教化，专任刑法而欲以致治。

先秦法家代表以管仲为开山，韩非集其大成，其间代表有子产、李悝、吴起、商鞅、申不害、慎到等人。

评述法家的早期文献为：(1)《荀子·非十二子》："尚法而无法，下修而好作，上则取听于上，下则取从于俗，终日言成文典，反紃察之，则倜然无所归宿，不可以经国定分；然而其持之有故，其言之成理，足以欺惑愚众，是慎到、田骈也。"(2)《淮南子·要略》："齐桓公之时，天子卑弱，诸侯力征，南夷北狄，交伐中国，中国之不绝如线。齐国之地，东负海而北障河，地狭田少，而民多智巧。桓公忧中国之患，苦夷狄之乱，欲以存亡继绝，崇天子之位，广文、武之业，故《管子》之书生焉。""申子者，韩昭釐之佐；韩，晋别国也，地墽民险，而介于大国之间，晋国之故礼未灭，韩国之新法重出，先君之令未收，后君之令又下，新故相反，前后相缪，百官背乱，不知所用，故刑名之书生焉。""秦国之俗，贪狼强力，寡义而趋利，可威以刑，而不可化以善，可劝以赏，而不可厉以名，被险而带河，四塞以为固，地利形便，畜积殷富，孝公欲以虎狼之势而吞诸侯，故商鞅之法生焉。"(3)司马谈《论六家要指》："法家严而少恩；然其正君臣上下之分，不可改矣。""法家不别亲疏，不殊贵贱，一断于法，则亲亲尊尊之恩绝矣。可以行一时之计，而不可长用也，故曰'严而少恩'。若尊主卑臣，明分职不得相逾越，虽百家弗能改也。"(4)《汉书·艺文志》："法家者流，盖出于理官，信赏必罚，以辅礼制。《易》曰'先王以明罚饬法'，此其所长也。及刻者为之，则无教化，去仁爱，专任刑法而欲以致治，至于残害至亲，伤恩薄厚。”（5）《刘子·九流》：“法者，慎到、李悝、韩非、商鞅之类也。其术在于明罚，讨阵整法，诱善惩恶，俾顺轨度，以为治本。然而薄者，削仁废义，专任刑法，风俗刻薄，严而少恩也。”

商　鞅

【生平】

商鞅（约前390～前338），卫国（今河南安阳内黄）人，卫国国君的后裔，姬姓公孙氏，故又称“卫鞅”“公孙鞅”。后因在河西之战中立功获封商於十五邑，号为商君，故被称为“商鞅”。详见《史记·商君列传》。

【著述】

《商君书》（《商子》）、《公孙鞅》（今佚）等。

【学术成就】

商鞅看到了“三代不同礼而王，五霸不同法而霸”（《商君书·更法》），因而提出“治世不一道，便国不必法古”的主张。认为一切以强国利民为本，不去计较是不是“法其故”和“循于礼”。

1. 农战

商鞅要建立一个高度集权的“农战”之国，因此提出了一系列的构建方式与手段。其核心内容有官营、名利、官爵、愚民、弱民、去善等。其中官营、名利、官爵的中心思想是君王如何彻底控制生存资源，并以此驱民耕战，因此要剥夺民众除耕战之外的一切生存技能。愚民、弱民、去善的中心思想是要君王将民看作工具而不是人，作为工具的民具有两个特点：一是有用，二是好使用。农战之民有用，而愚昧、贫穷、低贱、柔弱和好狠之民好使用。

他对民众进行诱导和控制。首先，在经济与政治权力上诱导民众。其次，运用严酷法律对民众进行恫吓。最后，通过严格的户籍与赋役制度控制民众。“农战”模式，的确在短时期内体现了商鞅变法的成功，使秦国获得了经济与军事实力的大幅提升，但以长期利益来考察，“农战”所形成的是一个封闭停滞的农业社会，将使社会心理走向僵化，社会民力越发凋敝。

2. 法论

商鞅强调“法”是一切行动的准绳，所有言行、所有事都要依“法”而定，他说：“明主慎法制，言不中法者不听也，行不中法者不高也，事不中法者不为也。”（《商君书·君臣》）他之所以重视法制，是因为当时未能建立君臣上下的尊卑秩序，时生民乱，地广民众，只有立法制度以约束。同时，他也强调要慎法。

3. 重刑厚赏

商鞅的重刑厚赏，是在驱民于“农战”这个既定目标下提出的。他说：“重刑连其罪，则民不敢试。民不敢试，故无刑也。”（《商君书·赏刑》）可见他“重刑”的目的不在于制裁，而是恫吓与威慑民众，使其不敢以身试法。也就是说，商鞅的“重刑”是为不“刑”而设。他又说：“故赏厚而利，刑重而威必，不失疏远，不违亲近，故臣不蔽主而下不欺上。……授官予爵不以其劳，则忠臣不进；行赏赋禄不称其功，则战士不用。”（《商君书·修权》）强调重刑厚赏就是为了明确区分孰疏远、孰亲近，功劳相称，实现大范围的公平公正。

商鞅揭示出历史是发展的，治国之道必须适应时代、社会的需要。这是他对法家学说的发展，也是他推行变法坚定不移的基础。

申不害

【生平】

申不害（前385～前337），郑国京邑（今河南新郑）人。帮助韩昭侯推行“法”治、“术”治。见《史记·老子韩非列传》。

【著述】

《申子》（原本二篇，刘向所见六篇，为后人所增。今佚，有佚文散见他书）等。

【学术成就】

申不害之学，本于黄、老而主刑名。刘向《别录》谓其“循名责实，尊君卑臣，崇尚抑下”。以为治乱国用重典，必使民知畏，然后国可以治，故重在任“术”。

1. 君术以虚静为主

申不害之“术”，指君术，就是教君主如何驾驭臣下之术。他说：“何以知其聋？以其耳之聪也。何以知其盲？以其目之明也。何以知其狂？以其言之当也。故曰‘去听无以闻则聪，去视无以见则明，去智无以知则公’。去三者不任则治，三者任则乱。”（《吕氏春秋·任数》）他把“三公”比作君王监督群臣的耳目，任用三公则可耳聪目明，但国将大乱。反之，去三公，国可大治。明显和儒家唱反调。他的理由是，“耳目心智之不足恃也”。耳目心智的不足恃，又是因为“其所以知识甚阙，其所以闻见甚浅”（《吕氏春秋·任数》）。他将耳目心智所知的有限性，与世界万事万物的无限相对照，因此推导出：“因者，君术也；为者，臣道也。为则扰矣，因则静矣。因冬为寒，因夏为暑，君奚事哉？故曰君道无知无为，而贤于有知有为，则得之矣。”（《吕氏春秋·任数》）君王无为而臣有为，君王因顺群臣，就像天道因顺自然一样。

2. 明法

申不害认为尧之治实为“善明法察令”，因为他能“任法而不任智”（《申子·君臣》）。这点也和儒家强调尧本人的贤能不同。他进而阐发：“君之所以尊者，令。令不行，是无君也，故明君慎令。”（《申子·君臣》）君王之所以尊贵的原因在于掌握了发令权，令行禁止，他的君位才能坐稳。因此制定法令需要谨慎，“明法”就是要使法令适合时政，能为人所接纳实施。由此可见，他强调“明法”与“尊君”之间的辩证关系。

3. 正“名”

申不害的“名”主要是政治概念，是君主的工具，是为了更好地进行统治而创造的一种旗号。“名”就像镜子和量具一样，可以使人辨识美丑、衡量轻重，而在政治层面，“名”的意义在于推行一种君主的规范，确立君主的权威。“名”的主体是君臣，“名”的内容是建构君臣之间的权威和服从关系。“正名”的目的是维护君主统治，更好地治理天下。“名”的意义在于赋予君主统治的权力，因此它是高于法、术、势的，是法、术、势的权力运用和推行的前提。

申不害的任“术”，是为使官吏队伍保持高素质与高效率。但在具体操作时不能夸大其作用，并且因为“术”有阴、阳之分，阳表现为信任，阴表现为防范，久而久之，不利于君臣之间形成同心协力的关系。

慎　到

【生平】

慎到（约前390～前315），赵国邯郸（今河北邯郸）人。与孟子同时，曾于齐威、宣王时为稷下学宫祭酒。见《史记·孟子荀卿列传》。

【著述】

《慎子》（《汉志》所云“十二论”已佚，今本《慎子》为辑本）等。

【学术成就】

司马迁说慎到学黄老道德之术，而《汉志》列慎到于法家，可见他的学术主法治而贵权势。

1. 主法治而贵权势

慎到强调“法”的重要性：“法者所以齐天下之动，至公大定之制也。故知者不得越法而肆谋，辩者不得越法而肆议，士不得背法而有名，臣不得背法而有功。”（《慎子·逸文》）法律因为具有“至公”性，对智者、辩者、士人、大臣等不同人群都有约束力，因此可以整齐天下。但他更重视“权势”，“贤人而诎于不肖者，则权轻而位卑也；不肖而能服于贤者，则权重位尊也。尧为匹夫不能治三人，而桀为天子能乱天下”（《韩非子·难势》），尧与桀的贤与不肖，差距悬殊，但贤人不得权势时影响不了几个人，而不肖者得势却能指点天下。

2. 不尚贤

这点与他主法治贵权势是相应的。上述尧与桀的例子，已经证明贤人无“势”对他人的影响是非常有限的，因此不必如儒家那样推崇贤人。既然百官理政皆能有“法”可依，而“势”对贤愚的作用具有绝对的影响，推贤自无必要。他甚至认为贤人理政可能还会带来负面影响：“立君而尊贤，是贤与君争，其乱甚于无君。”（《慎子·逸文》）尊“贤”，等于树立了一个与君“权”对立的“贵德”的中心，导致贤人与君抗衡，也就是与君分权。君主权力分散，“法”自然难以一统贯彻，反而会引起社会动荡。

3. 贵因

慎到的贵因不是因循先王与旧法，而是因循“人之情”。他说：“天道因则大，化则细。因也者，因人之情也。人莫不自为也，化而使之为我，则莫可得而用矣。……故用人之自为，不用人之为我，则莫不可得而用矣，此之谓因。”（《慎子·因循》）只有因循了“人之情”，才能很顺利地使他们为我所用。“人之情”指的是“莫不自为”的为己之心，治人者不要强硬地扭转，而要巧妙地把“为我”转化为“自为”。也就是说，如果能使国之公益与人之私利相一致，那么人们认为只是“自为”的活动其实也是为君王。

慎到的贵势是他的创新，后为韩非所吸收与发展，从而形成更加完善的法治体系。

韩 非

【生平】

韩非（约前280~前233），战国时韩国公子。口吃，善著书。与李斯同师于荀卿。详见《史记·老子韩非列传》。

【著述】

《韩非子》等。

【学术成就】

韩非首先是个好学生，他师从荀子，不但吃透了儒家思想的精髓，而且能洞察时事，把学术与时政之需紧密结合，综合儒、法，创造出特色鲜明又严密的法家体系。

1. 变法

荀子学术还处于对儒家思想的反省阶段，而韩非的变法则走向了开创之路。先王所处的一统天下分崩离析，与之匹配的王道也该退出历史舞台。儒者只看到“文王行仁义而王天下”，而韩非还看到了“偃王行仁义而丧其国”的原因。他总结说：“是仁义用于古，不用于今也。故曰：‘世异则事异’。”（《韩非子·五蠹》）即便“后王”所处的分裂大势与今相同，但现实的状况也时刻都有变化，因此不必执着于后王、先王，皆当根据时政变化而变化。现实中，他也看到礼乐之教对治乱的疲软无力，“今有不才之子，父母怒之弗为改，乡人谯之弗为动，师长教之弗为变。夫以父母之爱，乡人之行，师长之智，三美加焉而终不动，其胫毛不改。州部之吏，操官兵，推公法而求索奸人，然后恐惧，变其节、易其行矣。故父母之爱不足以教子，必待州部之严刑者，民固骄于爱、听于威矣”（《韩非子·五蠹》）。因此，他主张变德治而为法治。

2. 法、术、势结合

韩非综合前期法家学说，提出以法为核心，将法、术、势结合的法家政治思想体系。他以为法、术不可偏废，因为法是臣用来治民的，术是君主用来治臣的，而前两者要和“势”结合才能取得良好效果。他说明势的重要：“夫有材而无势，虽贤不能制不肖。故立尺材于高山之上，则临千仞之溪，材非长也，位高也。”（《韩非子·功名》）荀子用此例来讲借助外力（学习）的重要，韩非则将其概括为“势”，把儒家的“劝学”改造成法家的“重势”。然后他清醒地指出，“桀为天子，能制天下，非贤也，势重也；尧为匹夫，不能正三家，非不肖也，位卑也”（《韩非子·功名》），再次重申势之不可失。

3. 趋利避害的人性论

韩非从客观的经验世界观察、分析、归纳出社会人性的实然法则为

“好利恶害，夫人之所有也”（《韩非子·难二》），“利之所在，民归之；名之所彰，士死之”（《韩非子·外储说左上》）。世俗大众的社会行为大致上是以趋利避害为客观法则，这是事实真理。因此，政治管理者应深刻认识世俗人性，掌握赏、罚二柄，以“利”的诱因引导世人在社群生活中能多做利人也利己的事，促进政治、社会、经济的进步。同理，设立严刑峻法，吓阻世人少做损人利己的事。韩非法、术、势的运用就是针对现实人性的趋利避害法则，因势利导于促进社会的安定进步，吓阻、重罚对社会的危害。他的人性论不是形而上的人性本善或本恶，而是立基于社会、政治、经济、社群生活而实证出来的社会人性论。

韩非综合法、术、势，形成完整的法治思想。他集法家之大成，明儒家之微旨，并专研老子之道，又提出与道相应的理，赋予理以事物具体性质的含义。

第五节　名家

汉人称作名家，战国时称为辩者。名者，用以责实，使事物有所分别，不致混乱。孔子曰：“名不正，则言不顺。”（《论语·子路》）荀子曰：“名者，所以期累实也。”（《荀子·正名》）名之本义，实指事物之名。其后凡以文字或言语抒意者必用辞，而异则为兼异时之名，连缀成之，故辩说所用之术曰名学，即持论所需之辩证术也。其长处在于正名存真，短处在于徒争口辩之胜，而忽略义理之真实。

先秦名家的代表主要有邓析、桓团、惠施、公孙龙等人。

评述名家的早期文献为：(1)《庄子·天下》：“桓团、公孙龙辩者之徒，饰人之心，易人之意，能胜人之口，不能服人之心，辩者之囿也。惠施日以其知与人之辩，特与天下之辩者为怪，此其柢也。”(2)《荀子·非十二子》：“不法先王，不是礼义，而好治怪说，玩琦辞，甚察而不惠，辩而无用，多事而寡功，不可以为治纲纪；然而其持之有故，其言之成理，足以欺惑愚众，是惠施、邓析也。”（3）司马谈《论六家要指》：“名家使人俭而善失真；然其正名实，不可不察也。”“名家苛察缴绕，使人不得反其意，专决于名而失人情，故曰‘使人俭而善失真’。若夫控名责实，参伍不失，此不可不察也。”（4）《汉书·艺文志》：“名家者流，盖出于礼官。古者名位不同，礼亦异数。孔子曰：‘必也正名乎！名不正则言不顺，言不顺则事不成。’此其所长也。及謷者为之，则苟钩（鈲）〔鉥〕析乱而已。”（5）《刘子·九流》：“名者，宋钘、尹文、惠施、公孙龙之类也。其道正名，名不正则言不顺。故定尊卑，正名分，爱平尚俭，禁攻寝兵。故作华山之冠，以表均平之制；则别宥之说，以示区分。然而薄者，捐本就末，分析明辨，苟析华辞也。”

公孙龙

【生平】

公孙龙（约前330～前242），姓公孙氏，名龙，战国时赵国人，为平原君门客，与荀卿、邹衍同时，曾与邹衍辩论。见《史记·平原君虞卿列传》《史记·孟子荀卿列传》。

【著述】

《公孙龙子》（《汉志》有十四篇，今存五篇）等。

【学术成就】

公孙龙以辩著称，白马论既开近代论理学分析研究之先河，坚白论更由概念分析进而作知觉的分析。虽然其辩有取巧之嫌，但其疾名实之散乱，因资材之所长，不可厚非。

1. 白马论

白马非马论，关涉到“共名”与“别名”或“大类名”的区别，也涉及蕴含关系或等同关系的不同。如“马”是“白马”的共名、大类名，也指其共相而言，言“马”，则黄马、骊马、黑马、白马等皆可，故“马”的外延大于白马。“白马”是“马”的别名、小类名，言“白马”则其他颜色的马不在内，因为“白马”的内涵多，“白马”除去“马”的共相与共名外，尚包含有白色的特征，所以“白马”不是“马”。“非”是否定“马”与“白马”之间的等同关系，因为马与白马的关系是蕴含关系，“马”蕴含“白马”。

2. 指物论

指物论，论述的是指称与事物的变化关系。“物莫非指而指非指”，是此论的中心命题，全文围绕中心命题展开反复论证。“物莫非指而指非指”，“指”即指称，指称作用是要有所不指称，才能有所指称。指称一切物，就不成其为指称。“天下无指，物无可以谓物”，第一个“物”字指所谓的对象，即客观存在的事物；第二个“物”指所以谓的名。“天下无指”，即对天下之物无所指称。事物这个名，它所指称的对象包括任何事物，因此，所谓指称也就不是指称。对天下事物无所指称，事物也就没有可以被称为事物的了。最后他说：“且夫指固自为非指，奚待于物而乃与为指?”指称事实上已成为“不是指称”，何必需要指称事物，以事物作为所指称的对象呢?

3. 离坚白

坚、白、石为三种可离析的物性概念，石为自立体，即独立存在的实体。坚、白不是独立自存的自立体，而是两种不同的可知觉的物质属性。坚是由人的触觉感官所知觉到的物质属性，即硬度；白是由人的视觉感官所知觉到的物质属性，即颜色。我们可由视觉知觉到依附于“石”头的依附体“白”颜色，却不会知觉到硬度。同理，我们可以凭借触觉器官知觉到依附于石头上的“坚”硬度，却无法获知“白”，这就是他所说的“二可”而“不可”同时兼具三者。在依形定名、以名称物的名实对应关系里，他说：“得其白，得其坚，见与不见离。一一不相盈，故离。离也者，藏也。”“离”与“藏”是两组感觉认知，是分开的，即“二可”，故“白”色的石头这一知觉认识呈现时，另一组感觉经验“坚”硬的石头隐而不显，反之亦然。

4. 名实论

名实论的论旨在于端正名言符号与其所称谓的对象之间的对应或符合一致关系，所谓“夫名，实谓也。知此之非此也，知此之不在此也，则不谓也；知彼之非彼也，知彼之不在彼也，则不谓也”。“名”为能知，

"实"为所知。名实关系可说是以能知来指所知的关系。若能指的此名所称谓的所指不是此物，或者此名能指称的对象不局限于此物，则这一称谓是不恰当的。同时，若一名称与其所称谓的对象（所指）不相符应，则这一名称的使用可说是不恰当的。他界定了物、实、位（属性）、正这几项先秦名学的基本范畴，再以这四个范畴及其相互关系，提出"以其所正，正其所不正"的正名方法和"唯乎其彼此"的正名原则。

公孙龙多论及名实关系所引发出来的语言哲学和形上学问题，他的白马论、指物论、通变论、坚白论与名实论，皆能独立成篇，却有内在相贯通的理脉。

惠　施

【生平】

惠施（约前370～前310），宋国人，庄子辩友，曾为魏惠王相。主张合纵抗秦。见《战国策》《庄子》《韩非子》《淮南子》。

【著述】

《惠子》（今佚）等。

【学术成就】

惠施的主要学术可借《庄子》与《韩非子》两书考察，《庄子·天下》篇引述了惠施的十个辩题，而《韩非子》记载了惠施的数条与辩难无关的谏言。

1. 论空间

他论空间的大小说："至大无外，谓之大一；至小无内，谓之小一。"至大指无限大的"大一"，至小指无限小的"小一"。无外才能称为至大，无内才能称为至小，所以天地不算至大，毫末不算至小。因此，至大、至小，虽然大小名异，其实道理一样，都可叫作大一小一。这是破除世俗对于大小的分辨认知，说明大无止境，小也无止境。世俗所谓大小，其名实不能立也。

他还论空间的面积，“无厚，不可积也，其大千里”，“不可积”与“其大千里”当是“无厚”概念中所具的两种属性。几何学上的“面”是“无厚”的，因无厚，故不可积，而此无厚之面，则可在空间中扩展至于无穷，故曰其大千里。无与有相表里，有者其厚可积，但必有形；无者，其厚不可积，但无所不在。

他又以地圆说论空间：“南方无穷而有穷。我知天下之中央，燕之北、越之南是也。”古天官家不知有南极，故于四方独以南为无穷。地不能无厚，既有厚，则向反面进，势必复归于正面，则南方“有穷”。地既可以周游，则随处皆可为中点。或理解为：人能知四方之无穷，是以“无穷”有“穷”。南方无穷，而不可极，既不可极，即有穷。

2. 论时间

他强调时间的相对性，“今日适越而昔来。日方中方睨，物方生方死”。我是今天到了越，但是在今天之前出发的。日方在正午而西倾就随之而来，就好像物方生而死亡已随之。所以宇宙万物，无时不变，中必有侧，生必有死，似庄子的“其分也成也，其成也毁也”（《庄子·齐物论》）。这是在打破时间分析之成见。时间无界限，今云昔云，乃至一时一分一秒，都是人所假立也。果不离因，二者本为一事。自适越以至于至，原为一事，人必强分为两事，不过自适迄至，用时较长，容易分析辨别。假设有一事，时间甚短，不复容人之分析，则即可视为一事。

同样，人之死，非死于其死之时也，而是其前此致死之因，岂得与死判为两事？因果既不容判，而因又有其因，则孰能定其死于何时？以人之生死论，只可谓有生以后，皆趋向死路之年；只可谓方生之时，即趋向死路之时。他强调以动态的、发展的眼光看待万事万物，物有生就有死，而且生的历程迈向死亡而不稍事停留，就此一动态历程而言，万物是方生方死的变动不已。

3. 合同异

他说：“大同而与小同异，此之谓小同异；万物毕同毕异，此之谓大同异。”以“大同”的至高观看待“小异”，则说明万物从微观的殊相而言虽有小异，但是就宏观而言，毕竟是大同胜于小异；同理，若从微观的分殊相观万物，则在无穷别异的分殊相呈现下，万物皆有其分殊相是其共同的特点，亦即“大同异”。因此，由大同的宏观处看万物之小异，终归毕同。若从万物的分殊相看万物表面上的同处，终归毕异。

另外，万物毕同之大同当中统摄各种同，由万物毕异之小同中仍可细分出各种异。因物情之异，其所见各有不同，此小同异；死生、祸福、寒暑、昼夜、动静、变化，众辨不同，为异之至。但众人之异同在一物，则又同之至也，故万物同异一也。似庄子的“其自同者视之，万物皆一也。自其异者视之，肝胆楚越也”（《庄子·德充符》）。

惠施的“历物十事”是惠施研究分析事物的十项基本观点，这十个论题，只有结论却未举出论据和展开论证，因此后世解说多属尽可能的猜解，难成定论。

第六节　纵横家

纵横家之得名，源于运用纵、横两种不同的外交政策。以六国联合抗拒秦国为合纵，以秦制六国为连横。汉初的纵横家，其实同于游说，不仅为外交颛对之事。其长处在于以言辞，和平地解决诸侯兼并问题，在当时持急扶倾之功，短处在于其人崇尚华诈而弃忠信。

先秦纵横家的代表主要有阙子、庞涓、苏秦、张仪等人。

评述纵横家的早期文献如下。（1）《荀子·非十二子》：“纵情性，安恣睢，禽兽行，不足以合文通治；然而其持之有故，其言之成理，足以欺惑愚众，是它嚣、魏牟也。”“忍情性，綦溪利跂，苟以分异人为高，不足以合大众，明大分；然而其持之有故，其言之成理，足以欺惑愚众，是陈仲、史鳝也。”（2）《淮南子·要略》：“晚世之时，六国诸侯，溪异谷别，水绝山隔，各自治其境内，守其分地，握其权柄，擅其政令，下无方伯，上无天子，力征争权，胜者为右，恃连与国，约重致，剖信符，结远援，以守其国家，持其社稷，故纵横修短生焉。”（3）《汉书·艺文志》：“纵横家者流，盖出于行人之官。孔子曰：‘诵《诗》三百，使于四方，不能专对，虽多亦奚以为?’又曰：‘使乎，使乎!’言其当权事制宜，受命而不受辞，此其所长也。及邪人为之，则上诈谖而弃其信。”（4）《刘子·九流》：“纵横者，阙子、庞煖、苏秦、张仪之类也。其术本于行仁，译二国之情，弭战争之患，受命不受辞，因事而制权，安危扶倾，转祸就福。然而薄者，则苟尚华诈而弃忠信也。”

苏　秦

【生平】

苏秦（？~前284），字季子，雒阳（今河南洛阳）人。主张合纵抗秦。详见《战国策》《史记·苏秦列传》。

【著述】

《苏子》（今佚，马王堆帛书《战国纵横家书》存有其游说辞及书信十六篇）等。

【学术成就】

苏秦是战国纵横家的代表，《战国策》中对其言行的记载比较集中、丰富。他的功利主义价值观与讲究仁义与道德修养的儒家截然相反。

1. 合纵术

各国矛盾是客观存在的，这是苏秦实施合纵术的基础。从合纵术的构思来看，苏秦运用的是极具辩证色彩的矛盾分析法，因而具有极强的现实针对性和可行性。苏秦擅长对矛盾的普遍性和特殊性的辩证分析。他既看到了秦国吞并天下的野心与六国安危的尖锐冲突，也看到了六国间的恩怨是非以及六国与秦国关系的远近深浅。他在游说时，多以六国合纵之利和离纵之害，打动诸侯之心，以六国内部矛盾的协调一致使六国相互牵引、彼此制衡。他既强调六国根本利益的一致性，又不断强化秦与六国的对立。最终使六国与秦的矛盾变得水火不容，逼迫六国只能联合抗秦。

2. 论辩之术

苏秦的论辩之术，首先是分析形势，向人君说明制定谋略的客观条件，分析其有利因素与不利因素。比如他游说秦王，就是先用此法，后来游说燕王也一样。其次是陈说利害，指明采取某种策略的前途，促使人君做出抉择。合纵旨在联合抗秦，所以苏秦着力说明秦对六国的危害，强调“事秦”的不可取。他还能针对一些国君的畏秦心理，做足思想工作，打消其顾虑。再次是证以史实。苏秦游说秦王，举神农伐补遂、黄帝擒蚩尤等史实，说明兼并对用兵的依赖。然后提出措施，并且许愿引诱。为了使自己的意图更容易实现，他还采取了反激、离间的手法。如苏秦在游说韩国国君时，先把对方捧得很高，然后把事秦说得非常可鄙，以激起对方羞愧之心。最后是攻击论敌，以巩固自己的胜利。

3. 军事地理思想

苏秦熟悉各国的疆域四至，也注意到关塞要隘和地形特征，还能洞察城市的重要性，这些地理知识，结合超人的军事谋略，使他形成了丰富、多层次的军事地理思想。首先是紧抓各国地形大势的特点，从宏观到微观，由内及外，心知肚明。以魏国为例，从疆域四至到地势广平，从边疆要地关隘到内地都会，甚至大梁城的形势缺点“决荥口可灌之”，分析得头头是道。其次是尤为重视各国的攻城略地与边疆的盈缩。再次是突出关隘要塞作用，充分利用地形，使军事防御更加完备。尤其是作为国家门户的长城和黄河津渡等，他深谙其中要害。最后是军事地理思想与军事战略、供给等相辅相成，形成他完备的军事思想。

苏秦的功利主义价值观，虽然受到当世儒家和后人诟病，但是不能否认他在战国时代政治外交上的积极作用。

第七节　农家

“农家”一名最早见于《汉书·艺文志》，班固称农家始祖为神农，孟子也说“有为神农之言者许行”（《孟子·滕文公上》），而许行也被看作农家的代表。神农是传说人物，因居于列山，又称列山氏（烈山氏或厉山氏）。列山位于战国时期的楚国，许行也从楚国来，因此，农家或肇始于楚地。

现存的《神农》《野老》（辑本）书，《管子》之《地员》《轻重》和《孟子·滕文公上》记载的许行学说，以及《吕氏春秋》之《上农》《任地》《辩土》《审时》四篇文章记载的学说，都是农家学派的代表。经比较，其学说有同有异，同者体现农家学说的一致性，异者体现其学派内部的分流。吕思勉也认为农家可分为两派，一言种树之事，一言经济问题。其同表现在都重视农业，也承认社会分工。不同处有三：君民并耕或强调君对民的教化；托神农之教或托后稷之说；重实践或重法令。

评述农家的早期文献如下。（1）《汉书·艺文志》：“农家者流，盖出于农稷之官。播百谷，劝耕桑，以足衣食，故八政一曰食，二曰货。孔子曰‘所重民食’，此其所长也。及鄙者为之，以为无所事圣王，欲使君臣并耕，悖上下之序。”（2）《刘子·九流》：“农者，神农、野老、宰氏、汜胜之类也。其术在于务农，广为垦辟，播植百谷，国有盈储，家有蓄积，仓廪充实，则礼义生焉。然而薄者，又使王侯与庶人并耕于野，无尊卑之别，失君臣之序也。”

许　行

【生平】

许行（？～？），约与孟子同时，楚国人，生平事迹略见《孟子·滕文公上》。

【著述】

《神农》（存疑，见马国翰《玉函山房辑佚书》）等。

【学术成就】

许行一方面传播农家的治国理念，另一方面“愿受一廛而为氓”，其身体力行的精神体现了农家学派不同于其他学派的务实风格。

1. 君民并耕

许行反对君主“厉民自养”，认为君主应该和民众同耕同食、共同劳作，然后再治理国家，这才是贤明的君主。他说：“贤者与民并耕而食，饔飧而治。今也滕有仓廪府库，则是厉民而以自养也，恶得贤?”（《孟子·滕文公上》）许行虽代表农民阶层的利益，但他是知识分子，他的学说在当时影响很大，《孟子》记载儒生陈相负耒耜从宋国赶到滕国，因推崇许行学说而弃儒从农，说明许行学说并非只是小农阶层的平均主义思想。在战国连年征战，农民承担了沉重的财政负担的情况下，许行此说也许是符合时政与人性需求的。

2. 以农为主

孟子对许行的批评之辞，被很多人解读为许行反对社会分工。其实，许行并非反对社会分工，他实质上是反对不劳而食。许行及其门徒以农为业，同时“捆屦，织席以为食”，又在市场上以粟交换帽、锅、炊具和铁制农具等必需品。他还明确提出，如果自制一切生产资料将“害于耕”，并认为“百工之事，固不可耕且为”。这说明他所主张的是以农业为主，士、工、商合理发展的适度分工。许行并不反对脑力、体力劳动的划分，他真正反对的是，儒家所津津乐道的“劳心者治人，劳力者治于人；治于人者食人，治人者食于人”的说教。

3. 市贾不贰

陈相说如从许行之道，则能实现“市贾不贰，国中无伪；虽使五尺之童适市，莫之或欺。布帛长短同，则贾相若；麻缕丝絮轻重同，则贾相若；五谷多寡同，则贾相若；屦大小同，则贾相若”（《孟子·滕文公上》）。意为相同的物品，只要在长短、轻重、多寡、大小上相同，就应该取相同的价格。“市贾不贰”，即市场上的各种物品价格都要有统一规定，并且同种物品只有一种价格。许行的观点从经济学角度看的确不合理，但他提出这一经济制度的目的，在于实现国中无伪、莫之或欺的社会理想。他反对的是流通领域中囤积居奇、哄抬物价的现象，以及商人盘剥农民。

许行为代表的农家，是战国诸子中唯一直接从事生产实践的学派，它与农业劳动者紧密联系，利用自己的知识为农业生产服务，是重农思想的升华之果。

第八节 阴阳家

阴阳家是儒家旁出的一个学派，以星历为专门学术。因以阴阳为星历，并以五行配五德，以五行运转的终而复始来解释朝代的轮替，故名阴阳家。此派学说的长处，在于强调顺应春生、夏长、秋收、冬藏的四时秩序，并以之为治理天下之纲纪。其短处在于崇信鬼神，而令人多有拘畏。

阴阳家的代表，主要有邹衍。还有一些阴阳家学说，保存在《管子》《吕氏春秋》《春秋繁露》《淮南子》《礼记·月令》等传世文献中。

评述阴阳家的早期文献为：（1）司马谈《论六家要指》："尝窃观阴阳之术，大祥而众忌讳，使人拘而多所畏；然其序四时之大顺，不可失也。"（2）《汉书·艺文志》："阴阳家者流，盖出于羲和之官，敬顺昊天，历象日月星辰，敬授民时，此其所长也。及拘者为之，则牵于禁忌，泥于小数，舍人事而任鬼神。"（3）《刘子·九流》："阴阳者，子韦、邹衍、桑丘、南公之类也。敬顺昊天，历象日月星辰，敬授民时。范三光之度，随四时之运，知五行之性，通八风之气，以厚生民，以为政治。然而薄者，则拘于禁忌，溺于数术也。"

邹衍

【生平】

邹衍（约前305～约前240），战国末齐国人。与公孙龙、鲁仲连同时，稍晚于孟子，曾主持齐稷下学宫。见《史记·孟子荀卿列传》。

【著述】

《邹子》《终始》《主运》《大圣》等。

【学术成就】

邹衍观察阴阳消息，臆造五德转移的史论，目的在于警惕不能尚德的淫侈君主。战国中晚期，三代政权转移的君权天命说不能令人信服，邹衍创神权的新受命说以挽救时弊。

1. 五德终始说

邹衍的“终始五德之运”，高诱说：“‘五德之次，从所不胜。’故虞土，夏木，殷金，周火。”（《淮南子·齐俗训》）刘歆说：“邹子有终始五德，言土德从所不胜，木德继之，金德次之，火德次之，水德次之。”（《文选·晋武帝华林园集诗》注）可见，此说是以历史发展的相克循环，解释朝代的兴替中存在一个宿命论性质的轮替法则。这一法则，依照土、木、金、火、水相克的顺序循环运转。因此，夏商周三代分别隶属木、金、火。这一学说很神秘，但是秦人却深信不疑而全采其说。秦人以周为火德，自以为水德，汉初又自以为土德，皆行其说。

2. 大九州说

邹衍的大九州说为：“先列中国名山大川通谷禽兽水土所殖，物类所珍，因而推之，及海外人之所不能睹。称引天地剖判以来，五德转移，治各有宜，而符应若兹。以为儒者所谓中国者，于天下乃八十一分居其一分耳。中国名曰赤县神州。赤县神州内自有九州，禹之序九州是也，不得为州数。中国外如赤县神州者九，乃所谓九州也。于是有裨海环之，人民禽兽莫能相通者，如一区中者，乃为一州。如此者九，乃有大瀛海环其外，天地之际焉。其术皆此类也。”（《史记·孟子荀卿列传》）他以为儒者所说的“中国”又名赤县神州，赤县神州只不过是九州之一，每个州都为小海环绕，谓之“小九州”。整个九州又被大瀛海环绕，类似九州的岛也有九个，可谓“大九州”，这样看来“中国”只不过是“大九州”的八十一份中的一份罢了。他借此批评晚世儒、墨，“守一隅而欲知万方”（《盐铁论·论邹》）的狂妄。

战国至汉初的阴阳家，承顺邹衍五德终始说的路数，将天文、历法配合阴阳五行说论究政教和人事吉凶祸福，促生了董仲舒的“天人感应”学说。

第九节 兵家

兵家，即先秦以谈军事、讲兵法为主的学派。班固《汉书·艺文志》将兵书分成四种：兵权谋、兵形势、兵阴阳、兵技巧，以后历代兵书都以此分类。《孙子兵法》属兵权谋类，以权谋为主，也包含兵形势、兵阴阳、兵技巧的内容。另外，后世兵书的受重视程度也可以按权谋、形势、阴阳、技巧的顺序排列。现存的先秦兵书以兵权谋类最多，《孙子兵法》之外还有《吴子》《司马法》《孙膑兵法》等。《尉缭子》是唯一一部兵形势类著作。兵阴阳包含许多唯心主义、封建迷信的糟粕，兵技巧对研究军事发展史有益，但许多内容已过时。

宋神宗元丰年间，以《孙子兵法》《吴子》《司马法》《李卫公问对》《尉缭子》《三略》《六韬》为《武经七书》，颁行武学，令士子习读，皆以七书试士。《武经七书》的编纂与推广，可谓兵家一大盛事。

孙 武

【生平】

孙武（约前 545 ~ 约前 470），齐人。曾助吴王阖闾练兵。详见《史记·孙子吴起列传》。

【著述】

《孙子兵法》（传世本、银雀山汉墓竹简本）等。

【学术成就】

《孙子兵法》蕴含丰富的中华传统军事思想，其以慎战、全胜和智胜等为核心的用兵、治兵思想，为中华传统军事思想教育、培养高质量的军事人才提供了丰厚的资源。

1. 五事、七计

五事、七计，即战前“庙算”的内容。五事：道、天、地、将、法。道，是指国内政治，即“令民与上同意，可以与之死，可以与之生，而不畏危”。天指天时，阴阳、寒暑、时制。地指地形，远近、险易、广狭、死生。将是指将领，孙子提出了对将领的道德和能力要求，即所谓的五德：智、信、仁、勇、严。法即“曲制、官道、主用也”。五事讨论的是军队的组织、编制问题，将吏的任用、分工问题，军队的军费、军需问题。孙子认为，道、天、地、将、法是己方组织军队和进行战争所要首先考虑的五个问题，是不可变更的重中之重，所以叫“经之以五事”。

七计：“主孰有道？将孰有能？天地孰得？法令孰行？兵众孰强？士卒孰练？赏罚孰明？”（《孙子兵法·始计》）“七计”的内容和“五事”似可对应。“主”可对“道”，因为在古代国君就是国家的象征，国君贤明代表国家政治清明。“天地”对应“天”和“地”，“将”对应“将”，“法令”对应“法”。其余三个方面，“兵众孰强”是谈军队数量，“士卒孰练”是谈军队战斗力，“赏罚孰明”是谈法令执行。可见，“七计”只是比“五事”多了士兵的因素和法令执行的因素。总之，战前要对国内政治建设（民心向背）、天时地利、主将才能、法令制定和执行以及士兵的数量和战斗力几方面考察清楚，才能大致预测战争的胜负。

2. 势

势，指将领发挥主观能动性而制造的有利态势。孙子说：“激水之疾，至于漂石者，势也。”水性柔弱，石头刚重，但急速的水流却能把大石头冲起来。柔弱之水因为“疾”而造出“势”，就拥有了漂石的力。光有速度还不够的，还要把握好距离。他说：“鸷鸟之击，至于毁折者，节也。”节就是距离。凶猛的鹰隼能够在适当的距离发起攻击，捕获猎物，就叫作节。因此，他总结道：“是故善战者，其势险，其节短。势如彍弩，节如发机。”势险节短，这是用势的核心，它还内在地包含了行动的隐蔽性。

他不单讲势，而且把势和“数”及“形”放在一起讲。他说：“治乱，数也；勇怯，势也；强弱，形也。”（《孙子兵法·兵势》）数就是军队的编制与管理。“治众如治寡”是说管理多的人就像管理少的人一样，这就需要统一指挥，使勇者不敢独进，怯者不敢独退。“勇怯，势也。”是指士兵作战的勇敢或怯懦取决于战场的态势是否有利。人不可能常勇，也不可能常怯。战场上占有利态势，士兵就会勇，战场上占不利态势，士兵就会怯。而战场态势的有利和不利往往又取决于军队实力的强弱，也就是形。所以，他说：“强弱，形也。”形就是指军队的实力建设，战场的“形胜”就是指己方的实力超过对方。

以上总结为：军队的治乱取决于数，即军队的编制和管理；勇怯取决于战场态势，即将领发挥主观能动性创造的有利战场环境；强弱取决于兵形，即双方的实力强弱。在数、势、形中，以势为核心。军队的编制合理、管理优良，有助于军队的实力建设，军队的实力强大有助于战场的有利态势形成，战场的有利态势有助于士气的提高（勇），士气的提高则有助于战斗任务的完成。

3. 四治

孙子说：“故善用兵者，避其锐气，击其惰归，此治气者也。以治待乱，以静待哗，此治心者也。以近待远，以逸待劳，以饱待饥，此治力者也。无邀正正之旗，无击堂堂之阵，此治变者也。”（《孙子兵法·军争》）军争的目的就在于达到“治”，即以近待远、以逸待劳、以饱待饥、以静待哗、以治待乱。

四治之中，孙子将治气放在第一位，可见士气对凝聚军心的重要性。治心，指将领有将心，军队有军心，将心需静，军心亦需静。心和气不一样，气需要动，心需要静。另外，治心还应理解为“将士一心”，即将帅的心和士卒的心必须统一才能胜敌。治力即军队战斗力的训练，治气、治心归根结底都要转化为治力，治气和治心都是从精神层面讲军队建设，但欲消灭敌人的有生力量还是需要士兵真刀真枪的拼杀，所以绝不能忽视战斗力的建设。关于“治变”，孙子说不要攻击旗帜齐整的敌人，不要攻击军容壮大的敌人。反之，就是说敌人旗帜不严整，军容散漫，则应当机立断，击之无疑。

4. 六地

孙子将战斗地形分为六种：通、挂、支、隘、险、远。通形，就是四通八达的地形，敌我都可到来。处于通形的对策是先占据高地、向阳地，以保持粮道通畅。挂形，即网罗之地，利往难返。处于挂形的对策分两种：敌若无备，出而击之；敌若有备，战则难胜。支形，即相持之地，是敌我出击皆不利的地形。处于支形的对策是敌若诱我，则不出击；我应诱敌，且敌出一半时再追击。隘形，即两山通谷之间。处于隘形的对策分两种。第一，如果我军获得先机，当以重兵守住隘口。第二，如果敌军占得先机，则又分两种情况：如果敌已占隘口，则不与战；敌未占隘口，则可以战。所以，处于隘形，隘口是关键。险形，即山川丘陵。处于险形的对策：如我军先占，则应居势高向阳之地；如敌军先占，则不与交战。远形，即平陆。处于远形的对策是不与敌战。孙子把以上六种地形称为"地道"，认为通晓以上六种地形的运用规律，是"将之至任"（《孙子兵法·地形》）。孙子在讲地形的时候，不是孤立地讲，而是和治军用兵联系起来。地是死的，人是活的。地在战争中只起辅助作用，人才占主导地位。

传统兵学史上，《孙子兵法》是现存最古老的兵书，也是最重要的兵书。它是军法时代最后一部兵书，也是兵法时代第一部兵书。它是春秋晚期兵学思想的总结，也为后世兵学思想作开端。

吴　起

【生平】

吴起（前440～前381），姜姓，吴氏，名起，卫国左氏（今山东曹县）人。详见《史记·孙子吴起列传》。

【著述】

《吴起兵法》（或称《吴子》）等。

【学术成就】

吴起在魏国和楚国时都曾进行过变法活动，较商鞅为早，但名气不如商鞅大。他的《吴起兵法》奠定了他的兵家地位，却掩盖了他的法家成就。

1. 武卒制度

吴起在魏国的变法内容之一，就是武卒制度的建立。武卒，即“以度取之，衣三属之甲，操十二石之弩，负服矢五十个，置戈其上，冠胄带剑，赢三日之粮，日中而趋百里，中试则复其户，利其田宅”（《荀子·议兵》）。魏国的武卒能够威震天下的原因，是他们能够享受不服徭役、不纳税的优待。同时，武卒制度让他们拥有自己的土地，即“利其田宅”，真正激发他们的战斗意志。武卒制度，可视为吴起兵、法兼具思想的体现。

2. 用兵之法，教戒为先

吴子非常重视军队的军事训练，他说：“夫人常死其所不能，败其所不便。故用兵之法，教戒为先。”（《吴子·治兵》）他认为，将士战死往往由于其军事技能不熟练，作战失败也多因战术要领没有掌握。因此，他提出了一整套具体的训练方法，包括单兵技艺训练、阵法训练、战术训练等。

3. 将帅的“五慎”和“四机”

孙武认为将帅须具备智、信、仁、勇与严，吴起将其发展为“总文武者，军之将也；兼刚柔者，兵之事也”（《吴子·论将》），即要求将帅文武兼备、刚柔并用。具体到指挥作战时，将帅一方面要做到五慎：理、备、果、戒、约，即能做到治众如治寡、出门如见敌、临敌不怀生、虽克如始战、法令省而不烦；另一方面，要充分把握四机：气机、地机、事机、力机，指将帅指导作战时须掌握的能力，包括能鼓舞士气的气机、能利用各种地形的地机、能临事运用计谋的事机、能保持和充实军事力量的力机。只有具备了上述五慎、四机能力的将领才是良将。

4. 以治为胜，严明赏罚

吴起认为，军队能否打胜仗，不取决于数量上的多寡，而是依靠军队的素质高低。严明赏罚是将帅治军、增强军队战斗力的重要手段之一。

他说："耳威于声，不可不清。目威于色，不可不明。心威于刑，不可不严。三者不立，虽有其国，必败于敌。故曰：将之所麾，莫不从移；将之所指，莫不前死。"（《吴子·论将》）因此，他主张用严格的军纪军法来约束将士，做到"进有重赏，退有重罚，行之有信"（《吴子·治兵》）。因此，他提出"励士"，通过激励，将士产生荣辱观念，一旦接受命令，就乐于遵照执行；需要出兵打仗，就乐于参加战斗；等到冲锋陷阵，就乐于拼死效力。

吴起在法家"法"的思想发展中有着实际的推动作用，他在楚国变法时推崇法令的举措，给商鞅很大启发。他的很多思想发明，有兵、法结合的特征。

孙　膑

【生平】

孙膑（？～?），战国时齐国军事家，孙武后世子孙，与庞涓同学兵法。助田忌赛马、带兵。详见《史记·孙子吴起列传》。

【著述】

《孙膑兵法》（传世本、银雀山汉墓竹简本）等。

【学术成就】

孙膑在军事上继承和发展了孙武的军事思想。《孙膑兵法》探讨了战争的性质和作用、战略与战术等军事问题，讲究阵、势、权、变的灵活，对阵法下了切实的功夫，总结了丰富的作战经验。

1. 批亢捣虚

围魏救赵方略的提出是孙膑军事指挥生涯中最为得意的一页，也是他对传统兵家思想的创造性发挥。此说是他在魏军主力围攻邯郸一年有余，田忌打算率军奔赴邯郸助战时提出的，他说："解杂乱纷纠者不控捲，救斗者不搏戟，批亢捣虚，形格势禁，则自为解耳。"（《史记·孙子吴起列传》）就是避实击虚，出其不意，在魏国倾国兵力攻击邯郸之时，国内空虚的情况下，田忌“引兵疾走大梁”，既解了邯郸之围，又“收弊于魏”。在时间上、空间上都取得了对魏决战的主动权，以逸待劳，以有备击无备，局部以多打少。

2. 贵势

势指战争态势，他发展孙武被动的“任势”观点，提出了创造、争取有利作战态势的种种原则。在两军对峙、谁也不敢出兵时，孙膑主张用小股兵力进行试探性攻击，只许败不许胜，待敌军追击时再以大军从侧翼攻击，以此创造我军制胜之机。在应付敌众我寡、敌强我弱的战争态势时，则要“让威”，避开敌人锋芒，隐蔽好后续部队，以便我军能随时转移。同时，主力部队中持长兵器的战士排在前面，持短兵器者排在后面，并选派弩机手援救危急。待敌人攻击力下降再进行反击。

3. 八阵作战

孙膑发展了两周以来的阵法，并提出“八阵作战”说，“用阵三分，每阵有锋，每锋有后，皆待令而动。斗一，守二，以一侵敌，以二收”（《孙膑兵法·八阵》），即用八阵作战，可把兵力分为主力、先锋、后续部队三支，作战时只以三分之一的兵力接敌，三分之二作为机动兵力蓄锐待敌。如果敌人弱而纷乱，就用精锐部队将其击溃；如果敌人强而严整，就用老弱士卒去引诱他们，待敌军兵力分散以后再进攻。他把用兵的各个方面凝聚到一个核心上，就是要创造有利于己、不利于敌的作战态势，“居生击死”。

4. 必攻不守

必攻不守，是对孙武善攻者“攻而必取者，攻其所不守也”（《孙子兵法·虚实》）这一观点的继承和发扬，意指果断地攻击守无可守或防守虚弱的敌人。一经打击，对方即全面被动，进攻者以有备攻无备，掌握战争的主动权和制胜权，速战速决，达到保存自己、消灭敌人的目的。

此外，孙膑还确立以“战胜而强立”（《孙膑兵法·见威王》）为核心的战争观、发展克敌制胜的作战指导理论以及探讨专业化的军事教育训练等。他对《孙子兵法》的继承是全面的、具体的和深刻的，因此其创新也更能彰显学术价值。

第十节　杂家

杂家，是兼儒、墨，合名、法，能揽治法之全，故名杂家。杂家缺点在于不够专精，优点在于闳览无方，是后世所谓通学者的先驱。杂家兼该众家，并非专为调和，而是欲以措之治道者。

先秦杂家的代表有吕不韦（《吕氏春秋》）和刘安（《淮南子》内篇）。

评述杂家的早期文献为：（1）《汉书·艺文志》："杂家者流，盖出于议官。兼儒、墨，合名、法，知国体之有此，见王治之无不贯，此其所长也。及荡者为之，则漫羡而无所归心。"（2）《刘子·九流》："杂者，孔甲、尉缭、尸佼、淮夷之类也。明阴阳，本道德，兼儒墨，合名法，苞纵横，纳农植，触类取与不拘一绪。然而薄者，则芜秽蔓衍，无所系心也。"

尸　子

【生平】

尸子（约前390～前328或前309），名佼，魏国曲沃（今山西曲沃）人，商鞅门客。见《史记·孟子荀卿列传》。

【著述】

《尸子》等。

【学术成就】

尸佼学术思想偏向曾子、子思一脉。他既重视子夏、吴起的思想，也研习了老子、墨子、列子等人学说，并试图博取众长，成一家之言。

1. 生活哲学

尸佼偏爱以生活引喻政治与人生，比较突出的有以茧喻学、以火喻祸、以“位”喻位。尸佼以蚕茧的处理来表明人学习和修身的重要性，他说：“夫茧，舍而不治，则腐蠹而弃；使女工缫之，以为美锦，大君服而朝之。身者，茧也，舍而不治则知行腐蠹，使贤者教之，以为世士，则天下诸侯莫敢不敬。”（《尸子·劝学》）人身就像蚕茧一样，如果不加治理就会腐败。治理的手段是学，学的目的在于修己身，也在于引导别人修身。他以火喻祸，旨在提醒人们要防患于未然。他说：“熛火始起，易息也；及焚云梦、孟诸，虽以天下之役，抒江汉之水，弗能救也。”（《尸子·贵言》）圣人与凡人的区别就在于，是否有对事物发展的预见性。他以“位”喻位，前一个“位”相当于地理位置、地势，如他所说的“天高明，然后能烛临万物；地广大，然后能载任群体”（《尸子·明堂》）。后一个“位”指政治地位，给贤能的人尊贵的地位，他才能发挥更大的作用，这是他尚贤思想的反映。

2. 贤能政治

尸佼以为天地皆无私，只有最能效法天地无私精神的人才能称作天子。天子由于无私而诚爱天下，由于诚爱天下而得贤。只要得贤，并把政权授予贤能，君王就能“身乐而名附，事少而功多，国治而能逸”（《尸子·治天下》）。君王光知道用贤还不够，还要能成贤，即培养贤能。贤能的培养要借助三个手段：一是学，即以贤能为师；二是治心，治心是修身的根本；三是贵义，义即宇宙中的自然理性与和谐。最后是进贤，进贤的手段也有三个：一是贵德，重视德性和才能本身；二是敬贤，强调君王对贤能的让步；三是治官，即君臣分工，并且重视对官员的言行和政绩的考核，实现官员队伍优胜劣汰的良性循环。

3. 分

“分”即每个人在等级社会的有序关系中应尽的职责和义务。尸佼围绕“分”，具体阐发了“分”的根据、厘定、倡明和遵守等问题。尸子接受了老子的道，并以此确立了“分”的正当性根据，认为这根源于天道本身的正当性和“分”与天道的内在一致性。圣人为感通天地的智者，为“分”的厘定提供了智力支持，而明君圣王通过发挥自己掌握的权力把圣人的制礼定分制度化，这样才能保证“分”的正当性，并有效保障其实现。圣人和圣王厘定的“分”需要通过学和教加以倡明，最终通过赏、罚两个手段来推行。

尸佼还吸收和转化老子学说，接受了太一论、道体浑成说，对宇宙论、盖天说作了发展。他兼取全生保身派和君王南面之术，并对后者予以刑名法术的转化，以期实现无为而治，获得恒名的治国理想。

吕不韦

【生平】

吕不韦（前292？~前235），姜姓，吕氏，名不韦，卫国濮阳（今河南安阳滑县）人。详见《史记·吕不韦列传》。

【著述】

《吕氏春秋》（又名《吕览》）等。

【学术成就】

《吕氏春秋》虽是吕不韦宾客合纂的，但贯穿着有意综合的中心思想，主旨在于“法天地”，要上揆之天，下考验于地，中审察于人，然后定是非、明可否。

1. 用众说

“用众”不仅指著作《吕览》要取众家之长，还指君主治国。此著广泛涉猎先秦各家各派的思想，兼及各类文献所记的行事，而且对诸子百家的理论特点都有中肯的评价。比如它总结老子贵柔，孔子贵仁，墨子贵兼等，还称赞诸子是“天下豪士”，表现出对各家思想兼收并蓄、融会贯通的态度。《用众》篇专门论证治国不可用一家，更不可杂用多家，而必须“齐万不同”，把各家之长集合为一，方可成功。文中说“天下无粹白之狐”，而有“粹白之裘”，就是恰当地比喻各家学说都有缺陷不能完美，而集合各家长处就能完美圆足。

2. 贵生

这一思想大体是在杨朱贵己学说上发展而来，是说天下莫贵于吾生，故不以天下害吾生。“身者，所为也。天下者，所以为也。审所以为，而轻重得矣。”（《吕氏春秋·审为》）他的贵生之道，首先是要“顺生”，但人欲阻碍了生之顺，于是讲要“适欲”。“天生人而使有贪有欲。欲有情，情有节。圣人修节以止欲，故不过行其情也。”“由‘贵生’动，则得其情矣。不由‘贵生’动，则失其情矣。”（《吕氏春秋·情欲》）他把人生看作行动的标准，把贵生看作道德的原则。贵生之术不是教人贪生怕死，也不是教人苟且偷生。正因为贵生，所以不愿迫生。“辱莫大于不义，故不义，迫生也。而迫生非独不义也。故曰迫生不若死。”（《吕氏春秋·贵生》）贵生是因为生之可贵，如果生而不觉其可贵，只得其所恶，故不如死，如孟子的“所恶有甚于死者”（《孟子·告子上》）。贵生之术本在于所欲皆得其宜，如果生而不得所欲，死而得其所安，那自然生不如死了。

3. 爱利的政治

政府的起源在于全生，在于利群，所以“立官者，以全生也”（《吕氏春秋·本生》），“利之出于群也，君道立也”（《吕氏春秋·恃君》）。君王与政府的设立都是为了维护群的利益，所以说“天下非一人之天下，天下之天下也”（《吕氏春秋·贵公》）。政府的功用在于全生，而它的手段是利用人的情欲。他说：“人之欲多者，其可得用亦多。人之欲少者，其得用亦少。无欲者，不可得用也。”（《吕氏春秋·为欲》）政治的运用全靠人有欲望，欲望是政治的纪纲，欲望越多的人，越可得用，无欲的人是谁也不能使用的。因此，他批评墨家的非乐、非攻与偃兵之论，他认为战争是人类天性上不可避免的。战争虽不能消除，其中却有巧拙之分、义与不义之别，分别的标准在于对人民的利害。

《吕氏春秋》始乎理，终乎事；条其贯，纲举目张，编纂体系非常严整。另外，它对诸子百家兼收并蓄，因而保存了各家的思想资料，成为先秦学术的资料汇编，许多古代的遗文逸事也靠它才得以保存。

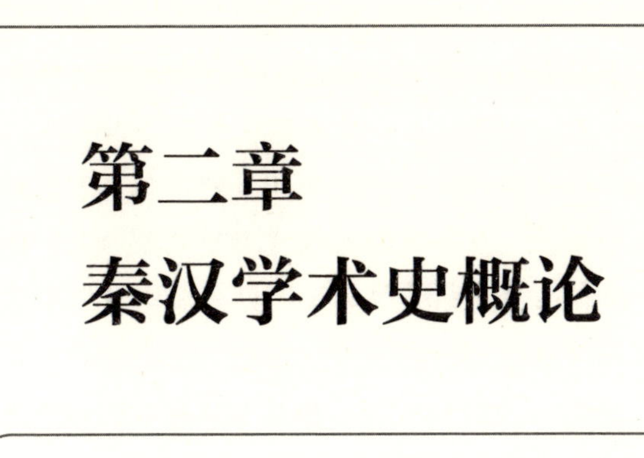

第二章 秦汉学术史概论

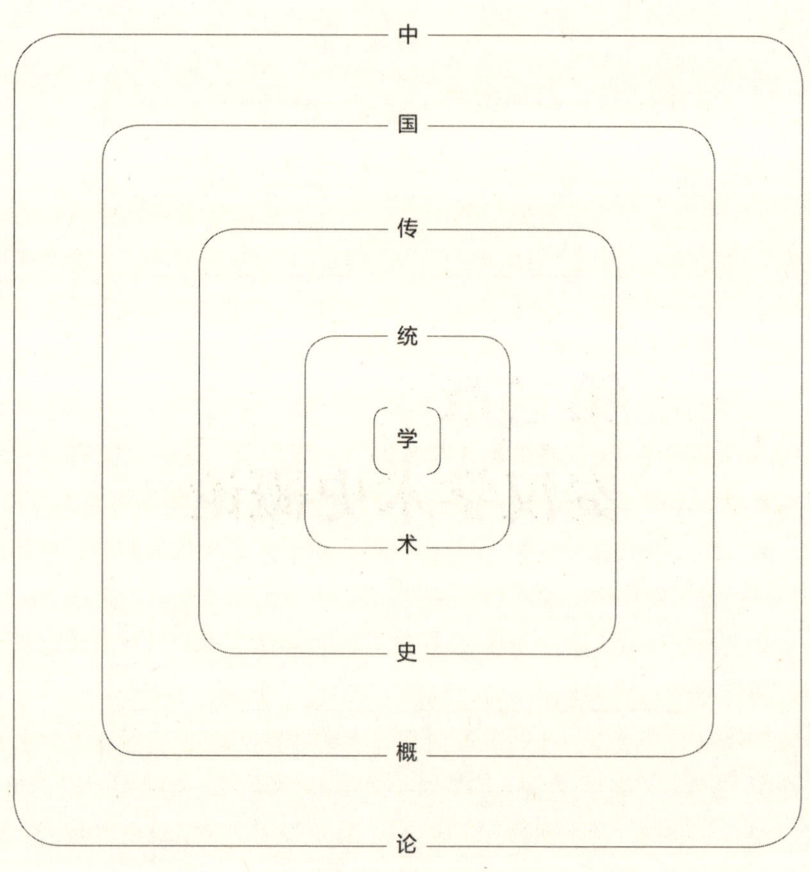
中
国
传
统
学
术
史
概
论

总论：经分今古与子学的融通

一 经学的今、古文分化

治古文经者，解经时以训诂为主，力求恢复经典原义。治今文经者，则以章句发挥己意，力求使经典与政治结合。两家形成不同学风，有不同学统。西汉年间，今文经生多见用，如董仲舒、公孙弘等。今文经学也立于学官，见用于当世。明经成为取仕快捷方式，引发古文经学与今文经学的争立。

第一次古今文经学交锋，古文经学失败。哀帝建平年间，刘歆请立《左氏春秋》《毛诗》《逸礼》《古文尚书》于学官，哀帝纳其言以问诸博士，诸博士皆不从。刘歆作《移让太常博士书》，终不得立而出为外任。

第二次交锋，古文经学立足于宫廷。在平帝时，王莽秉政，与刘歆友善，因立《毛诗》《逸礼》《古文尚书》《左氏春秋》于学官。

第三次交锋，古文经学失败。光武帝建武初年，尚书令韩歆请立古文《费氏易》《左氏春秋》（又名《春秋左氏传》，简称《左传》）于学官，光武帝默许而下诏议论，范升等人激烈反对，与陈元等数度上疏论辩，终立李封为《左传》博士。李封去世即罢《左传》博士。

但由于彼时今文经学已与谶纬神学合流，加之烦琐解经等弊端，民间习经者已转向古文，出现了桓谭、郑兴、杜林、陈元、贾逵等大家，声势浩大。因而，章帝初即位，即令上书言《左传》义长于《公羊传》《穀梁传》的贾逵自选《公羊传》诸生二十人教以《左传》。建初八年（83）又诏诸儒选高才生授以《左传》《穀梁传》《古文尚书》《毛诗》。古文经学终于成为取仕快捷方式，其政治地位与今文经学同尊。

古今文经学相争的焦点，在于哪家更能表达先圣的本义。范升斥《左传》，即谓其出于左丘明而不出于孔子。陈元以为左丘明亲受于孔子。白虎观会议前后，李育作《难左氏义》，何休等以《公羊传》并难《左传》《穀梁传》，服虔以《左传》驳何休；何休作《公羊墨守》《左氏膏肓》《穀梁废疾》，郑玄针对其而作《发墨守》《箴膏肓》《起废疾》。他们主要针对各书的学术性而论争，除贾逵曾云《左传》讲汉之火德与谶纬合外，大多脱离政治，成为经学衰落的原因之一。

更主要原因，在于东汉选官制度的改变。东汉后期，外戚、宦官轮流执政，垄断了荐人、用人大权，明经者不如钻营托请者便于得官为宦，故习经者渐少。加之两次“党锢之祸”的打击，儒生渐成为“清议”力量。汉末战祸连连，京城被焚，儒生散落各地，依附诸侯，经学独盛的时代一去不复返。

二 史学

司马迁的《史记》与班固的《汉书》是此阶段史学成就的代表。《史记》开创了纪传史书涵盖本纪、世家、列传、表与书等多项内容的体例，为后世“通史”的撰写做出了典范。《史记》充分体现了司马迁用不断变化和发展的观点考察国家成败兴亡的思想，从“通古今之变”出发，把历史作为观察、处理现实问题的一面镜子，突出了历史的鉴戒作用，成为中国史学的一个优良传统。

《汉书》不仅是断代史的典范，而且首次把《艺文志》纳入正史，成为后世正史的楷模。同时，班固“私撰”《汉书》的行为，标志着史书的撰写不再是史官的专利。《汉书》具有浓厚的皇朝意识，班固十分自觉地颂扬“汉绍尧运，以建帝业”的合理性和“创万世”“并万嗣”的辉煌功德。

三 子学的融通与细化

秦王袭用富国强兵的法家学说，调节人际关系；取阴阳家“五德终始”说，借此“历运说”证明改朝换代的合理性，以调节政治关系；信从神仙方术学说，求仙求药冀得长生，从某种意义上说，这是秦始皇调节天人关系的一种手段。对于其他各家学说，合则取用，不合则罢斥甚至禁绝，这成为秦代以政治统御学术的典型事例。

博士淳于越与丞相李斯的廷争，仅仅是儒家为政理论与法家治世学说的一次激烈交锋，只因李斯运用了“术”“势”手法，将思想论证混同于政治斗争，才导致了我国历史上政治对学术的首次强烈干预，促成了焚书事件；又因为方士与儒生阵线不明，才使得在坑杀事件中儒生连带受害。自此，儒家基本退出宫廷而散落民间，但并未因此成为绝学。

诸子学术在秦时已表现出融通的趋势，到了两汉，除了在融通上继续深入以外，还表现出细化的一面。融通的表现之一是西汉前期的黄老思想。曹参相齐，欲“安集百姓”，得胶西治黄老言之盖公。盖公言“治道贵清静，而民自安”，并推此理以言其他治理措施。萧何的施政纲领，司马迁谓“因民之疾奉法，顺流与之更始”。

马王堆帛书中整理出的《经法》《十大经》《称》《道原》四篇，学界研究认为即黄帝学派著作。丁原认为《黄帝四经》代表战国南方黄老学说思想，稷下学术丛书《管子》中《心术》等四篇黄老学说，则代表了战国北方黄老学说的思想。盖公所传当为北方黄老之学。

北方黄老学说继承《老子》“无为而治”的政治学说，并发展为“君主清虚，臣下尽职”的统治权术。它继承了《老子》的“道”“德”说，把二者更加紧密地结合起来，谓“道与德无间”，并将“德”发挥为“义”“礼”“法”。

融通的表现之二是汉武帝时期的新儒学。董仲舒在对河间献王问时，阐发了阴阳五行化了的儒家思想。他将儒家政治思想中最重要的忠、孝观念，通过“天之经”“地之义”与阴阳家的五行四时学说联系起来，打通了社会政治范畴的忠孝与自然界天长地养规律间的联系，表现出董仲舒新儒学“天人相应”的基本观念，标志着对先秦儒学改造的完成。

董仲舒《天人三策》是在先秦儒学的基本社会政治理念基础上，发展了旧有的“《春秋》灾异说”，融合阴阳五行家的阴阳、四时、五行学说，承袭了公羊学说的一统理论，借用了墨家的“天志”信仰形式，建立起以天人合一为哲学基础、天人感应为基本理念的新儒学框架。

诸子学说的细化的表现之一：“道术为天下裂”的惯性延续。表现有：同样主儒家，陆贾《新语》重视“仁义”，贾谊《新书》重视“礼”，扬雄《法言》重视“智”，而徐干《中论》重视的是仁、义、礼、智等道德实践时的正确合理的原则和方法——“中”；同样主法家，晁错《新书》重视“重农抑商”反对封建制，崔寔《政论》重视节俭禁止奢侈，桓范《世要论》重视君臣之区别；同样主名家，刘劭《人物志》重视人才鉴别，刘廙《刑声论》重视刑、礼之别，姚信《士纬》重视士人规范，卢毓《九州人士论》重视人才的地域性；同在“杂家”之列，《淮南子》重视老子思想，《论衡》重视对社会风俗的批判，《昌言》《万机论》《刍荛论》等重视时政。

细化的表现之二：把先秦诸子中的某些泛泛之论形诸为专门之学。最突出的代表是应劭的《风俗通义》与刘劭的《人物志》二书，两人都企图通过对于具体问题的细化研究达到以专求合、乱中求治的效果。（详见尹玉珊《汉魏子书研究》第二章）

四 文学理论

秦汉的文学理论以《毛诗序》的“诗教”与司马迁的“发愤著书说”为代表。《诗大序》可视为一篇相对独立的诗歌理论专论。其中所论及的诗歌创作、诗的功用、诗的风格等问题，对后世正统的诗歌理论产生深远影响。首先，诗乐舞三者与情感强弱的递进关系，将情志作为一个统一体来看待。其次，《诗大序》提出诗风格的理想标准是“主文而谲谏”。这种理论一方面具有要求诗歌密切联系现实、讽刺时政的积极意义，另一方面又强调诗歌风格必须温柔委婉，不能直言统治者的过失，不能触犯统治者的尊严。最后，《诗大序》对《诗经》的体制进行了概括，提出了“诗有六义”说：“一曰风，二曰赋，三曰比，四曰兴，五曰雅，六曰颂。”其中比兴之法对后世诗歌创作和理论有深远影响。

司马迁的“发愤著书说”是对孔子“诗可以怨”的具体发明，说明历史上有名的著述都是心有郁积，不得通其道，故述往事、思来者，成为传世的佳作。这一理论对后世有深远影响，像韩愈的“不平则鸣”，欧阳修的“诗穷而后工”等一系列有关怨的诗论都受其影响。

五 文献学成绩

秦汉的文献整理与目录编纂成绩以刘向《别录》与刘歆《七略》为代

表。《别录》是刘向整理校对群书的成果，是传世的中国第一部目录学著作。《七略》是《别录》的简省版，开启了目录学上“六分法”的序幕。所谓“七略”即辑略、六艺略、诸子略、诗赋略、兵书略、数术略、方技略。《七略》以后，东汉校书郎班固、傅毅等“并依《七略》而为书部”，魏晋南北朝时期时王俭《七志》、阮孝绪《七录》，隋许善心《七林》，都基本沿袭了《七略》的分类法。

李斯

【生平】

李斯（约前280～前208），名斯，字通古。战国末期楚国上蔡（今河南驻马店上蔡）人。详见《史记·李斯列传》。

【著述】

《谏逐客书》、《论督责书》、《言赵高书》、《狱中上书》、《刻石文》（七篇）等。

【学术成就】

李斯师从荀子，却偏向法家。他根本反对“以古非今”、“不师今而学古”和“道古以害今”，从而推导出他的焚书政策。

1. 三代不足法

李斯主张变法，他说：“五帝不相复，三代不相袭，各以治。非其相反，时变异也。今陛下创大业，建万世之功，固非愚儒所知。且越言乃三代之事，何足法也?”（《史记·秦始皇本纪》）他认为不但三代与五帝不同法，而且他们皆各自为法，这不是出于创新的愿望，而是应时代所需。更何况当今时代去古久远，那些主张法三代的儒生都是愚陋之人，都是被时代淘汰的落伍者。

2. 道古以害今

李斯说：“异时诸侯并争，厚招游学。今天下已定，法令出一，百姓当家则力农，工士则学习法令辟禁。今诸生不师今而学古，以非当世，惑乱黔首。”（《史记·秦始皇本纪》）战国时期，由于政治纷争，导致思想学说的纷争，彼时纵横游说之士，已经完全不适合当下的大一统政体了。他们的言说，只能起到惑乱百姓的作用。与统一的政权相匹配的应是一统的思想，即“别黑白而定一尊。”要想做到思想统一，就要制止私学而把教育权收归官方，“私学而相与非法教，人闻令下，则各以其学议之，入则心非，出则巷议，夸主以为名，异取以为高，率群下以造谤”。（《史记·秦始皇本纪》）

3. 焚书政策

光是禁止民间私学还不够，民间藏书也得禁止。李斯说：“臣请史官非秦记皆烧之。非博士官所职，天下敢有藏《诗》、《书》、百家语者，悉诣守、尉杂烧之。有敢偶语《诗》《书》者弃市，以古非今者族。吏见知不举者与同罪。令下三十日不烧，黥为城旦。所不去者，医药卜筮种树之书。若欲有学法令，以吏为师。”（《史记·秦始皇本纪》）“五经”与诸子只能为博士官所持，一旦搜查出民间私藏的，统统焚烧。同时，禁止自由谈论《诗》《书》，更不能有是古非今的言论。唯一允许百姓学习的、与基本生存技能无关的“学问”是法令，而且只能以低级官吏为师。

李斯的焚书政策看起来极端，其实历代思想家，无论是哪一派，都会有压迫异己的思想，只是自身与政权的结合不如李斯这么紧密，因此无从借政权以施行罢了。

董仲舒

【生平】

董仲舒（前 179 ~ 前 104），广川（今河北枣强）人。汉武帝时，仲舒对策“推明孔氏，抑黜百家”。详见《汉书·董仲舒传》。

【著述】

《春秋繁露》等。

【学术成就】

董仲舒在学术上全面吸收了阴阳学说，建构了一个全新的思想体系，完成了对儒学的重构。他使儒家学说在西汉中期战胜诸子百家而成了独尊的经学。

1. 天人合一

天人合一，也称天人感应。董仲舒吸取了战国以来的阴阳五行思想，虚构了一个世界图式，来说明自然和人类社会的秩序及其变化的规律。照这个图式，宇宙是一个有机的结构；天与地是这个结构的轮廓；五行是这个结构的间架；阴阳是运行于这个间架中间的两种势力。在空间上，木居东方，火居南方，金居西方，水居北方，土居中央。这五种势力，好像是一种“天柱地维”，支持着整个宇宙。在时间上，五行中的四行，各主一年四时中的一时之气：木主春气，火主夏气，金主秋气，水主冬气。

天是有意志的，首先体现在阴阳和五行之气上。天是万物的主宰，人是万物中居特殊地位的最贵重者。因此，天与人的关系构成了高于其他关系之上的一种关系。天与人的内在结构相同，人身就是天的副本。如人体三百六十个骨节与三百六十天同，又如四肢十二节同于四时十二月等。而且人的内在情感、意志也与天相符，哀乐如同阴阳。同样，人类的社会结构、伦理关系、秩序，都是与天同构的。

在这个严密的天人结构中，顺命者昌，逆命者凶。因此必须依照天理对人欲进行调整。他认为：天命必须由圣人来推行；人的质朴的本性，非教化不能养成；人欲，必须有制度来节制。因此，帝王必须上承天意，下教化民；建立法度秩序，以防人欲泛滥。这样才能抓住治国的根本。

2. 三纲

董仲舒不仅明确提出了君为臣纲、父为子纲、夫为妇纲的“三纲”思想，他还用阴阳学说对“三纲”进行了详细的论证，把“三纲”进一步绝对化、凝固化。他的阴阳学说源于道家黄老学派。黄帝说：“凡论必以阴阳□（缺字为“明”或“之”）大义……主阳臣阴，上阳下阴，男阳女阴，父阳子阴，兄阳弟阴，长阳少阴，贵阳贱阴……制人者阳，制于人者阴。”（《黄帝四经·称》）在这里，阴阳已与君臣、父子、男女等关系一一对应。阳尊阴卑的学说被董仲舒取用，成为他论证“三纲”神圣不可动摇的理论工具。董仲舒说：“君臣父子夫妇之义，皆取诸阴阳之道。君为阳，臣为阴；父为阳，子为阴；夫为阳，妻为阴。”（《春秋繁露·基义》）

3. 性三品说

董仲舒认为人性是与生俱来的先天禀赋，蕴含着善、恶等道德观念，“可养而不可改，可豫而不可去”（《春秋繁露·玉杯》），关键在于后天的修养与取舍。他把人性分成上、中、下三个等级，即圣人之性、中人之性和斗屑之性。圣人之性是儒家高度理想化的人格体现，具有高尚的道德、无边的智慧和神秘的预见，已超越了性善的境界。斗屑之性，是品质低下、行径恶劣的小人的人格属性，不是教化向善的对象。只有中人之性才是讨论人性善恶的合适对象，正是在这个范围内，王者通过教化的途径引导人们达到“善”的论述，才具有了社会意义。

董仲舒摆脱了先秦儒家形而下的亲亲、尊尊和由近及远的主观类推方法的束缚，他将形而下的具体主张建立于形而上的宇宙图式之上，由形而上的宇宙秩序来推演、论证形而下的社会秩序。

陆　贾

【生平】

陆贾（约前 240 ~ 前 170），汉初楚国人。以客从汉高祖定天下，名为有口辩士。详见《史记·郦生陆贾列传》。

【著述】

《新语》等。

【学术成就】

陆贾的学术体现在《新语》和他的奏疏中，他在道论、方法论以及历史观等方面都颇有建树。

1. 以仁义为本

陆贾既说“以道德为上，行仁义为本”（《新语·本行》），又说“君子握道而治，据德而行，席仁而立，杖义而强”（《新语·道基》），反复论证仁义的重要性。他把道德视为“存乎身”的东西，而仁义乃是要恰当适宜地处理人际关系，所以十分强调道德修养对于建功立业的重要作用。他说圣人因为能“修之于内”，有美德，所以能显仁义于外。他要求统治者以德律己，同时对下也要“检之以德”，即重视德教。基于这种认识，他提出了“统理”，也就是统治之理或为治之道。正确的统理应该是“设刑者不厌轻，为德者不厌重，行罚者不患薄，布赏者不患厚”（《新语·至德》）。他把以德教为主、刑罚为辅的刑德统一思想称为“中和”。

2. 尚贤

陆贾说：“圣人居高处上，则以仁义为巢，乘危履倾，则以贤圣为杖。”（《新语·辅政》）他关于杖圣、杖贤、杖仁、杖义、杖谗、杖贼的说法，突出地表明了人才质量对政治建设的极端重要性。所以选择人才时，力求选择那些圣贤仁义者，避免谗贼之徒。陆贾首先强调君主也要是贤者、智者，这样才能清楚地辨别贤者与奸邪。为了方便识别人才，他将人地按其气质、性格、智识等分为若干类，他比较欣赏持柔者、迟重者、温厚者、柔懦者，特别反对小辩、小慧之人。他还讲述了一些择才的方法，比如防止“党辈”的干扰，注意搜罗地处僻远、身份低微的人才等。

3. 道论

陆贾的道论有四个内容，一论道与术，二论道与器，三论天道与人道，四论道与德。他的“道”主要指自然规律和人事法则，“道术”指治道艺术，“器”指天地间一切自然事物及人类加工制作的器物。他说道寄天地之间，又说“尽情为器，故曰‘圣人成之’”（《新语·道基》），器既包括五谷、桑麻丝枲、宫室、舟车等物质器物，也包括政治、刑法、礼乐、文教等精神器物。道与器是一与多的关系，一就是道，运用在实践中就要求人们专心一意地守道，乃至于侍奉有道之君；多指物，包括天下、国家、百姓乃至万物。“天道”即指天文、地理之类的自然规律，“人道”是对自然规律的效法，主要内容是王道，即“父子之亲，君臣之义，夫妇之别，长幼之序”（《新语·道基》）。他强调天道与人道的同一性，但也说人道的变化并不全以天道为转移，人有主观能动性。作为“当行者”的道是抽象的，而作为“得其道于心而不失”的德则是具体的东西。陆贾在社会理想方面强调实行德政，在个体人格方面强调养成道德高尚的人。

4. 论通、塞

陆贾十分重视事物的普遍联系，他用“通”表示事物间的联系，用“塞”表示事物间的联系被割断。他的“通”包括两类，一指“道”的通，一指通言路、通消息。他提出“通道”这个概念，认为正是由于它的存在，才使不同的事物或人们之间能互相沟通。它就存在于现实生活之中，为人们的日常所必需，所以它能“通凡人之心”，才能为“人之所行”。他批评避世之士，就是主张人不要自我封闭，而要做一个关心现实、有益于社会和治道的人。一些人的“不通”，不是不愿用世，而是客观环境造成的，比如仕途的不通，使一些身怀美才高术的人无法用世。正是基于这样的认识，他既反对个人怀道避世，也反对社会内部——尤其是君臣之间的隔绝，主张上要明于下，选贤授能。

陆贾主无为，但他的理想社会不同于老子的“小国寡民”，更似是儒家的“大同”。因为他吸取了儒家的仁义观念，而且对西汉的社会进步充满信心。

贾　谊

【生平】

贾谊（前200~前168），雒阳（今河南洛阳东）人。略晚于陆贾，是荀子的再传弟子。详见《史记·屈原贾生列传》。

【著述】

《新书》《贾长沙集》（《贾谊集》）等。

【学术成就】

贾谊继荀子之后，再次提倡阳儒阴法，为以后历代封建统治者提供了一个政治思想的模式。

1. 尊君

贾谊提倡尊君，但强调权力的行使是出于集体的意志与能力。人君地位之尊，是大一统政体的要求，人君在政治结构内，以自卑而尊臣的程度高低，为其政治隆污的标志。他先把君主周围的人分成六等：师、友、大臣、左右、侍御、厮役，并具体界定了六等人的德能与作用。最后总结："故与师为国者帝，与友为国者王……取师之礼，黜位而朝之；取友之礼，以身先焉。"（《新书·官人》）君主所欲成就功业的大小，与他对待身边人的态度亲疏成正比。

2. 民对知人用人的作用

贾谊突出民在知人用人上的积极功用，以树立选才的客观标准。孟子的国人用之、国人杀之，强调国人的舆论，但贾谊说："故士民誉之，则明上察之，见归而举之；故士民苦之，则明上察之，见非而去之。"（《新书·大政》）"誉之"也有舆论的意思，但"苦之"就是指民对治政的真实体验，也就是说评价官吏的政绩也核验考评而不仅依赖舆论。更可贵的是，他认为社会责任的承担是自上而下，地位越高责任越大，"故民之不善也，吏之罪也；吏之不善也，君之过也"（《新书·大政》）；"故有不能求士之君，而无不可得之士；故有不能治民之吏，而无不可治之民"（《新书·大政》）。民之善恶全在于官吏，官吏之优劣全在于君主。

3. 重礼

贾谊重视礼，也不排斥法，但他认为，真正的法治，只有在礼的精神纽带中，才可以运行不匮。他说："礼者，所以固国家，定社稷，使君无失其民者也。……天子爱天下，诸侯爱境内，大夫爱官属，士庶各爱其家，失爱不仁，过爱不义。故礼者，所以守尊卑之经、强弱之称者也。"（《新书·礼》）礼是维系所有社会关系的纽带，礼能妥善安排尊卑强弱之间的关系，只要谨遵礼制，就不会有失爱、过爱的发生，这点与孔子"过犹不及"的"中和"思想一致。

他还反复强调礼是“恤下”的，不是为尊者而设。“故礼，国有饥人，人主不飧；国有冻人，人主不裘；报囚之日，人主不举乐。岁凶谷不登，台扉不涂，榭彻干侯，马不食谷，驰道不除，食减膳，飨祭有阙。”（《新书·礼》）他不仅看到礼对特权的维护，也清醒地认识到礼对特权的约束作用。

4. 从道的创生到六艺

贾谊融合儒、法、道，将老子的“道生之，德畜之”的创生历程，加入《韩非子·解老》提出的“理”，再接上儒家“天命之谓性”的基本思想，最终落实到“六艺”，组成由道家之“道”到儒家“六艺”的大系统，使“道”的创生历程得到更大的充实；使“道”的形上性格，确定地落实于现实世界的人生价值之上。他首先提出：“德有六理，何谓六理？道、德、性、神、明、命，此六者德之理也。六理无不生也，已生而六理存乎所生之内。”（《新书·六术》）然后讲述“六理”的流变与外化：六法、六行。仁、义、礼、智、信只有五行，无法与“六”照应，于是他说“行和则乐与，乐与则六，此之谓六行”（《新书·六术》），“乐”是践行仁、义、礼、智、信时“和”的状态，因此可并入而成“六行”。而“六行”的修养离不开“六艺”，“是故内法六法，外体六行，以与《诗》《书》《易》《春秋》《礼》《乐》六者之术以为大义，谓之六艺”（新书·六术）。

贾谊融合儒家的仁义与道家的无为之教，开两汉儒、道并行互用的学风。他对后世的影响表现在很多方面，上述之外，又如民本思想、农本思想等也有深远的影响。

晁　错

【生平】

晁错（前200～前154），颍川（今河南禹县）人。他从伏生受《尚书》，协汉景帝制令“削藩”。详见《史记·爰盎晁错列传》《汉书·爰盎晁错传》。

【著述】

《新书》《晁错集》等。

【学术成就】

晁错作为西汉前期一个很有作为的政治家，他的很多学术探索是基于对当时社会矛盾的深刻分析之后得出的。

1. 法术思想

晁错强调法治和术数，他说："人主所以尊显，功名扬于万世之后者，以知术数也。"（《汉书·爰盎晁错传》），术数即刑名之术，是法家发明的供君王驾驭臣下的手段和策略。他认为只有掌握了术，群臣才能畏服、不被蒙蔽、海内必从。他也重法，但与传统法家不尽相同。他强调立法必须本于人情，相当于《泰誓》的民视、民听。而且先秦法家主张"立民之所恶"，晁错主张从人所欲，则是"立民之所乐"；他十分强调"德"的道德含义，而不同于韩非的"庆赏之谓德"（《韩非子·二柄》），用"德"指给予臣民的物质恩惠；他主张行罚要得当，不同于商鞅的重罚。

2. 民本思想

晁错总结秦亡教训时，指出关键的因素是民的态度。秦之所以并六国，除了"地形便，山川利，财用足"外，就是"民利战"。六国之所以被兼并，除"臣主皆不肖，谋不辑"之外，最重要的就是"民不用"。而秦之末时，因为"吏不平，政不宣，民不宁"（《汉书·爰盎晁错传》），所以亡了。因此他认为王道"莫不本于人情"。而要顺民情，必须注意做到以下三点：务农桑，薄赋敛，广蓄积。他说"民情，一日不再食则饥，终岁不制衣则寒"（《汉书·食货志上》），就是顺民之欲；他主张号令有时，就是保障农民的正常农业生活。

3. 军事辩证法

晁错在论及匈奴的战事时，很多见解颇富辩证法的精神。如他分析敌我双方的力量对比，主张以我之长制敌人之短。他说："匈奴地形技艺与中国异……匈奴之长技三，中国之长技五。"（《汉书·爰盎晁错传》）。由此可见他对孙子所说的"知己知彼，百战不殆"（《孙子兵法·谋攻》）的思想深有体会；他十分重视将领在战争中的作用，但亦不排斥兵民。他既说"安边境，立弓名，在于良将"，也说"卒不可用，以其将予敌人也"

(《汉书·爰盎晁错传》)，良将固然重要，但如果士卒不顶用，等于把将领交给敌人。他主张从实际情况出发，决定战略战术。他曾十分详细地谈到在什么样的地形下，使用什么样的武器最能发挥作用。这一思想，显然符合辩证法的关于用不同方法解决不同矛盾的要求。

晁错重道德、顺民情的思想与儒家更接近，而重法术的具体内容也有别于先秦法家，因此他的思想也比较混杂，这与先秦诸家思想在秦汉之际开始整合的趋势一致。

京　房

【生平】

京房（前77~前37），字君明，本姓李，后吹律[①]自定为京氏，东郡顿丘（今河南清丰西南）人。师从焦延寿（焦赣），详见《汉书·儒林传》《汉书·眭两夏侯京翼李传》。

【著述】

《京氏易传》(《孟氏京房》《灾异孟氏京房》《周易京房章句》《周易妖占》《周易逆刺占灾异》等今佚)。

【学术成就】

《京氏易传》是京氏易学的代表作，探讨的问题很多，本节即主要谈八宫卦序、纳甲与卦爻五行等问题，其他如卦气说、星占、灾异占、音律和风角等学说不论。

1. 八宫卦序

京房的八宫卦是以八基本卦自身相重而建立起八宫的本宫卦，然后将

① 当时五行说盛行，以五行配五音，又将姓氏按五音分为五姓的一种五行配当方法。据隋人萧吉《五行大义》引《乐纬》说："孔子曰：'丘吹律定姓，一言得土曰宫，三言得火曰徵，五言得水曰羽，七言得金曰商，九言得木曰角。'"大约京房以为吹律定姓为夫子遗教，所以才有此举。

八宫本宫卦以逐爻变化而变出本宫之其他七卦，从而得到每宫八卦，八宫共得六十四卦。

京房八宫八卦表

世魂　八宫	乾	震	坎	艮	坤	巽	离	兑
一世	姤	豫	节	贲	复	小畜	旅	困
二世	遁	解	屯	大畜	临	家人	鼎	萃
三世	否	恒	既济	损	泰	益	未济	咸
四世	观	升	革	睽	大壮	无妄	蒙	蹇
五世	剥	井	丰	履	夬	噬嗑	涣	谦
游魂	晋	大过	明夷	中孚	需	颐	讼	小过
归魂*	大有	随	师	渐	比	蛊	同人	归妹

注：* 惠栋《易汉学》引《京房易积算法》曰："孔子易云有四易，一世二世为地易，三世四世为人易，五世八纯为天易，游魂归魂为鬼易。"

2. 纳甲

京房把八宫卦分别配以十干，因甲为十干之首，故称为纳甲。他又将六爻与十二支相配，因此将卦爻与干支配应起来，即可将干支五行引入易卦系统中。

①卦纳干。

京房先把十干视为十数，再分奇、偶，奇为阳，偶为阴，于是得到甲丙戊庚壬为阳，乙丁己辛癸为阴。将十天干与八卦的阴阳相配，将八卦的阴阳配应于十干的阴阳：

阳卦：乾艮坎震；　　　　阴卦：坤兑离巽；

阳干：甲丙戊庚　壬（纳乾）；　　　　阴干：乙丁己辛　癸（纳坤）；

②爻纳支。

第一条规则是阳卦各爻纳阳支，阴卦各爻纳阴支。第二条规则是确立一个起始点，根据《史记·律书》，按生律法可推出十二律与十二月的对应关系，所以黄钟当乾之初九。起点确立后，再根据生律规则求得其他各爻所对应的支。生律之法，是所谓三分损益法；如果按十二支位来说，即是隔八生律法。京房就是根据生律规则和"天左旋，地右动”的规则确立起乾坤二卦六爻纳支的法则。其余六卦各爻配支的法则同此。

八卦纳甲图

乾	震	坎	艮
——戌	— —戌	— —子	——寅
壬——申	— —申	——戌	— —子
——午	——午	— —申	— —戌
——辰	庚— —辰	戊— —午	丙——申
甲——寅	— —寅	——辰	— —午
——子	——子	— —寅	— —辰
坤	**巽**	**离**	**兑**
— —酉	——卯	——巳	— —未
癸— —亥	——巳	— —未	——酉
— —丑	— —未	——酉	——亥
— —卯	辛——酉	己——亥	丁— —丑
乙— —巳	——亥	— —丑	——卯
— —未	— —丑	——卯	——巳

八纯卦每一卦都有对应的干，每一爻都有一个对应的支。因此每爻都有一个干支对。八卦共四十八爻，干支对有六十个，余下十二个干支对无爻可配。于是规定甲与壬同，乙与癸同。即壬午与甲午同，癸丑与乙丑同，等等。《京氏易传》中普遍采用纳甲法。所以任取一卦，视其内外卦之纯卦，各爻之干支可由八卦纳甲图求得。从而由干支的五行来进行某种操作，对事物进行解释和占测。

3. 卦爻五行

八宫与五行之间的对应关系是：

乾宫卦属金　坤宫卦属土　震宫卦属木　巽宫卦属木

坎宫卦属水　离宫卦属火　艮宫卦属土　兑宫卦属金

八卦的基本卦象是：乾天、坤地、震雷、巽风、坎水、离火、艮山、兑泽。艮山、坤地为土，坎为水，离为火，既是八卦固有的卦象，又与五行固有的表象符合。震雷、巽风都与木的荣发有关，风盛于春而雷亦始于春，春之盛德在木。乾天、兑泽之为金，取二者皆有刚性之义。所以，从象言，五行与八卦间实相蕴含，从不互相抵牾。

八卦休王说（据隋人萧吉《五行大义》）

立春：艮王、震相、巽胎、离没、坤死、兑囚、乾废、坎休；

春分：震王、巽相、离胎、坤没、兑死、乾囚、坎废、艮休；

立夏：巽王、离相、坤胎、兑没、乾死、坎囚、艮废、震休；

夏至：离王、坤相、兑胎、乾没、坎死、艮囚、震废、巽休；

立秋：坤王、兑相、乾胎、坎没、艮死、震囚、巽废、离休；

秋分：兑王、乾相、坎胎、艮没、震死、巽囚、离废、坤休；

立冬：乾王、坎相、艮胎、震没、巽死、离囚、坤废、兑休；

冬至：坎王、艮相、震胎、巽没、离死、坤囚、兑废、乾休。

八节与八卦的对应为：艮为立春位于东北，震为春分位于正东，巽当立夏位于东南，离当夏至位于正南，坤当立秋位在西南，兑当秋分位于正西，乾为立冬位在西北，坎为冬至位在正北。当立春时，艮卦当令为王，而震卦为相。按五行艮为土，震为木，土不能生木，于五行法则不能成立。但从八节时令转换言，艮当冬令与春令的交界，既带有冬季或北方的水性，也带有东方和春令的木性，当然还有它自身的土性。因此，当艮为王时，以水生木而得震为相，亦以水生木而得坎为休。

焦延寿自称学《易》于孟喜，京房以为焦氏《易》即孟氏之学。其后京房三弟子殷嘉、姚平、乘弘皆为经学博士，于是《易》有京氏学。

扬　雄

【生平】

扬雄（前 53 ~ 18），字子云，蜀郡成都（今四川成都）人。少慕司马相如，作赋常模仿之。详见《汉书·扬雄传》。

【著述】

《太玄》《法言》《方言》等。

【学术成就】

从辞赋到《太玄》，这是扬雄思想向前的伸展；但从《太玄》到《法言》，则没有显示他思想的直线伸展，反而表现为大反省。这一反省是由于对王莽的大希望，转为对王莽的大失望而引发的。

1. 推重颜渊

扬雄在孔门弟子中，特推重颜渊，强调孔、颜的关系，并提出颜渊的乐处。"或曰：'人可铸与？'曰：'孔子铸颜渊矣。'"（《法言·学行》）以炼化黄金为喻，说明颜渊是孔子最优秀的作品。颜渊如不遇孔子而从其教诲，也就是普通人，而现在的他几乎可追圣人，与炼化黄金不异。他还说："纡朱怀金者之乐，不如颜氏子之乐。"（《法言·学行》）颜渊的乐是精神上的，所以是内在的，不受物质环境所左右。权势与富贵的获得，是物质的，所以是外在的，很容易被剥夺。不仁者不能久处贫贱，颜渊能久处贫贱，如非心中安仁则不能，所以他已接近孔子了。颜渊也有苦，"颜苦孔之卓之至也"（《法言·学行》）。夫子之道，超然特立。颜渊既竭其才，欲从末由，所以苦。欲从末由，而仍未见其止，故所苦正是其所乐。颜渊所乐，正在于能得孔子为老师，以孔子之道为至乐，虽王天下也不愿交换。扬雄之贫似颜渊，扬雄之乐也与颜渊同。

2. 推尊孟子，创建儒学道统

扬雄推尊孟子，创建孔、孟的儒学道统，并自认为此道统的传承者。他宣扬孟子清扫杨朱与墨子之乱，廓清儒家大道之功，"古者杨、墨塞路，孟子辞而辟之，廓如也。后之塞路者有矣，窃自比于孟子"（《法言·吾子》）。然后赞美孟子推行王道、倡导德政的勇气，"勇于义而果于德，不以贫富、贵贱、死生动其心，于勇也，其庶乎！"（《法言·渊骞》）因此，他超拔孟子于诸子之上，重申他对孔子之道的继承关系，"诸子者，以其知异于孔子也。孟子异乎？不异"（《法言·君子》）。他之所以称孟子为勇，而自比于孟子，也含有对当时的博士系统强烈的批评之意。一是他主张先博而后约，并主张有所创造。而博士系统的人，对五经尚不能该通，更墨守师说、故步自封。二是他要在孔子、孟子之道中求得人生立足之地，而博士系统的人只为利禄。

3. 善恶混

扬雄说："人之性也，善恶混。修其善则为善人，修其恶则为恶人。气也者，所以适善恶之马也与？"（《法言·修身》）人驾驭着气，就像驭马走路，由平坦大道就迅速顺利，由不平小道就慢而坎坷。善就是大道，恶就是小道，关键看人的选择，选对了就是善人，选错了就是恶人。"学者，所以修性也。视、听、言、貌、思，性所有也。学则正，否则邪。"（《法言·学行》）学习可以帮助人做出正确选择，保证他成为一个善人。所以他强调学习的重要性，并且提倡学要从师。"师哉！师哉！桐子之命也。务学不如务求师。师者，人之模范也。模不模，范不范，为不少矣。"（《法言·学行》）老师是学习的最好榜样，使人能就有道而正焉。

4. 求智

扬雄承述仁、义、礼、智、信之通义，然而真正有得者在于智，他一生的努力，都可以说是智性的活动。"或问：'人何尚？'曰：'尚智。'曰：'多以智杀身者，何其尚？'曰：'昔乎，皋陶以其智为帝谟，杀身者远矣；箕子以其智为武王陈《洪范》，杀身者远矣。'"（《法言·问明》）他推崇智，并借皋陶、箕子以自喻，想要说明明道为大，诎身为小。所以，他认为只有大智者才能为师，"师之贵也，知大知也。小知之师，亦贱矣"（《法言·问明》）。他还说："智也者，知也。夫智用不用，益不益，则不赘亏矣。"（《法言·问道》）意为：有所知而不用，则其知若赘；有所不知而不益，则其知必亏。能用人所不用，则知不赘；能益人所不益，则知不亏。不知则求所以知之，知之则求所以用之。此智者之事。可知扬雄求智的要义，就是强调用人的知去作用于客观世界，认识它，甚至改造它。

扬雄认为智所不及的客观世界，对人而言都是混沌。在此混沌中，人不能把握客观世界，不能在主体与客体之间架一道确切连结的桥梁，于是客观与人的主体，成为不相干的存在，主体自身也不能确定自己存在的位置。

桓谭

【生平】

桓谭（前24～56），字君山，沛国相（今安徽淮北相山区）人。详见《后汉书·桓谭传》。

【著述】

《新论》等。

【学术成就】

桓谭的形神烛火之喻宣扬“神灭论”，而烛与火都是物质的，又容易被神不灭论者钻空子。但他的这个比喻，在当时具有划时代的意义，是论证“神灭论”之路上的一块里程碑。

1. 形神论及烛火之喻

桓谭认为人的身体有强弱坚脆的不同，如能爱护保养、思虑劳累不过度，当然比不知爱养、苦思冥索、劳累过度要强。譬如衣履器用，小心地使用才能长久。他说：“精神居形体，犹火之燃烛矣。”（《新论·祛蔽》）烛火离开蜡烛就不复存在，精神离开形体也将不会存在。人到年老齿落，精神不能润泽身体内外各部分，肌肉就会干枯，气尽之后人就死亡，形与神都不复存在。刘伯师辩难说，灯干了可以加油，烛尽可再换一只，人老了似乎也可以新生。桓谭说：“人既禀形体而立，犹彼持灯一烛，及其尽极，安能自益易？”（《新论·祛蔽》）灯油尽了，自己不能加油；烛点完了，自己不能更换。人的衰老出于自然，自己是无力更生换新的。

2. 批判谶纬

汉光武帝刘秀以图谶起兵，即位后很多政事的推行也取决于谶纬。桓谭上疏直斥谶纬“欺惑贪邪，诖误人主”（《后汉书·桓谭传》），劝光武帝摒弃小人邪说，返于正道。他指明谶纬依托孔子之说，其实都是后人妄作。谶纬神学中的一个主要部分是占灾异变怪。桓谭认为灾异变怪是历代常有的现象，君主如能修德善政，就可消除灾害，转祸为福。历史上的大戊、武丁、周成王与宋景公，都是正确对待灾变的好榜样。但后世君臣骄淫失政，遇到灾变又不能正确对待，才令灾祸叠出。他相信人定可以胜天，不要惑于灾异变怪。

3. 批驳世俗迷信

桓谭批驳的世俗迷信既有神仙长生之说，也有卜筮祭祝祷、占梦、求雨等。他否定神仙的存在，说："无仙道，好奇者为之。"（《新论·辨惑》）刘歆认为人如能抑制嗜欲、闭目塞聪，就可以不衰老。桓谭以庭下榆树为例，说明树木没有耳目情欲，都不能不枯朽，何况是有耳目嗜欲的人！即使龟鹤真能活上千岁，那也是龟鹤的性质所决定的，其他动物如蝉、螺小虫的物性不同，无论怎样学习模仿都不可能长寿。楚灵王与王莽不务人事而迷信卜筮、祭祷鬼神，结果都很悲惨。他以博士韩生听从占梦者的话，去祷祝禳解噩梦，反而被告发遭逮捕致死，来说明卜梦的不可靠。桓谭批驳董仲舒的天人感应论，他举出物类相感的例子如磁石引针，顿牟（玳瑁）摩擦生电可以吸引芥，进一步说明要是用假的磁石、假的顿牟，就不能引针、引芥。所以，即使龙能致雨，刘歆用假的土龙也不能致雨。

谶纬在东汉具有神学法典的性质，号为内学，尊为秘经，为皇帝所尊崇。桓谭不畏权势，敢于面折廷争，批判谶纬神学，反对世俗迷信，他独立思考、坚持真理的精神非常可贵。

刘　歆

【生平】

刘歆（前 50 ~ 23），字子骏，后改名秀，字颖叔，为刘邦四弟刘交后裔，刘德之孙，刘向之子。建平元年改名刘秀。详见《汉书·刘歆传》。

【著述】

《七略》《三统历谱》《移书让太常博士》等。

【学术成就】

刘歆的学术贡献主要表现在《七略》的编著，以及他在经学今、古文之争中的积极影响。

1. 批评今文经学

刘歆批评自西汉中叶以来就盛行的今文章句之学，他认为今文经学“分文析字，烦言碎辞，学者罢老且不能究其一艺”（《汉书·刘歆传》），根本无法达到“用日少而畜德多”（《汉书·艺文志》）的道德教化目的。因此他要求“存其大体、玩经文而已”（《汉书·艺文志》），以明训诂为主的古文经代替“一经说至百余万言”的今文经。此外，他还批评了今文经学拘守的“家法”弊端，认为他们“信口说而背传记，是末师而非往古”（《汉书·刘歆传》），他们这样做无非要达到“党同门，妒道真”（《汉书·刘歆传》）的政治目的。

2. 提倡古文经学

刘歆竭力提倡古文经学。他认为当时太学博士们所传习的经典是在秦焚书之后、由汉初经师凭记忆口耳相传下来的，难免会有差错，因此这些今文经不是全经，也不是真经。“及鲁恭王坏孔子宅，欲以为宫，而得古文于坏壁之中，《逸礼》有三十九，《书》十六篇。天汉之后，孔安国献之，遭巫蛊仓卒之难，未及施行。及《春秋》左丘明所修，皆古文旧书，多者二十余通，藏于秘府，伏而未发。”（《汉书·刘歆传》）古文经有三个来源：一是鲁恭王在孔宅坏壁中发现的；二是宫廷秘府藏书公开的；三是民间经师传习的。尤其是从孔壁和秘府中得到的经典更加可靠，因此刘歆竭力主张将《左氏春秋》(《左传》)、《毛诗》、《逸礼》及《古文尚书》立为博士，重点又在《左传》。刘歆认为，与依赖“口说”流传的《公羊春秋》相比，《左传》由左丘明执笔，是孔子与左丘明研究鲁国历史的共同成果，它最能代表孔子的思想。在刘歆的思想中，只有《左传》才是孔门真传，而且孔子也不是今文经学中“受天命”的“圣王”和谶纬神学中作为“黑帝之子”的神，而是一个研究古代制度文化的学者。

3. 推重诸子

刘歆继承父业，他在《七略》中把儒家和诸子各家并列为十家，并认为各家可以互相补充："其言虽殊，辟犹水火，相灭亦相生也。仁之与义，敬之与和，相反而皆相成也。"（《汉书·艺文志》）他特别强调从诸子各家中汲取思想营养的重要性。他认为各家思想有长有短，但都为"六经之支与流裔"。那么在当时"去圣久远，道术缺废，无所更索"的情况下，"彼九家者，不犹愈于野乎？若能修六艺之术，而观此九家之言，舍短取长，则可以通万方之略矣"（《汉书·艺文志》）。在刘歆看来，只有恢复诸子学的思想传统，才能在吸收各家思想长处的基础上，使儒学由僵化的经学、世俗的神学变为真正能够治国安民的经世致用之学。

刘向、刘歆父子在当时经学独尊的情况下，大力倡导研究诸子之学，对削弱官方学术思想的统治、解放思想起到极大的推动作用。

王　充

【生平】

王充（27～约97），字仲任，会稽上虞（今浙江上虞）人。师从班彪。详见《后汉书·王充传》。

【著述】

《论衡》（《讥俗》《政务》《养性》等，今佚）。

【学术成就】

王充的学术思想大多体现在《论衡》中，涉及自然观和无神论、认识论、历史观和人性论、命定论等多个方面。

1. 生死气化

王充在批判"灵魂不灭"时，发挥了桓谭的烛火之喻，从理论上较系统地论述了形、神关系，取得了范缜之前无神论者在形神问题研究上的最高成就。"生死气化"说就是其中最重要的命题之一。他认为元气是构成万物的最基本因素，是宇宙最普遍的状态。"人未生，在元气之中；既死，复归元气。""死而形体朽，精气散。"（《论衡·论死》）人的生命只是元气变化过程中的一种暂时的具体形式，故是短暂的，会死亡，只有元气不灭。他批判汉代流行的得道成仙迷信，他说积气为人，就像凝水为冰一样，冰会化，气会散，故人必死。

2. 重知识不重伦理道德

王充追求的学术趋向有两个，一为疾虚妄，二为求博通，这两者都出自求知的精神。自孔子以来，诸子没有不重视知识的，但都以知识为达到人伦道德的手段，唯有扬雄强调求智。王充不仅把知识作为第一追求，而且还明显地轻视伦理道德。他把五经当作在古与今之间的一段历史知识的代表来看，亦即把经当作史。如他批评儒生“无知”道：“五经之后，秦、汉之事，不能知者，短也。夫知古不知今，谓之陆沉；……夫知今不知古，谓之盲瞽。五经比于上古，犹为今也。徒能说经，不晓上古，然则儒生所谓盲瞽者也。”（《论衡·谢短》）他还说：“故人之死生，在于命之夭寿，不在行之善恶。国之存亡，在期之长短，不在于政之得失。”（《论衡·异虚》）这些言论明显否定修德对个人与国家生存的积极作用。他肯定苏秦、张仪的揣摩之术，认为即使稷、契、禹和皋陶都不能与他们比效，而上古三代之所以为盛世，也是因为“术数所致”而“非道德之所成”（《论衡·答佞》）。

3. 天道自然无为

王充所说的“天”，是可以看得见的自然之天、实在之天、物质之天。天地万物都是元气构成的，而元气既不具有精神属性，也没有道德属性，它只是一种物质性的存在，“恬淡无欲，无为无事者也”（《论衡·自然》）。他从根本上规定了天是物质实体，也就彻底批判了今文经学把天说成为“百神之大君”的观点。他此说是针对今文经学的天人感应、灾异谴告理论而发。他利用自然科学知识批判神学目的论，“日月行有常度”，与国家政治好坏无关，气候冷暖变化源自天地节气的内在规律，与人事无关。他引孔子的话：“道之将行也与，命也！道之将废也与，命也！”（《论衡·治期》）由此言之，教之兴废、国之安危，皆在命时，而非人力。王充不仅推翻了天人感应说，也斩断了行为善恶与吉凶祸福之间的因果关系。

4. 反博士的学术系统

王充为与博士系统相抗衡，发明了一个“俗人→儒生→通人→文人→

鸿儒”的由低到高的序列，贬低儒生的无知，高度称誉能著书立说的鸿儒为“超而又超者”。他还在现实政权之外建构出一个以孔子称“王”、诸子为“相”的学术政权，称“孔子作《春秋》以示王意，然则孔子之《春秋》，素王之业也。诸子之传书，素相之事也。观《春秋》以见王意，读诸子以睹相指”（《论衡·超奇》）。

王充主张博通，所以他求知的范围，必由五经而推及诸子。他以能著作为鸿儒，实际上又把诸子置于六经之上。他以为六经皆出于民事的要求，故“以民、事一意”（《论衡·书解》），在当时也是非常前卫的。

王　符

【生平】

王符（约 85 ~ 162），字节信，安定临泾（今甘肃镇原）人。详见《后汉书·王符传》。

【著述】

《潜夫论》等。

【学术成就】

王符的《潜夫论》详细考察东汉末年的政治、社会困境与各种矛盾问题，对问题的症结做了冷静的思考与细致的分析，提出了颇有见解的修正之道。

1. 元气自化

王符在承《淮南子》、王充、张衡之说的基础上，把宇宙的产生说成物质性的元气“自化”的过程，这是对官方神学之说的公开批判。“上古之世，太素之时，元气窈冥，未有形兆，万精合并，混而为一，莫制莫御。若斯久之。翻然自化，清浊分别，变成阴阳。阴阳有体，实生两仪，天地壹郁，万物化淳，和气生人，以统理之。”（《潜夫论·本训》）他排除了元气之前的任何超元气的存在，把元气说成阴阳、天地、万物、人类的本源。元气在分别阴阳之前，不受任何力量的制约和影响，“翻然自化”而后判分阴阳、化生万物。

他首先提出元气，再说到天地、万物与人，最后统摄于道，因此道是统摄天、地、人的本源，具备元气整全的属性。元气分化为天、地、人时，道亦内寓其中，他在论天人感通处时，削弱神秘的吉凶祸福之说，增强《易经》天、地、人三才交感的思想。天人之际相感互动的好坏取决于天道之施行、地道之化、人道之为是否遵循其道，相互之间是否“相待而成”，产生天泰、地泰、人亦泰的交融和谐、一体平衡的状态。

2. 巫祝与吉凶

王符不否认鬼神的存在，但他认为“鬼神与人殊气异务”（《潜夫论·卜列》），是由不同的气构成的，因此“非有事故，何奈于我”（《潜夫论·卜列》），正常情况下人鬼不能相干扰，而且“与人异礼”（《潜夫论·卜列》）。他反对舍人事而任鬼神，人、鬼的交涉应有分寸，反对泛卜滥祀，特别是不要从事不符合礼节的祭祀。他评论当时流行的占梦及以骨相论认识吉凶祸福的社会文化，认为纵使奇异的梦，或许有吉凶的征兆，人所应抱持的态度是“常恐惧修省，以德迎之”（《潜夫论·梦列》），人自身修养合乎常理常德，是实现吉兆和逢凶化吉的主要条件。人事的吉凶，主要系于人的动机和行为，最后由命来总决，巫祝在其中只居于辅助角色。

3. 敦德化而薄威刑

王符强调德政，但也重法治，并且认为执法必严。法治是以惩恶治奸来防止人作恶为乱，扮演对德治的辅助、修补角色，所以他说：“法令刑赏者，乃所以治民事而致整理尔，未足以兴大化而升太平也”（《潜夫论·本训》），推动道德教化之治才是政治正本清源的正道所在。他详考历代兴衰成败之因，总结出其关键在于是否任用贤良。汉代举荐的范围，初期是诏举贤良、方正，州郡察举孝廉、秀才，东汉增补了敦朴、有道等，由于荐举的范围扩大，内容繁多，皇帝无法亲自策问，于是弊端渐生，主要是举才不实及权贵营私舞弊。

王符将智能高低与德行的善恶结合，论人性社会中实然的善恶，在人性观上也有突出成绩。另外，他对汉代流行的命相学也有深入的研究，并提出了比较理性的看法。

仲长统

【生平】

仲长统（179 ~ 220），字公理，山阳高平（今山东金乡）人。详见《后汉书·仲长统传》。

【著述】

《昌言》等。

【学术成就】

《昌言》虽非全本，但现存文字既记述了仲长统关注政治的议论，又表达出他避世离俗的情绪。这看似矛盾，其实正是封建社会士大夫文人的通病之一。

1. 人事为本，天道为末

仲长统记载了很多天人感应的事例，他说当官的让黎民困苦、用人不贤，百姓不安宁，告官争讼不断，则天地多灾变，人多妖异。实际上他眼中的“天之道”不是指一个有意志的人格，而是指天文的四时变化规律，可以被利用来授民事、兴功业，落实到人事上去。因此他说“所壹于人事者，谓治乱之实也”（《昌言·阙题》），专注于人事的，就是与国家治乱攸关的实务。但他又说如果君主用人无私、亲信贤良、关念政务、省察政绩，国泰民安，那么天时地理将会因我而正常，吉征祥瑞将会应我而聚集，灾害恶事将离开我而消失。他所说的灾祥都是自我、应我而生，是“我”的主动作为的结果，不是“我”祈求上天而来的。由此可见，他虽然没有完全摆脱天人感应的观念，但在天道与人事的关系上，他是把人事放在“本”的地位上的。

2. 抑制藩国势力

仲长统认为对于藩国光是剥夺其治民权，仍旧保留他们享用封邑租税的权力，是不足以抑制他们的。藩王的“污秽之行、淫昏之罪”很多，他们还是能凭借自己往日的权位，收拢士人庶民为自己所用。何况他们都是专有其国、世袭其位的，岂能如对平民一样对其鞭打喝骂，使其听命于朝廷呢？所以他认为要“收其奕世之权，校其纵横之势，善者早登，否者早去”（《昌言·损益》），即取消藩王世袭的权力，抵制他们横行的势力，不好的甚至可削除。其中取消藩王世袭制，可说是抑制藩国势力的一种釜底抽薪的办法。

3. 恢复肉刑

汉文帝十三年（前167）废除了肉刑。仲长统主张恢复，因为废除肉刑之后，使得罚罪的轻重没有适当的等级，死罪减一等便是髡钳（去发，以铁箍束颈），髡钳减一等就是鞭笞。处死则不得复生，髡钳又无伤于人。既然髡钳、鞭笞不足以惩戒中等罪，则中罪就没有合适的刑罚。如男女私奔、贿赂礼品、因失误而伤害他人之类的，罪不当死，处以死刑则过重，髡钳则过轻。官吏在判罪时，顾虑刑轻不足以惩戒，于是有利用栽赃以成罪名或者使其死于牢狱而假称病死等情况。这样会导致罪律轻重没有标准，名实不相符。而恢复肉刑，有利于改变刑律混乱的现状。

仲长统在《昌言》中还对君主制政权从兴建、稳定、衰落到灭亡的过程，作了比较全面的分析，提出了“豪杰之当天命者，未始有天下之分者”（《昌言·理乱》）之说，否定了正统与天命观，在当时也属难能可贵。

马　融

【生平】

马融（78～166），字季长，扶风茂陵（今陕西兴平）人，将作大匠严之子，名将马援的从孙。师从挚恂。涿郡卢植，北海郑玄，皆其徒。详见《后汉书·马融传》《东观汉记》。

【著述】

《三传异同说》；注《孝经》《论语》《诗》《易》《三礼》《尚书》《列女传》《老子》《淮南子》《离骚》等（《马季长集》）。

【学术成就】

东汉古文经学大兴，杜子春、郑兴、郑众、贾徽、贾逵、杜林、卫宏、许慎等都是古文大家。马融继郑氏、贾氏父子，又推重许慎，遍注古文诸经，集东汉古文经学之大成。

1. 以训诂为说经之正鹄

东汉经师学多博通，著述亦趋繁复，至马融作《三传异同说》，注《易》《书》《诗》《三礼》《孝经》《论语》而达于顶峰。马融注经深得训诂旨要，准《尔雅》，依《毛传》（《毛诗故训传》的简称），稽考许慎《说文》（《说文解字》的简称），会通群经，旁采《史记》《汉书》，取资《庄子》《淮南子》。马氏治经，已用声训，声训有双声，有迭韵，有同音。马氏训注，亦得其要。他对于晦涩难读之字，或古今音变者，或方言有殊者，都能释其音，用直音，用反切，开后人诂书并释音之例。清人推崇的长于考据训诂之学，实指马、郑之学。

2. 以人事发经义之微旨

孔门治经，贵在身通。马氏说经，虽长于训诂，但也不离人事，欲人躬行实践，不只以口耳为功。如《论语·学而》："信近于义，言可复也。"韩愈《论语笔解》引马注云："其设可反覆，故曰近义。"覆，指践言。

3. 以史实证经义之不诬

史实，即是非、得失、真理、邪说之明鉴，故注经若能列举史实，则易取信于人，马氏也深得其要。如《论语·宪问》："齐桓公正而不谲。"何晏《论语集解》引马注云："伐楚以公义，责包茅之贡不入，问昭王南征不还，是正而不谲也。"

4. 并采阴阳五行之说

马融注《易》也言灾异，兼采阴阳五行之说。如《易·坤卦·彖传》："西南得朋，乃与类行；东北丧朋，乃终有庆。"李鼎祚《周易集解》引马融曰："孟秋之月，阴气始著，而坤之位，同类相得，故西南得朋；孟春之月，阳气始著，阴始从阳，失其党类，故东北丧朋。"

5. 混同师法、家法

马融初从京兆挚恂游学，恂明《礼》《易》，遂治五经，博通百家之言。

后又从班昭受读《汉书》，长而校书东观，亦明贾逵、许慎、郑众诸儒古学，故其注经颇能揽诸家之胜。如他注《易》本源费直，但又杂有子夏、孟喜、京房、梁丘贺之说；注《尚书》则有取郑兴父子与贾逵之绪；注《诗》则有取自《毛传》与孔安国、刘歆之说；注《论语》亦兼用《韩诗》说。

马融经学对东汉乃至东汉以后的经学家注经风格都有影响。马融经学对汉晋之间的学术风气的转变，起到了先导作用。

郑　玄

【生平】

郑玄（127~200），字康成，北海高密（今山东高密）人。详见《后汉书·郑玄传》。

【著述】

《周礼注》《仪礼注》《礼记注》（合称《三礼注》）；《毛诗传笺》《周易注》《古文尚书注》《孝经注》《论语注》等。

【学术成就】

郑玄经学成绩以礼学最为突出，取得了划时代的成就。郑玄经学的一个显著特征就是以礼为宗，即以“三礼”学贯通其他诸经。

1. 以《周礼》为“经礼”

郑玄非常推崇《周礼》，并将其提升到礼学阐释系统的中心地位。他认为《周礼》是“经礼”，《仪礼》只是“曲礼”。他把《周礼》排在“三礼”之首，确立了《周礼》《仪礼》《礼记》的三礼顺序。他为《周礼》作注，使其“义得条通”。他的《周礼注》对两汉今古文经学进行全面的整合，独成郑学。如果说刘向、刘歆父子是《周礼》的发起者和开创者，杜子春是两汉之际《周礼》学的关键人物，那么郑玄则是《周礼》学的集大成者。

2. 注《仪礼》

郑玄为《仪礼》全书作注，也整理了原文。他参校今、古文两种本子，每逢异文便择善而从。不仅如此，他在改定经文时还严格注明改定的依据，若改用今文之字则必注明古文该字作某，若改用古文之字则必注明今文该字作某。他的《仪礼注》是目前所知流传至今的最早的全面注释本，代表了汉代《仪礼》研究的最高水平。它的注释内容很丰富，注释方法也很完备。《仪礼注》大致有以下三个特点：(1) 会通今、古文，并择优而从；(2) 校勘态度非常严谨，对经文讹脱衍倒皆只在注释中加以标注，绝不妄行删改；(3) 注解《仪礼》各篇经文时，或权衡本经前后文，或参校他书，或证以汉代风俗以为佐证，或引前人之说，对古代礼制、礼仪、名物加以诠解，力求详备完善。

3. 注《礼记》

郑玄《礼记注》博综兼采，取百家之长，成一家之言。第一，他在《礼记注》中创建了完备的训诂体例，确立了先进的语言观，采用了科学的训诂方法，在训诂学方面取得了很高的成就。中国传统训诂学的学科体系，至郑玄而大备。第二，《礼记注》对保存古文献发挥了重要作用。他在注解《礼记》过程中，对不同版本中存在的经文异文没有简单取舍，而是详尽、准确地标注清楚，保存了200多条异文。

郑玄注经兼今古文，可谓集古今文之大成。郑玄之前不曾有学者涉于“三礼”全体的研究，他不但彻底研究《周礼》，而且与《仪礼》《礼记》及其他经书相通加以注释。郑学之盛在此，而汉学之衰也在此。

许　慎

【生平】

许慎（约58？~148），字叔重，汝南召陵万岁里（今河南郾城）人。详见《后汉书·儒林传》。

【著述】

《说文解字》、《五经异义》（已佚）等。

【学术成就】

许慎不仅是中国文字学的开山祖师，而且是著名的经世学者。

1.《说文解字》的成绩

《说文解字》一方面写下经传群书中的训诂，另一方面说明字体的结构与字音等，使人知道古文字的写法，从字形字语上理解文字的本意。《说文》可以帮助后人认识秦代篆书的石刻和器物的铭文，认识商代甲骨文字和商周的青铜器文字，以及战国的古文。许慎在《说文》中创造了文字构造的条例，按部首编排而又有系统，给后世编纂字典立下一个典范。许慎解说每一个字，必先说明字义，然后说明形体构造，在说明形体构造时，必以规范的表述说明古文字构成的“六书”分类法。

2.经学成绩

许慎被时人赞为“五经无双”，可知其经学造诣之高。虽《五经异义》已经亡佚，但在清儒辑录的旧疏中还可看到一些痕迹。一是，许慎在白虎观闻诸儒讲论五经同异而撰写《五经异义》，因此每举一隅，各具家法。他解经有三例：守师说，以经解经，以字解经。二是，许慎治经学之法是博学，他博通今古文，从而选择其中较正确的义理。如他论国灭君死，诸侯无去国之义时，从今文家之说；但在论诸侯乃天子藩卫，故是纯臣时，就从古文家之说。三是，许慎治经，若遇有解释经文不全，必将引申其义，以求其明达。如释“女也不爽，士贰其行”，他将“士”字读细音“壻”，即婿。《毛诗传》无此解释，这是他的创见。四是，当时学者多有以假借字作训经书，许慎反对此法，他特重本义。因此，当《毛诗传》以假借字解释时，他就兼用“三家诗”以说明。如有古文家的训义不是本义时，他就依据今文解释。许慎不重假借而求其本义的原则，使得经学的解释比较一致。如遇到经中无传解释，若别家之传与义是正确的，他就会取之连贯，使经义更加明确。

许慎经学，在东汉时可与郑玄并称，他实际上是东汉经学承前启后的学者。

何休

【生平】

何休（129～182），字邵公，任城樊（今山东兖州西南）人。详见《后汉书·儒林传》。

【著述】

《春秋公羊传解诂》《公羊墨守》《左氏膏肓》《穀梁废疾》；注《孝经》《论语》等。

【学术成就】

何休为维护《公羊》学的尊严与地位，弘扬其精神与理想，集中地做了三项工作：同古文经学展开学术论战，撰写研究、阐发《公羊》的学术著作，概括和总结《公羊》的义理、体例。

1. 《公羊》“义例”

何休总结的《公羊》“义例”有：五始、三科九旨、七等、六辅、二类等。五始，即“元年春王正月公即位”也。三科九旨，即“新周，故宋，以《春秋》当新王，此一科三旨也；所见异辞，所闻异辞，所传闻异辞，二科六旨也；内其国而外诸夏，内诸夏而外夷狄，是三科九旨也”。七等，即“州、国、氏、人、名、字、子是也”。六辅，即“公辅天子，卿辅公，大夫辅卿，士辅大夫，京师辅君，诸夏辅京师”。二类，即“人事与灾异是也”。上述义例中，“三科九旨”又是主旨之所在。“三科”是指孔子作《春秋》时所遵循的三条基本原则，“九旨”则是指这三条原则所包含的九个概念。

2. 大一统

何休的大一统思想，主要有以下两个层次及特色。第一，构筑“宇宙图式”理论，论证大一统的历史合理性与哲学合理性。他从抽象思辨的高度，致力于解决天子大一统权力何以体现、从何而来的两大命题。他用汉儒常见的君权神授说来表述大一统的基本原理，认为大一统是事物发展变化的客观结果。无论是阶级秩序“自公侯至于庶人”，还是自然秩序“自山川至于草木昆虫”，在由王所养这一点上，概莫能外。这样，何休就从事物演变发展的运动规律角度，深刻地阐述了大一统的逻辑合理性。第二，他强调“尊王”大义，把维护中央权威、摆正和处理君臣关系、稳定封建等级秩序与纲常名理、巩固集权统治机制作为大一统的中心内容。

3. 三世说

何休将三世说演绎成有系统的发展史观，使其与“衰乱－升平－太平”的社会发展阶段论水乳交融、浑然一体，创造了儒家经典中独树一帜的历史哲学。他以春秋242年间的事为“三世”，其中所见世为太平世、所闻世为升平世、所传闻世为衰乱世，把春秋历史划分为三个不同而又前后递进的发展层次。他认为孔子作《春秋》的一切书法原则都是按照这三个层次加以安排的，后世读《春秋》、言治道，也必须以这三个层次为线索和依据。在他看来，历史不可能倒退，只能由低级阶段逐渐向高级阶段演进，人类社会总的趋势是进化，即从衰乱走向升平，再从升平走向太平。

何休通过解诂《公羊传》而系统构筑自己的学说体系，寄托自己的政治理想，为解决现实社会政治问题提供理论指导原则，并设计未来社会的宏伟蓝图。

蔡 邕

【生平】

蔡邕（133～192），字伯喈，陈留郡圉县（今河南开封圉镇）人。详见《后汉书·蔡邕传》。

【著述】

《独断》《灵纪》《释诲》《叙乐》《女训》《篆执》《蔡中郎集》等。

【学术成就】

蔡邕精心研究经、史，留下了很多珍贵的历史研究资料。他的经学成就尤以《礼》《乐》最突出，他的礼乐主张主要集中在个人家庭、国家制度与《礼记》的释读三方面。

1. 礼乐主张

蔡邕对个人家庭的主张是人伦之礼，主要考究与强调的是孝谨之礼与谦让之礼。他对丧葬之礼，主张简朴，避免奢华浪费，还主张短丧。婚姻是一个新家庭人伦的开始，他比较重视婚礼，并重点强调了女性在家庭伦理中的地位。国家制度的礼仪方面，他的《独断》记载了巡狩校猎、向帝王献礼等具体礼仪。他的《朝会志》详细讲述了朝聘会盟之礼，是后世礼制书籍的重要参考。他的众多礼学、礼制思想的阐述，是对东汉及其之前礼制的重要总结。他对《礼记》的释读，以《月令》《明堂》两篇最为深入。他提出了祭祀的意义，天子立国、四季更替、祭天酬神等都需要祭祀活动，这不仅是酬谢上天祈求庇佑的重要方式，而且是清庙祭祀、追往孝敬、教化人民的重要手段。明堂，也不仅是祭祀的地方，同时也是实施教化、养老和朝觐聘享的重要地方。

2. 新型人格理想范式

蔡邕最擅长碑文写作，他在碑文写作中塑造了一种新型的人格理想范式。这种人格理想范式不同于汉代的经明行修，而是融合儒道、不拘一格的人物理想。其特点是博学多才、聪明睿智。这一点与扬雄和王充求智的人生追求相似。他在《郭有道林宗碑》中赞美郭泰既有儒学风范，又有道家超脱任真的器度。他在《汝南周巨胜碑》中称赞周勰学术渊博，并称他“玄懿清朗，贞厉精粹”，开魏晋人物品鉴重玄思的先河。他在《陈太丘碑》中赞扬陈寔在党锢之祸后的人生觉悟：“淡然自逸。交不谄上，爱不渎下，见机而作，不俟终日。”这样的新型人格，已经开启了魏晋士人远离政治、逍遥自放的先河。

3. 散与势

蔡邕的《笔论》《九势》是其书学代表作，他论书法重视“散”与“势”的交相辉映。散，指艺术创作过程中最自然真实的情感状态。他认为写字前要放松身心，让身心处于一种空明的状态，不为外物干扰，任思绪自由发展。散就是舒展胸怀、抒发情性。势作为一种动态，更像是一种“阴阳结合”的状态，是一个审美过程。他说：“阴阳即成，形出势矣。”形与势是一对矛盾，形是静态的，但变化莫测的势构成了形，势要活泼也有复杂的形态。写字过程，是各种势的不断交错，“势来不可阻止，势去不可遏制”（《九势》），揭示了书法由虚转实的书写过程。散是势的前提，为势酝酿良好的表现状态，两者相辅相成。

蔡邕也重视乐，他的《礼乐志》就是代表。他对东汉的礼乐制度进行了全面的总结，很好地传承了西汉以来的礼乐主张，对后世影响很大。

张衡

【生平】

张衡（78～139），字平子，南阳西鄂（今河南南阳）人。详见《后汉书·张衡传》。

【著述】

《灵宪》、《算罔论》、《太玄注》、《周官训诂》、《历议》、《浑天仪》、《张衡集》（《张河间集》）等。

【学术成就】

张衡的学术成就主要表现有：对汉代元气论的发展和关于宇宙生成、无限的理论假说；集汉代“浑天说”之成，以及恒星观测、行星运动和关于日食、月食的见解等；由天文学产生的数学、由机械制造产生的地震学与气象学等方面的成果。

1. 政教为用、自然为本

政教为用是张衡人生实践过程中最基本的、最现实的精神。他始终以捍卫孔子“仁”的精神和“礼”的秩序为己任。他对孔学的追寻，不同于汉代经生只对儒家典籍做注解等书面文章，而是躬行于汉世礼仪，完善其道德人格的实践。自然为本是张衡力倡礼教秩序的同时，为完善人格的一种终极追求，自然与礼教在他的人生实践中并行不悖，这是他通过儒道双修的内化功夫所达到的人生境界。儒道双修在胡广、马融身上已有所体现，但张衡的融儒通道的人生更为典型，即“墨无为以凝志兮，与仁义乎消摇”（《思玄赋》）。张衡的人生哲学，是立足现实而应化自然的与“仁义”共逍遥，是东汉敦本厚俗而又不失个性的“道”的实践。

2. 崇礼

张衡崇礼，一方面是对汉世神学的反拨。他的崇礼是传承古学且专研《周官》而来，所以他言礼多是从历史经验的视角，起指导和针砭现实的作用。另一方面是对衰世的拯救。张衡的人生观是极为理智的，这种理智的人生推广于社会的群体意识，则表现为他对当代礼制的思考。张衡的崇礼包含了他正直的人格。由于长期受儒家进德的熏陶，他人格中所具有的抗俗精神，与儒学气氛较为淡薄的西汉前期、经学体系处于全面崩溃的东汉末年的情况皆有明显的差异。就前者而论，张衡贬讽司马迁所赞美的“游侠”（详见《二京赋》中“都邑游侠”“轻死重气，结党连群”等）；就后者而论，他崇礼偏重于一种理智的教化和修补，显然与桓灵时期党锢君子清议抗俗、非毁朝政不同。

3. 玄儒

东汉中叶士人从儒学中脱颖而出的高蹈情怀和玄远意识，表现为突破经学体系对心灵的制约，建构一种新型的人格。在这种新型人格的建构中，最突出的是以自然为本、政教为用的儒、道双修的人文精神，张衡正是这样一种人生实践的典型。张衡写《二京赋》时对世道不济已表露出“为无为，事无事，永有民以孔安；遵节俭，尚素朴，思仲尼之克己，履老氏之常足”的合儒道思想，而在《思玄赋》中再以形象的文学语言阐发玄理，从而凝定为一种较为成熟的玄儒境界。

张衡玄儒境界的“三重结合”：致用的社会意识与求真的人生品格的结合（《应间》《思玄赋》）；通博的知识结构与质朴的人文心态的结合（《二京赋》《思玄赋》）；朝隐的生存方式与逍遥的精神追求的结合（《归田赋》《应间》中的“玄龙”）。

4. 自然哲学的宇宙论

张衡认为“玄”即“道之根”或“自然之根”，是对宇宙原始的追述。在空间意识上，它是一种能够构建乾坤的本始元气；在时间意识上，它是宇宙生成的最早形态；在性质上，它是以虚为中、以无为外，却潜藏着成天、定地的有生于无的生成动因。同时，他提出宇宙无限的猜测，“宇之表无极，宙之端无穷”（《灵宪》）。

张衡对宇宙浑天说的倡导，是他任太史令时参与制造观测仪器（浑仪、浑象）而来，其理论的准确度也完全取决于仪器的效验。正是依据这种科学的（具有一定经验性）效验以及由此带来的思维方法，他一则继承《淮南子》将道落于天文境域之实地，二则针对盖天说的实测误差，提出较为精确的结构理论。在汉代三家论天体结构的学说（盖天、宣夜、浑天）中，张衡代表的浑天家在汉代势力最盛，成为哥白尼学说传入中国以前的权威学说。

5. 天文学

张衡较早且比较完整地提出“天球”思想，改变了此前较为落后的天体“半球”观念。他称“天体圆如弹丸”，半覆地上、半绕地下（《浑天仪注》），对天圆思想做出较全面的阐释。可以说，在银河系发现之前，天圆说的天体观是具有阶段性和先进性的科学意识。张衡的《灵宪》对交食理论进行了较为科学、系统的阐释。他认为，日、月之食是有规律的自然现象；太阳如“火球”，因火而生光，而月本无光，“向日禀光”；并提出了“当日之冲，光常不合者，是谓暗虚。在星星微，月过则食”的交食形成的理论。（“暗虚”概念是京房提出的，但将此概念运用到交食理论，特指“地”影，则为张衡的创见。）他通过科学观测，进一步阐发了月体经过“地”影产生月食，月体经过太阳轨道时因“月”影出现日食的道理。

张衡不拘于汉代经学的门户之见和浓重的神学氛围困扰，能以自己独特的人格与方式处世治学，既博且精，在哲学、政治学、天文学、地震学、气象学诸方面均有卓越贡献，成为中国学术史上罕见的通才。

刘　劭

【生平】

刘劭（约180~约245），字孔才，广平邯郸（今河北邯郸）人。详见《三国志·刘劭传》。

【著述】

《人物志》、《乐论》（已佚）、《元会日蚀议》、《上都官考课疏》（《光禄勋刘劭集》）等。

【学术成就】

刘劭的《人物志》是我国最早系统地研究人的才能和个性的著作。它品评人物，是以“五行”说和人体自然素质为基础，并与“五常”说相结合，以此作为品评人物的根据。

1. 以“九质”论性情

刘劭认为鉴识人才的根本在于了解人的性情，他所谓的“性情”包括德性与性格两方面。他认为人含有“元一”即元气，元气通过五行而生成人的形体，五行之气是人的五种生理体质的本质，所以也叫“五质”，它们与“五常”的对应关系为：木－骨－仁、金－筋－义、火－气－礼、土－肌－信、水－血－智。由于“五质”过于狭窄，于是他提出更为具体的“九质”：神、精、筋、骨、气、色、仪、容、言。其中肌对应神，血对应色，而精、仪、容、言四者是在五行之质基础上发展而来的。“九质”表现于外、应于内心、各显性情的特征，称为“九征”。“五质”是人和动物共有的，精、仪、容、言是人类所特有。因此，人的性情总是表现在容止和言谈上。容止言谈等外在特征，既然可反映内在的性情，那么用“八观”观察其外，再以“五视”分析其内，一个人的道德品质好坏、智力高低和能力大小就基本可以掌握了。

2. 职以材任

刘劭为了区分人才类别，首先分出材与能，能决定于材，材又必须通过能来表现自己。他以材能和性情作为划分人才的标准，把人分为五个等级：兼德之人即圣人，兼材之人，偏材之人，依似之人即似是而非的伪人才，间杂之人即善恶参浑、心定无是、变化无常的人。五等中只有兼德之人、兼材之人、偏材之人是人才，称为“三度”。兼德之人，不是刘劭主要的研究对象，他着重考察的是兼材和偏材，其偏材性情理论是最精彩的部分，他在《体别》篇中先把性情分为十二类，并指出每类的优缺点，然后把偏材也对应地分为十二类，分析每类人才的优缺点和使用得失。

3. 人才难知

“知人难”会导致选材失误，因此刘劭深入系统地探讨了人才难知的原因。他认为识人者最好是兼材，但兼材少而偏材多，所以知人难。他以“七缪（谬）”来具体、系统地探讨了人才的难知：“察誉有偏颇之缪”，是说鉴识者的偏听；“接物有爱恶之惑”，是说鉴识者的爱恶情感偏见；“度心有大小之误”，是说鉴识者不识人才心、志大小之间的错综关系；“品质有早晚之疑”，是说鉴识者易忽略人的材质有早智、晚智之别；“变类有同体之嫌”，是说鉴识者的材能类型与人才之间也有错综复杂的关系；“论材有申压之诡”，是说鉴识者要考虑大、小环境对人才的影响；“观奇有二尤之失”，是指对特殊人才识别中易犯的错误。“七缪”既阐述了鉴识者的主观原因，也分析了人才方面的原因，非常全面。

刘劭的《人物志》用元气、阴阳五行比附人的生理体质，把人的道德品质和性格材能说成是天赋的自然本性，虽有缺陷，却是那个时代人们对人才的最高认识。

第三章
三国两晋学术史概论

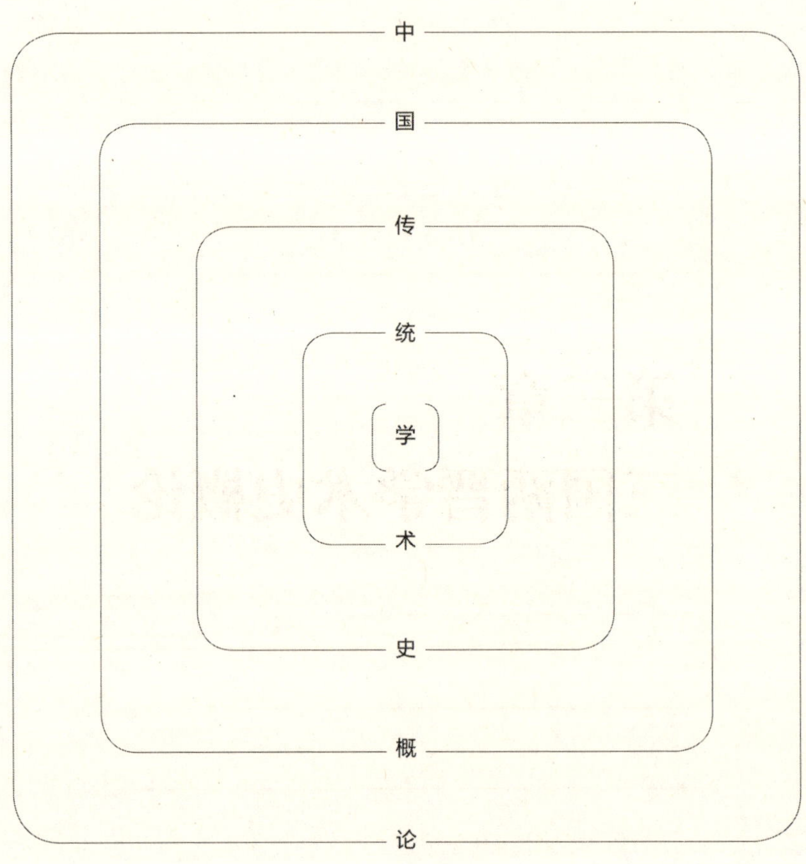
中
国
传
统
学
术
史
概
论

总论：玄学为主的多元学术

魏晋南北朝时期，国家长期分裂，政权频繁更替，社会动荡不安，导致学术思想方面出现了多元并存、多途发展的新格局。儒家经学衰落，迄魏晋，玄学风行。同时，汉代已传入的佛教，在此时得到广泛传播；道教也在这一时期，逐渐脱离了原始的形态，发展成较为成熟的宗教。史学、文学等领域都出现了新的动向，成就斐然。儒家经学虽受到佛、道的挑战，但也经受住了考验，仍然作为统治者治国实质上的指导思想，在社会生活中发挥着作用。儒、释、道三教并存纷争、相互激荡，并渐趋融合，是这一时期学术思想发展的基本格局和主要特征。

一　经学的突破与玄学化

东汉经学之流弊：一是“烦妄”（桓谭《新论》）；二是以之为利禄之途；三是固守家法、师法；四是浮华、迂滞，脱离实际，终成无用之学。郑学之衰微，最初来自经学内部之挑战，如荀爽、虞翻等，其所作《易注》，或用费氏《易》，或用孟氏《易》，皆不用郑注，而更大的冲击则来自王肃。

真正对汉学形成致命冲击的，是魏晋时期以玄解经的学术风尚。与汉儒朴实说经风气迥然有异的是，魏晋人不守章句、祖尚玄虚、多衍空理，使儒家经学发生了颠覆性的变化。例如何晏的《论语集解》、王弼的《周易注》《论语释疑》等，皆以虚无无为之道诠释儒家的政治伦理和天道观；把自然和名教统一起来，以自然无为的品格改造了儒家的圣人观，把虚静、恬淡视为圣人追求的理想境界；抛弃了汉儒的天人感应神学目的论和繁琐的注经形式，把玄学追求超言绝象的抽象原则和义理学风注入儒家经训，开创重义理的魏晋儒学新风。

二 玄学的成熟与影响

玄学指流行于魏晋时期，以老庄思想为精髓，以儒道合一为思想渊源和表现形式，以本体论为思维特征，以追求义理为学风取向，以调和名教与自然为价值依归的学术思潮。之所以称为玄学，是因为当时士人常到《老子》《庄子》《周易》等有深奥玄理的儒道典籍中寻找精神武器。“玄”取自《老子》中“玄之又玄，众妙之门”的说法。从表面上看，他们所追求的是幽深玄远、不切事务的抽象玄理，实则是在为当权者提供一以统众、崇本举末的统治方略，即提供一种既能抓住根本且更有效的思想武器。

玄学的主要论题有：本体论上，集中于“有无”的辩论；思想方法论上，突出“言意”之辩；伦理观和价值取向上，围绕自然与名教的关系而展开。此外，还有圣人有情、无情之争，儒道异同、本末之辩，才性合离等。玄学名士通过口谈与笔著，创造了诸多的新论。如荀粲创“六经皆圣人糠秕论”、夏侯玄创“本无论”、王弼创“圣人有情论”、何晏创“贵无论”、裴頠创“崇有论”、钟会等人创“才性四本论”、嵇康创“养生论”“声无哀乐论”、欧阳建创“言尽意论”、郭象创“独化论”等。

玄学的流派依时代可划分为三派，正始名士（老学较盛）、元康名士（庄学较盛）、东晋名士（佛学较盛）（详见汤用彤《魏晋玄学论稿》）。

东晋袁宏《名士传》，把西晋时的玄学名士区分为正始名士、竹林名士、中朝名士（东晋人称西晋为中朝，所谓中朝名士，主要指太康、元康年间活跃的名士）；《世说新语·文学》刘孝标注：“宏以夏侯太初、何平叔、王辅嗣为正始名士，阮嗣宗、嵇叔夜、山巨源、向子期、刘伯伦、阮仲容、王浚冲为竹林名士，裴叔则、乐彦辅、王夷甫、庾子嵩、王安期、阮千里、卫叔宝、谢幼舆为中朝名士。”

较早阐发老子“任自然”之旨趣者是夏侯玄，他说：“天地以自然运，圣人以自然用。”（《列子·仲尼》注引何晏《无名论》）但真正振起玄风者，是何晏和王弼，“正始中，王弼、何晏好庄老玄谈，而世遂贵焉”（《世说新语·文学》注引《续晋阳秋》）。后世常将此一喜好老庄玄谈的风气称为正始之音。

嵇康、阮籍为代表的"竹林七贤"，进一步将正始玄学的贵无论推向极致。他们对司马氏集团所宣扬的虚伪的名教进行了辛辣的讽刺，公然标榜"越名教而任自然"。越名教，就是要冲破儒家传统的政治理念、礼法制度、道德观念和规范，也不为功名利禄所诱；任自然，是要求顺乎人的自然欲望，实行"从欲"，他们认为"六经以抑引为主，人性以从欲为欢。抑引则违其愿，从欲则得自然"，仁义、廉让"非自然之所出"嵇康《难〈自然好学论〉》。

竹林名士"任自然"的倾向，到西晋元康之世，则进一步发展为鄙视名教、蔑视礼法。元康时的放达，"好循迹而不求其本，故有捐本徇末之弊，舍实逐声之行"，乃"徒贵貌似而已矣"（戴逵《放达为非道论》）。挽救名教的危机，已成为一些有识之士的强烈愿望。其中有代表性的是裴頠和郭象等名士。

玄学到东晋尚有余波，"王丞相过江东，止道声无哀乐、养生、言尽意，三理而已"（《世说新语·文学》）。虽然此时玄学仍讨论诸如名教与自然关系等问题，但从理论上说，自然与名教的统一，已经成为当时人们普遍认同的价值取向。故在学术上往往表现为礼玄双修，这正好符合了"以门阀士族为基础的士大夫利用礼制以巩固家族为基础的政治组织，以玄学证明其所享受的特权出于自然"（详见唐长孺《魏晋南北朝史论丛》）的需要。

东晋后期，士人的讨论从强调政治理想日渐转化为对个体生命和精神价值的重视，于是玄学与佛学的合流也就成为趋势。如支道林对《庄子·逍遥游》作新解，道安的本无宗即以玄学的"有无"释佛教的"色空"，孙绰《喻道论》把佛视作"体道者"。重要的是，名士们把关注点引向佛教的超生死、得解脱的人生哲学方面。颇能代表当时玄佛合流趋向的当为张湛的《列子注》，它标志着玄学的终结。玄学在南北朝，虽仍有余韵，但多是喜好老庄而已，影响已大不如前。

三　史学的独立与繁荣

魏晋南北朝时期，历史学摆脱了儒家经学而独立成为一个专门的学术领域，取得了非常显著的发展，史学人才辈出，史书门类多样、数量众多，史著水平也甚为后世称赞，现今传世的二十五史之中，《三国志》《后汉书》《宋书》《南齐书》《魏书》等，皆是此一时代的作品。当时学者在史学体裁、理论与方法上有诸多创新，在中国史学史上具有突出的地位。因此，这一时期的史学兴旺发展，不仅超越两汉，抑且傲视隋唐，此后唯宋代才能与之相比。

这一时期史学著述数量剧增，史书体裁多有创新。所撰之史书体例种类多样，《隋书·经籍志》将其划分为正史、古史、杂史、霸史、起居注、旧事、职官、仪注、刑法、杂传、地志、谱系、簿录13类。

史论与史注也有所发展，《文选》中专立“史论”，收录干宝、范晔、沈约等人的论赞。史注如杜预的《春秋左氏经传集解》、裴骃的《史记集解》、晋灼的《汉书集注》、臣瓒的《汉书音义》、裴松之的《三国志注》、刘昭的《后汉书注》、刘孝标的《世说新语注》以及自注者杨衒之《洛阳伽蓝记》等。

正史上有创新，出现皇朝史（国别史）的高潮。东汉史：传世者司马彪《续汉书》、范晔《后汉书》与袁宏《后汉纪》；失传者更多，清人汪文台辑有《七家后汉书》。三国史：鱼豢《魏略》、孙盛《魏氏春秋》、谯周《蜀本纪》、韦昭《吴书》与陈寿《三国志》。晋史：王隐、谢灵运、臧荣绪、萧子显、沈约、陆机、干宝等人的《晋书》，习凿齿《汉晋春秋》与孙盛《晋阳秋》等。十六国史：北魏崔泓《十六国春秋》。南、北史：沈约《宋书》、萧子显《南齐书》、崔浩《国史》与魏收《魏书》等。

四　子学成绩

汉魏子书的总结垂范期开始于三国，代表作品有：曹丕《典论》、杜恕《体论》《笃论》、阮武《政论》、刘廙《政论》、王肃《政论》、蒋济《万机论》、桓范《世要论》、钟会《刍荛论》等20余部。

此期子书的第一个特点是对于前世子书创作的总结意识与对后世子书创作的垂范意识相结合。虽然大的政治环境依然是分合不定，但是局部的小环境还是相对稳定的，尤其是曹魏的邺城，在曹氏父子的经营与努力下，邺城的文士中弥漫着良好的著书论文的气氛，这也为总结前代学术成果提供了良好的土壤。从主观条件讲，自汉代中晚期开始的文人自觉意识的萌发至此已经发育得比较成熟，子书创作不再是“不得已”之举。

此期子书所体现的总结与垂范倾向，在曹丕《典论》中有集中体现。曹丕不仅著书，而且讲书，他的目的不仅在于为后世“立言”，也在指导与影响当世。《典论》有《论文》一篇，这是子书中第一次出现文论的专篇，它对于包括子书在内的几种文体特点做了归纳，既有对于前人的总结也有他指导当世与垂范来者的自觉意识。

第二个特点是此期子书作者的身份与以往相比有了很大不同。曹丕的皇室身份姑且不论，其他作者中除了少数几人事迹无考外，多为朝廷大臣，不仅官位不低，而且有的在政坛上还堪领一时风骚。如曹魏的蒋济、桓范都是重要谋臣，孙吴的传世子书中也包括诸葛恪等“太子四友”的著作。

第三个特点是自我服务性。曹丕《典论》所表现出的“自传性”倾向，使得子书成为一个全方位展示自己从政以外的才华与思想的载体之一，就是此期子书作者自我服务意识的典型代表。

子书创作在秦汉之际由“公”向“私”转变了一次，至三国再进一步，走向了著作者“自我”。此时的某些子书类似于著作者个人历史的书写，更像是一篇放大了数十倍的“自传”。

五　佛教、道教的发展

佛教的传入，据较为可靠的记载，是在东汉哀、平之际。“昔汉哀帝元寿元年，博士弟子景卢受大月氏王使伊存口授《浮屠经》。”（《三国志》注引《魏略·西戎传》）汉代，佛教大、小乘经典都有传译，小乘典籍多系来自安息的安世高所译，大乘经典多由来自月氏的支娄迦谶（《般若道行品经》）所译。三国曹魏时佛教最兴盛的是般若学，当时重要的译经者，有昙柯迦罗、昙帝、康僧铠等。吴地佛教亦盛传般若空观，主要传扬者是月氏人支谦和康居人康僧会。西晋时期佛教有了长足的发展，一方面因为佛教始传批判较少，不至于引起统治者的关注，另一方面由于佛教般若学的一些概念（空）与当时流行的玄学的一些观念（无）相似，可以与玄学相呼应。其佛教翻译名家有竺法护、于法兰、于道邃、竺叔兰、帛法祖等。

东晋文化的一大特色，是玄学与佛学的合流，传入的印度佛教开始中国化为中国佛教，形成所谓“六家七宗”，即本无、即色、识含、幻化、心无、缘会六家，其中第一家又分为本无、本无异二宗，故名。本无宗的“本无”一词，即出自玄学。该宗的代表人物释道安，他要人们恪守“宅心本无”“湛尔玄齐”，以摆脱尘世间的痛苦烦恼，从而进入“无为无不为”的空寂境界。显然，释道安是以玄学理论去解释大乘佛教般若学的。其他如支道林即色宗、竺法琛本无异宗、于法开识含宗、于道邃缘会宗等，在讲解《般若经》时，也总是以玄学思想、语言进行注释。

竺法护曾随师游历西域各国，遍学多种语言，搜求大量胡本佛经，先后翻译佛经150余部，《高僧传》称他：“终身写译，劳不告倦。经法所以广流中华者，护之力也。”帛法祖，深研佛经，曾在长安设精舍，以讲习为业。据说有道士王浮者，尝与之争佛、道之邪正，每为法祖所屈，遂愤而作《老子化胡经》。

佛教在东晋、十六国时期，由于得到统治者支持而发展迅速，佛教名僧辈出，翻译经典增多。北方十六国中影响最大的佛僧是佛图澄、道安和鸠摩罗什，以及罗什的高足僧叡、僧肇等。东晋影响最大的是慧远的庐山僧团。

佛图澄是以宣扬神异著称的和尚，他传播的佛法充满妖妄神异色彩，“善诵神咒，能役使鬼物，以麻油杂胭脂涂掌，千里外事皆彻见掌中，如对面焉”（《高僧传》），其所传佛法，显然杂有西域原始巫术内容。由于他成功的佛教宣传活动，使佛教第一次真正得到国家力量的支持与参与。高僧法显著有《佛国记》，被称为“五世纪初的伟大旅行家”。

汉末至魏晋南北朝时期是道教产生、发展并逐渐脱离原始形态而走向成熟宗教的时期。道家思想与神道、仙道合流，最后转化为中国本土宗教——道教。最初的两支道教组织：事黄老的太平道（张道陵、张衡、张鲁；黄巾起义失败）；“以鬼道教民”“以祭酒为治”的政教合一的五斗米道（为曹操招降，魏晋时期发展为天师道）。

道教兴起之初，具有两个鲜明的特点。一是他们关注直接的现实利益，表现出较强的政治化倾向，且多具社会批判性。它崇信自然原则，相信社会将按照阴阳五行和五德终始的运行规则发展。二是信仰神仙，认为人的个体生命只要通过某种神秘的方术、道术的修炼，就可以长生不死、肉体成仙。

曹魏之初，左慈在江东传道，初传葛玄，继传郑隐，郑隐传葛洪，在江东形成颇有影响的神仙道教，亦称丹鼎派，尝以烧炼金丹以求长生为事务。葛洪极力宣传神仙可学可致，以还丹金液为主，注重个体修炼成仙的“仙道”学说。他的仙道最合于求长生的士族社会的需要，因此一般也被称为“贵族道教”。“二葛”与“三张”并称。

寇谦之在北魏太武帝的支持下，对五斗米道进行清整与改造，整顿其组织、重制其教仪教规，形成了北方新天师道。寇谦之之后，在北方崛起的是楼观道，梁谌立宗开派。陆修静所倡的以斋仪为主的天师道，史称“南天师道”。

六　文学理论

魏晋南北朝时期文学批评出现前所未有的繁荣，批评内容丰富多彩，涉及很多方面。按问题分为四类。

一是论创作。陆机《文赋》：专门论述如何运思写作。赋中对创作冲动的发生、创作中思维活动的特点作了精细真切的描述；对于写作中的具体问题：剪裁、突出主题、避熟就新等都有所论述。刘勰《文心雕龙·神思》等篇：强调“神与物游”，保证思路通畅，详细讨论创作中该如何恰当运用各种具体手法。钟嵘《诗品》：“天才”论，触及诗人对外物之美的直接感受问题。萧子显《南齐书·文学传论》：认为诗赋创作应“委自天机”，“应思悱来”，也触及创作才能的特殊性、作家情思的自然发露以及灵感问题。

二是论作家风格。曹丕《典论·论文》：首次以“气”评论作家，作家气质不同，相应形成作品个人风格；《文心雕龙·体性》：专论作家风格，它分析作家主观因素才、气、学、习与作品风貌之间的关系；钟嵘《诗品》：概括刘宋之后形成的三大流派的风格；萧子显《南齐书·文学传论》：说某诗人源出某人，亦着眼于个人风格。

三是论文体。《典论·论文》：八体四类“奏议宜雅，书论宜理，铭诔尚实，诗赋欲丽”；《文赋》的十种文体：诗、赋、碑、诔、铭、箴、颂、论、奏、说；挚虞《文章流别论》、李充《翰林论》：结合总集编纂，叙述各文体的特点、功用等；《文心雕龙》：自《明诗》至《书记》二十篇全为文体论。

四是论文学的发展与创新。葛洪《抱朴子·均世》："古者事事醇素，今则莫不雕饰。"萧统《文选·序》："盖踵其事而增华，变其本而加厉。物既有之，文亦宜然。"《文心雕龙·通变》："文辞气力，通变则久。"《文赋》："谢朝华于已披，启夕秀于未振。"《南齐书·文学传论》："在乎文章，弥患凡旧，若无新变，不能代雄。"沈约《宋书·谢灵运传论》：叙述各阶段文学特点及代表作家。钟嵘《诗品·序》：专论五言诗的发展。

按创新与否分为三类。

一是新变派理论家。如萧绎《金楼子·立言》："吟咏风谣，流连哀思者，谓之文。""至如文者，惟须绮縠纷披，宫徵靡曼，唇吻遒会，情灵摇荡。"沈约《宋书·谢灵运传论》：阐发"四声八病"之说。此派理论家又有文笔说与声律论。(1) 文笔说：总的来说是有韵为文，无韵为笔。最早为《宋书·颜竣传》：太祖（文帝）问延之："卿诸子谁有卿风?"对曰："竣得臣笔，测得臣文。"《文心雕龙·总术》："今之常言，有文有笔，以为无韵者笔也，有韵者文也。"当然还有其他的一些说法，但后世此说多被人接受。文笔说的产生，说明时人对文学的认识进一步清晰，知道美文与实用之文的区别。(2) 声律论：以齐永明体为代表，沈约、谢朓、王融主之。具体内容为"四声八病"说——平上去入；平头、上尾、蜂腰、鹤膝、大韵、小韵、旁纽、正纽。

二是复古派理论家。梁裴子野《雕虫论》："古者四始六艺，总而为诗，既形四方之风，且彰君子之志，劝美惩恶，王化本焉。""淫文破典，斐尔为功，无被管弦，非止乎礼义。"

三是折中派理论家。萧统《文选·序》既重传统，又不排斥新变，对《诗》及《楚辞》、汉赋的看法均较融通；又提出编选《文选》的准则是"事出于沈思，义归乎翰藻"。颜之推《颜氏家训·文章》篇："至于陶冶性灵，从容讽谏，入其滋味，亦乐事也，行有余力，则可习之。"

七 文献学成绩

此期文献学的成绩主要表现为文集的编纂。见诸史籍记载的中国第一部类书《皇览》，编于曹丕执政之时。曹丕主持编纂的《邺中集》，是继王逸《楚辞章句》之后的又一部文人作品总集。最著名的是《昭明文选》（又称《文选》）和《玉台新咏》的成书。此期涌现的文人别集，更是不胜枚举。

目录学的丰富与创新。此时，不仅有王俭《七志》、阮孝绪《七录》继承了“六分法”，使之地位更加牢固，而且新创了“四分法”，并推动其成熟与定型。四部分类起源于魏晋之际，初步成熟于东晋时期。曹魏时，秘书郎郑默“考核旧文，删省浮秽”，制成国家藏书目录《中经》（失传）。西晋秘书监荀勖因《中经》而著《晋中经簿》，分群籍为甲、乙、丙、丁四部，总括群书。《晋中经簿》甲部：六艺、小学；乙部：古诸子家、近世子家、兵书、兵家、术数；景（丙）部：史记、旧事、皇览簿、杂事；丁部：诗赋、图赞、汲冢书。它未有经史子集之名，且子在史前，史部独立，子部扩大，是四分法的过渡。李充《晋元帝四部书目》，因荀勖四部之法，调整为五经、史记、诸子、诗赋的顺序，后世经史子集分部顺序“自尔因循，无所变革”（《隋志》）。萧绎在《金楼子·著书》中，已使用四部分类法。

曹　丕

【生平】

曹丕（187～226），字子桓，豫州沛国谯县（今安徽亳州）人。曹操与正室卞夫人的嫡长子。详见《三国志·文帝纪》。

【著述】

《典论》《皇览》《魏文帝集》等。

【学术成就】

曹丕的文学理论，主要见于《典论·论文》和《与吴质书》等文中。《典论·论文》从批评家出发，论及各种文体的特点、文章的地位和作用、文学批评应有的态度等。其他方面的学术成绩，因为文献亡佚，已不可考。

1. 文学批评的态度和原则

文学批评常有两种不良倾向：贵远贱今，向声背实；善于自见，谓己为贤。有鉴于此，曹丕提出了审己度人的批评标准，这一点发前人所未发。“文人相轻，自古而然。傅毅之于班固，伯仲之间耳，而固小之，与弟超书曰：‘武仲以能属文为兰台令史，下笔不能自休。’夫人善于自见，而文非一体，鲜能备善，是以各以所长，相轻所短。里语曰：‘家有敝帚，享之千金。’斯不自见之患也。”（《典论·论文》）更重要的是他在分析问题时，能联系文体特征和作家的特长，提出“文非一体，鲜能备善”这样通达的观点。这也是当时流行的才性论在文学批评中的反映。

2. 文气说

中国文学批评史上广有影响的文气说是从《典论·论文》开始的。文章一开始就鲜明地提出了“文以气为主”的观点。曹丕的“气”一指作家的才情气质，二指与作家气质相通的作品的艺术风格。他首先将气分为清、浊两类，然后说明“气”的先天性和独特性，“虽在父兄，不能以移子弟”。他还用文气说来分析作家才情的不同与作品的不同风格，如“徐干时有齐气”“应玚和而不壮，刘桢壮而不密”“孔融体气高妙”等。

3. 文体论

曹丕第一次论述文体，他说：“夫文本同而末异。盖奏议宜雅，书论宜理，铭诔尚实，诗赋欲丽。”共论述文体八种，诗、赋外，多是应用文字。他提出文体的主张，主要是根据当时公文写作中存在的一些问题。像铭、诔两体，自汉以来，对传主的溢美之词非常普遍，所以提出“实”字加以规范；书论之体重在说理，不能逞以华丽之辞，故提出“理”字加以规范。

其中最受学界重视的是其“诗赋欲丽”的主张，因为此前人们对诗赋作为一个独立门类的认识还是不明确的，如将《诗》列为经，对楚辞的艳丽辞采和运用神话传说持否定态度，而乐府也难入主流作家的视野；虽然能将赋区别于经、史、子，但仍视其为小道，甚至指责它的文学辞采为“竞侈宏丽”。虽然自汉代以来文学创作日益表现出追求美词丽句的倾向，但在理论上是相对滞后的。在这个意义上，曹丕的“诗赋欲丽”就有了进步的意义。

4. 文学价值论

曹丕论文学价值，主要有“经国之大业”与“不朽之盛事”。他认为一些文章本身具有政教功能，尤其诏策、奏表、盟誓、檄文、封禅文等，与国家军政大事相关，可以说是“经国之大业”。其他诸如史、子、集部也各有功用，诗赋的讽谏作用也被儒家所重视，如李充《翰林论》赞应璩诗为“风规治道，盖有诗人之旨焉”。所以说文章为“经国之大业”是有根据的。但是他对此没有深入的详细论述，而是用更多笔墨说文章是“不朽之盛事”：“年寿有时而尽，荣乐止乎其身，二者必至之常期，未若文章之无穷。”“生有七尺之形，死唯一棺之土。唯立德扬名，可以不朽，其次莫如著篇籍。”（《与王朗书》）这是对春秋时代“三不朽”说的继承，是对扬雄以来所兴起的个人著述风气的发扬。

后世的“建安七子”之称即出于《典论·论文》。此外，曹丕赞誉王粲与徐干等人的诗赋，多为不含政教意义的抒情咏物之作，也是其文学自觉性的一种表现。

徐　干

【生平】

徐干（170～217），字伟长，北海（今山东寿光）人。“建安七子”之一。详见《三国志·徐干传》。

【著述】

《中论》《答刘桢》等。

【学术成就】

徐干《中论》的写作主旨是：“常欲损世之有余，益俗之不足，见辞人美丽之文，并时而作，曾无阐宏大义，敷散道教，上求圣人之中，下救流俗之昏者”（《中论·序》），集中体现了作者对现实的考察成果。

1. 礼与中道

徐干对“中”并未直接诠释，《中论》全书仅有一处直面论“中”：“君子之辩也，欲以明大道之中也”（《中论·核辩》）。他认为“中”是一种正确合理的原则和处理矛盾的方法，但它比较抽象难以概括和不易把握，人们在具体运用“中”时就会无所适从，所以在不同情况下应该有不同的准则。他认为礼才是正道的体现，要论析儒家的德也只能从礼中去寻求答案，而儒家的德又往往与智联系在一起。也就是说，只有从《中论》论礼、德、艺、智、君臣等大量篇幅的具体规定中，才能明白其中蕴含的“中论”道理。在徐干心目中，礼是他思想的出发点，德是其本原处，中是其原则和方法论，“大道之中”即“礼义之中”是他思想的核心。

2. 礼是养欲给求

徐干这一思想来自荀子，“以养人之欲，给人之求”（《中论·礼论》）。礼之为礼的首要功能，是便于有效地满足人们起码的物质生活需求。因为欲多而物寡，人均分并不能防止争端，所以只有按贤愚不肖等各种不同的等级差异来分配，才能得其均平。他认为要使人们的物质利益与其功德等级相称，他说：“古代制爵禄，爵以居有德，禄以养有功。功大者禄厚，德远者爵尊；功小者其禄薄，德近者其爵卑。”（《中论·爵禄》）从道德上说，看一个人所享用的爵禄多少，也就可以知道一个人的功德大小。但现实中爵禄与功德并不十分相符，所以他要求制礼以节之，而制礼的标准就是道。这样，他就把人的养欲给求与礼法礼制结合起来，把“礼者，养也”从信仰性质的祭祀文化提升到了人文性质的政治伦理文化上来。

3. “智行”中论观

徐干认为一个人如果只有道德或善心，而没有智慧，反而会带来祸乱。相反，一个人的行为可能不符合道德和礼义，但最终会有利于国家百姓，这样才能成为君子。他举管仲没有为公子纠自杀却辅佐桓公的例子，说明“智行”重要。管仲可称为君子，而为公子纠而死的召忽只能算是匹夫匹妇。同样，著名的商山四皓，虽有高洁的志行，但对国家人民毫无用处。他的思想很明确，即出现多种道德冲突时，坚决地舍弃小善小节，维护大善大节。因此他强调“谋以行权，智以辨物”（《中论·智行》），面对复杂多样和变动不居的外部世界，要明辨是非，从而做出明智和正确的选择。

徐干《中论》多论述处事原则和品德修养与君臣关系和政治机微，它是一部有关伦理及政治的论集。

何 晏

【生平】

何晏（193？~249），字平叔，南阳宛（今河南南阳）人。东汉大将何进之孙。详见《三国志·诸夏侯曹传》。

【著述】

《论语集解》《周易解》《老子注》《老子道德经论》《道论》《无名论》等。

【学术成就】

何晏的“新学”持“贵无”的思想，代表他的玄学成绩。《论语集解》则代表何晏的儒学成绩。

1. 新学

何晏“新学”之新，就是“以无为本”的“贵无”思想。“无”不但是化生万物的根本，同时也是认识世界和待人接物的指南。他说：“有之为有，恃‘无’以生，事而为事，由‘无’以成。”（《列子·天瑞》张湛注引何晏《道论》）又说：“夫道者，惟无所有者也。自天地以来，皆有所有矣。然犹谓之道者，以其能复用无所有也。故虽处有名之域，而没其无名之象，由以在阳之远体，而忘其自有阴之远类也。”（《列子·仲尼》张湛注引何晏《无名论》）

何晏的“以无为本”蕴含着下面四点看法：其一，世界上一切的有，都是由“无”生出来的。这个“无”是世界本原；其二，“无”就是道，而道的本身是无名、无形、无声的，它能生出有名、有形、有声的万事万物；其三，世界万物之所以有名称，只是为了方便而强称之有名，实际上，“有名”的本来面目是“无名”，因为“有”的终极仍归于“无”；其四，老子的道家学说与孔子的儒家学说毕竟是相通的，就像尧虽然有巍巍功名，但其最后仍归复为无名。何晏认为“无”是一种超越物质的虚静的本体，是不可名状和难以捉摸的东西，但它神通广大、法力无边，能够创造出具体的物质世界，因而是世界万物的根源。

2. 玄解

何晏在注解《论语》时，既不可能像两汉经学家们那样采取全然肯定的态度，也不可能像后代玄学家们那样去否定，而是表现出一种“似儒而非儒，非道而似道”的假象。如“温故而知新”句，何晏注云：“温，寻也，寻绎故者，又知新者，可以为师矣。”这一解释，与孔子的原意已有不同，孔子是说为师的人知故即知新，并非含有温习旧的知识又知道新的知识的意思。又如“畏大人”句，按原意“大人”为大官、贵族，而何晏却注为“大人即圣人，与天地合其德也”。这样，“大人”成了德行高尚的圣人。又如“夫子言性与天道”句，何晏注为“天道者，元亨日新之道也，深微，故不可得而闻也”。若按荀子的看法，天道是自然的现象，是一种规律，即“天有常道”，是可知的。而在何晏的笔下，这个天之道是深微莫测的，是无形、无状和无声的神，既神秘而又不可知。何晏注解《论语》时用“三玄”之学进行演绎和发挥，从而产生了外儒内道、儒道互补的“新学”。

何晏《论语集解》能集诸家之善，力排汉儒繁琐的经学学风，以简明见长，注重阐发义理。从思想上说，齐一儒道、以玄解儒是其重要特征。这说明，何晏及王弼虽倡自然，但不反名教，他们是要建立符合人的自然本性、符合人的真情实感的名教，这叫“名教本于自然”。

王　弼

【生平】

王弼（226～249），字辅嗣，山阳高平（今山东金乡）人。详见《三国志·钟会传》。

【著述】

《道德经注》《老子指略》《周易注》《周易略例》《论语释疑》等。

【学术成就】

王弼的“以无为本”之论，深化了老子的“无”生“有”和“道生一”的唯心论，从宇宙万物生成论过渡到宇宙万物本体论。此论，还将何晏的“贵无”说，由粗浅的事物认识发展为比较精致的哲学思辨。

1. 政治无为

王弼将“以无为本”的本体论和“名教本于自然”的认识论推向社会政治，提出“政治无为”论。他描绘社会政治蓝图说：“大人在上，居无为之事，行不言之教，万物作焉而不为始（施，干涉）。”（《老子指略》）大人，是指君主。他说居于最高统治者之位的君主，所作所为都要任其自然，不去干预或阻挠，做到“无为”和“不言”。“无为”不是什么都不干，“不言”也不是什么都不说，而是不去做那些伤害自然的事，不说那些违背仁义的话。“君道无为”具体指：提倡节俭，反对奢华；健全制度，尊卑有别；公私分明，立诚立信；赏罚公平，法网宽松；身处高位，如临深渊。相应的，治理天下、管辖百姓的大臣，应该恪守的原则有三项。其一，要谦虚谨慎，勤于政事，即“能体谦之，其唯君子”（老子指略）。其二，要以身作则，摒除私欲，即“尚名好高，其身必疏；贪货无厌，其身必少”（《老子·十八章注》），还要“以清廉导民，令其去污”（《老子指略》）。其三，要宠辱皆忘，知足常乐，即“宠必有辱，荣必有患，宠辱等、荣患同也。为下得宠辱荣患若惊，则不足以乱天下也”（《老子·十三章注》）。

王弼的“政治无为”思想是建立在道家哲学基础上的。道家哲学中的无、一、寡、静，表现在政治上就是以无统有、执一统众、以寡治众和以静而“广得众心”。作为君主，如果能做到清静无为，设官分职，定好名分，便可坐享其成；作为大臣，假若能恪守清廉勤谨，不求名利，谦恭地教导百姓，那么天下必然大治。这个主张，是为曹魏政权的长治久安在献计献策，它的内容貌似迂阔，却包含着不少真知灼见。

2. 名教本于自然

王弼对老子自然的理解是："天地任自然，无为无造，万物自相治理，故不仁也。仁者必造物施化，有恩有为。造物施化，则物失其真；有恩有为，则物不具存。物不具存，则不足以备载矣。"（《老子·五章注》）自然，是指天地间万事万物在没有人为因素作用以前的本来面目和状态，就像天覆盖万物、地负载万物、牛羊吃草、人吃狗那样，是自然而然的。但自然本身，无迹象可寻，无意图可观，它虽然有"自然"的名称，但并不是任何实在的东西。总之，由于自然作用，事情得以成功，但人们仍然不可能认识其所以然。

王弼的"自然"观，具有以下三种属性。其一，"自然"即"道"。所谓道，乃是万事万物产生和变化的根本规律，也是万事万物所经过的必由之路。王弼说："夫晦以理，物则得明；浊以静，物则得清；安以动，物则得生，此自然之道也。"（《老子·十五章注》）这些带有规律性的发展变化，是"自然而然"的，非人力之所为所禁所止的。因此，"道"与"自然"，只是名称上的不同，对于"道"来说，"自然"是它的内容和规定；而对于"自然"来说，"道"则是它的表现形式。其二，"自然"即"性"。王弼说："万物以自然为性，故可因而不可为也，可通而不可执也。"（《老子·二十九章注》）王弼认为万事万物都有特性，如时有春夏秋冬，人有生老病死，燕雀会本能地交配，寒冷地区的百姓会穿皮衣，这些都是"自然"。对于人的身体各个器官来说，也是人的生理自然需要。如眼为观，耳为闻，口为吃，心为思，但若是外界故意强加给这些器官正常需要之外的东西，那必然适得其反，破坏了它们的自然之性。其三，"自然"即"无"。"自然"的特征为无形、无象、无言，它既看不见、摸不着，也听不到，是寂然无有的，无法进行把握的。因此，"自然"与"无"实际上是一回事，对于"无"来说，"自然"是表现；对于"自然"来说，"无"是本质。

综上可知，王弼的自然观是包罗万象而又囊括一切的，举凡大千世界里的万事万物的生成和变化，都是"自然而然"的。基于此，最终他提出了极富于玄学特色的理论，即融合儒道两家学说的"名教本于自然"说。

3.“无”生“有”

王弼既然主张宇宙本原为“无”为“道”,“无”怎么生“有”?又为什么能“道生一,一生二,二生三,三生万物”呢?他先从原则上肯定“无”与“有”之间是“本”和“末”的关系。他说:“天下之物皆以有为生。有之所始,以无为本。”(《老子·四章注》)意思是天下万物总是有形生有形,但这个“有”不是随意而生,是有条件和原则的。这个原则不是别的,就是有生有的现象的主宰“无”。“有”只是现象,“无”才是本质,才是根据。

至于“道生一”,王弼先是肯定“道”就是“无之称也”,然后将“无”与“一”的关系推论为“道”与“一”的关系。他解释道:“万物万形,其归一也,何由致一,由于无也。”意思是说,“道”与“一”的本身并无实质性差别,万物万形不过是“道”的表现,“一”为万物万形的总名称,而“无”则是导致万物万形统归于“一”的根本。这么一来,“无”就是“道”,“道生一”就是“无”生“一”。于是,“道生一,一生二,二生三,三生万物”就成为自然而然的事。

4. 言意之辨

王弼探讨的玄学范畴很多,比如无与有、本与末、体与用、一与多、静与动、言与意、性与情等。言意之辨是他创立贵无论玄学最重要的思辨方法之一。王弼以此删繁去妄,重建当时人们的思想方法。“夫‘道’也者,取乎万物之所由也;‘玄’也者,取乎幽冥之所处也;‘深’也者,取乎探赜而不可究也;‘大’也者,取乎弥纶而不可极也;‘远’也者,取乎绵邈而不可及也;‘微’也者,取乎幽细而不可睹也。然则‘道’‘玄’‘深’‘大’‘微’‘远’之言,各有其义,未尽其极也。然弥纶无极,不可名细;微妙无行,不可名大。”(《老子指略》)道家所主在得意忘言,把握精微博大的道体不能以形下的寻常言象,只能忘言忘象,超越言象的局限而体会深意。道本身之精微无极,也难以言象名状。宇宙本体是无形无名的,因此也不能以一般的语言文字等言象形式来表述。

王弼称为“崇本举末”的核心,是认为“仁义发之乎内,为之犹伪”(《老子·三十八章注》),即将儒家传统的仁义道德视为人的本性的自然流露,而非外在的礼法强制。由此可见,他反对仅流于形式的虚伪的礼法名教，但并不排斥儒家名教，也仍然以孔子为圣人，甚至还有“老不及圣”的观念，只不过其体系内实道家精神。钱穆说：“在王弼的思想里，想把宇宙观回归到老庄，而把人生观回归到孔孟。”（钱穆《中国思想史》）

嵇　康

【生平】

嵇康（223～262），字叔夜，谯国铚（今安徽宿州西南）人。详见《晋书·嵇康传》。

【著述】

《养生论》、《难〈自然好学论〉》、《声无哀乐论》、《释私论》、《管蔡论》、《难〈宅无吉凶摄生论〉》、《圣贤高士传赞》（《嵇中散集》）等。

【学术成就】

嵇康以儒家思想为根本，又因现实斗争的需要去接受道家思想。他的“至德之世”与儒家“天下为公”的“大同”之世并不相悖，而是相互协调的。

1. 至德之世

嵇康偶尔非议汤武周孔，只是一个表面现象，他所否定的并非儒家学说本身的精髓，他的矛头是指向司马氏集团中所谓的“礼法之士”那种挂羊头卖狗肉的行为。他在批判现实社会的同时，描绘出“至德之世”的理想社会的蓝图：“君无文于上，民无竞于下，物全理顺，莫不自得。饱则安寝，饥则求食，怡然鼓腹。”（《难〈自然好学论〉》）他对理想社会作出了具体说明：“圣人不得已而临天下，以万物为心，在宥群生，由身以道，与天下同于自得。穆然以无事为业，坦尔以天下为公。虽居君位，飨万国，恬若素士接宾客也。虽建龙旗，服华衮，忽若布衣之在身。故君臣相忘于上，烝民家足于下。”（《答〈难养生论〉》）

这个至德之世有两个要点。一为“天下为公”。嵇康认为对圣人来说，不应该“割天下以自私”，而是要“在宥群生”，做到“烝民家足”，使百姓安居乐业。二为“君民同乐”。圣人虽然高居君位，食万国之禄，穿华衮之服，但仍然要和百姓同心同德，做到与万民同乐。假如圣人不得已身居君位，坚持不做那种“劝百姓之尊己”的事，而是立足于“与天下同于自得”，那么，一个“大朴未亏”的“至德之世”就会到来。

2. 元气说

嵇康认为宇宙的本原是元气，天地万物都是禀受元气而生，是阴、阳二气矛盾运动和相互作用所致。他说：“夫元气陶铄，众生禀焉。”（《明胆论》）意思是天地万物都是禀受最原始的物质即元气而生。他进一步解释说：“浩浩太素，阳曜阴凝。二仪陶化，人伦肇兴。”（《太师箴》）“太素”即元素，为构成宇宙万物始基的最初物质形态；“二仪”是指天和地。由于阴阳相互作用，便有了整个自然界，有了人类社会。他更具体地指出：“夫天地合德，万物贵生，寒暑代往，五行以成。（故）章为五色，发为五音。”（《声无哀乐论》）在他看来，由于阴阳二气互为作用，万物滋生，春去秋来，形成了金、木、水、火、土五种物质之间的相生相克，出现了青、黄、赤、白、黑五种颜色，表露为宫、商、角、徵、羽五种音声。这个多彩的世界，既不是上帝或造物主的有意安排，也不是来源于精神性的本体“无”，而是阴阳二气矛盾变化的结果。

3. 名实与心声

嵇康对当时玄学中的才性、形神、名实、言意、心声等论题，都曾进行了探讨，这里只介绍名实、心声。

名，指概念，与实相对。嵇康认为，名号的确定，必须依据事物的真实，这叫作“因事兴名”，名实相符。同时，他严肃地指出当时的社会现象都是名实乖离。他说：“然事亦有似非而非非，类是而非是者。不可不察也。故变通之机，或有矜以至让，贪以致廉，愚以成智，忍以济仁。然矜吝之时，不可谓无廉；（情）〔猜〕忍之形，不可谓无仁，此似非而非非者也。或谗言似信，不可谓有诚；激盗似忠，不可谓无私，此类是而非是也。”（《释私论》）

嵇康的这番议论旨在表明，看一个人是贪、愚、忍、私，还是廉、智、忠、仁，关键看他的实际行为，而不能因名称概念去定他的是非。如果不是这样，就会变成有名无实或有实无名，被那些“似非而非非”或“似是而非是”的假象所迷惑。嵇康的“名实”之论，是与言行、公私、是非等概念相联系的。他说：“夫言非自然一定之物，五方殊俗，同事异号。〔趣〕举一名，以为（摽）〔标〕识耳。”（《声无哀乐论》）名与言只是标帜或符号，具有随意性，并非实实在在的事物本身。因此，他公开亮出“弃名以任实”（《释私论》）的主张。在他看来，人们的行为应该是“无措”的，即不要有意为之，而要出于自然而然。如果人们的行为总是先考虑名分，用名教的种种规范去加以权衡，看看将要做的行为是否名正言顺，那么，他的行为实际上只是有意为之，并非出于内心的自然要求。另外，人们的行为如果总是先考虑名分，那就可能将实在的意愿隐蔽起来，从而出现似是而非或似非实是的情况。这样，良好的意愿很可能走向它的反面，出现事与愿违的结局。究其原因，是由于只求名、不求实的缘故。

“心”与“声”的关系实质上是主观与客观的关系，是主观情感与客体音乐本身的冲突与调和的问题。传统的观点是把二者混为一谈，认为音乐直接反映政治和风俗民情，甚至还反映着宗教迷信，把音乐艺术视为政治道德的工具。嵇康却认为“音声之作，其犹臭味在于天地之间”（《声无哀乐论》），只有善、恶之别，与哀、乐无关。人听乐而生的哀、乐，是因为人心藏有哀、乐之情，“遇和声而后发”，因此他以为“声无哀乐”。

嵇康虽然自称好老庄之学，但思想深处仍然推崇儒学，只是由于司马氏集团虚伪地侈谈仁人，破坏礼教，他才提出要“越名教而任自然”，强调独立思考，加强理性认识，不以圣人之言作为立论的标准。

裴 頠

【生平】

裴頠（267～300），字逸民，河东闻喜（今山西闻喜）人。司空裴秀之子。详见《晋书·裴頠传》。

【著述】

《崇有论》《辩才论》《贵无论》（后二篇已佚，《裴頠集》）等。

【学术成就】

裴頠强调“无”不能生“有”，他认为“自生而必体有”。他不但看到了万事万物有各自的特点，即“所禀者偏”，而且指出它们不能孤立地存在，只能同自身以外的其他事物相联结而存在，即“偏无自足，故凭乎外资”。

1. 崇有论

裴頠讲“有”讲“无”，都是从人事政治出发，贵无者向往出世，贵有者重生，故不能脱离现世界以逍遥。裴頠以为人生必资于有，没有“有”就没有生，所以他说：“生以有为已分，则虚无是有之所谓遗者也。”（《崇有论》）虚无既为“有”之所遗，则虚无不为“有”所资，故世界上的一切无不资于“有”，除非它脱离现世界。既然脱离了现世界，就可以打破一切礼教，放僻邪侈，任所欲为，然而这种世界并不是真正的世界。而要想在真正的世界中生存，则必资于“有”。

他发挥了向秀《庄子注》的“自生”说，说明凡物的存在，即为有，存在之物之所体，亦为有。如果有不存在，生亦不存在。生与有为一体之两面，无不能概括有，而万物生长的规律，也不能用无为的思路来把握，抽去万有之存在，规律亦不能存在。故只有“有”，即物之客体存在，才能为万物之体，而虚无对于万物之存在没有任何意义。

2. “于无非无”和“于有非有”

裴頠在强调“崇有”的基础上，还提出了“于无非无”和“于有非有”的人生哲学观。他重新解释了老子著书立说的意图：“观老子之书虽博有所经，而云‘有生于无’，以虚为主，偏立一家之辞，岂有以而然哉！人之既生，以保生为全，全之所阶，以顺感为务。”（《崇有论》）他说老子强调“有生于无”，以无为本，但其主旨却是在于“全有”，表现在人生哲学上，是要做到“于无非无，于有非有”。就是说人生不能走两个极端，偏执“无”或“有”。

他的“于无非无，于有非有”的人生哲学，旨在匡时救世，扭转社会上种种伤风败俗的现象。执无一派如阮籍的不拘礼教，刘伶毫不介意家产的有无，王衍从不谈钱；执有一派如何曾“食日万钱，犹曰无下箸处”（《晋书·何曾传》），石崇“丝竹尽当时之选，庖膳穷水陆之珍”（《晋书·石崇传》）。在裴頠看来，这两派的生活态度都不足为效，它使人扭曲变形，失去常态。作为贤人君子，应该“躬其力任，劳而后飨”，做到“居以仁顺，守以恭俭，率以忠信，行以敬让，志无盈求，事无过用”（《崇有论》），这才是人生的真谛。这个人生哲学是对他“崇有”哲学的一种补充，它不仅指出偏执“虚无”“贵有”两个极端的错误，而且树立了正面的人生典型。

裴頠为了挽救名教，挽救儒学面临的危机，清除玄学“任自然”之弊，反对“贵无”而主“崇有”。在他看来，宇宙间的一切都是“有”，如果把“无”看成是根本的，就会“建贱有之论”，从而视儒家的仁义礼法为“末有”而加以贬抑和忽视。于是他对“任自然”所造成的遗制、忘礼的危险性进行了批判。

郭　象

【生平】

郭象（252？~312），字子玄，河南（今河南洛阳）人。详见《晋书·郭象传》。

【著述】

《庄子注》、《论语体略》、《论语隐》、《碑论》（《郭象集》）等。

【学术成就】

郭象通过注《庄子》发挥了“崇有”的思想。在他看来，庙堂之上的“圣人”与山林之中的“神人”，从性分来说，是相通的，名教也是人性中本有的东西，即“夫仁义者，人之性也”（《庄子集释》卷五下）。这样曾被竹林名士对立起来的自然与名教，又重新统一起来，即“名教即自然”。

1. 独化说

郭象在有无关系上，继承向秀和裴頠的“自生”说，不言万物生化之源，不仅否认万物的本原是“无”，也不言生物者为“有”，而且完全避开了有、无之争。他否定有生于无，指出有者自有，并不依赖于“无”才能为有。“夫有之未生，以何为生乎？故必自有耳，岂有之所能有乎！”“此所以明有之不能为有而自有耳，非谓无能为有也。若无能为有，何谓无乎！”“一无有则遂无矣。无者遂无，则有自欻生明矣。”（《庄子集释》卷八上）

郭象否定的不仅仅是贵无论的生物者为无，他认为无不能化为有，有也不能化为无。无者自无，有者自有，万物化生，是自然而然的过程。“夫造物者，有耶无耶？无也？则胡能造物哉？有也？则不足以物众形。故明众形之自物而后始可与言造物耳。是以涉有物之域，虽复罔两，未有不独化于玄冥者也。故造物者无主，而物各自造，物各自造而无所待焉，此天地之正也。”（《庄子集释》卷一下）所谓造物者无主而物各自造之说，实际上取消了有、无两者孰先孰后的问题。在物先不存在任何原动之因，使万物生长变化的唯有自然之理。

2. 无为而有为

郭象调和儒、道两家的政治思想，创立“无为而有为”的新理论。他赋予庄子“无为”以新含义：“无为”即是“有为”，“有为”亦同于“无为”。郭象心目中的“无为”，并不是什么事也不干，而是“自当其责”“率性而动”“任其自为”，不要“迫于威刑”（据他给《天道》《大宗师》《在宥》的注文可知）。在具体内容上，郭象解释道，上至君主、冢宰、百官，下至万民，各就其位，各行其是，各安其业，这是有为而实际上是自得无为。他甚至认为，人骑牛乘马，给牛穿鼻或给马套上嚼子，都是一种“有为”的举动，但对于牛马本身说来，却是一种“无为”的现象，这是因为牛马一生下来，生性就是供人役使和坐骑的，是顺乎物性、当乎天命的。

在郭象看来，只要君民上下各安“本性”，顺乎“性命”，为尊者不骄，为卑者不怨，把“有为”看成是合乎自然的“无为”，将“无为”视为实际上是“有为”，那么“无为而有为”“有为亦无为”，天下就会永享太平。郭象为《庄子》作注，一方面，是以儒家的济世精神去充实道家的玄虚。另一方面，他对于儒家的纲常名教，也采用道家的自然无为理论去进行解释，让儒道两家出现一个新的同步，这就是“不废名教而任自然”的儒道合一观，表现在政治上便成了“无为而有为”的新学说。

3. 冥然自合

郭象真正强调的是万物的“自性”。他认为一切万有之物，本身都是本体与现象的结合体，无始无生。作为物之自然，对物之生化起决定作用的只是物之性分，而“天性所受，各有本分，不可逃，亦不可加”（《庄子集释》卷二上）。这种自有的天性是宇宙万物发生变化的依据，因其存在，“万物各反所宗于体中而不待乎外”（《庄子集释》卷一下）。本性无形无名，万物因之而具“所以迹”之内涵。一物的完成完满，所依赖的也是自身的性分。万物都是依据自性而发生变化，彼此间自为而相因。整个现象世界“相为于无相为”，只是依靠现象的自性的相互影响而呈现混乱中的和谐，无秩中的有秩，却不存在一个因果的关系。郭象称此状态为“卓尔独化”，“卓者，独化之谓也。夫相因之功，莫若独化之至也。故人之所因者，天也；天之所生者，独化也。人皆以天为父，故昼夜之变，寒暑之节，犹不敢恶，随天安之。况乎卓尔独化，至于玄冥之境，又安得而不任之哉!”（《庄子集释》卷三上）所谓“玄冥之境”，名无而非无，正由万物的自然本性所构成，因此它不在独化之外，而在独化之中。万物原始的和谐就建立于其上。

郭象的“崇有”与王弼的“贵无”，虽然表现为两种不同的思路，但旨趣则是相同的，即都是在努力调和名教与自然的关系，齐一儒道。

欧阳建

【生平】

欧阳建（269? ~300），字坚石，西晋渤海南皮（今河北南皮）人。详见《鲁西南欧阳氏宗谱》。

【著述】

《言尽意论》等。

【学术成就】

欧阳建认为自然万物是客观存在的，虽然客观世界不依赖于名言概念，但名言概念对人却有意义，人创造了名言概念，言可以尽意。他的“言尽意论”包含四个基本论点。

第一，他肯定客观事物及其规律是不以人们对它们所规定的名称和语言为转移的。春秋四时是如此，或方或圆也是如此，都是先有其事、其形而后有其名称。名言概念对于客观事物无所施与。

第二，虽然客观世界不依赖于名言概念，但名言概念对人却有意义。名言对于人而言具有某种功能，就在于人的思想需要通过名言才能得到系统化的表达与展现，同时客观事物也需要通过名言而加以辨别。也就是说，名言概念是人们表达思想、辨别事物的重要媒介，离开它们，客观事物及其规律就得不到彰显与辨别。

第三，他认为语言是交流思想的工具和手段，言谈旨在畅志，名称在于认识和分辨事物，语言和思想之间具有必然的联系，就像形体和影子一样，二者不能分离也不可分离；他从发展的观点去看待语言和思想的进化，指出语言不是僵死不变的，人的认识也是不断进步的。随着事物的发展变化，语言和思想认识也在日益丰富和深刻。这就是“名逐物而迁，言因理而变”。从根源上说，物没有自然之名，理没有必然之称，只因人们在现实生活中要辨别事物、表达思想，所以才为各种事物立下了不同的名言概念。

第四，他断言：既然是有形才有象，形存而影附；有形才有名，形迁而名变。那么，语言和思想二者必然不可分离，语言是能够表达思想的，言能尽意这个道理也就是无疑的。

欧阳建的“言尽意论”，正确地把握住思维和语言之间不可分离的关系，肯定了语言的作用，这在玄学发展史上是有贡献的。

杨　泉

【生平】

杨泉（？～？），字德渊，三国两晋时梁国（今河南商丘南）人，终生不仕，他生活于吴亡（280）前后，在太康末、惠帝初由会稽被征至洛阳。史书无传。

【著述】

《物理论》（辑文一卷，收入孙星衍《平津馆丛书》）、《太玄经》（仅存十余条，辑入马国翰《玉函山房辑佚书》）等。

【学术成就】

杨泉对哲学、天文、历法、农学、医学等均有研究，著述甚多，可惜这些著作均已亡佚。《物理论》辑文仅一卷，虽非全貌，亦可见一斑。

1. 元气生成论

杨泉认为，水是原始存在，是“地之本”；地又是“天之根本”，通过“吐元气”才形成了天。所以他说：“所以立天地者，水也。夫水，地之本也。吐元气，发日月，经星辰，皆由水而兴。”（《物理论》）“地者，天之根本也。”（《物理论》）也就是说，先有水后有土（或地），再有“气”（或元气），先有天地再成日月星辰。

成地的情形是这样的：“土精为石。石，气之核也。气之生石，犹人之精络之生爪牙也。”（《物理论》）“游浊为土，土气合和，而庶物自生。”（《物理论》）“石”由“土精”变成，“气之生石”，“石”是“气之核”；“庶物自生”也要在“土气合和”后而生，“气”发生了作用。不仅水土以外的“庶物”因“气”而生，且自然现象也由“气”的运动而成，即“激气成风，涌气成雨，浊雾成雪，清露成霜”（《太玄经》）。他还认为“气”有阴阳之分、冷热之别、方土之异及疾徐、息怒、激涌等“自然”之性。

成天的情形是这样的：“元气皓大，则称皓天。皓天，元气也。皓然而已，无他物也。”（《物理论》）意思是说天上日月星辰的形成，不受水土的制约，纯粹是“元气”在起作用。地上的“气”，可以生庶物、积自然，只是“乱气”而非“元气”。但“升而为天”的“气”，就成了“元气”。

“升而为天”的元气又分为普通的和“元气之精”，普通元气只是皓然成天，“元气之精”才会变成日月星辰。而且“元气之精”也分阴阳，所谓“太阳之精”即阳气的精华，形成日与星辰；“水之精”代指阴气的精华，形成月与天河。

水是阴性，土是阳性，水生土；地是阴体，天是阳体，地生天。“水之精”的月与天河，“太阳之精”的日与星辰，“皆由水而兴”；“众星”由天河而出，星辰“生于地”。任何一对阴阳对应中，阴都为阳之本。

2. 形神问题的“血气”说

杨泉认为人由精气所生，否定灵魂不死。他说：“人含气而生，精尽而死。死犹澌也，灭也。譬如火焉，薪尽而火灭，则无光矣。故灭火之余，无遗炎矣。人死之后，无遗魂矣。”（《物理论》）非常明显，人的生命是气的一种表现，气聚则生，气散则死。人死而灵魂灭，与薪尽而火灭是同样的道理。这样，杨泉把人同自然界的物质统一起来，人的本身也是自然产物，是从自然界内分化出来的，而不是神的意志或者什么特殊的创造物。

他认为人的意识与智慧来自“血气”，他说：“智慧多则引血气，如灯火之于脂膏。炷大而明，明则膏消；炷小而暗，暗则膏息。息则能长久也。”（《物理论》）意思是说人的智慧是血气引发出来的特殊功用，血气消耗多，引发出来的智慧就大，显示出以“血气”为体、以“智慧”为用的观点。

3. 强调人事的有为说

杨泉强调人事上的“有为”，要用人的智慧和勤劳的双手去改造客观世界。他说：“稼，农之本；穑，农之末。”（《物理论》）又说：“稼欲少，穑欲多。”意思是农民种植庄稼，目的是收割，只有在耕耘上多下功夫，才能得到更多的粮食。他认为：“夫工匠经涉河海，为句橹以浮大渊，皆成乎手，出乎圣意。”（《物理论》）工匠们要想渡过江河湖海，就必须运用聪明的才智，付出辛勤的劳动，建造大船巨舰。杨泉还认为：“夫蜘蛛之罗网，蜂之作巢，其巧妙矣，而况于人乎！故工匠之方圆规矩出乎心，巧成于手，非睿敏精密，孰能著勋形，成器用哉！”（《物理论》）在他看来，蜘蛛织网，蜜蜂作巢，只是动物的本能，动物尚且把网、巢造得如此巧妙，更何况是万物之灵的人呢！因此，工匠在制作器物之前，思想上已经有一个方圆规矩的图案。若非匠心巧手，哪里能制造出既精美又实用的产品呢！杨泉还提出了一个带有普遍意义的哲学观点："事物之宜，法天之常，既合利用，得道之方。"（《织机赋》）他告诉人们，只有充分发挥人的主观能动性，才能在利用自然和改造自然的过程中，获得更加理想的效果。

他强调要在生产实践和自然科学知识中去探究"自然之体"和"自然之理"，做到合理地利用自然和改造自然。至于那些"尚其华藻"的虚无之谈，他指责其"无异春蛙秋蝉，聒耳而已"。可见，杨泉《物理论》中的哲学思想，是与当时的玄学思潮完全对立的。

王　肃

【生平】

王肃（195～256），字子雍，东海郯县（今山东郯城）人。父亲司徒王朗（族祖父王粲），师从宋忠。详见《三国志·王朗传》。

【著述】

《圣证论》《王子正论》《丧服要记》《魏台访议》；《周易注》《尚书注》《诗注》《三礼注》《左氏注》《孝经注》《论语注》（《周易王氏注音》《尚书驳议》《孔子家语注》等今佚）。

【学术成就】

王肃受玄学影响，比前辈经学家和郑学更重视义理方面的阐发，使先圣们对天、地、人的理性思考被重新发扬光大。

1. 求真

王肃注经，被很多人认为是标新立异之举，甚至是专与郑学作对。其实王肃纠正郑学的违错，反映出他求儒学之真的思想。王肃不迷信郑学，敢于指误辨疑，他的正确意见应该得到肯定。如他纠正郑玄解释上的不确切或错误：《閟宫》的"牺尊将将"，郑玄注引郑司农释义"献读为牺，牺尊饰以翡翠，象尊以象凤凰"，王肃根据考古发现的实物，"太和中鲁郡于地中得齐大夫子尾送女器，有牺尊，以犀牛为尊”，因此释“牺尊”为牛形之尊，完全正确。又如《周礼》“令男三十而娶，女二十而嫁”，郑玄把男三十女二十定为最佳的嫁娶年龄，而王肃则理解为婚嫁的极限年龄。无论从人的生理状况还是从社会实际来看，王肃的解释显然是正确的。也就是说，王肃纠正郑学的根据是非常充分的，因此不能以他纠郑的表象掩盖了其求真的本质。

2. 恢复儒圣

王肃作《圣证论》，就是用圣人之语证明己注具有不可辩驳的权威性，反过来又树立了圣人的权威。如关于孔子出生的问题，他在《孔子家语》中记载说孔子父母是“庙见”，而不是“野合”。庙见是古代婚礼中的一个程序，既有庙见，就有婚礼。王肃以此，既澄清了史实，也维护了圣人家世的尊严。又如《礼记·乐记》“舜作五弦之琴以歌《南风》”，郑玄注云：“南风，长养之风也，以言父母之长养已，其辞未闻也。”王肃则举出孔子之语，证明《南风》歌词：“昔者舜弹五弦之琴，造南风之诗，其诗曰：‘南风之熏兮，可以解吾民之愠兮，南风之时兮，可以阜吾民之财兮。’”（《孔子家语·辩乐解》）如果《孔子家语》非伪，王肃用它批驳谬误，使注经学问回到儒家原典，用圣人之是非作为标准，恢复和维护了儒圣的地位。即使此书是王肃伪造，他塑造的孔子也不是谶纬所造的诡异神怪的孔子，而是一个接近历史真实的圣人，同样有利于重塑儒圣的权威。

3. 为现实所用

王肃注经中有一些现实生活的内容，他也有注经为现实所用的主观意图。如他注文中有对百姓如何实施教化的问题，孔子说：“夫政者，犹蒲卢也。”王肃注云：“蒲卢，蜾螺也，谓土蜂也。取螟蛉而化之，以君子为政，化百姓亦如之者也。”（《孔子家语·哀公问政》）即让当政者像土蜂化育螟蛉那样教化百姓。这样的例子在注文中有很多，不一一枚举了。另外，王肃注经有意识地为现实政治服务，主要表现在他重视注《礼》，就是考虑现实所需。一方面他欲以“礼”融合名教与名法，另一方面他在当时的政治分野中有明确的态度和立场，他的一些礼学理论和当时的政治斗争有密切关系，是为当时政治服务的。

王学对当时的政治影响很大。另外，王肃是一位上承荆州之学，下开晋代官方经学的大师。其经注多驳郑说，也确实纠正了郑玄不少荒诞之说，弥补了郑学的许多疏漏；其《圣证论》更是集中批评郑学之作，故此书一出，立即引起了王学与郑学之争。

杜 预

【生平】

杜预（222~284），字元凯，京兆杜陵（今陕西西安东南）人，杜甫远祖。他耽思经籍，博学多通，多有建树，被誉为“杜武库”。杜预自称有《左传》癖。详见《晋书·杜预传》。

【著述】

《春秋左氏经传集解》《春秋释例》等。

【学术成就】

杜预的《春秋左氏经传集解》成一家之学，为史书的整理、校释创造了可贵的经验，对后世影响很大。

1. 以经附传

杜预正确认识《左传》与《春秋》的关系，以经附传，合而释之。他说：“左丘明受经于仲尼，以为经者不刊之书也，故传或先经以始事，或后经以终义，或依经以辩理，或错经以合异，随义而发。”（《春秋左氏经传集解·序》）因此他注《左传》的方法和体例也就比较科学，“分经之年与传之年相附，比其义类，各随而解之”（《春秋左氏经传集解·序》），变动旧式，以传附经，是他始创的。

2. 信《左传》

杜预信《左传》，不以《公》《穀》（《公羊传》《穀梁传》）相乱。他也不是一概不引或不据《公》《穀》立说，但绝无与《左传》抵牾之处。他信《左传》而疑《公》《穀》，并不是主观好恶或门户之见，而是根据实事求是的原则所做的选择，《春秋左氏经传集解·后序》记载他曾以

《汲冢竹书》与《左传》比较，发现“诸所记多与《左传》符同，异于《公羊》《榖梁》，知此二书近世穿凿，非《春秋》本意审矣”，就是证明。

3. 史注的特征

杜预《春秋左氏经传·集解》的史注特征非常明显，其内容重在注明历史事件的时、地、人以及《春秋》《左传》所特有的义例笔法，而不局限于训诂、名物和典制。关于时间，杜预精于历数，对《春秋》《左传》所记节、月、日之失多所推详，对传抄中所造成的有关错误多所纠正。关于地理，杜注很精详，且多古今对照，注明今地。关于人物，注意注明名号、身份、官爵、世族、世系，有时兼有品评，详略视需要而定。关于义例，杜预归纳了“三体”和“五情”。“三体”指“发凡正例”、“新意变例”和“归趣非例”，“五情”指“微而显，文见于此，而起义在彼”；“志而晦，约言示制，推以知例”；“婉而成章，曲从义训，以示大顺”；“尽而不汙，直书其事，具文见意”；“惩恶而劝善，求名而亡，欲盖而章”（春秋左氏经传集解·序）。此类义例虽仍不无穿凿之处，但比起《公》《榖》来说要质实得多。杜注凡遇义例，随文阐明，并注意前后呼应，综合归纳，但严守《左传》所发，指明出处，较少臆断。

他视经为史，自创体例，将《春秋》与《左传》按年相配，合而注之，且每以《左传》纠正《春秋》之误。他以传释经，经传兼解，开创了经注的新体例和新方法。除此之外，他还参考众家谱第作《春秋释例》，并与新出土的汲冢《竹书纪年》相印证，从而完成最精密完备的《左传》集解。

范　宁

【生平】

范宁（339~401），字武子，南阳顺阳（今河南淅川）人。《后汉书》作者范晔的祖父。详见《晋书·范宁传》。

【著述】

《春秋榖梁传集解》等。

【学术成就】

因为《穀梁传》解经过于胶着于书法义例，以及书法义例释经的先天不足，往往顾此失彼，不够严密。因此范宁《春秋穀梁传集解》注释的重点，就是说明、补充、完备其书法义例。

1. 书法义例

范宁解释《穀梁传》的书法义例主要涉及以下四个方面。一是明其书法义例之所据。《穀梁传》在解释《春秋》的有关书法时，往往使人莫名其妙，对此，范宁往往先原其意，再分析说明。二是完备《穀梁传》的书法义例，敷畅其义，剔发褒贬大义。《穀梁传》虽以例说经，但其说解简略，甚至含糊，所以范宁要加以注解说明。三是回护、弥缝其书法义例。这包括两方面：第一，驳斥旧说之肤浅，驳斥旧说以《左传》《公羊传》为解；第二，敷陈疑滞，直接对《穀梁传》进行申说。对《穀梁传》说经滞碍处，范宁以运用“互文见义”“文同而义异者甚众，故不可以一方求之”(《春秋穀梁传集解·序》等方法进行说解弥缝，力图使其辞理典据可观，文义畅达。四是在《穀梁传》书法义例的基础上，扩充新的书法义例。

2. 凡传以通经为主，经以必当为理

范宁说：“凡传以通经为主，经以必当为理。”(《春秋穀梁传集解·序》)这个标准就是求其理当而无乖，也就是他所说的“情理俱畅，善恶两显”。以此为标准，他提出了理解《春秋》的三个方法。第一，对于三传要择善而从。三传释经虽褒贬悬殊，但都有自己的优缺点，“《左氏》艳而富，其失也巫。《穀梁》清而婉，其失也短。《公羊》辩而裁，其失也俗”。(《春秋穀梁传集解·序》)因此，对三传要弃其所滞，择其善端。第二，排除是非好恶。他说：“废兴由于好恶，盛衰继之辩讷。斯盖非通方之至理。”(《春秋穀梁传集解·序》)第三，据理通经。他提出的这三种方法，在文本阐释与理解上都非常合理，他在集解时，也适当地予以运用。

3. 圣作训，纪成败

范宁认为孔子是在“天下荡荡，王道尽矣”的历史背景下作《春秋》

以表达自己的社会政治理想。在《春秋》中，孔子以“天人合一”为思想基点，用“天垂象，见吉凶；圣作训，纪成败”的特殊方式，表达“欲人君戒慎厥行，增修德政”的儒家思想，从而使《春秋》具有特殊的社会功能：兼备天地化育之功，明于人道幽微之变；举得失，明成败，以彰显褒贬劝诫；举善黜恶，以拯救颓坏的王纲，继承三皇五帝之风。因此，他特别论述了《春秋》的经学意义，即以片言褒贬寄托大义，表达“德义”的基本价值观，从而使依附权势而隐匿其非者，不能逃脱其罪行；潜修德行而独运其道者，亦不隐其荣名。正因如此，范宁《集解》无论注经或注传，都非常注重揭示“德义”的价值观和“德政”的政治理念。他对宗法正统观念的维护，也是这个原因。

范宁不因集解《穀梁传》而曲护其短，并且能够直指其失。范宁的《集解》因博采众家之长，优点突出，被公认为最具权威性的著作，长期立于学官，唐时为《五经正义》所收，至清代又列入《十三经注疏》之中。

皇侃

【生平】

皇侃（488～545），一作皇偘，其字不详，吴郡（今江苏苏州）人。详见《梁书·儒林传》《吴中先贤谱》。

【著述】

《论语义疏》、《礼记义疏》、《礼记讲疏》、《孝经义疏》（后三部均佚，马国翰《玉函山房辑佚书》中有辑本）等。

【学术成就】

皇侃发明“义疏”体，将两汉经学“训解”与魏晋“义解”熔铸在同一疏文中，以“训解”达到解《论语》之“义”并创新其思想的目的。

1. 训解

以“训解”疏通经、注文之意，是两汉经学“训解”在南朝儒家经传诠释中的新形式，这是“义疏”体例中“疏”之体的内在要求。在《论语义疏》中，皇侃先用简明言语总括经文大意，然后分章段一一释读经文文句，最后疏解注文或加案语表述自身的理解或看法。因而，其经、注文兼疏，且更重对经文文意的注释。如他对经文基本句句释读，但对注文作疏，主要是在原有的基础上，对注文所涉及的内容详加解说，而且并非一注一疏，而是有所取舍。既然看重释读经文，又要疏解大部分注文，就不可避免要使用“训解”的诠释方式，尤其是要沿用章句训诂，并有所发展。这表现为：在第一层经文、第二层注文之下，又创造了儒家经传诠释的第三层次——疏文；皇侃大部分疏文的行文思路为，首先是以“此章……也”“明……也”的句式，标明该章文本大意或章旨。然后再大体按其所明经文旨意，分段、逐句详加梳理经文、注文，其独特的诠释形式为“首句开讲，申明章旨”，“标明经、注起止”与“分章段作疏”。此三者皆为“义疏”体例下，两汉经学“训解”疏通经文、注文的新形式。

2. 义解

皇侃以“义解”阐发并引申经、注文本新义，是东晋南朝“义学”发展在“义疏”中的逻辑必然，集中反映了“义疏”新体例的“义”之特色。以“义解”出《论语》新义，主要隐含在以他自身的诠释“先见”甚或“己之意”疏解文本的小部分疏文、其所加案（按）语及一些新添魏晋南朝新注中。如他疏解“五十而知天命”的一段疏文，前半部分将孔子思想中所蕴含的至上神旨意之“天命”，解释为天道必然规律之“穷通之分”，就是受到何晏等人对天、天道的理性解释的影响。而“天本无言，而云有所命者，假之言也”，是他运用“得意忘言”的解经新法为《论语》作“义解”的成功典范。这一“义解”疏文，将魏晋以来对至上神及其“天命”的颠覆推向极致。在后半部分中，他又以王弼等人的玄思独运来解“天命”为“废兴有期”之天道必然。又如他疏解孔子梦周公的疏文，以“悬照”“无梦”等玄学词语将圣人玄化、佛化，目的是说明圣人达到了“无”境界的超人。

皇侃的“义疏”结合儒、玄、佛三元会通的东晋南朝思潮，形成了特有的注经模式，为唐人所继承。

释道安

【生平】

释道安（312～385），卫氏望族出身，东晋常山扶柳（今河北冀州）人。师从佛图澄，培养了慧远、慧持等高僧。详见《高僧传·释道安传》。

【著述】

《性空论》（今佚），《实相义》（今佚），《集异注》（今佚，仅存《道行经序》），《合放光光赞随略解》（今佚，仅存序），《摩诃钵罗若波罗密经钞》（今佚，仅存序），《综理众经目录》（今佚，僧祐《出三藏记集》吸收其成果），《二道论》等。

【学术成就】

释道安前期研习安世高系统的小乘禅数之学，后期转到大乘般若学。无论前期还是后期，都贯穿着一条“以无为本”的思想线索，因此他成为本无宗的代表。

1. 自性空

“自性空”就是“本无”，自性是“本”，空是“无”。释道安不把“自性空”看成绝对的无，而是合本末而为“性”，托有无而为“空”，统一“照本静末”与“功托有无”。人之所以有执，在于执著“末有”，若把心放在“本无”上，那么执着“末有”的异想就平息了。

2. 以无为本

道安的侧重点在于发挥“以无为本”的思想，他把本体描绘为绝对真实的“等道”，用这种“等道”来结合本体和现象，做到“本末等尔”“有无均净”，以消除二者的对立。他说：“般若波罗蜜者，成无上正真道之根也。正者等也，不二入也。等道有三义焉，法身也，如也，真际也。

故其为经也，以如为首，以法身为宗也。如者，尔也，本末等尔，无能令不尔也。佛之兴灭，绵绵常存，悠然无寄，故曰如也。法身者，一也，常净也。有无均净，未始有名，故于戒则无戒不犯，在定则无定无乱，处智则无智无愚。”（《合放光光赞随略解·序》）

3. 五失本，三不易

道安在长安主持译经，提出佛经翻译的“五失本，三不易”原则。“五失本”是翻译时有五种情况不能与原本一致，可改变原有的表述方式，具体指：适应中文语法、文字必须修饰、删略颂文中重复句子、删除过多累颂、删除后文中重复问题。“三不易”指的是在翻译过程中有三种情况不能轻易而为，具体指：佛经因时而说，使古俗适合今时，翻译时不能轻易以古适今；圣智所说佛经的微言深义传给凡愚之人，翻译时不能轻易以浅代深；编经者为大德，传译者为常人，翻译时不能轻易臆度原典。

和六家七宗的其他代表相比，释道安的宗教气质最重，名士风度最少，他所描绘的本体实际上就是佛教徒所追求的彼岸世界。道安还重视佛教僧团的建立和制度化建设，对僧团的讲经、礼拜、布施等仪轨首次做了较为详细的规定。

支道林

【生平】

支道林（314～366），本姓关，名遁，以字行，世称支公，也称林公，陈留（今河南开封）人。详见《高僧传·支道林传》。

【著述】

《逍遥论》《庄子·逍遥篇注》《释即色本无义》《即色游玄论》《妙观论》《圣不辩之论》《安般经注》《本起四禅序》等。

【学术成就】

支道林是即色宗的代表，他深通《庄子》学说，讲《逍遥》义，时人称赞他的解释为“支理”。

1. 即色本空

支道林的“即色本空”与“即色游玄”不是一回事。“即色本空”是说“即色者，明色不自色，故虽色而非色也”（《肇论·不真空论》）。就是说，在认识论上所谓万物，并非万物之本身；所以认识论上虽然有色，客观上并不一定存在着那样的色。这种说法，就叫作“即色本空”。认识上的色，是名想（概念）的色，不是色自己构成的，所以本身并非色；非色，也就是空。因此，认识到的色，它也就肯定为非色。非色与空，是一样的。所谓“色复异空”（《世说新语》注引《妙观论》），就是反过来再强调色之有异于空：认识上的色既是非色、假象、空，也就这样说来，空之外还有色（由色的概念而成其为色）。

2. 即色游玄论

支道林说：“夫至人也，览通群妙，凝神玄冥，灵虚响应，感通无方。”（《大小品对比要钞序》）。他认为至人的精神是无所不知，无微不通，而且不需要任何的格式，就可以感通一切，无所不当，无所不适。这是适应玄学家的说法。他从理论上提出“即色游玄”，认为把心摆在最神秘的地方即“凝神玄冥”，就可以应付一切。要做到这一点，必须把外界看成空，同时把“心”“神”保留下来。

3. 逍遥论

支道林的逍遥是佛教徒所追求的涅槃寂灭的精神境界。他说：“夫逍遥者，明至人之心也。庄生建言大道，而寄指鹏、鷃。鹏以营生之路旷，故失适于体外；鷃以在近而笑远，有矜伐于心内。至人乘天正而高兴，游无穷于放浪，物物而不物于物，则遥然不我得，玄感不为，不疾而速，则逍然靡不适。此所以为逍遥也。”（《世说新语·文学》注引）所谓“至人之心”，指的是认识了般若本体的那种人心，也就是掌握了“色即为空”原理的那种人心，这种心不是一般俗人所能有的。俗人停留于现象界，尽管有时得到某些微小的满足，似乎有点逍遥，但是由于不了解“色即为空”的原理，不能忘怀“粗粮”“醪醴”这一类的物质欲望，所以算不得真正的逍遥。

支道林对般若学的研究也体现在文献上，如他在《大小品对比要钞序》中对比小品《道行》和大品《放光》后，认为两个本子不是一回事，因为两者不仅详略不同，而且说法也不同，应是同出一个本品。

鸠摩罗什

【生平】

鸠摩罗什（344~413），一译“鸠摩罗什（耆）婆”，略称“罗什”或“什”。祖籍天竺（今印度），出生于龟兹（今新疆库车）。其弟子竺道生、僧叡、道融、僧肇，合称“什门四圣”。详见《高僧传·鸠摩罗什传》。

【著述】

《实相论》（今佚）；译《大品般若经》《法华经》《维摩诘经》《阿弥陀经》《金刚经》；《大智度论》《中论》《十二门论》《百论》《成实论》等。

【学术成就】

鸠摩罗什初学小乘，在莎车后改学大乘。罗什对姚兴解释佛学，曾说佛学“以实相命宗”，后人称罗什之学为“实相宗”。他对龙树学有自己的见解。（龙树学即中观学派。龙树从佛教的根本精神出发，批判地吸收各家学说，全面地组织起一个完整的大乘思想体系，其核心思想是不着有、无二边的“中观”说。由于该学派的基本思想是“一切皆空”，因而又被称为大乘空宗。）

1. 实相

罗什不只认为真谛为空，还认为有约定俗成的假名——俗谛是有。二谛一体，就是结合空、有于一体，色空相即，是为实相。罗什解释《维摩经·弟子品》“法同法性，法随于如，法住实际”云：“此三同一实也，因观有浅深，故有三名，始见其实谓之‘如’，转深谓之‘性’，尽其边谓之‘实际’”。（《维摩经·弟子品》注）即如、性、实际所讲的都是法的实相，不过由于研究有深浅的不同而相区别。

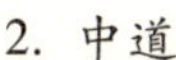

2. 中道

罗什在凉州期间，精通了汉语，也熟悉了中国的传统思想，因而来长安后，能够有针对性地介绍大乘中观思想，以迎合当时中国建立本体论哲学的需要。罗什认为，有了有、无二边分别，就谈不上“中”。从“实际”看来，有与无的分别，都是一种“边”，如果不为诸边之所动，才能得到“中”，叫作“实际”。

3. 译经和教学

他的翻译注重信、达、雅结合，因此他的译经表达流畅、文字优美。他重新翻译的大、小品《般若经》《大智度论》，推动了当时大乘般若学说的传播。他译出的印度佛教大乘中观学派的三部代表性经典《中论》《百论》《十二门论》，系统介绍了这一派的学说并由此直接形成了南北朝时中国佛学的一个学派“三论宗”。此时出现的“成实宗”，也是以他译出的《成实论》而立宗得名。其他如他译出的《妙法莲华经》《阿弥陀经》等都成为佛学的经典，推动了佛教在中国的传播与佛学的发展。他一边译经一边讲学，弟子多达数千人，最著名的有僧肇、道融、僧叡和竺道生，他们都有自己的著作或思想发明。

罗什、僧肇的贡献，在于引进了中观思想，为解决体用问题提供了一种辩证方法，使人们拨开云雾而去迷惘，终于成功地建立了一种适合中国实际的本体之学。

慧　远

【生平】

慧远（334～416），雁门楼烦（今山西宁武）人，师从道安，研习般若之学。后定居庐山，驻锡东林寺，并建立莲社，倡“弥陀净土法门”，成为净土宗的始祖。详见《高僧传·慧远传》。

【著述】

《法性论》等。

【学术成就】

慧远提出了三报说与形尽神不灭论，将印度的佛教进一步中国化了。

1. 三业三报

慧远结合我国古代原有的福祸报应思想，系统完整地阐述了佛教的因果报应说。“三业”是指身、口、意，就是人的行为、语言和意识活动，包括人的意识活动在内的一切活动。而“业”有三种性质：善、恶和无记。无记指不善不恶，所以三业主要是善、恶两种。善业就是信佛理，修功德，不怨恨人，不反对人，在家对双亲要亲，对君要忠，反之就是恶业。慧远主张报由于业，业必得报，不同的业必有不同的报应。“业有三报”，即现报、生报和后报。“现报者，善恶始于此身，即此身受。生报者，来生便受。后报者，或经二生、三生、百生、千生，然后乃受。”（《弘明集·三报论》）人有三业，业有三报，生有三世。慧远的三报说，更强调自作自受，直接从人主体自身的活动中建立因果报应说。而且他声明今生的祸福不一定就是今生恶、善之业所致，让世人难以检验其说的真伪，不易受到责难。

2. 火尽薪传

慧远进一步论证了“神不灭论”，发展了印度佛教的思想，为佛教三世轮回的因果报应说充实了理论内容。在慧远看来，“神”是一种无形而又玄妙的存在，它还是无尽的、有知的。神有周遍感应一切的能力，形体就是由精神感应物质而成的，所以没有精神就没有人的形体，精神可以离开形体而独立存在，它是普遍而永恒的存在。无尽的神是看不见、摸不着的，它从一个形体到另一个形体是“潜相传”的，就像火传给薪一样。所以，人的形体消灭了，神即传到另一形体上，永恒不灭。

3. 法性论

慧远的法性论在不同阶段表述不同，最成熟的法性论表述为：“法性无性，因缘以之生。”（《大智论抄序》）“以”应是将因缘一词倒装前置，表示诸法以因缘而生起，而非因缘从法性生起。因而，慧远此时的法性思想，是在缘起法的基础上而主张法性无性的观点。

他在论述完诸法的本质状态之后，接着表达了“游其樊者”，即深入诸法本性的存在者的理想状态。那是一种心智的无虑绝缘，同时相与寂、非定与闲的当体不二的理想存在状态，是有为与无为、现象与本质的融合统一。然而通向这种佛教理想状态，认识到空亦是空的真理的方法和途径，需要“神遇以期通”，即需要见佛并获得感应。这正是他念佛三昧的实践立场所在。

慧远对于法性的论述，一方面是他在念佛三昧的宗教实践立场上而成立的肯定融合性的法性论；另一方面是基于佛教的根本教法“缘起”而理解的法性的无性。这两方面结合，构成了他的带有佛教修行意义的法性思想。

僧　肇

【生平】

僧肇（384～414），京兆（今陕西西安）人，师从罗什。有“解空第一者”的美誉，后世讲关河传承时，都是什、肇并称。详见《高僧传·僧肇传》。

【著述】

《肇论》（包括《物不迁论》《不真空论》《般若无知论》《涅槃无名论》《宗本义》《答刘遗民书》）、《丈六即真论》、《维摩经注》、《维摩经序》、《长阿含经序》、《百论序》等。

【学术成就】

《肇论》建构了一个较为完整的佛教般若学的思想体系。僧肇把道家、玄学（特别是郭象《庄子注》）与般若学思想相融通，谈论了许多时人所关注的问题，且理论水平达到很高的程度。

1. 诸法无定相

僧肇强调辩证地理解般若，对名相、说法，都不能片面看待。语言文字所表白的法相，只能是片面的，决不能偏执它，将其看成决定相。因此，从文字上完全理解其真实意义是有困难的。“夫言迹之兴，异途之所由生也。而言有所不言，迹有所不迹，是以善言言者求言所不能言，善迹迹者寻迹所不能迹。至理虚玄，拟心已差，况乃有言？恐所示转远，庶通心君子有以相期于文外耳。”（《答刘遗民书》）他认为，不管是用语言还是其他的形象，要想把某种理论的深奥处完全表达出来，那是不可能的，所以理解上不应该受言迹的局限。这种说法，正是要人们辩证地去看待问题。

2. 无知、无相

般若无知论，此言观空之般若智，与常人之有漏智不同，常人之有漏智，乃取执一对象，以成知识者。般若智乃系超越相对的、不取执。般若智如照，即照而虚，“照不失虚，虚不失照”（《般若无知论》）。般若之能照，即在于无知；般若之所照，即在于无相。无知、无相，即“虚其心，实其照”。因为心有所取相，就会有不全之处，若无所取相（“不取”），构成的知即是“无知”“虚”。诸法看起来有种种形象，但都是建立在自性空上的，所以究竟还是“无相”。照到“无相”，就与实际相契合而成为“无知”。

3. 物不迁

明法性之无去来，论即动而静之深意。即一切事物表面上似乎不停地变化、运动，实则其真性是不变、不运动的。因为变化之观念，皆是一心所生，或依认知活动而立，本身非实有。他所谓的“不迁”，是针对小乘执著“无常”的人而说的。相传慧达所作的《肇论疏》，对这一层讲得很好：“今不言迁，反言不迁者，立教（指肇论）本意，只为中根执无常教者说。故云中人未分于存亡云云。”依佛家无常说，应该讲迁，现在反讲不迁，正是针对声闻缘觉执著无常不懂得真正的意义者而言。论中作者回答问难者说：“复寻圣言，微隐难测，若动而静，似去而留，可以神会，难以事求。是以言去不必去，闲人之常想；称住不必住，释人之所谓住耳。”（《物不迁论》）防止人们执著“常”所以说“去”；防止人们执著“无常”所以说“住”。因此，说去不必就是去，称住不必就是住。这就说明，僧肇之所谓不迁，并非主张常以反对无常，而是“动静未尝异”的意思，决不能片面地去理解。

4. 不真空

不真故空，亦为不真即空，用来解释性空。此接续《中论》“因缘所生法，我说即是空”“以有空义故，一切法得成”义而来。言万物即色而空，非真有非真无。即“独立实有”之否定。“不真”指“假名”。论内一再提到“诸法假号不真”“故知万物非真，假号久矣”。“空”，万物从假名看来是不真，执著假名构画出来的诸法自性当然是空。《不真空论》把有与无两个方面统一起来：“欲言其有，有非真生（因缘所生）；欲言其无，事象既形（显示现象）。象形不即无，非真非实有。然则不真空义，显于兹矣。”就是说，有是有其事象，无是无其自性。自性不是事物本身固有的，而是假名所具有的。因此，假象之象非无，但所执自性为空，这就叫作“不真空”：“言有是为假有以明非无，借无以辨非有，此事一称二。”也可说是同一体的两个不同方面。

僧肇的思想以“般若”为中心，比较以前各家，理解深刻，而且能从认识论角度去阐述。他以更完善的观点，对魏晋以来的玄学和“般若”学的各派理论进行批判性的总结，建立了自己的“般若”空宗体系。

竺道生

【生平】

竺道生（355？~434），俗姓魏，巨鹿（今河北平乡）人。寓居彭城，幼年跟从竺法汰出家，改姓竺。曾师从慧远、鸠摩罗什，“什门四圣”之一。详见《宋书·天竺迦毗黎国传》。

【著述】

《二谛论》《法身无色论》《佛无净土论》《应有缘论》《佛性当有论》（今佚）等。

【学术成就】

竺道生的学说，都是围绕“法身”这一中心思想组织起来的。此外，他对断惑成佛（悟道）的顿渐，也有自己的新看法。

1. 佛性当有论

法显西行求法带来的《大涅槃经》（译名《大般泥洹经》）文说：“佛身是常，佛性是我，一切众生（除去一阐提）皆有佛性。”“我”不是相对化人来说的自我或神我，而是自在之我。同时《大涅槃经》还提出了“如来藏”的概念，把佛以法为身的“法身”思想联系到“心识”为其本原。这两点启发了道生，从而使他提出“佛性当有论”。

“当有”，是从将来一定有成佛的结果说的，从当果讲佛性应该是有。《大涅槃经》就如来藏方面立说，本有此义，但译语前后不统一，意义隐晦了。而道生却能体会到《大涅槃经》说“如来藏”的用意，从而提出当果是佛，佛性当有。此外，《大涅槃经》译出的部分经文虽明说“一阐提”不能成佛，但道生根据全经的基本精神来推论，“一阐提”既是有情，就终究有成佛的可能。

2. 顿悟成佛

顿渐之说，是与菩萨修行的十住阶次相关联的。道生认为，在十住内无悟道的可能，必须到十住之后最后一念“金刚道心”，获得一种像金刚一般坚固和锋利的能力，一次将一切惑（根本和习气）断得干干净净，由此得到正觉，这就是所谓顿悟。按照旧说对十住的解释则是讲渐悟的，在七住以前全是渐悟过程（即一地一地的悟），第七住得了无生法忍（即对无生法有了坚定不移的认识）才能彻悟。到第八住，达到不退。道生的主张，就是取佛学的“能至”，而不要“渐悟”；取儒家的“一极”（最究竟的道理），而不要“殆庶”（接近于究竟的意思）。道生的顿悟说，建立在理不可分的原则上。断惑要悟，悟即是证得道理，理既不可分，所以悟也不能二。故理与智必须契合，也就是必须顿悟。

竺道生的涅槃佛性说，开启了中国佛学的主流方向。然而，他的创新思路是魏晋时代老庄玄学背景下的产物，《大涅槃经》的传译仅是提供了一个契机。他的顿悟说，对后世禅宗的影响极大。

陆　机

【生平】

陆机（261～303），字士衡，别号平原，吴郡华亭（今上海松江）人。出身吴郡陆氏，为孙吴丞相陆逊之孙、大司马陆抗第四子，与其弟陆云合称“二陆”。详见《晋书·陆机传》。

【著述】

《文赋》、《辨亡论》、《五等论》、《晋纪》、《吴书》、《洛阳记》(《陆机集》《陆士衡文集》)。

【学术成就】

陆机的《文赋》是文学批评史上第一篇用赋的形式论文的专文。它鲜明地提出了“诗缘情”的主张；首次具体地探讨了艺术创作的各方面问题，其中对物、意、辞三者关系的论述，对艺术想象的论述，对文章立意、措辞、声律的论述等，都有开创意义。

1. 物、意、文（言辞）之间的关系

陆机认为写作之难，归根结底在于“意不称物、文不逮意”。“盖非知之难，能之难也”，他写作《文赋》，就是试图解决“作之难”的问题。他认为能体会、认识外物种种复杂微妙的情状已经很不容易，即使有所得，也未必能以文辞加以贴切的表达。其中“意”乃构思中的“意”，这说明全篇是讲构思的问题。这样抓住物、意、文（言辞）三者的关系来论写作，陆机是首创。对言意关系的探讨先秦已有，这也是玄学家的话题之一，陆机所说“文不逮意”与他们所说的“言不尽意”是一致的。文学创作的“意”，不仅包括一般的想法、道理，而且包括微妙的审美感受，的确更难表达。陆机的看法，主要是源于他的创作实践。

2. 物感说

陆机讲创作前的准备，论述学习古人和酝酿感情的重要性。“伫中区以玄览，颐情志于典坟”；“咏世德之骏烈，诵先人之清芬；游文章之林府，嘉丽藻之彬彬”。学习古人是为了陶冶性情、积累知识，解决“文不逮意”的问题。但仅此不够，还要解决感情的问题，感情是由感物而来，所以“遵四时”四句讲四时之感物：“遵四时以叹逝，瞻万物而思纷；悲落叶于劲秋，喜柔条于芳春。心懔懔以怀霜，志眇眇而临云。”两方面都准备好，于是“慨投篇而援笔，聊宣之乎斯文”。陆机的感物说的多是自然物，其后钟嵘《诗品》才将社会物列入物感行列，刘勰“文变染乎世情，兴废系乎时序”（《文心雕龙·时序》），也开始重视世情。

3. 想象力

陆机以为丰富的想象力可以“精骛八极”，可以笼天地挫万物。他首先要求集中精神、心境清明，以使思维极其活跃，想象在时间、空间两方面极为广阔，“其始也，皆收视反听，耽思傍讯，精骛八极，心游万仞”。“其致也，情曈昽而弥鲜，物昭晰而互进，倾群言之沥液，漱六艺之芳润，浮天渊以安流，濯下泉而潜浸。……观古今于须臾，抚四海于一瞬。”当灵感来临之际，想象与外物产生密切的联系。在灵感阶段，想象具有两个特征：不受时空限制；意与物结合在一起，相互作用，产生作品的“情”。新颖的文辞产生于灵感勃发之后，“于是沈辞怫悦，若游鱼衔钩而出重渊之深”。

4. 文章体貌风格的多样性

陆机认为文章风貌不同，与文章体裁以及作者的个性和爱好有关。他说：“诗缘情而绮靡，赋体物而浏亮。碑披文以相质，诔缠绵而凄怆。铭博约而温润，箴顿挫而清壮。颂优游以彬蔚，论精微而朗畅。奏平彻以闲雅，说炜晔而谲诳。”他把文章分为十体，比曹丕的分类多了箴、颂二体，以“说”体换了“议”体。其中最重要的是他对诗、赋的审美认识。“诗缘情”，是说情动于中才发而为诗；“绮靡”有美好之意。这是指诗是一种美妙动人的体制。或说绮指文辞，靡指声音。陆机的诗靡说正是在时代风气的影响下，总结时人对诗歌的新认识，它要求诗歌必须抒发感情，而语言文字务求精美。“赋体物而浏亮”，是从描绘物象的角度概括赋的特点。挚虞说汉赋“以形事为本”（《文章流别论》），沈约说“相如巧为形似之言”（《宋书·谢灵运传论》），都与陆机之意一致。

陆机说出了文学创作中思维活动的特殊规律，对文学创作的艰辛、复杂表现出充分的体认，划清了文学与非文学创作的界限，建立了以艺术构思为中心的文学创作论。

葛洪

【生平】

葛洪（284～364或281～343），字稚川，自号抱朴子，丹阳句容（今江苏句容）人。三国方士葛玄之侄孙，世称“小仙翁”。详见《晋书·葛洪传》。

【著述】

《抱朴子》《金匮药方》《肘后备急方》《神仙传》《隐逸传》等。

【学术成就】

葛洪是汉魏以来道教理论的集大成者，《抱朴子·内篇》是他的道教理论代表作。他极力宣传神仙可学可致，以还丹金液为主，注重个体修炼成仙的“仙道”学说。由于他的仙道最合于求长生的士族社会的需要，所以一般也被称为“贵族道教”。

1. 玄道

葛洪力图从宇宙观和本体论的高度来论证神仙长生的存在，建立一套神秘主义的道教哲学。“玄（道）”为葛洪道教思想的核心与基础，他以“玄”为“自然之始祖，万殊之大宗”，“眇昧乎其深也，故称微焉”，“高不可登，深不可测”。葛洪的“玄道”既是宇宙万物得以发生的本原，体现了事物的最高同一性，是为道之本；也是万殊之宗，体现了事物发展运动的内在规律性，支配事物的变化过程。“玄”又是一种人生观，“畅玄”是一种精神境界。他认为“玄之所在，其乐不穷；玄之所去，器弊神逝”，通向道教神仙信仰。他还认为，玄之道与长生久视相联系，“其唯玄道，可以为永”，而得玄者，自可达到生命高不可登、深不可测的境界，可以“乘流光，策飞景，凌六虚，贯涵溶。出乎无上，入乎无下。经乎汗漫之门，游乎窈眇之野”（《抱朴子·畅玄》），进入道家的神仙世界。

2. 神仙思想与金丹道教的创建

葛洪所谓“神仙”（“仙人”“仙”），是古人信念中人类的一种高级个体。他长生不死，隐遁山林，有神异功能。按神仙家的设想，人可以通过自身的修炼，祛病去灾，延年益寿，以积极进取态度将人自身提升到神的高度。葛洪以为长生的关键在保护人的形体不受损伤，要想成为长生不老的仙人，还必须加强道德修养。积德行善、尽忠尽孝也是成仙应具备的必要条件。

葛洪的神仙思想，是通过创建金丹道教加以体现的。他认为廉价的符水道教是“假托小术”“纠合群愚”（《抱朴子·道意》），应该坚决取缔。他在批判原始道教的基础上，创建起以服食丹药冀求得道成仙的金丹道教。他的金丹道教有以下三个特点。第一，他主张要在现世享受人间的乐趣，而长生不老是享乐的重要前提。第二，他认为延年益寿不能靠祈祷和符咒，而应该从养生之法中求得长生。他吸收了王充的精气之说，极为注意补血以养精气，提出要通过吐故纳新、服食药物、注意喜怒劳逸，乃至房中之术等去调养身体。他认为房中术的大道在于“还精补脑”，不是滥施乱交。葛洪的养生术，在于求得身心健康、精力充沛，他强调医疗保健，以积极态度达到长生久视。第三，他强调服食金丹的重要性，并以罗浮山作为道场进行炼丹实验。葛洪详细记载了各种“神丹”的炼法与功用。他认为“五谷犹能活人……又况于上品之神药，其益人岂不万倍于五谷耶？”（《抱朴子·畅玄》）强调金丹玉液对于长生不老的神效。

3. 形须神而立

葛洪认为形神相须而立，形可以养神，神不离身则可以永生。他有时把形神关系比作堤与水、烛与火，他说：“故譬之于堤，堤坏则水不留矣。方之于烛，烛靡则火不居矣。身劳则神散，气竭则命终。”（《抱朴子·至理》）因此他强调炼形的重要，目的在于使“神”（精灵）不离其身，从而实现长生不死、肉身成仙。这正是道教神仙理论的重要特点，与其他宗教幻想灵魂进入天堂不同。虽然他说“有者，无之宫也；形者，神之宅也”，无形之神依赖于有形之体，其实还是强调神、形相须。

葛洪在传播道教的神仙理论的过程中，把遵守伦理纲常摆在极重要的地位，强调“欲求仙者，要当以忠孝和顺仁信为本。若道德不修，而但务方术，皆不得长生也”（《抱朴子·对俗》）。他调和了儒、道冲突，有益于推广其神仙理论体系。

干　宝

【生平】

干宝（约280～336），字令升，祖籍新蔡（今河南新蔡），后迁居海宁盐官之灵泉乡（今浙江嘉兴）。详见《晋书·干宝传》。

【著述】

《晋纪》《周易注》《五气变化论》《论妖怪》《论山徙》《司徒仪》《周官礼注》《干子》《春秋序论》《搜神记》《春秋左氏义外传》等。

【学术成就】

干宝兼通经学、史学、文学，但在史学方面的建树和贡献最为显著。他在史学理论、史书撰写和注释方面都有卓著的成就。

1. 首创史书凡例

干宝《晋纪》的凡例收在《叙例》篇中，虽仅存“体国经野之言则书之，用兵征伐之权则书之，忠臣、烈士、孝子、贞妇之节则书之，文诰专对之辞则书之，才力技艺殊异则书之”（《史通·内篇·书事》引）一句，但是历史上第一次从政治、经济、军事、外交诸方面对史书的记事范围作出明确规定。干宝之前，不曾有人这样具体全面地论述这一问题，只有荀悦曾提出立典有五志“达道义、彰法式、通古今、著功勋、表贤能”（《汉纪·高祖皇帝纪》），但只有后两点是关于史书内容的规定。继干宝之后，历代史家多先立凡例，如范晔《后汉书》、沈约《宋书》、魏收《魏书》等，皆自定其例。干宝发凡起例，以启后学之功实不可没。

2. 发展史论

干宝继承荀悦史论进步的一面，即随时在历史事件或历史人物之后阐发议论。这种夹长短史论在具体史实之中的写法，比起那种限于篇终，“结言于四字之句，盘桓乎数韵之辞”，“促而不广”（《文心雕龙·颂赞》）的史论形式，更能给人一种直接、具体、深刻的感觉。干宝在继承前贤的基础上，在《晋纪》写作中又首创《总论》，反映出他的高超史才。就史论内容而言，他的史料简要、切中，发所当发，论所宜论。就《晋纪》佚文看，除《总论》和《论晋武帝革命》外，共有 28 条史论，基本是数十字短论。干宝史论深刻、剀切，他论史紧密结合史实，主要讨论为政得失，以《总论》最为突出。

3. 参得失

干宝“参得失”的鉴戒史观有两个显著特点。第一，它直接汲取历史的经验教训，表现为对历史上治世的具体措施的探索与挖掘，而不同于传统的鉴戒史观，往往借助褒贬历史来整顿封建等级秩序及其思想意识，这对于当时“彰善痛恶，树之风声”（《文心雕龙·史传》）的裁量人物的史学风气是一种纠正。第二，就内容而言，干宝在赞其“得”的同时，也不遗余力地揭露其“失”，不像《汉书》《汉纪》那样溢褒扬善。这也是由他秉笔直书、揭露现实的史学思想所决定的。

干宝《晋纪》在南朝众多晋史著作中是佼佼者。他的史论，无论从形式，还是内容而言，都有显著特点，既远迈前代，又导启后世。

寇谦之

【生平】

寇谦之（365～448），字辅真，上谷昌平（今北京）人。北朝嵩山道士。详见《魏书·释老志》。

【著述】

《老君音诵诫经》《录图真经》等。

【学术成就】

寇谦之在北魏太武帝的支持下，对五斗米道进行清整与改造，整顿其组织、重制教仪教规，形成了北方新天师道。在修炼方法上，他将服饵修炼与符水禁咒之术合而为一，主张炼养并重。

1. 整顿组织

寇谦之为了改革的顺利进行，就神道设教，制造宗教神话，诡称太上老君封他为“天师”，并令他“清整道教”。为使自己承继张天师地位的合法化，他取消了“天师”“祭酒”之位的教权世袭，强调“天道无亲，惟贤是授”（《老君音诵诫经》）。同时，他宣示“新科之诫”，而“专以礼度为首”，把遵守纲常名教作为首要信条。他要求贫苦百姓安于贫贱，号召道徒遵循封建伦理纲常。这样，他就把原始道教中某些人民性的思想完全排除在外，而与封建礼教紧密结合起来。

2. 提倡轮回报应之说

寇谦之改变了道教只要炼形即可长生成仙的教义，引入佛教“生死轮回”之说，认为修持者前世之善恶，会影响今世修行的成效；今世之善恶，又会影响来世。他还用“六道轮回”以警世，说谁要是“反逆”，“诳诈万端，称官设号，蚁聚人众，坏乱土地”（《老君音诵诫经》），太上老君就要“大恚怒”，把他打入地狱，“罪重之者，转生虫畜”，罪重者延及三生都要投生为牲畜。

3. 重制教仪教规，主张炼养并重

寇谦之改革教仪教规而形成的“新天师道”具有如下五个特点：其一，除去“三张伪法”（“三张”即张陵、张衡、张鲁），制定教诫、教规，强调内功修行，建立起比较完备的道教体系；其二，反对男女房中术消灾祛祸的伪说，使道教逐渐脱却愚昧状态，向比较精致的宗教神学方面转变；其三，以礼拜求度为主，辅之以服食丹药和闭精练气，不再强调符咒；其四，主张男女信徒可以在家立坛，不一定要出家修行，简化了求功德的方法；其五，制定帝王亲至道坛受箓制度，要封建君主接受道教的洗礼。这些新的规章制度，使道教逐渐抛弃了庸俗的符咒、房中等骗术，也对贫苦百姓敞开大门，赢得了更多的信徒。尤为重要的是，经过寇谦之改革后，道教已把“心识”作为得道的重心，将其他宗教行为看成是完善自我精神世界的辅助手段，从而充实和发展了道教神学理论。

寇谦之使新天师道与皇权相结合，完成了从民间的原始道教向封建统治阶级的官方道教的转变。太平真君七年（446），北魏太武帝诏令灭佛以后，佛教受到严重打击，道教因而一度被奉为“国教”。

陆修静

【生平】

陆修静（406～477），字元德。道教上清派宗师。南北朝时吴兴东迁

（今浙江吴兴东）人，三国吴丞相陆凯的后裔。详见陈葆光《三洞群仙录》、《南齐书·张融传》、马枢《道学传》（《三洞珠囊》引）。

【著述】

《太上洞玄灵宝授度仪》《三洞经书目录》《老子道德经杂说》《斋戒仪范》等。

【学术成就】

道教由于受到朝廷的认准与支持，日益发达起来，“朝野注意，道俗归心”（《三洞珠囊》卷二引马枢《道学传》，出现了“道教之兴，于斯为盛”的局面，这是陆修静的成绩。

1. 融合佛、道

陆修静途经九江时，九江王问他道教与佛教的得失异同。陆修静回答：“在佛为留秦，在道为玉皇，斯亦殊途一致耳。”意思是佛、道二教虽然教别不同，但其教理并无差别。有些王公贵族对道教无“三世”之说提出质问，陆修静坦然回答道：“经云：‘吾不知谁之子，象帝之先。既已有先，居然有后。既有先后，居然有中。’庄子云：‘方生方死’，此并明三世。但言约理玄，世未能悟耳！”（《三洞珠囊》卷二引马枢《道学传》）从他的话中也能看到他佛、道融合的思想。

2. 整理道教文献

“三洞”作为道教经典分类法之名，是从陆修静开始的。“三洞”经典主要是洞真部收录的《上清经》，洞玄部收录的《灵宝经》，洞神部收录的《三皇经》。“三洞”之中，陆修静首先整理的应是洞玄部的《灵宝经》，其次是《上清经》与《三皇经》。他编制的《三洞经书目录》对上清（即所谓“洞真”）、灵宝（即所谓“洞玄”）和三皇（即所谓“洞神”）三派的经典，进行了收集、分类与整理，共得经文1228卷行于世，这是最早的对道学文献的整理，也是道教经典整理的标志性成果。

3. 斋戒

陆修静整理道教仪轨，使之适应道教发展的要求。道教斋法中有“以苦节为功”的所谓“涂炭斋”，它对人生的折磨使常人难以忍受，但陆修静却能身体力行。他认为此类斋法是“欢喜无量，有若贪夫遇金玉藏”（《洞玄灵宝五感文》），因为通过行此斋法而得“五感”，充满了对人性和对父母师长的真情。如在这样的真情感激中，人们便不会畏惧苦斋。当然，斋戒的重要，不仅在于它是情感的归宿，还在于它是修炼的最根本的手段。立德、寻真的重要，其实还不在于德、真的目的本身，而在于立、寻所凭借的斋戒手段，宗教实践在陆修静看来远比理论来得重要。人行斋戒，不论到达哪一级境界，都是大有益于社会和人生的。

陆修静所倡的以斋仪为主的天师道，史称“南天师道”。

第四章
南北朝学术史概论

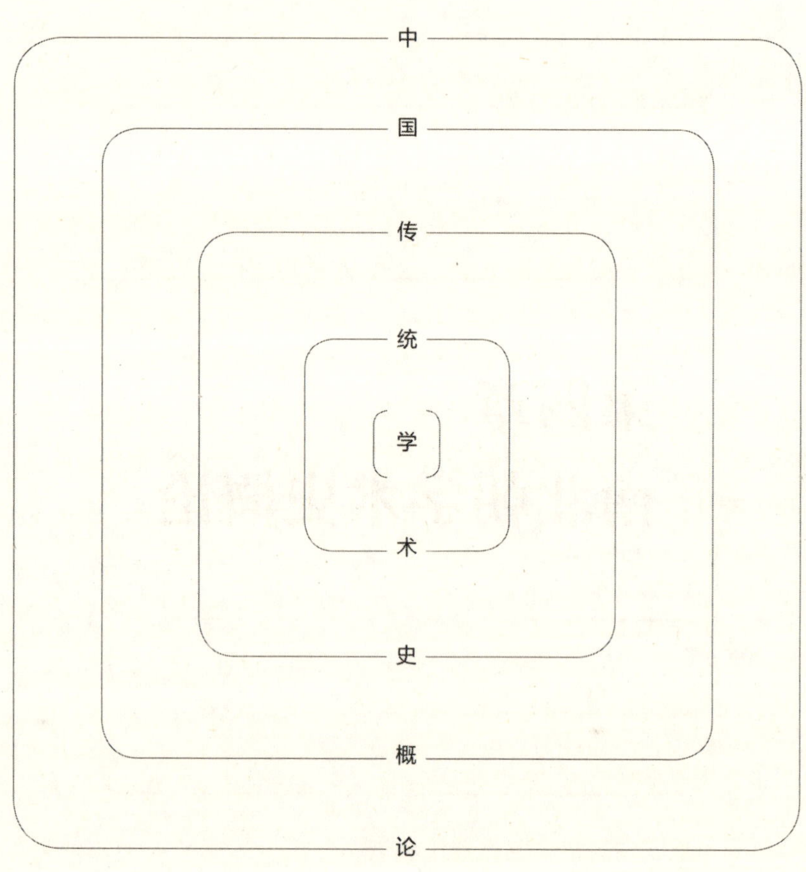
中
国
传
统
学
术
史
概
论

总论：文学的个性与学分南北

一　经学的南北文化

南北朝时期，随着政治上南北对峙局面的形成，经学亦开始南学、北学之分，东晋一度并存的玄学经学、古文经学（汉学）到此时形成了分立的局面。《北史·儒林传》将南、北学风和特点作了比较，说：“南人简约，得其英华；北学深芜，穷其枝叶。”即南方受玄学经学以义理解经的影响较大，说经不拘家法、兼采众说，并能提纲挈领，贵有心得；北学受汉儒影响较重，说经限于讲明章句、拘谨保守，但较深入、细致。《世说新语·文学》引支道林之言“北人看书，如显处视月；南人学问，如牖中窥日”。

《北史·儒林传》说：

> 大抵南北所为章句，好尚互有不同。江左，《周易》则王辅嗣，《尚书》则孔安国，《左传》则杜元凯。河洛，《左传》则服子慎（服虔），《尚书》《周易》则郑康成。《诗》则并主于毛公，《礼》则同遵于郑氏。

南朝宋重玄学经学，北朝重汉儒训诂传统，形成了经学崇尚和学术风格上都不同的南北之学，皮锡瑞称之为“经学分立时代”。

南朝宋重玄学经学，尤重王弼《易注》。颜延之论《易》，谓“荀爽王弼举其正宗，而略其象数”。除《易》学外，《礼》学亦受重视。皮锡瑞说：“南学之可称者，唯晋、宋间诸儒善说礼服。宋初，雷次宗最著，与郑玄齐名。”（《经学历史》）至齐，经学不固守一说，“时国学置郑、王《易》，杜、服《春秋》，何氏《公羊》，麋氏《穀梁》，郑玄《孝经》，所宗经注，间杂玄、儒”（《南齐书·陆澄传》）。齐、梁时经学家辈出，除明山宾、严植之、沈峻、贺玚、陆琏在梁代立博士外，著名学者还有何佟之、伏曼容、崔灵恩、太史叔明、皇侃、张讥等人。上述学者大都既习儒典，又善《老》《庄》，其《易》注更重玄言。陈世，儒学稍置学官，但成就不高。

北朝经学由北魏奠基。北魏以降，经学家人数众多，而能开宗立派者当为徐遵明。徐对《周易》《诗》《三礼》《春秋》诸经的研习，为当时所尚。徐又传《礼》于李铉，李铉又传熊安生，其后生能通《礼经》者，多是熊安生之门人。

二　佛教、道教

南北朝佛教昌兴。对于此时佛教上做出卓越贡献的学者，文中已设专节评述，因此本节重点介绍南朝的三部佛教史籍（杨衒之的《洛阳伽蓝记》也有专节介绍，此处省略）。梁人释僧祐的《出三藏记集》，集国土内所翻译的经、律、论三藏。本书为簿录体，在《汉志》之后，《隋志》之前。但与外学目录不同。前有总序，中间分四式。（1）撰缘记，一卷。即佛经及译经的起源。（2）铨名录，四卷。历代出经名目，以时代撰人分类。（3）总经序，七卷。各经的前序及后记，文一百二十篇。（4）述列传，三卷。列传即译经人传记。前二卷外国二十二人，后一卷中国十一人，由后汉至萧齐。本书的特色，全在第三方式“经序”，为他经目所未有，可以考知各译经的经过及内容，与后来的书录解题、书目提要等用处无异。后记多记明译经地点及年月日。朱彝尊《经义考》，即取法于此。

释僧祐的《弘明集·序》称：“道以人弘，教以文明，弘道明教，故谓之《弘明集》。”总集类，以《牟子理惑论》始，以祐自撰《弘明论》终，凡十卷，其后续增为十四卷。记录作者百人，僧十九人。六朝佛教兴盛，但《文选》所录有关佛教者仅王简栖《头陀寺碑文》，所以《四库提要》云：“梁以前名流著作，今无专集行世者，颇赖以存。”

梁人释慧皎的《高僧传》，又称《梁高僧传》，以别于唐人释道宣《续高僧传》、宋人释赞宁《宋高僧传》。本书以高僧为名，本有超绝尘世之意。当时僧众猥滥，徇俗者多，故慧皎之论，为时所不喜。慧皎自序辩：“前之作者，或嫌繁广，抗迹之奇，多所遗削，谓出家之士，处国宾王，不应励然自远，高蹈独绝，寻辞荣弃爱，本以异俗为贤，若此而不论，竟何所纪？”又曰：“前代所撰，多曰名僧，然名者实之宾也，若实行潜光，则高而不名；若寡德适时，则名而不高。名而不高，本非所纪，高而不名，则备今录。”因此，《高僧传》实为一部汉魏六朝的高隐传。本书为类传体，凡分十门：译经、义解、神异、习禅、明律、亡身、诵经、兴福、经师、唱导。每门之后，系以评论。自后汉至梁初，凡 257 人，附见者又 200 余人。但详于江左诸僧，所谓“伪魏僧”仅 4 人。

道教在东晋南北朝时期发生了一系列重大变革，促使道教从原始形态发展为较为成熟的宗教教团。其最主要的表现是道教新经典的创作，以及寇谦之、陆修静、陶弘景等人对道教从斋醮仪范、修炼方术、组织制度等多方面的改造和建设。

北朝嵩山道士寇谦之在北魏太武帝的支持下，对五斗米道进行清整与改造，整顿其组织、重制其教仪教规，形成了北方新天师道。南朝道士陆修静则在刘宋统治者的支持下，对天师道组织进行整顿，并编制灵宝斋仪，创立特重斋醮科仪的灵宝派。陆氏所倡的以斋仪为主的天师道，史称“南天师道”。齐、梁之际的陶弘景是南北道教的集大成者，所创道派被称为“茅山宗”。

（此期的史学、文学理论与文献学等成绩已于第三章《总论》中一并概述。）

何承天

【生平】

何承天（370～447），东海郯（今山东郯城西南）人。详见《宋书·何承天传》《南史·何承天传》。

【著述】

《达性论》《报应问》《答宗居士书》《孝经注》《历术》《验日食法》《漏刻经》《陆机连珠注》《礼论》《杂语》《纂文》等。

【学术成就】

何承天的学术成绩，主要表现在他用以论战的反佛理论上。他用慧琳的《黑白论》与宗炳的《明佛论》论战，用自己的《达性论》与颜延之往复辩难，又以自己的《报应问》和刘少府应答。

1. 批判“灵魂不灭”

何承天坚持把形与精神看作一体，认为两者互相依靠，并用“有生必有死”的观点来反驳佛教的“神不灭论”。他用自然界的现象说明“生命”现象，认为人的生死就像自然界有“春荣”就必有“秋落”的四时代谢。人是自然界的一部分，有其自然的本性。既然有生必有死是一种自然现象，那就不存在人死后“精神”不死又更受形的道理。他批驳古人的薪火之喻说：“形神相资，古人譬以薪火。薪弊火微，薪尽火灭。虽有其妙，岂能独传?”(《答宗居士书》)

2. 批判“因果报应”说

何承天批驳佛教的报应说，说鹅在池塘中浮游只吃青草，不吃荤腥，却要被厨师杀了给人吃；燕子专吃虫子，可是却受到人们爱护。不但鹅与燕子如此，“群生万有”也是这样的，“杀生者无恶报，为善者无善报”(《报应问》)。如真有佛教所说的报应，那就应是一种普遍适用的规律，不应与事实相反。而且他认为，报应应该像立表测影一样，不仅立竿见影，而且“轻重必侔”“修短有度”，但实际不是。既然佛教所主张的原则是如此没有标准，就不能令人信服。

3. 批判佛教“众生”观

佛教的“众生”观，包括人与鸟兽虫鱼。既然精神不灭，也就必定要更受形而处于“六道轮回”之中。何承天首先把人与众生相区别，既然人与“众生”不同，也就不可能更生形转生为鸟兽虫鱼这类“众生”。这就从理论上斩断了佛教轮回报应说的“轮回”链条，从而否定了因果报应。他根据儒家的“三才”观说，既然人和天、地并列为三才，就不能把人与“众生”并列。因此，人们只要对众生取之有时、用之有道，这就是顺天时的，而众生为人所用也自然是合乎道义的。人们有节制地利用自然没有什么过错，也就谈不上什么“报应”。

4. 批判空、无观

玄学的“贵无”说，被佛教徒附会来传播“般若学”的空无说。何承天站在“崇有”论的立场上，对佛教“空无”说展开批判。他指出群生万有，无不是有。正因为它们是有，才可以变而为无，假如它们还有时已经是无，那“空”和“有”岂不就成一回事了吗？如果“空”和“有”真的没什么不同，那么为什么大家又说它们不同呢？他接着揭露佛教讲“空无”的虚无性。佛教虽然口头上讲“空无”，实际并不“空无”，他们不仅“爱欲未除”（《答宗居士书》），而且惧怕“生死轮回”“因果报应”，这岂不正是把这些又都看成“实有”的了吗？因此佛教徒与“崇有”的人，本质并无区别。

何承天继承和发展了东晋以来反对佛教的基本思想，批判佛教神不灭、因果报应和空无思想，在当时产生了很大的影响，也成为范缜反佛的理论前驱。

范　缜

【生平】

范缜（约450～515），字子真，南阳郡舞阴县（今河南省驻马店市泌阳县羊册镇古城村）人。详见《梁书·儒林传》《南史·范缜传》。

【著述】

《神灭论》《答曹舍人》《答曹思文难神灭论》等。

【学术成就】

范缜与萧子良的辩论以及《神灭论》的撰写，引发了齐梁时期对神灭或不灭的争论高潮。

1. 形神相即

范缜的“形神相即”，是针对佛教神不灭论的形神相异、形神相离而提出的。“即”，不离。“神”指精神，也包括佛教所说的灵魂。范缜认为，精神依赖形体，离不开形体，但二者并不是并列、并行的关系，而是神随形存、神随形谢而灭的关系。他又把这种形神关系叫作“形神不二”或形神“不得相异”（《神灭论》）。这就是说，形体是精神现象的物质基础，形体是第一性的，精神是第二性的。

2. 形质神用

范缜的“形质神用”，明确而深刻地表述了形神两方面的辩证统一关系。“质”，即形质、本原，引申有主体、实体的意思；“用”，即作用、功用，含有派生、从生的意思。实体是表现作用的，是不依靠作用而存在的，作用是实体所表现的，是依附实体而存在的。“形者神之质”，是说形体是精神所属的实体；“神者形之用”，是说精神是形体所具有的作用。他以利与刃的关系来比喻神与质：刀刃是实体，锋利是作用；刀刃的锋利是不能离开刀刃而存在的。所以，形神关系不是两个物的关系，而是物和物的属性之间的关系。他进而指出，思维不是人体所有部分的功能，而仅是“心”这个特殊器官的功能，即“是非之虑，心器所生”（《神灭论》）。

3. 人之质，质有知

范缜认为：“今人之质，质有知也；木之质，质无知也。人之质非木之质也，木之质非人之质也。安有如木之质，而复有异木之知?”（《神灭论》）他明确区别了人与木是两种不同的质，质不同，其用也不同，因此人有知而木无知。这等于说，精神不是一般物质的普遍属性，而是特定物质所有的作用。死者有“如木之质”因而无知，活人的“质”与死人的“质”是不同的，“生形”不是“死形”。精神仅是活人的质的机能，犹如欣欣向荣的活树能开花结果，但死树凋零不能结果，同样人死后也不能复活，也就不再有知。

范缜《神灭论》在理论上达到空前的水平，其所取得的成就甚至在一千年后也没有哪个无神论者能突破，这既是范缜个人努力的成果，也得益于当时充分自由的学术争鸣。

陶弘景

【生平】

陶弘景（456～536），字通明，南朝梁时丹阳秣陵（今江苏南京）

人。自号华阳隐居，人称“山中宰相”。详见《梁书·处士传》《南史·隐逸传》。

【著述】

《养性延命录》《本草经注》《集金丹黄白方》《真诰》《太玄真一本际经·道性品》《登真隐诀》《肘后百一方》《本草经集注》《陶隐居本草》《药总诀》《导引养生图》《太清诸丹集要》《帝代年历》《华阳陶隐居集》等。

【学术成就】

陶弘景在理论上，以上清经箓为主，同时融通其他道派的道法，并援儒、释思想以入道，具有总括诸派道法、兼容三教的特征。在修炼方法上，他主张形神双养、内外丹并用，所倡修真养性、延命方术对后世影响很大。

1. 儒、释、道三教融合

陶弘景是以茅山《上清经》经法为主，并兼容诸道派之要法，阐发道教。他主张儒、释、道三教调和，如说“万物森罗，不离两仪所育；百法纷凑，无越三教之境”（《茅山长沙馆碑》）。他出于对佛法的敬重，还朝夕忏悔，恒读佛经。他以《中庸》的性命说来解说道与性的关系。他说：“人体自然，与道气合，所以天命谓性，率性谓道，修道谓教。今以道教使性成真，则同于道矣。”（《真诰甄命援》）他认为天道和人性是一致的，可以合为一体。他强调修道必须遵守封建伦理道德，以之为成仙的主要途径。他还参照封建宗法等级制，编造了新的神仙品级系统。

2. 形神双养、内外丹并用

陶弘景在修炼方法上主张形神双养、内外丹并用，他说：“人所贵者，盖贵于生。生者神之本，形者神之具。神大用则竭，形大劳则毙。若能游心虚静，息虑无为，服元气于子后，时导引于闲室，摄养无亏，兼饵良药，则百年耆寿是常分也。”（《养性延命录·序》）他还强调各种养护之道，都要贯穿适中精神，所谓“能中和者，必久寿也”（《养性延命录》）。

陶弘景是南北道教的集大成者，所创道派被称为茅山宗。他对早期道教信仰进行总结，编造了一个相当庞杂而等级森严的神仙谱系。他撰《养性延命录》，对道教的养生理论做了系统总结。

范　晔

【生平】

范晔（398～445），字蔚宗，顺阳（今河南南阳淅川）人，东晋安北将军范汪曾孙、豫章太守范宁之孙、侍中范泰之子。详见《宋书·范晔传》《南史·范晔传》。

【著述】

《后汉书》、《狱中与诸甥侄书》（《和香方》《杂香膏方》《百官阶次》《齐职仪》等今佚）。

【学术成就】

范晔最大的学术成就在史学领域，其代表作为《后汉书》（《纪》《传》为范晔所著，《志》为司马彪撰，又称《续汉志》）。

1. 文、意结合的作史观

范晔作史，强调文、意的结合。他说："常谓情志所托，故当以意为主，以文传意。以意为主，则其旨必见；以文传意，则其词不流。"（《狱中与诸甥侄书》）文意的核心是情志，意既是情志的代表，故文的任务便在传意。如能做到文以意为主，文章的主旨便会彰显；如能做到以文传意，文词才不会流于虚浮。他主张在文、意和谐的基础上，加以藻饰润色，从而使文章条理顺畅，情意旨趣得以抒发表达。

2. 《后汉书》的成绩

范晔总结《后汉书》的四大优点。一是各传附论皆有"精意深旨"，"传论"是范晔对所传记人物事迹的评论，体现了范晔的立场观点。二是《循吏》《六夷》等"序论"，"笔势纵放，实天下之奇作"，笔力水平可与贾谊《过秦论》、班固《汉书》媲美。三是所作"赞论"乃是"文之杰思，殆无一字空设”，自信后必有能鉴赏之人。四是计划悉备“诸志”，完备性上不低于《汉书》，同时在“卷内发论，以正一代得失”（《狱中与诸生男侄书》）。《后汉书》创立《文苑传》，将政治地位不高、仅以写作知名的作者收列其中，反映文学写作日益受人重视的实况。

3. 史论成绩

范晔考察王莽和东汉之际的形势，他说：“夫能得众心，则百世不忘矣。观更始之际，刘氏之遗恩余烈，英雄岂能抗之哉！然则知高祖、孝文之宽仁，结于人心深矣。”（《后汉书·王刘张李彭卢列传》）他把统治者政治上的成功原因归结于“人心”所向，无疑是很深刻的见解。另外，范晔对司马迁和班彪、班固父子均作了肯定评价，他说：“迁文直而事核，固文赡而事详”“其言史官载籍之作，大义粲然者矣”（《后汉书·班彪传》）。他还把王充、王符、仲长统这三位思想家合传，并评论王充《论衡》“释物类同异，正时俗嫌疑”，王符《潜夫论》“指讦时短，讨谪物情，足以观见当时风政”，仲长统《昌言》中的《理乱篇》《损益篇》《法诫篇》均为“有益政者”（《后汉书·王充、王符、仲长统传》）。

范晔批判佛教“好大不经，奇谲无已”（《后汉书·西域传》），抨击方术怪诞之论是“纯盗虚名，无益于用”（《后汉书·方术传上》）。他肯定桓谭对谶纬的批评，并称赞他是上才，表现出他否定谶纬迷信的观点。

沈约

【生平】

沈约（441～513），字休文，吴兴武康（今浙江湖州德清）人。详见《梁书·沈约传》《南史·沈约传》。

【著述】

《宋书》《晋书》《齐纪》《高祖纪》《迩言》《谥例》《宋文章志》《四声谱》《沈隐侯集》等。

【学术成就】

沈约在文学与史学上都颇有建树，他的《宋书》反映了重礼法、讲门风的时代特点，体例上有所创新。他的文学观与声律论，在文学史与文学评论史上都有一席之地。

1.《宋书》成绩

“八志”是《宋书》的一大特点，其中的《律历》《乐》《天文》《州郡》等志比较有特色，保留了相当丰富的历史资料；沈约的《宋书》不仅是“宋”书，而且是“晋”书，其体例虽与《史记》《汉书》有别，然其资料广博详悉，对后人了解晋史帮助很大；《宋书》的纪传也有创新，如创立了《家传》的体例，表明他崇尚家族史和谱系之学，还首创《孝义传》，宣扬“以孝治天下”的思想。

2. 声律论

沈约是诗歌“四声八病”说的倡导者。他论声律说：“夫五色相宣，八音协畅，由于玄黄律吕，各适物宜。欲使宫羽相变，低昂互节：若前有浮声，则后须切响。一简之内，音韵尽殊，两句之中，轻重悉异。”（《宋书·谢灵运传论》）所谓“宫羽相变，低昂互节”，乃是永明声律论总的原则。意谓诗文用字，须使其声音富于变化，避免单调，以求错综和谐之美，犹如各种色彩相对比、各种乐音相配合一样。“宫羽”借指字音。浮声、切响以及低昂，也是对字音的形容，但其具体含义难详，可能与四声相关。这段话可见沈约以声律作为衡量作品工拙的重要标准，并认为前代作家没有掌握调声之术却能使作品合乎声律要求，都是不自觉的。

3. 勾勒文学史

沈约的《谢灵运传论》是一篇重要的文学论文，它概括地叙述了先秦至刘宋文学发展的历史，评论了重要作家和文学现象。沈约首先论诗歌的起源，认为自有人类存在，便有歌咏。他对屈原、宋玉、贾谊、司马相如都给予很高评价，对东汉作家也颇有好评，特别称赞张衡。他称赞司马相如善于描绘事物形貌，体现了山水咏物诗兴起之后，人们对文辞“体物”功用的进一步自觉。他评建安文学，指出其抒情性强和注重文饰藻彩，概括建安作家具有慷慨有力而较为质朴的本色，都是抓住了建安文学的特征。此外，他对西晋作品的辞采繁缛，东晋玄言诗赋的特点及其成因，对谢灵运、颜延之两大家的不同特色，都概括得很精当。

“八病”规则逐步演进、简化，最终推进此后重要的诗歌体式之一的律诗的形成，沈约等人的努力开创之功不可埋没。

刘　峻

【生平】

刘峻（463～521），字孝标，本名法武，平原（今山东德州平原）人。详见《梁书·文学传》《南史·刘怀珍传》附。

【著述】

《世说新语注》（《汉书注》《类苑》今佚）；《广绝交论》《辩命论》（《刘户曹集》《刘孝标集》）。

【学术成就】

刘峻的《辩命论》是对封建统治者的揭露，也是射向佛学的一支利箭。

1. 辩命论

刘峻“辩命”以否定佛教的因果报应之说。他先是列举管辂、屈原、伍员、贾谊等才华超群的人，说他们“皆摈斥于当年，韬其才而莫用，候草木以共凋，与麋鹿而同死”（《辩命论》），落得了“膏涂平原，骨填山谷，湮灭而无闻”（《辩命论》）的下场。然后，他笔锋一转，提出与佛教完全相反的命运说和报应说。他说：“命也者，自天之命也。”（《辩命论》）“福善祸淫，徒虚言耳！”他又说：“为善一，为恶均，而祸福异其流，废兴殊其迹。荡荡上帝，岂如是乎？”（《辩命论》）换句话说，刘峻认为命是自然之命，是客观的必然，上帝并不能主宰善恶，所谓善恶因果报应是不存在的。这既是对封建统治者的不满和反抗，也是对佛教教义的揭露和否定。他还认为：“愚智善恶，此四者人之所行也。”（《辩命论》）

人的贫富贵贱和福祸理乱虽说是“天之所赋”，但更主要的是“在于所习”。就是强调人的主观能动性，号召人闪不要甘于命运的摆布。因此，他勉励自己说：“修道德，习仁义，敦孝悌，立忠贞，渐礼乐之腴润，蹈先王之盛则，此君子之所急，非有求而为也。”（《辩命论》）这就是说，他从儒家正统立场出发，反对命由天定思想，揭露封建统治者的说教和佛教僧徒的欺骗。

2. 注《世说新语》

刘峻《世说新语注》的一个特点是广引群书，记载特别详细，能够“收录诸家小史”是它受到后人好评的一个重要原因。因此，他的不少注文远远超过了正文。通过他的注文，人们对于若干故事的来龙去脉，能够有更为清晰的了解。如《世说新语》正文仅有一句简文帝称赞许询五言诗，他却注引《续晋阳秋》内容，勾勒出由汉至魏晋诗学发展的概貌及其代表人物。刘伶著《酒德颂》一事在《世说新语》中也仅一句话，刘注引《名士传》和《竹林七贤论》，详述刘伶事迹并发明他颂酒德的大旨。刘注的另一个特点是，纠正刘义庆原书中不正确的内容。如《贤媛》篇记陶侃母亲责陶侃一事，刘峻指出“以鲑饷母”并非陶侃，而是吴司徒孟宗。《方正》篇记陶侃救梅颐事，刘峻以为当属梅陶。

刘注博赡精核，体例严谨，学风也比较笃实，凡不明处多注“未详”，以示阙疑。他注《世说新语》与裴松之注《三国志》、郦道元注《水经》、李善注《文选》并称为“四大古注”。

萧　绎

【生平】

萧绎（508～555），即梁元帝，字世诚，小字七符，自号金楼子，南兰陵（今江苏武进）人。南朝梁武帝萧衍第七子，梁简文帝萧纲之弟。详见《梁书·元帝本纪》《南史·元帝本纪》。

【著述】

《金楼子》《湘东鸿烈》《梁元帝集》等。

【学术成就】

《金楼子》集中体现了萧绎的学术成绩，反映了南朝齐梁时期的多样文化思潮，是他的代表作。

1. 师心使气

师心、使气（《金楼子・序》）既是萧绎本人诗文风格的体现，也是他根据创作经验形成的理论总结。他把文学创作看得比王室祸福甚至高于生命的意识，以及他想做文坛领袖的强烈愿望，使他在诗文中贯注着生气。同时，他始终认为，文学的基本特质在于情感的真挚和浓烈。这两方面的结合，使萧绎之文显现出"师心使气"的鲜明个性。他倡言以作者自己的个性气质赋诗言文以立言不朽，写出自己的心声，而不是替他人描摹心声。在具体的写作过程中，他特别注重独抒己见。他写《金楼子》从不让宾客插手，也是这种观点的反映。他的"师心使气"说，不仅是他对魏晋以来文学创作规律的体认，而且是他在新时代思潮下所形成的个体意识觉醒的结果。

2. 文笔说

萧绎先把"古人之学"分为儒、文两类，又把"今人之学"分为儒、学、文、笔四类，并从四者所构成的相互作用的关系来考察文和笔。从儒与文的区别来说，是要分开经学与广义的文学；从文与笔的区别来说，是要分开实用文章与抒情诗文。这种细致的区别，是前人所未有的。对于文、笔的区分，他能够在前人基础上更进一步，从强烈的抒情特征、声音与词采之美来确定文的概念，提出"吟咏风谣，流连哀思者，谓之文"（《金楼子・立言下》），从而将艺术的、抒情的作品与实用的文章区别开。他要求"文"的特点有三：辞采之美、声调音律之美和能够撼动心灵的强烈抒情性。他比较直接地把握了文学的本质，代表了南朝学者对文学性质认识的新水准。

萧绎的文笔说带有总成的性质，区分了文人与儒、学、史的本质差异，也就抓住了文学与史学、伦理学最根本的区别——情感性，为文学走向独立之路奠定了理论基础。

萧　统

【生平】

萧统（501～531），南朝梁武帝萧衍太子，死后谥“昭明”。详见《梁书·昭明太子传》《南史·梁武帝诸子传》。

【著述】

《文选》(《昭明文选》)、《昭明太子集》等。

【学术成就】

萧统的主要学术成绩在于编纂了许多诗文集，其中尤以《文选》最为著名。

1. 萧统的文学观

萧统在文学发展应该“踵其事而增华，变其本而加厉”（《文选·序》）这一认识下，肯定了赋这一新体裁，并将其置于《文选》之首；他论五言诗起源于西汉，而不是五经；他区分经、史、子与文学，说“文”“方之篇翰，亦已不同”（《文选·序》），《文选》也依此选文；他对文体的分类，以及对各类文体的论述，基本采纳了魏晋以来的最新辨析文体成果，同时又有所发展。他认为好文章应该是典而不野、丽而不浮，将两种有些对立意味的批评标准统一起来，追求一种“文质彬彬，有君子之致”（《答湘东王求〈文集〉及〈诗苑英华〉书》）的风格。

2. 《文选》的编辑宗旨和体例

萧统选编《文选》的基本目的有以下四个：一是集自周秦以来的文章诗赋，以便于阅读；二是除其芜秽，集其精英，总集文章之精华；三是借此传声后世，把编《文选》当作他政德的一部分；四是除借选集表达自己的批评态度，他还通过文体编选作品的体例，以为当时辨析文体、指导写作的范文。《文选》的编辑宗旨和它的编辑体例是紧密相关的。萧统在总结了《古今诗苑英华》等书的编辑经验基础上，重新修订了体例，其一是将作家作品的下限定为南朝梁天监十二年（513），以沈约卒年为标志，反映了他企图对前人文学进行总结的愿望。其二是由单一的诗选变为赋、诗、文等符合文学内容的各体文选，这更符合《文选》的编辑宗旨。在对入选的文体作出规定以后，《文选》的实际操作体例是“凡次文之体，各以汇聚。诗赋体既不一，又以分类；类分之中，略以时代相次”（《文选·序》）。

3.《文选》的选录标准

考察《文选》的选录标准，一要根据《文选·序》，二要根据萧统表达文学观的书信，三要根据《文选》收录作家作品的实际情况。他在《答湘东王求〈文集〉及〈诗苑英华〉书》中提出的文学观与此后的《文选》编辑有密切的关系。首先，萧统对此前编辑的《古今诗苑英华》表示“犹有遗恨”，实际上表明了他对此后编辑的态度。萧统的态度主要表现在两个方面：修改了《古今诗苑英华》的体例；发表了经他深思熟虑后的文学思想。这表明这个文学思想，将是他今后写作及编选作品的指导思想。以《文选》收录作家作品的实际情况来检验，二者也是符合的。关注它所选的非名篇或非主流名篇，更有助于分析其选录标准。以诗歌为例，《文选》不收汉乐府民歌及南朝乐府民歌，不收南北朝流行的咏物诗，基本不收女性作品，齐梁以来的“新体诗”也没有明确反映。这些都明显与萧统坚持“丽而不浮，典而不野，文质彬彬，有君子之致”的文学原则有关。

萧统《文选》不仅是读书人学习辞章的重要书籍，而且它的体例也对后代总集的编纂产生了极大影响。后人已把《文选》作为选本的典范来看待，不独集部，即使唐代以后的类书也参照过它的体例。

刘　勰

【生平】

刘勰（465～532），字彦和，东莞莒（今山东莒县）人。详见《梁书·刘勰传》《南史·刘勰传》《文心雕龙·序志》。

【著述】

《文心雕龙》（《刘子》存疑）、《梁建安王造剡山石城寺石像碑》、《灭惑论》等。

【学术成就】

刘勰的《文心雕龙》是一部系统的文学理论著作，从文体论与批评论、创作论等多方面、全方位地分析文学现象，揭示文学规律。

1. 原道、征圣、宗经的文学本质论

刘勰认为文原于道，圣人最能掌握自然之道，所以必须拜圣人为师，向经书学习，才能写出好文章。“道沿圣以垂文，圣因文以明道。”（《文心雕龙·原道》）“道”在《文心雕龙》中的两重性，一指道家之道，即自然与自然之“道”；二是天、天命。所以刘勰的“道”包括自然与名教两方面。“政化贵文，文辞为功，圣人修身贵文”（《文心雕龙·征圣》），指从圣人作文研习典正、体要与雅丽。他认为经乃“恒久之至道，不刊之鸿教”，有典范性，如《易》惟谈天，《书》实记言，《诗》主言志，《礼》以立体，《春秋》辩理，所以“五经”乃文府源泉。经典是文体的源头和标准，宗经是矫正文坛弊端的根本方法。具体来说：“故论说辞序，则《易》统其首；诏策章奏，则《书》发其源；赋颂歌赞，则《诗》立其本；铭诔箴祝，则《礼》总其端；纪传铭檄，则《春秋》为根。并穷高以树表，极远以启疆，所以百家腾跃，终入环内者也。”（《文心雕龙·宗经》）所以宗经之文，体有六义：“一则情深而不诡，二则风清而不杂，三则事信而不诞，四则义贞而不回，五则体约而不芜，六则文丽而不淫。”（《文心雕龙·宗经》）

2. 论文、质之变

刘勰以文、质关系为元素论文学史，开创“一代有一代文学”的主张。从《时序》《通变》二篇来看，作者构造了一个循环发展的波浪型文学发展线索：黄帝（质）→周（文质）→楚及西汉（文）→东汉及曹魏前期（文质相符）→曹魏后期（质）→西晋（文）→东晋（质）→宋齐（文）。在这个图例中，作者构造了三种文学范例，第一种是质胜于文，第二种是文胜于质，第三种是文质相符。刘勰认为，以征圣、宗经为本，才能文质相符。

3. 论神思

刘勰的“神思”就是艺术构思，是他用来探讨“为文之用心”的主要内容。他首先肯定了构思在文学创作中的巨大作用："文之思也，其神远矣。故寂然凝虑，思接千载；悄焉动容，视通万里；吟咏之间，吐纳珠玉之声；眉睫之前，卷舒风云之色：其思理之致乎！"作家写作时运思，驰骋想象，无边无际，无往而不达。作家沉思遐想时，可以联想到很久，可以观察到很远（表象）。在吟哦的时候，就像听到金玉般的声音，眼前舒卷着风云变幻的景色。因此，作者所写的才不限于一些亲临目睹的事物，而可根据创作需要，敞开思路，构建出优美而丰富的意象。然后他阐明构思的一些规律：一是"故思理为妙，神与物游"，作者的想象与事物的形象一起活动。二是"神居胸臆，而志气统其关键；物沿耳目，而辞令管其枢机"，作者的构思受到思想感情的支配，而且作者通过耳目感官接触物象进行思维，须以言辞为媒介。三是"是以陶钧文思，贵在虚静。疏瀹五藏，澡雪精神"，酝酿文思，要宁静专心，摒除杂念，使内心条畅，精神净化。四是"积学以储宝，酌理以富才，研阅以穷照，驯致以绎辞"（《文心雕龙·神思》），即要把知识当宝贝似的不断积累，要明辨事理以充实自己的创作才能，还要参照自己以往的经验认清事物的真相，培养自己的情致以求准确地运用文辞。

4. 论风骨

"风"字，有"风教"之意，即文章作品要具有深厚的感化力量，对读者起到积极的影响，是对作品内容方面的要求；"骨"指"结言端直"（《文心雕龙·风骨》），即指要有整饬挺拔的文辞，是对作品形式方面的要求。风、骨两者结合，就可达于"风清骨峻"（《文心雕龙·风骨》）的理想境地。"风清"指教育作用的显著，"骨峻"指文辞骨力的高超。他强调风骨，但也不排斥藻丽。他以人的躯体为喻，精要劲健之辞犹如骨骼，藻丽之辞犹如血肉。躯体必须有骨骼作基干，然后血肉得以附丽。风、骨虽分别指作品的内容、形式，但两者关系是非常密切的。作者的思想感情是通过文辞表现出来的，文辞精要劲健，思想感情就容易表现得鲜明爽朗；反之，文辞柔靡则思想感情也就隐晦柔靡。他还举司马相如《大人赋》作为"风好"的范例，潘勖《册魏公九锡文》作为"骨健"的范例。

《文心雕龙》总结了南齐以前中国文学创作和文学批评的丰富经验，全书探讨的重要问题还有文学与生活的关系、作品风格和作家个性及文体的关系、文学继承与创新的关系、文学批评的态度与方法等，在中国文学批评史上占有重要的地位。

钟　嵘

【生平】

钟嵘（468？～518），字仲伟，颍川长社（今河南长葛）人。入梁后，先后任衡阳王萧元简及晋安王萧纲之记室，故世称“钟记室”。详见《梁书·文学传》《南史·文学传》。

【著述】

《诗品》等。

【学术成就】

钟嵘的文学理论主要集中于《诗品·序》中，他对具体作家的批评则是他文学理论的体现。

1. 摇荡性情

钟嵘认为，诗歌是“摇荡性情”“感荡心灵”的产物，即是人的内心世界被激动的产物。他举出人心被感动的两个原因：四季变迁、自然景物方面的因素；社会生活中令人或悲或喜的种种遭遇。这既是他接受传统诗论的影响（社会生活），又是文学自觉时代风气的反映（自然风物）。钟嵘所列举的“感荡心灵”的情景，大多是令人悲伤哀怨的。因此，他认为“非长歌何以骋其情”，作诗就是为了舒泄情感，让激荡的心灵得以平静。

2. 以自然为最高的审美准则

钟嵘评论作家作品，崇尚“天才”，要求“自然”“直寻”。他以此批评南朝齐梁时一些作者以堆砌典故为能事的不良风气。他将能达到“自然”“直寻”的诗人，誉为具备“天才”。所谓“天才”，大致包括两方面：一是要求诗歌表现从生活中直接感受到的美，即“即目”“所见”情景中的美。要求诗人有敏锐的感受力。二是要求诗歌的语言明白自然，能将所感受到的美直接加以表现。

3. 干之以风力，润之以丹采

钟嵘以为诗歌的美，在于“风力”与“丹采”的结合。风力，大概指的是作品的总体风貌给人一种爽朗活跃、生气勃勃的感染力。风力与“气”有关，气之流动、畅达便形成风；气须充盈、通畅，才有生命力。丹采，指诗歌语言的美丽。他固然重视词采，但并不认为词藻越华丽就越好。他认为风力与丹采结合得最好的典范是曹植的五言诗，所谓“骨气奇高，词采华茂”。

4. 诗人的继承关系及其流派

钟嵘品第诗人，最注意揭示各个作家的风格特色，他根据诗歌体质风格的互相类似来判断历代诗人的继承关系。如评“古诗”“其体源出于国风”，评谢灵运“其源出于陈思，杂有景阳之体”，评魏文帝“其源出于李陵，颇有仲宣之体”，“体”指作品的体貌，也就是体制和风格。钟嵘把五言诗的作者分成三系：《国风》《小雅》《楚辞》。《国风》一系中曹植、陆机、谢灵运一派是最优秀的诗人，他们的诗歌都符合“情兼雅怨，体被文质”的标准。《小雅》一系仅阮籍一人，他的诗长于怨悱，语言质朴。《楚辞》一系中的各派又都源出李陵，其特色是富于哀怨之情。

钟嵘的《诗品》被推为论诗专著的始祖。他把自汉代至南朝梁的122位五言诗人分为上、中、下三品各一卷，他对这些诗人的创作艺术风貌特色和渊源流变都有论述，虽不尽严谨，但开创之功不可没。

颜之推

【生平】

颜之推（531～597），字介，原籍琅琊临沂（今山东临沂）。南齐治书御史颜见远之孙、南朝梁咨议参军颜协之子。详见《北齐书·文苑传》《北史·文苑传》。

【著述】

《颜氏家训》《观我生赋》等。

【学术成就】

《颜氏家训》是颜之推为了用儒家思想教育子孙，以保持自己家庭的传统与地位，而写出的一部系统的家庭教育教科书。这是他一生关于立身、治家、处事与为学的经验总结，是他的学术代表作。

1. 归心

颜之推虽然是一名儒者，但从培养教育人的德行出发，他认为儒、佛二家都是有益的。由此，他试图解决佛教劝善观念在世俗社会存在的合法性及其与儒家伦常的相容性问题。他说儒佛二教“本为一体”（《颜氏家训·归心》），佛为内教，儒为外教，对人的教化有不同的分工。佛教的“五戒”与儒学的“仁、义、礼、智、信”相符合。可见，他强调佛教具备和儒家一样的伦常。此外，他还认为对于日常的生产生活、军旅刑罚来说，考虑佛教为维持社会运转所必需，只须节制而无须戒除。

2. 辩护佛教教义的正当性

颜之推在确立儒、佛二教一体的大原则下，为扭转社会偏见对佛教的曲解和诬蔑，从四个方面为佛教教义的正当性进行辩护。一是从宇宙观上为“以世界外事及神化无方为迂诞”辩。他认为儒佛家的宇宙观既然都是无法“测量”的学说，就不能是己非彼。葛洪以人的耳目感官有限性论证方外神仙存在的可能性，说明了“神通感应”，那么佛国净土的存在也有可能。二是从报应观上为“以吉凶祸福或未报应为欺诳”辩。他以佛与儒乃至九流百家的善恶观的同一性，说明“行善而偶钟祸报，为恶而傥值福征”并不能驳倒佛教的报应观，因为这在各家都是普遍认同的事实。三是为“以僧尼行业多不精纯为奸慝”辩。他认为佛教徒之学经律与儒生学“六经”一样，没有学好不能归咎于经典。四是为“糜费金宝减耗课役为损国”（《颜氏家训·归心》）辩。他先说侵占田亩、妨民稼穑并非佛之本意，然后说身计与国谋不可两遂，儒家也是“高尚”隐居之士。

3. 文章观与文学批评

颜之推在《颜氏家训·文章》篇中探讨了很多与文学相关的问题。他肯定了“五经”对文章写作的典范作用：“诏命策檄，生于《书》者也；

序述论议，生于《易》者也；歌咏赋颂，生于《诗》者也；祭祀哀诔，生于《礼》者也；书奏箴铭，生于《春秋》者也。”他既强调文章的教化作用，也肯定其抒情与审美功能。“朝廷宪章，军旅誓诰，敷显仁义，发明功德，牧民建国，施用多途。至于陶冶性灵，从容讽谏，入其滋味，亦乐事也。”并以此为标准批评历代文人文章，如屈原、宋玉、东方朔等数十位文史名家。但其批评之词，多针对文人“败坏”品行，不是理性的文学批评。值得一提的是他对文人“无行”的原因剖析，他说：“文章之体，标举兴会，发引性灵，使人矜伐，故忽于持操，果于进取。今世文士，此患弥切，一事惬当，一句清巧，神厉九霄，志凌千载，自吟自赏，不觉更有傍人。”此外，他还谈到文学创作的“天才”问题、南北文学批评的风气问题等。

4. 文献辨伪的方法

《颜氏家训·书证》篇中两处涉及辨伪，一处辨《通俗文》，一处辨《山海经》等，虽然数量不多，但表现出方法的全面。他怀疑《通俗文》作者服虔当系伪托，并从征引诸家的生活时代、所用反切注音法产生的时代，以及阮孝绪《七录》著录的作者等方面找出破绽，进行考辨，言之成理，但最后尚难下定论，故存疑意，案而不断，以示审慎。他对于较古资料，态度谨慎，绝不轻加怀疑。较早的一些说法，如认为《山海经》是禹及益所记，《神农本草经》是神农所述，《尔雅》是周公所作等，未必尽是，但他认为它们都是较早的古书，并非后人伪造，只是其中有后人增益、伪羼的部分而已。

颜之推绝少门户之见，对于南北学能取长补短，无论在思想史、文学批评史或文献学史上，都是南北学统一的先驱者。

郦道元

【生平】

郦道元（约 470 或 472～527），字善长，范阳涿州（今河北涿州）人。详见《魏书·郦道元传》《北史·郦道元传》。

【著述】

《水经注》(《本志》《七聘》今佚)等。

【学术成就】

郦道元《水经注》的学术贡献涉及多种学科，尤以历史地理资料的价值最为突出。郦道元注书时，也总结和运用了许多科学考证的方法。

1. 文、地互证，古今结合

把文献、传闻和实地情况互相印证，把地理名称的语文辨析（音、义、字形）与地理考证结合起来，是郦道元考证的基本原则。如他提出“脉水寻经”的方法，即考察实际水流的脉络，按寻《水经》的记述。再如他反对“专以字说地”，即反对只注意地名的语文辨析而忽视地理考证。郦道元还把察今与考古结合起来。地理有沿革，有时非考古不足以证今，由此他总结出“考古推地”的方法。考古，即考证历史旧貌；推地，即推断地理方位。

2. 无征不信，多闻阙疑

郦道元考证，无征不信。首先，他认为耳传言谈不算实证，必得有文献依据。其次，他认为单文孤证难以全信。最后，他认为对引据材料本身的可信程度也须辨析，分清高下，以决信疑。如他考证出“郑县”为郑桓公的故邑，否定《汉书》所载薛瓒注时肯定司马迁之说，并不单纯以持论者的多寡为据，而主要依据征引的材料属于“正经”还是“逸录”。对于那些把握不准的资料或传闻，他也不一概排斥，而是采取多闻阙疑的态度，酌情存录备参，如注中“所未详”“所非详”“莫详其实”等即是其例。

3. 提出新说

郦道元在《水经注》中提出很多新说，如说黄河浑浊源于它是众多支流浊水的汇集，加上河道弯曲，流通不畅，泥沙大量淤积于河床导致。农民竞相引水灌溉，致使水量减少，泥沙沉淀，一到三月桃花水发，淤积的河道容纳和排泄不了如此众多和迅疾的水量，从而造成河水决口泛滥。他认为碣石山出没的地理价值，在于它与黄河入海口的改道密切相关。郦道元认为水道与地名之间有相互影响的关系。我国居民依山傍水而居，地名不少是因水名而得，如颍阳、营阳等。但历史上也有因地名而得的水名，这既有自然因素，也有人文因素。他还以地理知识证史，如据“汾水灌安邑”的地理知识，对孔子所谈的智伯亡国之事的真实性提出了质疑。

郦道元《水经注》不仅在水道源流、历史地理等方面有突出贡献，而且因为它的语言洗练简洁，又讲究技巧，文学价值也历来受到赞赏。

杨衒之

【生平】

杨衒之（？～？），杨或作阳，或作羊，字不详，北魏时北平（今河北遵化）人。事迹略见唐人释道宣《广弘明集》卷六《叙列代王臣滞惑解》、周延年《杨衒之事实考》。

【著述】

《洛阳伽蓝记》等。

【学术成就】

杨衒之的《洛阳伽蓝记》在历史、地理、佛教、中西交通、文学等方面都具有很高价值，是北朝学术的代表作。

1. 轮回报应观

杨衒之并不排佛，他甚至对佛教的轮回报应观比较认同，他在“崇真寺”条记载惠凝复活后，所讲述的阎罗王判决众比丘之事，就突出地反映了轮回报应观。这则故事也反映出北朝佛教重禅诵苦行，僧徒往往有不遵静行苦修之辈，他借阎罗王之口予以痛斥。“菩提寺”条所记故事，也体现他对轮回转生观念的认可，轮回转生观是灵魂说和因果报应说相结合的产物。他还借这些佛教色彩浓郁的灵异故事，表现社会战乱、人命无常以及对社会风化不满的惩戒，如“大统寺”条的洛水之神故事，“法云寺”条的韦英故事。所以，他揭露佛教内部的弊端，完全是从反对王公奢侈、关心国计民生的角度出发的。

2. 天道不可信

杨衒之在《洛阳伽蓝记》中，借鉴史书“论赞”之体进行极为严肃的批评，显示出他的“天道不可信”的史学批判精神。他在“宣忠寺”条以“衒之曰”的论赞形式，阐述了传统的“天命”观：“崇善之家，必有余庆，积祸之门，殃所毕集。”（卷四）元徽对祖仁有恩，而祖仁因贪财反将恩人杀害，后来元徽托梦，借尔朱荣之手害死祖仁。他认为祖仁之死罪有应得，是其“负恩反噬”的报应。但他对此并非深信不疑，此处只是作为一种批判的手段来使用罢了。在“永宁寺”条中他又以“衒之曰”的论赞形式表明“天道”不可信：“若兆者蜂目豺声，行穷枭獍，阻兵安忍，贼害君亲。皇灵有知，鉴其凶德。反使孟津由膝，赞其逆心。”（卷一）对尔朱荣等乱臣贼子，天若有知，怎会助其篡逆？然后断言《易》之“天道祸淫，鬼神福谦”（卷一）只是虚说。

3. 叙事新模式

《洛阳伽蓝记》除正文外，又有若干自注。自注与正文视角不同，取材各异，互为补充，相映成趣，读来更有兴味。如“城内·永宁寺”条，正文前半段已加三条自注，分别为：介绍永宁寺地理位置的几句之下，更详细地说明这一带的重要建筑物；“常景为寺碑文”句下，详细介绍常景其人；“禁人不听登”句下，添一段自己的亲身经历来印证前文的叙述。正文自“至孝昌二年中”之后，几乎一句一注，介绍了大量的相关史料，特别是关于尔朱荣入洛，诛杀王公卿士及诸朝臣2000余人，以及魏庄帝元子攸用非常手段诛杀尔朱荣的经过，中间又夹杂了一段元子攸从兄元颢称帝的插曲，把北魏王朝变故迭起、国将不国的乱局作了很好的交代。凡此种种，皆足以与《魏书》互证，其中许多细节为史书所不载。如果只是就正文来谈此书而不关注自注的话，那么这些大有意味的宝贵内容就无从安排了。这样的叙事模式，褒贬分明，一丝不乱，显露出杨衒之的卓越史才。

杨衒之《洛阳伽蓝记》以佛寺为经，以相关历史典故为纬，加上作者简括的叙述，隽秀的文笔，使它成为一部广受好评的佳作。它既是一部地理书，又是一部史书，并且是一部极好的文学著作。

第五章
隋唐五代学术史概论

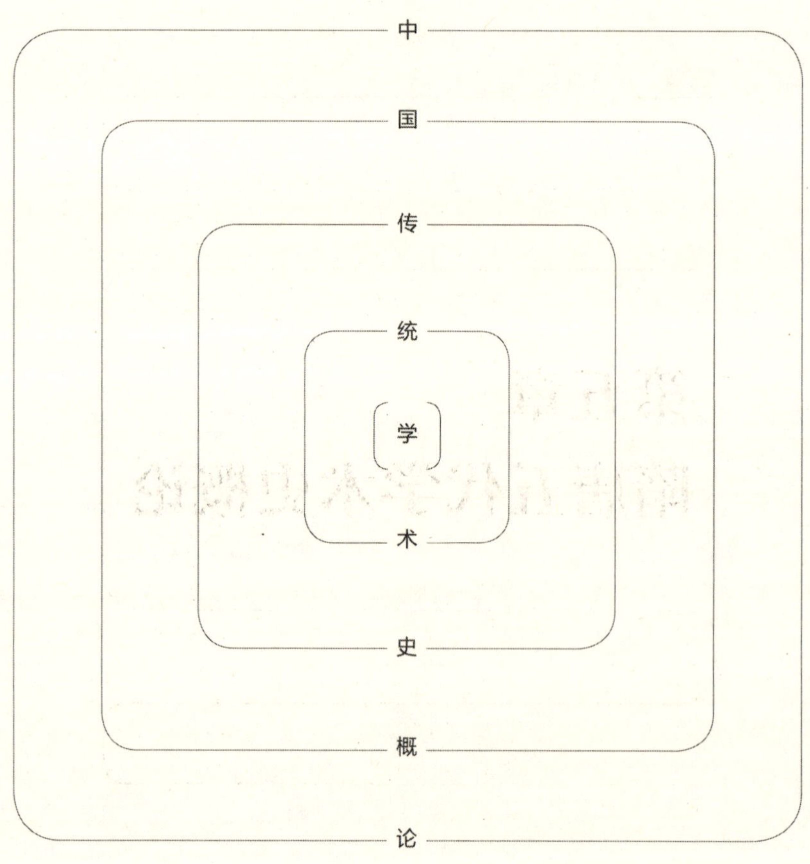
中
国
传
统
学
术
史
概
论

总论：与佛学相伴相生的学术

一　经学

隋唐的儒家经学，从南北朝经学的“分立时代”进入“统一时代”（皮锡瑞），它以孔颖达等人编撰的《五经正义》为标志，开始了经学统一时间最久的新时期。陆德明的《经典释文》兼综汉末和魏晋两大学术传统，将南北学风融会一体，为南北经学的统一开辟了道路，成为隋唐经学统一的先驱。

隋代经学家刘焯系统地撰写了《五经述义》，刘炫撰写了《尚书述义》《毛诗述义》《春秋述义》《论语述义》《孝经述义》与《五经正名》等，他们本渊源于北学，但兼通南学，代表了隋代经学的最高成就。

孔颖达主持编撰的《五经正义》，是唐初诸儒协力合作的巨著，对汉以来的经学作了总结，结束了经学内部的宗派纷争，经学从此获得了空前的统一。唐初经学著作还有贾公彦的《周礼疏》《仪礼疏》，杨士勋的《穀梁传疏》，唐后期徐彦的《公羊传疏》，十三经注疏中唐疏占其九。唐开成二年，依国子祭酒郑覃等议，将九经文字刻于石，名为“开成石经”。

唐代后期较有影响的经学著作还有李鼎祚的《周易集解》，此书集30余家《易》说，是一部保存《易》学资料丰富的古籍。唐后期经学的主要贡献是，开经学的新风气。如啖助的《春秋集传》，抛开传统传注，借《春秋》阐发自己的政治见解。他的弟子陆淳著《春秋集传纂例》《春秋微旨》《春秋集传辨疑》等，就不为“三传”旧说所拘，直接从经文中阐发所谓“圣人真意”。这说明唐后期的经学，确实出现了舍传而求自由说经的新风，开宋学之先河。

二　史学

唐代史学也有重大发展，不仅表现在官修史书制度的确立，并完成了梁、陈、北齐、北周、隋五代的史书和《晋书》的编纂，还表现在私家著述的大量涌现，如李延寿的《南史》《北史》，刘知几的《史通》和杜佑的《通典》等。刘知几的《史通》和杜佑的《通典》尤其著名，详见下文。

三　佛教、道教

佛教在唐代进入全盛期，此时的佛教已由不同的学术流派发展成为各大宗派，有自己独立的寺院经济、独特的宗教理论体系和传法世系。佛教至此形成十一宗派，为毗昙、俱舍、成实、三论、天台、华严、法相、净土、律宗、密宗、禅宗。著名的四大宗派有：智顗代表的天台宗，玄奘、窥基代表的唯识宗，法藏代表的华严宗，惠能代表的禅宗。

天台宗早在隋代就已形成，为天台山智顗所创，因此得名。此派的主要经典为《法华经》，故又称“法华宗”。天台宗的教义，基本以大成般若空宗的理论为依据，意图彻底否定客观世界。它不直接否定客观世界的存在，而是把客观世界归结为“名”（指概念）、“色”（指现象）二法，进而说“名”“色”只是虚幻不实的假象。“心”是世界的本原，“一切诸法，皆由心生”（《法华经玄义》），“名”“色”只是“心”的幻化。

唯识宗又名法相宗，唐代始出，创始人为玄奘及其弟子窥基。该宗代表为玄奘编译的《成唯识论》和窥基所著《成唯识论述论》。唯识宗的教义，是一个相当完整而细密的主观唯心主义体系。唯识宗是以阐明“万法唯识”“唯识无境”为根本宗旨，世界万物作为“色”或“外境”都是假象，它们都是由“识”或“内识（精神观念）”变化而来。他们宣扬“识体转似二分”，即“识”的本体在显示自己的作用时，一方面表现出意识的认识作用，即“见分”；另一方面又派生出被认识的对象，即“相分”。因此，离开了“见分”和“相分”就没有“我”（生命的主体和自我意识）和“法”（事物及其规律）的一切物质现象和精神现象。世界万物表面看，好似在意识之外（“似外境现”），其实都在意识之中（“相在识内”）。唯识宗还认为，从山河大地到整个世界的个人感官经验，都是自我意识在因果律支配下的必然显现。要从这个世界解脱，只有通过自我意识的修炼，当“识”逐渐转变成“智”时，自我意识所变现出来的烦恼世界也就随之转变为“周围无际、众宝庄严”的“纯净佛土”。

华严宗是由法藏创立的，以阐扬《华严经》而得名。华严宗提出“尘无自性”“尘是心自现”（《华严经义海百门》）的观点，世界万物的“尘”，都是“心”的体现，其基本教义与天台宗、唯识宗区别不大。华严宗还以“法界缘起”论为中心，特别阐发“四法界”的理论。“法界缘起”是以探讨世界的物质（事）现象和精神（理）现象，究竟谁为缘起的问题。华严宗的“四法界”，指“事法界”“理法界”“理事无碍法界”“事事无碍法界”。法藏解释说：“理不碍事，纯恒杂也；事恒全理，杂恒纯也。由理事自在，纯杂无碍也。”（《华严经义海百门》）也就是说“事法界”指形形色色的物质现象世界（“杂”），“理法界”指清静的精神本体世界（“纯”），这两个世界互相包容而无妨碍（“纯杂无碍”），可称为“理事无碍法界”。各种事物之间都互相包容而无妨碍，即为“事事无碍法界”。而这“四法界”又都是“一真法界”的产物，所谓“统唯一真法界，谓总该万有，即是一心；然心融万有，便成四种法界”（《法界观门》注）。最终把产生“四法界”的“一真法界”归结为“心”的精神世界。

禅宗是佛教中国化的产物，盛行于唐后期至五代。惠能是禅宗创始人，禅宗的根本宗旨是强调主观精神的领悟，直指人心，见性成佛。禅宗讲究人人皆有佛性，无须外求，宣扬所谓有先验的觉悟和智慧，这和孟子的良知良能、天赋性善论都有共同之处。故而，佛教禅宗教义，对后来的陆王心学有着直接的影响。

道教在隋唐时期也非常盛行，尤其是李唐统治者自云是老子李耳后裔，推崇道教。开元年间设“崇玄馆”，士人凡习《老子》、《庄子》、《列子》与《文中子》的，可作为“明经科”应举。唐和五代的道教，由于受佛教和唐代灿烂思想文化的影响，进一步向义理化方向发展。主要代表人物有唐初的王玄览、玄宗时的司马承祯、五代时期的杜光庭和谭峭。

四　文学理论

隋代文学理论批评建树不多，但从中可见强调为政治、教化服务而轻视文学审美功能的倾向，反映了风气的变化，以李谔《上书正文体》与王通《中说》为代表。

唐代文学理论批评可分为三期，前期的主要倾向是在批判南朝文学的基础上，确立思想内容和艺术方面的新标准。其中主要是追求风骨和要求作品有深沉的感慨，关心现实。如王勃、杨炯提出诗文应“刚健”、有“风骨”，陈子昂不但呼唤风骨，而且明确说明他所说的风骨是指汉魏诗歌的优良风貌。李白与殷璠都强调风骨。殷璠在《河岳英灵集》中还标举“兴象”，要求诗歌写景蕴含情致，做到耐人寻味。

唐代中期的重要内容是要求诗文为政教服务，即有关“新乐府”（白居易、元稹）和“古文运动”（韩愈、柳宗元）的理论。此外还有反映当时诗坛追求清雅和奇崛（李翱、皇甫湜、孙樵）倾向的言论。

晚唐、五代时期，关于诗歌“象外之象”“味外之旨”（司空图）的理论，可视为长期以来要求景物描写有悠远韵味的明确表达，在意境说形成过程中有重要意义。晚唐五代还有杜牧、李商隐、皮日休、陆龟蒙和欧阳炯、吴融等人的文学批评理论也值得重视。

五 文献学成绩

隋文帝即位，从牛弘之言遣使搜书，民间异本间出。平陈之后，得其经籍，编次缮写，撰成开皇四年《四部目录》。其后又有八年之目录，又有《香厨目录》，史书缺载，不可考。开皇十七年，秘书丞许善心撰《七林》，既有总叙，又能明叙作之意，比之《七志》《七录》犹胜之。

隋炀帝命柳顾言校理西京藏书，得正御本三万七千余卷，撰《大业正御书目》，唐时修《五代史》，因之增损而成《隋书·经籍志》。

唐高祖武德初，得隋旧书八万余卷，又从令狐德棻之请，购募遗书，因此图籍略备。太宗即位，魏征复奏请校定群书，但不闻编撰目录。玄宗开元三年，令马怀素、褚无量整理内库旧书，怀素卒，开元七年以元行冲代怀素，遂成《群书四部录》，疑用刘向、王俭之例，每书皆有叙录。

学士毋煚曾参与马怀素修撰书目，后自著《古今书录》，每部皆有小序，每书皆注撰人名氏，有释，有论。它与《群书四部录》的关系，相当于《七略》与《别录》。毋煚又有《开元内外经录》，录释道经，至宋皆亡。

唐时又有《开元四库书目》，见于《崇文总目》，欧阳修等《唐书·艺文志》当即据此书。

自纸张发明，尤其是雕版印刷术发明以后，书籍易行，私人藏书风气日盛，私人藏书目录越来越多。唐代有名的三家：吴竞《西斋书目》、蒋彧《新集书目》、杜信《东斋集籍》。均已亡佚。

五代无传世目录，仅在唐明宗长兴三年，从冯道之请，刻九经版，至周广顺三年刻成。

隋及初唐，信伪甚于辨伪。如《隋书·经籍志》在著述群书时，多注存亡，但少辨真伪。当时对《古文尚书》也深信不疑。颜之推《颜氏家训·书证》篇指出《山海经》《神农本草经》《尔雅》《春秋》《世本》《汲冢琐语》《仓颉篇》《列仙传》《列女传》九部书中均有后人羼入的内容。其中《山海经》旧说夏禹及益所记，《神农本草经》旧说神农所述，但《山海经》中有长沙、零陵、桂阳、诸暨等秦汉地名，《神农本草经》中有豫章、朱崖、赵国、常山等汉代地名。颜氏据此怀疑为后人窜入。这显然开创了从地理沿革上辨伪的方法。

刘知几继承王充的疑辨精神，在唐代首倡辨伪，他的《史通》中多辨伪之作。中唐时，独立思考、质疑辨伪的风气才逐步展开。首先有陆淳《春秋集传纂例》《春秋微旨》《春秋集传辨疑》对《左传》的作者和内容多所辩正，认为《左传》非左丘明所作，左氏当为另一人。然后有柳宗元疑辨群书，特别在辨诸子书方面，成就突出。他所辨诸子书有《列子》《文子》《论语》《鬼谷子》《晏子春秋》《亢仓子》《鹖冠子》等，在所辨内容及辨伪方法上均有开创。唐代中后期的辨伪，揭开了辨伪学在宋代更加广泛、深入发展的序幕。

王　通

【生平】

王通（584～617），字仲淹，绛州龙门（今山西万荣）人。门人私谥为文中子。详见《隋书·王通传》。

【著述】

《中说》（又名《文中子》）；《礼论》《乐论》《续书》《续诗》《赞易》《元经》（今本《元经》疑为伪作）（世称“王氏六经”）。

【学术成就】

王通的学术成果多保存在《中说》中。王氏自称：“吾于天下，无去也，无就也，惟道之从。”（《中说·天地》）惟道之从，文在其中；斯文在中，故曰“文中”。

1. 王道论

王通的王道论主要有：曰封建，曰井田，曰世卿，曰肉刑，曰至公。他深感统一的王朝需要有统一的思想，且自然是儒家思想最适宜充当这一角色。然而，在佛教、道教蓬勃发展、咄咄逼人的进攻态势下，儒学衰微不振。他决心以明王道来挽回儒学的衰微被动局面，明王道就要阐发儒学经典。他以《周礼》为王道的最高准则，为核心，不要杂学。

王道要靠人去宏扬，而人在于教化，王通从历史中总结出这一观点。太古的圣王之道是可以在后世复兴的，因为先王之化借助于儒家经典传留下来了，如果不是这样，那儒家经典还有什么用处呢？王通认为孔圣人借助《尚书》《诗经》《春秋》讲述历史，传达长治久安之理，并且三部经典各有侧重。他说：“其述《书》也，帝王之制备矣，故索焉而皆获。其述《诗》也，兴衰之由显，故究焉而皆得。其述《春秋》也，邪正之迹明，故考焉而皆当。”（《中说·王道》）这表明，不能仅从抽象理论中理解王道，王道最真切生动地体现在历史活动中，要在对历史的索、究、考中，获知帝王之制，兴衰之由，邪正之迹。要实行王道，还要有一定的前提条件，但最核心的一条是统治者要“无私”，“夫能遗其身，然后能无私。无私，然后能至公。至公，然后以天下为心矣，道可行矣”（《中说·魏相》）。这可以说是指出了要害问题。

2. 三教可一

王通所处时代，正是儒、佛、道相互争长之时，三者间对立情绪较大。王通主张调和三教的分歧，停止相互攻击。王通能以较平和的心态肯定各教均有善有弊，像司马谈分析诸子长短那样。他提出：“三教于是乎可一矣”，即三教可以相互取长补短，逐步走向合流。

对于道教，他认为其追求长生而不顾仁义孝悌，是一种贪婪的表现。“或问长生神仙之道。子曰：‘仁义不修，孝悌不立，奚为长生！甚矣，人之无厌也。’”（《中说·礼乐》）对于佛教，他肯定佛是圣人，但又认为佛教属“西方之教”，到中国则不完全适应，需要改造。他指出，不能把前代一些亡国的责任推给儒、佛、道三教，这是很有见地的，三教都可以作为意识形态工具，起到教化和维护统治的作用，但却没有必然亡国的性质。关键在于人的掌握上。

王通主张复古，却非唯古是尚，实以复古之名推行改进之实，此之谓弘道。他兴儒学，提倡取佛、道以补儒的思想，对唐代的儒学振兴有所启发。

孔颖达

【生平】

孔颖达（575～648），字冲远，一作仲达，冀州衡水（今河北衡水）人。详见《新唐书、孔颖达传》《旧唐书·孔颖达传》。

【著述】

《五经正义》等。

【学术成就】

《五经正义》的成书标志着唐朝廷对“五经”的历代注解，做出了是非曲直、优劣可否的评判，从此对儒经有了统一的、权威性的解释，这是儒学发展历程上又一个重要里程碑。

1. “大一”之理

《五经正义》阐说儒经理论与天地人伦的根本法则存在着一致性。孔颖达认为，天地与人伦都必须遵循同一法则和规范，它们是先于天地和人而存在的，是永恒不变的，儒经就是要宏扬它们，因而儒经的正确性、指导性及正宗地位，是无可怀疑的，也是永恒的。然后他说儒家之礼是源于“大一”，先于天地而存在，而且“礼”也就是天地之“理”，体现万物自然之“理”（《礼记正义·序》）。因此，礼也就具有了永恒性。由此而言，礼别尊卑上下，是天经地义之理；循礼守礼，是人们应有的义务和本能。这样，孔颖达等就把儒家礼法自然化、永恒化和神圣化了。

2. 将心、性、情、欲与儒家礼法规范相结合

孔颖达提出了“心、性、情、欲”（《礼记正义·序》）的概念，这对于传统儒学思想来说，是一个突破。他说：“夫礼者，经天纬地。本之，则大一之初原始要终；体之，乃人情之欲。夫人，上资六气，下乘四序，赋清浊以醇醨，感阴阳而迁变。故曰，人生而静，天之性也；感物而动，性之欲也。喜怒哀乐之志，于是乎生；动静爱恶之心，于是乎在。”（《礼记正义·序》）孔颖达将“心、性、情、欲、动、静”，都说成合乎礼的自然要求和反应，以此引申礼最符合人的本性。他进而又反过来说，人因为有礼，才区别于禽兽，人要依礼而行道德仁义，将人的本性引导上更高一个层次。“道者，通物之名；德者，得理之称；仁，是施恩及物；义，是裁断合宜。言人欲行四事，不用礼无由得成。……道德为万事之本，仁义为群行之大，故举此四者为用礼之主，则余行须礼可知也。”（《礼记正义·曲礼上》注）这就是说，人之立身行事要达到“道德仁义”的境界，凭自然发展是不行的，必须有礼来引导、指导。

3. 上裨圣道，下益将来

孔颖达说“庶望上裨圣道，下益将来”（《周易正义·序》），这一思想贯穿于《五经正义》。他阐说儒经思想的主要目的，就是既为现实的皇权统治服务，又着眼于统治的长治久安。他认为，每部儒家经典都有共同的教化目的，但也各有独特的作用。如《尚书》为“人君辞诰之典”，记载了君王“事总万机”，在各种情况下处理政事之“发号出令”。由于君王地位极尊，所以出言不可不慎，“辞不苟出，君举必书，欲其昭法诫、慎言行也”（《尚书正义·序》）；“夫《春秋》者，纪人君动作之务”，既是对君王的尊崇，也是对君王的监督，“失则贬其恶，得则褒其善，此《春

秋》之大旨，为皇王之明鉴也”（《春秋正义·序》）；《周易》虽为卜筮之书，亦能辅助治道，“故王者动必则天地之道，不使一物失其性；行必协阴阳之宜，不使一物受其害。故能弥纶宇宙，酬酢神明，宗社所以无穷，风声所以不朽”（《周易正义·序》）；“夫《诗》者，论功颂德之歌，止僻防邪之训”（《毛诗正义·序》），也可以作为求治之具；《礼记》讲的是礼仪，礼仪是维护封建等级制度运转的基本规范，“顺之，则宗祏固，社稷宁，君臣序，朝廷正；逆之，则纪纲废，政教烦，阴阳错于上，人神怨于下。故曰，人之所生，礼为大也！”（《礼记正义·序》）

孔颖达借颂扬孔子整理儒经，还强调了一个没权没势的学者也可以发挥挽救时弊的力量，思想学说对社会有巨大的影响作用。他说孔子“生于周末，有至德而无至位，修圣道以显圣人”，面对王纲不振的乱世局面，孔子想要“垂之以法”，但没有权位；想要“正之以武”，但没有兵卒；想要“赏之以利”，但没有钱财；想要“说之以道”，但有权人不采纳。夫子认为，虽然“不救于已往”，对已发生的混乱没办法了，但可以“垂训于后昆”，对后人可提供鉴戒的经验教训。所以夫子刊修《春秋》警戒世人，“一字所嘉，有同华衮之赠；一言所黜，无异萧斧之诛。所谓不怒而人威，不赏而人劝，实永世而作则，历百王而不朽者也”（《春秋正义·序》）。孔颖达虽用辞有些夸张，但却反映出他对儒经所具有的干预社会能力的充分肯定。

从重训诂考据的汉儒之学，到重性命义理的宋儒之学，孔颖达的《五经正义》兼具这两种特色，其承上启下的作用值得重视。

颜师古

【生平】

颜师古（581～645），名籀，字师古，隋唐以字行，故称“颜师古”，雍州万年（今陕西西安）人，祖籍琅琊临沂（今山东临沂）。颜之推之孙、颜思鲁之子。详见《新唐书·颜师古传》《旧唐书·颜师古传》。

【著述】

《匡谬正俗》《汉书注》《急就章注》《五经定本》等。

【学术成就】

颜师古的《汉书注》堪称《汉书》注本时代的典范之作，代表了本时期古文献学所能达到的最高水平。

1. 袭用的方法

颜师古广泛吸收前人成果，抉择按断，兼下己意。《汉书注》所借鉴的前代研究者至少23家，但他注书并不是直接采自各家专著，而是借助于几家集注而作间接采用。其中以晋灼、臣瓒两家之作为主，尤以晋灼之书为重。他对前人旧说的抉择有以下五种方法：存是、伸意、匡谬、删芜、补阙（《序例》）。还有一种情况是多存异说。

2. 重视小学

颜师古具有深厚的小学功底，《汉书注》在文字、音韵、训诂上都表现出很高水平。文字上，他明假借，注意读破借字，承袭汉人训诂条例，多用"读曰某"或"读与某同"之语。音韵上，他首先申明注音的目的有二：一是解决难字读音，二是确定异读、义由所定。其注音方法，直音与反切兼用，而且为避免阅者翻检之劳，难字注音前后不嫌重复。训诂上的主要成就在于不拘泥于字形，能因音求义。此外，还能运用声训以辨义。在因音求义上，颜师古有得有失，在随文释义确定义项上，他也是有得有失。

3. 校勘的方法

颜师古对《五经》文字是怎样考订的，我们已不能了解其具体做法。但是，他在此前后为太子承乾注《汉书》，又作《匡谬正俗》，使我们可以看到他校勘《汉书》文字的做法，看到他在《匡谬正俗》中论诸经训诂的做法。他关于文字的校勘，一是"据古本，复古字"，因为原书多用古字，而后人在习诵过程中往往以意刊改。二是"删秽滥"，因为古今异言，方俗殊语，后来学者不明古语，根据己意随意增损，给原书添加一些秽滥处，所以删去。三是"正科条"，原书虽有一定编纂体例，但文字繁多，遂致舛杂，前后失次。颜师古循文究例，普遍加以刊正。四是"断句读"，原书中有些礼乐歌诗内容，后来读者有所不知，在断句时往往出错，颜师古为之改正。颜师古在《匡谬正俗》中论诸经之训诂，主要是对字音、字义，详究根源，引经据典，务使后学一目了然，既是训诂，又是校勘。

颜师古《汉书注》的校勘也有自己的成就，如使用多种校对方法以校正讹误，校正诸表的错乱，恢复旧本之古字故语。颜师古在考证方面则得失兼存，虽有局限，但其成就对后世影响很大。

成玄英

【生平】

成玄英（？～？），字子实，陕州（今河南陕县）人。贞观五年（631）帝召其至京师，赐号“西华法师”，永徽（650～655）中流郁州，后不知所终。详见《新唐书·艺文志》注。

【著述】

《周易流演》《度人经注疏》《道德真经义疏》《道德经注》《庄子疏》等。

【学术成就】

成玄英与李荣等人借取佛教空宗的遮诠法，重新释读“玄之又玄”而建构起来的道教哲学体系，被称为重玄学。

1. 重玄之道

成玄英的重玄学大义有三。第一，道者虚通之妙理，众生之正性也。他以“妙理”指称“道”，且以“虚通”加以限定，首先肯定了道的实在性。“妙理”强调了规律秩序的神奇表现，“虚通”指明了“妙理”反映呈现着道，却不能是任何实体之“有”，因此其存在为“常”，能够普遍周在永恒不变。第二，自然者，性也。道德概念是重玄学的总纲领，在此基础上以对无为、重玄、独化三组概念相互关系的分析说明展开其理论建构。他从“不知所以然而然”以及“不为”与“岂是能有之”的不同角度，说明“自然者性也”的内涵。“不知所以然而然”（《南华真经注疏·缮性》）指其存在而不可认识，因为我们的知性活动不能达到对宇宙全体内在结构的把握；“不为”是指不存在创造与被创造的关系，否定了宇宙论的创世观念。“不为”就是无为之意，没有目的性。他指出如果违背了这两个要求，就与自然的本质存在对立。这一含义对应于有为的有意识活动。第三，重玄之域，众妙之门。此为对“道之根本”的认识，来自庄子的“自本自根”命题。“意亦难得而差言之”的“重玄之域，众妙之门”（《南华真经注疏·大宗师》），代表了对宇宙万物本质存在的内在结构属性与存在状态的外在功能作用之间复杂关系的最终解释。因为不能把“玄德”理解为单一的结构形式，所以“众妙之门”在逻辑关系上具有了成立的可能。存在者存在的统一性说明“用”不孤起，必因“体”立，这种多重的复杂关系决定了“意亦难得”的现实存在。

2. 人身的虚无

以往道教神仙论的形上学为宇宙论，肯定从本原到万物的存有性。成玄英实际上把道教的形上学改变为本体论，宇宙万物的存有性已被消解了，人的存有性也被消解。他说：“水火金木，异物相假，众诸寄托，共成一身，是知形体由来虚伪。”（《南华真经注疏·大宗师》）佛教“性空”以为人身与万物由四大（地、水、风、火）集合而成，四大离散而灭，人没有主宰自我的能力。成玄英把“四大”换成“五行”，并以为“五行”共成的形体是虚假的，同样消解了人的存有性。

3. 以佛语释道经

成玄英在对《道德经》的注疏中，借鉴许多佛教概念，从内心修炼的角度对经文作出新的解说。如疏解“小国寡民”句，成玄英说：“国，域也。谓域心住空，故言小国。即小乘寡欲之人，亦是谦小寡欲之行。”（《老子道德经义疏》）疏解“使有什伯之器而不用”句，成玄英说：“器即六根十恶之兵器也。”（《老子道德经义疏》）十恶乃佛教用语，指十项罪孽。其实，老子的原意是，邦国要小，人口要少，有新的器物而不使用，表达出他对当时社会攻城略地、人人争利、奢侈浮华等现象的不满，希望回复到人类社会的素朴的初始阶段。而成玄英却将上述社会政治观点重新解释为道教的修心观点，意在证明本教教主早已论述过心性问题。

成玄英等重玄学偏离了道教的本旨，但其借佛教的“空”观以净化心灵的路数，却为此后道教向“性命双修”的转向与内丹道的发展开辟了道路。

王玄览

【生平】

王玄览（626～697），字晖法，唐广汉帛竹（今四川绵竹）人。详见《玄珠录·序》。

【著述】

《玄珠录》《老经注》《遁甲四合图》《真人菩萨观门》《九真任证颂》《道德诸行门》《老经口诀》《王玄览道德经义论难》（敦煌出土）等。

【学术成就】

王玄览因袭老子“道可道非常道”的命题，认为消灭一切知识，就能得道。

1. 人心即具道性

王玄览援佛入道，他通过对“道”的神化和阐发，以论证神仙长生的道教信仰。“道”是宇宙的本体、永恒不变的存在，它并不在人心之外，人心中就具有“道性”。因此，他强调修道不应外求而应内求。他说：“心生诸法生，心灭诸法灭，若证无心定，无生亦无灭。”（《玄珠录》）他认为“心之与境，以心为主”，“十方所有物，并是一知识。是故十万知，并在一识内”（《玄珠录》）。

2. “识体”是修道的最高追求

他把一切事物都看作人的内在意识所产生和决定的。故而认为，修道必须修得一个清净不变的“识体”，才能使“真体”不死而得道成仙。他说：“识体常是清净”，“非是清净真体死”（《玄珠录》）。可见王玄览的道教教义明显吸取了佛教唯识宗的“万法唯识”“唯识无境”的思想。这种援佛入道的现象，是唐代道教义理发展的一种趋势。

3. 三世皆空

王玄览受到佛教“空”观影响，认为不仅人的现世今世为“空”，而且“三世皆空”。他说：“三世者，一半已去，一半未来，中间无余方，故皆空也。”（《玄珠录》）“已去”为“去”的完成，不可再称“去”；“未去”为“去”的未始，亦不可称“去”；“已去”“未去”均不能成立，“去时”自亦不能成立。他以灯作比喻说，“不灭时若见灯”，意味着“灭”还没有来到；“灭时不见灯”，意味着“灭”已过去。要么“已灭”，要么“未灭”，“灭与不灭之间，于何而住立?”（《玄珠录》）“灭与不灭中间”相当于“今世”，但如“今世”不能“住立”，何来过去、今世未来的三世?

王玄览不仅吸纳佛教空宗观点消解人世的存有性，还学习《中论》的辩说方式，把援佛入道贯彻得比较充分。

司马承祯

【生平】

司马承祯（647～735），字子微，法号道隐，自号白云子，人称“白云先生”，河内温县（今河南温县）人。晋宣帝司马懿之弟司马馗的后人。道教上清派第十二代宗师。详见《新唐书·隐逸传》《旧唐书·隐逸传》。

【著述】

《天隐子》《坐忘论》《服气精义论》《道体论》等。

【学术成就】

司马承祯不注重炼丹、服食等道术，而注重以老庄思想为主，吸取佛教的止观、禅定学说和传统儒家关于内心修养的方法，以阐发道教的静心坐忘的修真理论。

1. 心静而道自来

他认为“道”是一种神妙莫测的东西，所谓“灵而有性，虚而无象，随迎莫测，影响莫求”（《坐忘论·得道》）。人若能得到它，即可长生不死。若要修真得道，在于“修心”，修心的关键在于主静。他说：“心为道之器宇，虚静至极，则道居而慧生。”（《坐忘论·泰定》）“又说：“夫心者，一身之主、百神之师。静则生慧，动则成昏。”（《坐忘论·收心》）只有保持内心的绝对平静，才能得道而萌生智慧。若要做到心静，首先得认识客观世界的虚幻不实，这样才能排除外界的诱惑，做到“虚心、安心”，从而达到心静而“道自来止”（《坐忘论·收心》）。

2. 坐忘以静心

他为了修身得道，探索出一套修心主静的修养方法。他教人闭目团坐，与世相遗，心里要“不著一物”，连思维活动都不许产生，专心致志地向虚无里追求所谓“心乃合道”的精神状态。一旦抵达“无心不定而无所不定”的状态，就是“泰定”的境界，就能“形如槁木，心若死灰”（《坐忘论·泰定》），以至“内不觉其一身，外不知乎宇宙。与道算一，万虑皆遗”（《坐忘论·信敬》）。他这一方法是吸收了佛教的止观、禅定的宗教修养方法而成，也是庄子物我两忘思想的延续。

3. 得道以成仙

他鼓吹自己的静以坐忘、修真得道理论，宣称一旦得道，就能实现“身与道同，则无时而不存；心与道同，则无法而不通。耳与道同，则无声而不闻；眼与道同，则无目而不见”（《坐忘论·收心》），成为与世长存的神仙。他的修身理论，到五代时与模拟自然的金丹（外丹）理论相结合，演变成钟离权、吕洞宾的金丹（内丹）道，对后世道教的影响很大。他的理论也可看作周敦颐“主静”学说的来源。

司马承祯的《坐忘论》，不说“定”“慧”为佛教修行观点，而是从《庄子》中引申出“定”与“慧”。他认为《庄子》所说的“恬智”就是“定慧”之意。他把“定”称为“泰定”，有了“泰定”的基础，就要进入下个境界“慧”，即人本性固有的智慧开始“自明”。

神　秀

【生平】

神秀（605～706），俗姓李，汴州尉氏（今河南尉氏）人。详见《楞伽师资记》。

【著述】

《观心论》《无心论》《绝观论》等。

【学术成就】

神秀是弘忍的十大弟子之一，他的学说中有“修心”“心为万法之源”的观点，这是自达摩以来的一贯方法。

1. 无心论

神秀的“无心论”是从扫除执著的观点提出的，这是大乘佛教破除法执的一种方法。无心不是一切皆无，一片空无。他的“无心”即教人不起执著心，破除执著心，才可以体验真心。“我尚不起布施心，何况悭贪心……”（《大乘北宗论》）一切心不起，乃是无心，教人不要计较世俗生活中的是非得失。所谓不计较，不是不分是非得失，而是要超脱是非得失。不脱世俗心，就不能超脱世俗的忧乐，即不得解脱。所谓“忧从心忧，乐从心乐”（《大乘北宗论》）。关于心性问题，他提出安心和息妄心的主张，“汝不须立心，亦不须强安，可谓安矣”，“一切凡夫妄有所断，妄有所得”（《绝观论》）。天台荆溪湛然有“无情有性”之说，为佛教理论界所推重，认为它是对佛性说的一大推进，禅宗同时也提出了类似命题。一切法（存在）都体现佛性，佛性普遍显现于一切法中，这是禅宗的无情有性说。

2. 五戒

小乘破我执，用分析法分解人五蕴和合，不可妄执为有。大乘进而破法执，教人不要拘泥于经书上的文句教导。佛教教人的五戒、六度，北宗都有相应的解说。如论“杀生”：“野火烧山，猛风折树，崩崖压兽，浮水漂虫，心同如此，合人亦杀。若有犹豫之心，见生见杀，中有心不尽，乃至蚁子亦系你命也。”（《绝观论》）论“偷盗”：“蜂采池花，雀衔庭粟，牛飧泽豆，马噉原禾，毕竟不作他物解，合山岳亦擎取得。若不如此，乃至针锋缕叶，亦系你项作奴婢。”论“戒淫”：“天复于地，阳合于阴，厕承上漏，泉澍于沟，心同如此，一切行处无障碍。若情生分别，乃至自家妇亦污你心也。”论“妄语”：“语而无主，言而无心，声同钟响，气类风音，心同如此，道佛亦是无。如不如此，乃至称佛，亦是妄语。”论“饮酒"："如手翻复。若手翻时，不应更问手何在。""如人醉时非醒，醒时非醉，然不离醉有醒，亦非醉即是醒也。"在北宗看来，连这五戒也是要扫除的执著。

3. 六度

六度（六波罗蜜）之说起于大乘，小乘只讲三学（戒、定、慧）。大乘六度指的是六种修行解脱途径，主张空一切法，彻底扫荡名相，北宗禅继承大乘六度说，提出"能舍眼贼，离诸色境，心无固吝，名为布施；能禁耳贼，于彼声尘，勿令纵逸，名为持戒；能除鼻贼，等诸香臭，自在调柔，名为忍辱；能制舌贼，不贪邪味，赞咏讲说，无疲厌心，名为精进；能降身贼，于诸触欲，其心湛然不动，名为禅定；能摄意贼，不顺无明，常修觉惠，乐诸功德，名为智慧"（《观心论》）。北宗禅力破"法执"，教人莫将如来藏看作实体，息妄可以见心，却又怕把"心"当成实体；教众人作佛，又怕众人把佛当作实体。它随立随破，所立处即所破处。

神秀北宗禅，因长期接近政府中枢而得以发展，出现了许多有名望的禅师。北宗禅长期以嵩洛地区为根据地，它的影响还扩散到河西走廊及敦煌一带。

慧能

【生平】

慧能（638～713），俗姓卢，祖籍河北范阳（今河北涿州），后迁岭南新州（今广东新兴）。详见王维《六祖能禅师碑铭》、佚名《曹溪大师别传》。

【著述】

《坛经》（又称《六祖坛经》）等。

【学术成就】

慧能继承和发展了竺道生的"顿悟成佛"学说，认为一切众生皆有佛性，主要凭借人的主观信仰和觉悟，就能明心见性、顿悟成佛。他所创的禅宗，是中国独有的佛教宗派，晚唐以后取得了在佛教的垄断地位。

1. 忍

“忍”的思想贯穿《坛经》，《六祖能禅师碑铭》也涉及，可看成慧能的基本思想之一。“忍者无生方得，无我始成，于初发心，以为教首”（《六祖能禅师碑铭》）《坛经》之“无相颂”中也有“只见己过，莫见世非”之论。不见“世非”，就是教平民安分守己。

2. 见性成佛

“见性成佛”的理论基础是“自性清净”的心性学说。“自性清净”即表明人性中“自备”佛性，即自性中佛性本来具足，如此也就决定佛性只能依靠“自证”。慧能应神秀的“无相偈”文为“菩提本非树，明镜亦非台，本来无一物，何处惹尘埃”，表述的正是“自性清净”、一尘不染的意思。既然自性清净，自性本觉，自然也就可以反观自心，反求诸己，识心见性，“即得见性，直了成佛”（《坛经》），而不必向外苦苦求索。

3. 本觉与顿悟

“大身过于十方，本觉超越三世”（《六祖能禅师碑铭》），前一句是说以一心为法身，此心的量广大无边，犹如虚空；后一句是说，般若之智是自性般若，是先天具有的，每人都会，只要一念相应它就会实现。因此他主张顿悟。因为这是一个整体，所以不必要有什么积累，也不受时间的限制，说有即有。这种智就是“本觉”，“超越三世”就是顿悟。

4. 根尘不灭，非色灭空

无相的理论，是中国般若研究中的突出思想，认为除病不灭身。着相为病，除病就是除着相，如《肇论》所说“即色是空”，非灭色为空。由此而言，“行愿无成，即凡成圣”（《六祖能禅师碑铭》）。在人们受无相戒的时候，要人们发四誓愿，即对无边之众生、烦恼、法门、佛道无所成，也就是说要誓愿成佛。但成佛并非另有佛身，自性就是佛。只要自己认识自己，一念般若即可成佛。由此决定，虽然是凡，但无疑即是圣。这样，他就将其归结为“举手举足，皆是道场，是心是性，同归性海”（《六祖能禅师碑铭》）。一举一动都不离道场，不管是用情用心，都会归于性海。

5. 无相无着

无相、无着、无住的思想，即无为无碍，他说："七宝布施（出《金刚经》），等恒河沙，亿劫修行（时间长），居大地墨（数量多），不如无为之运（出《金刚经》），无碍之悲（出《维摩经》），弘济众生，大庇三有（三界众生）。"（《六祖能禅师碑铭》）此思想也见于《坛经》。他还说无相无着的意义："至人达观，与佛齐功，无心舍有，何处依空。不着三界，徒劳八风，以兹利智，遂与宗通。"（《六祖能禅师碑铭》）

慧能否认客观事物的存在和变化，认为客观事物的存在和变化，都是人们的主观意识决定的。如"风吹幡动"，他说"不是风动，不是幡动，仁者心动"，他把"风吹幡动"看成主观幻觉，因此认识不须外求，只依靠内心的反省自悟。他还说："一刹那间，妄念俱灭，若识自性，一悟即至佛也。"（《坛经》）这就是禅宗"顿悟"说的由来。

达摩门下的法脉，皆以功勋修证的如来禅为至极的心法。至慧能发生转折，形成与神秀北禅分庭抗礼的南禅，这也是佛教传入中国之大转变，遂开宋以后理学之先河。

法　藏

【生平】

法藏（643～712），本康居国人，其祖父侨居长安，以康为姓，人称"贤首国师"，华严宗三祖。详见《唐高僧传》。

【著述】

《华严经义海百门》、《华严金狮子章》、《华严经探玄记》、《华严经旨归》、《华严经文义纲目》、《华严一乘教义分齐章》（又称《华严五教章》或《华严教分记》）、《华严经问答》等。

【学术成就】

法藏曾参加玄奘主持的译经工作，后离开自创华严宗。华严宗在教、观两方面对于天台宗与唯识宗都有借鉴，但立场迥异。华严宗的哲学思想主要是法界缘起说。

1. 法界缘起

华严宗认为，宇宙万法、有为无为，色心缘起时，互相依持，相即相入，圆融无碍，如因陀罗网，重重无尽。对于这种你中有我、我中有你的无尽缘起的世界，四法界、六相、十玄等法门给予了详尽的阐明。根据华严宗四祖澄观的说法，四法界包括理、事、理事无碍、事事无碍四种。理法界是指诸法彼此之间存在着的平等的理性，即真如；事法界是指宇宙万法，彼此差别，各有分齐；理事无碍法界，是说有差别的事法与平等的理性之间互相溶融无碍，亦即事物本质与现象的统一；事事无碍法界是指彼此差别的事法之间由于理性同一，故能一一称性融通，一多相即而重重无尽。在这里，一即多，多即一，普遍性寓于特殊性之中，特殊性也离不开普遍性。四法界归结为“一真法界”，所强调的就是如来藏清净心的本体性、根源性。法藏说：“一切法皆唯心现，无别自体。”（《华严经旨归》）法界缘起的本质，仍然是心性缘起，即心性本体。

2. 六相

六相包括总相、别相、同相、异相、成相、坏相（《华严一乘教义分齐章》卷四）。在华严宗看来，一切缘起之法，必具此六相。就凡夫所见之事相而言，事相各各隔碍，不具六相；就圣人所见之诸法体性而言，则于一一事相中见此六相圆融。所谓一真法界无尽的境界，乃是依此六相圆融而亲证所得。法藏以金狮子为喻武则天，说明六相圆融的道理。狮子是总相，眼、耳等差别是别相。眼、耳等同为黄金制成且共同构成狮子之像，此为同相。但眼、耳等各个部分具有不同的表现形式，是为异相。眼、耳等诸根和合而成狮子，是为成相。但金狮子的各个组成部分如眼、耳等各自独立，并不成为金狮子之像，因而对金狮子而言，是坏相。总相、同相、成相无差别，别相、异相、坏相则有差别。无差别与差别相即相入，圆融无碍，离总无别，离同无异，离成无坏。总即别，别即总；同即异，异即同；成即坏，坏即成。一切事物相对待而存在。

3. 十玄门

六相还只是“顿门”中的理论，要想达到“圆门”中的境界，必须要依据十玄门。根据华严宗四祖澄观的说法，玄门，即玄妙之门。十玄门以一切事物“相即相入”（《华严经探玄记》）为核心，阐发存在的统一性、包容性和延续性，带有神秘的唯心论倾向，但其强调世界统一性的观念，仍然有其合理性的价值。十玄无碍之说是在六相说的基础上发展的，六相说就具体的事物而言，十玄门则是就整个世界万事万物及其相互关系而论。由十玄门的圆融无碍而及于现实世界一切事物的圆融无碍，因此，无论从哪个方面来讲，事事物物，圆融无碍而又有差别，不坏本相。法界缘起于是而得以成立。

经过法藏的努力弘扬，华严宗风行于各地，成为唐代的一大宗派。华严宗的思想对后来宋代新儒家的直接影响显而易见，特别对理学“理一分殊”理论具有深刻的启迪。

刘知几

【生平】

刘知几（661～721），字子玄，以字行，徐州彭城（今江苏徐州）人。详见《新唐书·刘子玄传》《旧唐书·刘子玄传》。

【著述】

《史通》《姓族系录》《睿宗实录》《则天实录》《中宗实录》等。

【学术成就】

刘知几的《史通》几乎论述了历史学的全部问题，有史学发展史、历史编纂学、历史文献学的，也有史学评论。《史通》是在思想上的“通识”和形式上的“史例”两者结合上展开整体构思的。

1. 评孔与“商榷史篇”

刘知几特别重视孔子的史学事业，尤其是删《诗》《书》，次《春秋》。他从史意、史法上大力肯定孔子和儒家经典的成就。他说孔子为史必辨流通义，明其旨归，绝不妄生穿凿、轻究本源。他表彰《尚书》《春秋》的叙事“文约事丰”，进而指出夫子深懂用晦之道，能略小存大，举重明轻，一言而巨细咸该，片语而洪纤靡漏。他也揭露《尚书》《春秋》等儒家经典对历史的“讳饰”问题。作为一个史学家，他以“商榷史篇”（《史通·序》）为己任，因此对孔子的评价也多着眼于史学。他对孔子的批评毫不涉及尊孔或反孔的问题，完全是从维护史书实录精神出发的。

2.《史通》之“通”

刘知几《史通》之“通”取自班固《白虎通》，意欲疏通史学，统一史学，为后世立法。或也取司马迁“通古今之变”之“通”，可见刘知几主张博通、变通，而且主张成一家之言。尽管他批评以《史记》为代表的通史，但并未从本质上否定通史的价值，只是感到通史难作。他的《史通》，既通古今，又通左右，而且能熔古今与左右、史与论于一炉，既是通史，又是通论。《史通》是系统总结我国古代历史编纂学的第一部专著，刘知几是全面考察古代历史编纂的第一人。

3. 抑马扬班

刘知几不厌其详地比较与评价《史记》《汉书》两书，举司马迁、班固为史体宗法，但也表现出抑马扬班、轻通史而重断代史的倾向。他在评论纪传史源流时，忽略司马迁，把班固提到纪传史之祖的地位上，使源流倒置。他关于纪传史诸体的评论，基本是纠谬规过，锋芒直指司马迁，却肯定班固在本纪、列传诸体的作法。他批评《史记》及纪传体通史：“每论家国一政，而胡、越相悬；叙君臣一时，而参、商是隔”，为“撰录之烦”（《史通·六家》）。刘知几身处的时代，断代史尤为兴盛，所以他推重可为后世史家效法的《汉书》，忽视了《史记》的主题和灵魂——通古今之变。他仅从历史编纂学角度考虑，把史书体例局限在一种固定不变的框框中，所以在评价马、班时才会出现失误。

4. 文、史异辙

刘知几认为文士之文与史家之文，起初是一致的，因为都能做到“不虚美，不隐恶”的实录。但魏晋以来，“朴散淳销，时移世易，文之与史，较［皎］然异辙”（《史通·核才》）。远古文字朴素无华，战国已降，文体大变，这当然是个发展，史家不应当追求淫丽，所以文、史异辙是历史的必然。刘知几以历史的眼光去看待这种变化，反映了学术、文化的发展，帮助人们认清文体变化对叙事记言的史学事业的影响，提醒人们不要忘却史学的实录精神。他强调文、史有别，在一般文士之文和史家之文间画上一条明确的界限，要求史家的文字质朴确切，根本在于实录直书。文士之文，则可着意于文学技巧，润色文字，雕饰辞藻，逐文字而略事实。明确二体之后，一方面为史家行文明确了方向，另一方面批评了文人修史的弊端。

“通识”是《史通》的主题，是它的灵魂，也是刘知几的一家之言。刘知几的文史殊途观，是在对唐以前史学的深刻反思中总结出来的理性认识，是刘知几的最大发明。

赵蕤

【生平】

赵蕤（659～742），字太宾，又字云卿，号东岩子。唐梓州盐亭（今四川盐亭）人。时人将赵蕤与李白并称“赵蕤术数，李白文章”。详见孙光宪《北梦琐言》。

【著述】

《长短经》（又称《反经》）、《关朗易传注》等。

【学术成就】

赵蕤的《长短经》以儒家为主，博采各家之言，总结历史上兴衰存亡的经验教训，提出了作者的政治主张和治国方法。

1. 天下人之天下

赵蕤反对“家天下”，他说“天下非一人之天下也”（《长短经·惧诫》），希望天下有利，人人皆享。他的政治理想是“王道之治”。首先，必须“除人害”，他的“人害”相当于荀子的“人妖”，即政险失人、政令不明、礼义不修。“人害”不除，国家就不安定。其次，还必须“足衣食”。所以不能荒废耕织，否则容易饥寒，而饥寒是社会不安定的根源之一。最后，还要“教以礼仪”，还要“威以刑诛”。德与刑相辅，不能偏颇。

2. 一必有二

赵蕤认为，一中必有二，这发挥了古代的两点论。他以此作为分析问题的方法，主张从正与反、肯定与否定两方面去分析问题。比如他用此法论仁义赏罚，仁的积极作用是“博施于物”，弊端在于“偏私”；义的积极作用在于节制人们的行为，弊端在于可以使人“华伪”；礼的积极作用可以使人的行为“谨敬”，弊端可以使人产生“惰慢”；乐可和悦人的“情志”，也会使人“淫放”；名可正人“卑尊”，也会使人“矜篡”；法可用来“齐众异”，也会产生“凌暴”；赏可“劝忠能”，也会生“鄙争”（《长短经·反经》）。他还用“一必有二”的方法，对诸家思想学说一一评述，各有肯定与批评。他还用此法分析自然和社会规律，认识某些对立事物及其界限的相对性，多有创获。

3. 五兵说

赵蕤的军事思想中，最有创造性的观点是以“五兵说”来区分战争的性质。他说：“救乱诛暴，谓之义兵。兵义者王。敌加于己，不得已而用之，谓之应兵。应兵者胜。争恨小故，不胜愤怒者，谓之忿兵。兵忿者败。利人土地宝货者，谓之贪兵。兵贪者破。恃国之大，矜人之众，欲见威于敌者，谓之骄兵。兵骄者灭。”（《长短经·出军》）他把为了不同政治目的而进行战争的军队分为五类，“义兵”为民兴利除害，“应兵”为反抗侵略，两者都是正义之师；而“忿兵”“贪兵”“骄兵”，或借小故挑起事端，或掠夺别国土地，或仗势欺人，都是非正义的。他的分类虽不科学，但指出不同性质战争都对应着不同的政治目的，这是比较深刻的。

赵蕤强调经世致用，他继承了蜀学传统，对诸子思想能够博采众长，避其所短。他的学术思想还带有对封建传统礼教的叛逆性，这一点深刻地影响了他的学生李白。

殷璠

【生平】

殷璠（？～？），丹阳（今江苏丹阳）人。生平无考。

【著述】

《河岳英灵集》（《丹阳集》今佚）等。

【学术成就】

殷璠的《河岳英灵集》在唐人所编唐诗选本中最具代表性，它不仅选诗，而且附以评语，表达了自己的诗歌见解。

1. 声律与风骨

殷璠批评南朝以来不少诗歌内容不够充实，即“理则不足”，只是追求形式华美，即“但贵轻艳”，其余波延及唐初。到盛唐时，诗风大变，才形成了声律、风骨兼备的局面。殷璠注重声律，理解声律在诗歌艺术上的作用，但又反对“妄为穿凿”地过分讲究声律，以致“专事拘忌，弥损厥道”。他主张词的刚柔和调的高下互相配合，形成自然的音节美，而不赞成沈约他们的严分四声八病。相比声律，他更重视风骨，他评陶翰诗“复备风骨”，评高适诗“兼有风骨”，评崔颢诗“风骨凛然”，批评南朝宋元嘉以后的诗歌尽弃曹、刘、陆、谢诗歌的“风骨”。据此可知，“风骨”大约指诗歌在内容与形式上结合得很好，而形成的明朗刚健的风格。王昌龄、高适、岑参的诗歌，多表现边塞、军戎与雄伟山川壮景，可以作为诗有“风骨”的典范。

2. 兴象

殷璠的“兴象”，大约是指自然景物（象）和诗人由此触发的感受（兴）。他评常建诗“其旨远，其兴僻，佳句辄来，唯论意象”，评刘眘虚诗“情幽兴远”，评陶翰诗“既多兴象，复备风骨”，评孟浩然诗“无论兴象，兼复故实”。“兴”与“兴象”基本同义，以“兴象”见长的诗人大抵擅长描写山水田园等自然景物。他的“兴象”是内容较为丰富的一个美学概念，它既包含作家浓郁的情思，又包含外界事物的生动形象，主客观互相融合，情景交融，其内涵与意境比较接近。文学作品要借景抒情，情景结合，在此前文论中已多有涉及，但还没有形成明确的文学理论概念。兴象说的提出，标志着唐代的抒情写景诗在南北朝基础上又有新的发展，并在文学理论批评方面获得了相应的反映。常建、王维、孟浩然等人的诗歌，多描绘静谧秀美的山水田园风光，可以作为诗有“兴象”的典范。

风骨、声律这对术语，着重指明盛唐诗在总体成就上对前代诗歌的继承与发展；而风骨、兴象这对术语，则着重指明盛唐诗人创作风貌上的两种不同特色，很好地概括了其时的创作实际。

陆　贽

【生平】

陆贽（754～805），字敬舆。苏州嘉兴（今浙江嘉兴）人。详见《新唐书·陆贽传》《旧唐书·陆贽传》。

【著述】

《陆宣公翰苑集》《陆氏集验方》等。

【学术成就】

陆贽作为唐朝的贤相和杰出政治家，在北宋时已为定评。又因他任相日短，言不见用，故论者往往悲其不遇，比之贾谊，不称其相业，独赞其奏议。他为后世所看重的是他写下的杰出政论。

1. 务实进取

唐德宗对国家前景比较悲观，认为国家的兴衰完全取决于天命，人力很难有所改善。陆贽继承了儒家传统的重人事、远天命思想，主张积极探求摆脱困境的良方。他上书批驳德宗的消极，然后鼓励德宗树立信心应对动荡不安的局面。他主张削弱藩镇势力，重建中央和君主的权威。他认为治理国家应当“居重驭轻”，中央权力应远大于藩镇，就像身体使用胳膊、胳膊使用手指一样，才能轻松灵活。他还要求臣子为君主出谋划策，弥补其才智的不足，还要及时进谏，帮助君主认识、纠正错误。同时，君主也应广开言路，主动纳谏，正视自己的过错，勇于改过。最后，他不仅积极求贤，还重视选贤用贤，并且要求制定合理的考核制度

管理贤才与官员。

2. 人才观

陆贽发现一个值得重视的现象：王朝末季，朝廷常苦于无良臣猛将可用，反观起事一方，却是人才济济，然后他悟出“然则兴王之良佐，皆是季代之弃才”（《论朝官阙员及刺史等改转伦序状》）的道理。王朝后期，逐渐形成利益固化的格局，越来越排斥新生力量的进入，造成政权内部人才匮乏。一旦大量优秀人才无法进入国家权力系统，失去上升希望，必然充满不平和怨恨，久而久之，有些人就走向了国家体制的对立面。如何解决这一问题呢？首先，陆贽强调“人皆含灵，唯其诱致”（《论朝官阙员及刺史等改转伦序状》），获得人才的关键是发现、招引、善用。他总结道：“好之则至，奖之则崇，抑之则衰，斥之则绝，此人才消长之所由也。”（《论朝官阙员及刺史等改转伦序状》）其次，他强调用制度选人，而不是依赖个人。再次，他强调求才贵广、考课贵精。广求才既能防止结党营私，又能扩大举荐权，允许台省长官举荐属吏。精考课，指不但听其言，更要观其行，他还提出了考课“八计”。最后，他强调人尽其才。他说“弃瑕录用者，霸王之道；记过遗才者，衰乱之源”，同时“官之典司，有难易闲剧之别”（《论朝官阙员及刺史等改转伦序状》），因此，人才使用的关键在于任得其用、用得其能，不能求精太过、嫉恶太甚，一味追求全才，必将陷于无才可用。

3. 诚言说

陆贽的为文之道，可以“诚言”概括。他要求写文要有诚心，“诚”是臣子精忠报君之心，君主救国安邦之志，也即儒家的为臣、为君之教。这种“诚”心应该深邃执著到一种不能自已的地步，因为“诚不至者物不感”（《奏天论赦书事条状》）。可见“诚”的目的是为了使文章能够感人、服人，进而对社会产生有益的作用；写诚无隐，“无隐”指敢说和言尽。敢说，就是知无不言，无所避讳。言尽，就是罄陈狂愚，辞不觉烦；言切，一方面指作者选题明确、现实针对性强，另一方面表现为，析理精当。陆贽的奏议文章，就是他践行自己文道观的典范。

陆贽的奏议中，始终贯穿着对唐王朝人才匮乏的焦虑。但他认为最大的问题不是无才堪用，而是选才无能。

杜　佑

【生平】

杜佑（735~812），字君卿，京兆万年（今陕西西安）人。详见《新唐书·杜佑传》《旧唐书·杜佑传》。

【著述】

《通典》等。

【学术成就】

杜佑在唐代中叶的现实政治和学术研究领域都占有重要地位，他的《通典》不仅在中国史学史上，而且在中国社会文化发展史上树立了一座丰碑。

1. 理道之先在乎行教化

杜佑礼制为主、法制为辅的治国思想，是对汉儒“德主刑辅”与管子学派“礼法并治”思想的继承。“理道之先在乎行教化”（《通典·自序》），即安邦治国必须首先加强礼制建设，以礼治国。他所言的“礼”，就是抽象的法则，是人们发现并用来认识、命名、区别自然和社会各种事物的性质之间根本关系的根本法则，具有明意义、别关系、正名分、定秩序、一规则的指令性、规定性意义的功能，适用于包括国家政事、人事在内的一切人间事务。礼制教化须有刑法辅助，必须同时加强法制建设，以法治国。制度优先，礼制和法制建设还应该因革损益、斟酌古今，注重时用和实用。他认为，刑罚手段很重要，但还要看执法者善不善用，善用则治，不善用则乱。

2. 管制货币，国之切务

杜佑重视对货币的管理和货币经济的功能作用。他认为国家有权，也必须对货币经济进行干预控制和调控管理。民间私铸必须禁止，货币单位应该单一、统一。汉制五铢钱得制币、用币之道，是最为符合要求的、可式可法的钱币。唐开元通宝钱继承五铢钱形制，基本精神无变化。货币标准化，有利于国家的货币控制和利用管理。国家应该充分重视和发挥货币的通有无、资敛散、权轻重功能，利用货币手段对社会生产和商品流通进行调控管理，获得社会经济的健康运行和国家财用需要的满足。

3. 欲行古道，势莫能遵

杜佑认为事物发展有“事物之理”，是“形势趋之”的不得不然。人类社会历史的发展过程，是进化式的，经由“茹毛饮血”“巢居穴处”的野蛮社会向制礼作乐、典章文物的文明社会进化，即低级向高级发展。发展的情景，如同时代边荒落后的夷狄民族与繁华昌盛的汉族相比一样。现在的汉族是过去的夷狄，现在的夷狄是过去的汉族。因为历史是进化式的，制度也当适时变化。制度变化有因有革，革新是一种变化，因循也是一种变化。在制度因革发展问题上，变化不等于进化。异制不等于不好，新俗不一定优于传统。制度因革应该具体问题具体对待，以“便俗适时”为原则。

杜佑的政治、经济与社会思想很有特点，成就也很显著。这主要得益于他身处社会面临变革的时代，并立志于兴邦，又有思理道、探政经、佐王业之心，以及以学术为现实服务的精神。

韩　愈

【生平】

韩愈（768～824），字退之，河南河阳（今河南孟州）人。自称郡望昌黎，世称“韩昌黎”或“昌黎先生”。详见《新唐书·韩愈传》《旧唐书·韩愈传》《唐才子传》。

【著述】

《韩昌黎集》等。

【学术成就】

韩愈所谓的“道统”，就是儒家之“道”的正宗传授系统。他认为，儒“道”由圣王尧传授下来，历经舜、禹、汤、文王、武王、周公、孔子、孟子，自己要继承孟子，不使道统中断。这是韩愈学习禅宗的传法系统，以抗衡佛教的发明。

1. 道统论

韩愈在反佛斗争中，建立起儒家的“道统”说，作为自己的理论基础。道是最高范畴，它体现于天、地、人之中，又贯通古今，它是先天的客体精神、永恒的存在。道的体现者是圣人，应把顺应“天道”和尽“人道”结合起来，并以一种“为主之道”的自觉，重整封建的伦理纲常。韩愈“道统”说的中心是仁义道德，他认为仁就是要求自己“顺而祥”，待人“爱而共”，存心“和而平”。表现在行动上则是一切要遵循纲常秩序，即所谓“义”。

为了推广自己的“道统”说，韩愈改造了《大学》篇的修齐治平原理，指明治国平天下就是道德修养自我完善的体现。他为了与佛教的法统论相对抗，构建了一套从尧、舜、禹、汤、文、武、周公至孔孟的“道统”传授谱系。这个“道统”之端早于佛、道，因而更具正统的权威性。韩愈把他的“道统”说成是“天”的体现，是受命于天的“圣人”的本性体现，因而可永世长存。韩愈以“道”体“天”的思想，也是程朱理学的先驱。

2. 性情三品说

韩愈发展了董仲舒的“性三品”说，提出人不仅有“性”，还有“情”，“性”是“情”的基础。他说：“人性者也，与生俱来也；情也者，接于物而生也。”（《原性》）构成性的是仁义礼智信这“五德”，据各人“五德”程度不同而分上中下三品；情的具体内容则是喜怒哀乐爱恶欲这“七情”，它们与人性的差异相应而发，也分三品。三品之中，上下二品的性都是先天生成且不可逾越的，唯独中品“可导而上下”，而“上之性就学而愈明，下之性畏威而寡罪”（《原性》）。韩愈以此理论中的性、情相配，来反对佛教的灭情以见性的出世观。

3. 借复古以倡新文风

韩愈古文运动的重要目标就是找到一种适合传达思想的文风。首先，他反对骈体，他认为骈文的对偶声律阻碍了文章叙事与明道，束缚了有真知灼见的“豪杰之士”。因此科举制度以此选拔人才，便很难达到目的。其次，他本人企求以文章自树立和传世不朽。骈文发展到唐代已十分庸烂，韩愈力求通过自己的艰辛劳动，创造新文体，以超越流俗，出奇制胜。所以他的“复古”实乃出新。最后，他强调要在文章写作上深探力取，强调“自树立，不因循”。因此他提出“气盛言宜”“务去陈言”，探究作家精神状态与文辞声调、节奏之间的关系，摒除凡俗庸腐之论，强调在构思立意、表达方式、语汇运用等艺术表现方面苦下功夫。

韩愈面对佛道二家著作迭出、流派纷呈的逼人态势，意识到必须给儒学增加新的思想观念，必须取佛、道之长，补儒学之短。他与李翱是这方面的代表，他们的道统和援佛入儒理论对宋代理学有着重大影响。

李　翱

【生平】

李翱（772～841），字习之，陇西（今甘肃武威）人。详见《新唐书·李翱传》《旧唐书·李翱传》。

【著述】

《复性书》、《李文公集》、《佛斋论》、《来南录》、《论语笔解》（与韩愈合著）等。

【学术成就】

李翱是韩愈的学生，他也主张阐扬儒学，反对佛教，但采用的方式是借用佛教的方法以修养儒家的心性，为宋代理学开辟了道路。

1. 性善情恶

李翱认为每个人的本性先天就符合道德标准，都具备做圣人的基础，性是纯粹至善的，而情却是害性的。人之性为情所惑，就会产生不善的行为。由于人的七情“循环而交来”（《复性书》上），不断发展，故而有的人就不能成圣。人之所以恶，是由于七情的惑乱影响，使性昏而不明。因而，情是恶的根源。他把性比喻为水和火，情则是搅浑水的泥沙、挡住火光的烟。为了实现“治世”，就必须使凡人百姓去其生活情欲而复其本性。他的“性善情恶”论，孕育着宋明理学中“天命之性”与“气质之性”以及“复礼灭欲”的思想萌芽。

2. “复性”的方法

凡人“复性”的方法，一是“无虑无思”。要做到与外界事物断绝接触，摒弃一切视听见闻的感觉和理论思维活动，达此境界自然“情则不生”。二是“知本无有思”（《复性书》中），即通过自我内心的修身养性过程，领悟到本来就没有什么思虑，于是动静皆离，达到至诚境界，成为圣人。因为诚便能尽性，从而使自己的行为合乎道德标准，完成了人性的复明。李翱排除情感、摒绝思虑的“复性”办法，既受佛教影响，也发挥了《中庸》的思想。

3. 格物以致知

格物以致知，是“复性”的主要方法。李翱说：“物也，万物也。格者，来也，至也。物至之时，其心昭昭然，明辨焉，而不应于物者，是致知也，是知之至也。”（《复性书》中）致知之后，达到心正，而后有所作为，均能本之善性，“知至故意诚，意诚故心正，心正故身修，身修而家齐，家齐而国理，国理而天下平，此所以能参天地者也”（《复性书》中）。“复性”的目的是通过获得的“知”而达到意诚、心正，然后是修身、齐家、治国、平天下。

李翱的观点是对儒家思想的继承和发展，如《大学》说“致知在格物，物格而后知至”，郑玄注云“格，来也；物，犹事也”。但李翱明确把格物致知作为个人修养的手段，比前人讲得更具体。所谓格物，是穷究外界事物；所谓“致知”，是以昭昭之心明辨该事物；所谓“不应于物”，是不为外界事物所累，不为所惑。

李翱将佛教的理论方法引入“复性”说中，促进了儒学的更新，标志着儒释两家思想理论从对立到趋同的根本性转变已实现。在以章句训诂为主要特征的传统儒学，向以心性义理为主要特征的理学转变中，李翱开风气之先。

柳宗元

【生平】

柳宗元（773～819），字子厚，河东郡（今山西永济）人，世称“柳河东”“河东先生”，因官终柳州刺史，又称“柳柳州”。详见《新唐书·柳宗元传》《旧唐书·柳宗元传》。

【著述】

《天对》《天说》《非国语》《封建论》《贞符》（《柳河东集》《柳宗元集》）等。

【学术成就】

针对韩愈“天”有意志、赏善罚恶的理论，柳宗元提出了天人“二之而已，其事各行不相预”（《答刘禹锡天论书》）的学说。

1. 元气自然运动观

柳宗元发展了汉初以来的“元气论”，以《天说》提出概括的结论，以《天对》全面表述“元气自然运动观”。他认为世上万物的实质都是自然物质的“元气”。天、地也是元气的不同表现形式。元气的动态和静止、停滞和流动、撞击和平息、爆裂和废止，完全是作为物质的元气自身自然运动的结果。由于元气本身所具有的矛盾对立、自然运动的“交错”形成了元气运动中的各种不同形式。他的这一学说，发展了王充元气唯物论观点。

2. 天人各行不相预

既然元气、天地、阴阳同瓜果草木一样，都是没有意志的自然物质，那么人事的存亡得丧和天就没有感应的关系，即“二之而已，其事各行不相预”（《答刘禹锡天论书》）。他进而认为，年成丰歉和社会的治乱也不相干，自然和社会是互不相预的两个范畴。天是物质的客观存在，人世的功与祸并不能说明天意。

3. 社会演变的“势”论

柳宗元把人类社会历史的自然发展也看作自然的运动、发展的必然趋向，提出了“非圣人之意也，势也”（《封建论》）的精辟论断。他以“势”的必然与客观存在，说明社会历史的发生、发展和社会政治制度的更替，从原始人类的生产斗争开始，到物质欲望的发展而产生争斗，为制止争斗而建立法制，这一切，也是“势”所必然，是符合生人之意而绝非少数圣人意愿所创造的。

4. 临文的态度与文风

柳宗元强调作者临文之际的态度、精神状态十分重要，认为这直接影响到文章的风格。他说：“故吾每为文章，未尝敢以轻心掉之，惧其剽而不留也；未尝敢以怠心易之，惧其弛而不严也；未尝敢以昏气出之，惧其昧没而杂也；未尝敢以矜气作之，惧其偃蹇而骄也。”（《答韦中立论师道书》）他认为写作时须有严肃认真的态度，若轻忽懈怠，信笔写去，文章便可能浮泛而不深沉，或漫无约束而不严整；若作文时心思不清明，文章便会芜秽杂乱；若洋洋得意，自以为是，文章便可能显出傲慢自大的样子。韩愈临文强调“气盛”即精神饱满昂扬，柳宗元着重严肃、检摄，因此韩文气势盛大，柳文峻洁幽深，正是他们临文主张的体现。

柳宗元以儒为主，取佛教中有补于儒道之理，目的还是要借用佛教所长以辅佐教化。他提出以生人为目标的济世之道，即遂人之欲、厚人之生，使民富、民安，这才是他求的“道”的最终目的。

皎 然

【生平】

皎然（730～799），俗姓谢，字清昼，湖州（浙江吴兴）人。谢灵运之十世孙。详见《唐才子传》。

【著述】

《诗式》等。

【学术成就】

皎然的《诗式》是唐五代诗学著作的代表，它包括作诗的原则和方法，而且以五格品诗，每格举诗句为例来指示诗格高下之分，以期待为后学取为法式。

1. 情与格并重

《诗式》分五格品诗，表面看是依据用事情况如何来区别，实际是以情、格二者为衡量的。情指感情，要求真挚高远；格指体格、格力，要求高雅健壮。对于诗的内容，他主张情要真实丰富，立意要高，兴要远。对于题材，着重在表现日常的各种生活感受，不注意对政治、社会现实的讽谕。因此他对谢灵运诗评价极高，说它们“真于情性”，“其格高，其气正”。他对诗的体格、格力十分重视。他主张格要高远、高雅，他赞美曹植、王粲的《三良诗》“体格高远”，又主张格要健壮有力，指出诗要“力劲而不露”。《诗式》从情、格二者来衡量作家作品，实际是从思想感情、体格风貌两大方面着眼的。

2. 论诗风格“十九体”

皎然把诗分为十九体，各以一字标之，并加以解说：风韵朗畅曰高；体格闲放曰逸；放词正直曰贞；临危不变曰忠；持操不改曰节；立性不改曰志；风情耿介曰气；缘景不尽曰情；气多含蕴曰思；词温而正曰德；检束防闲曰诫；情性疏野曰闲；心迹旷诞曰达；伤甚曰悲；词调凄切曰怨；立意盘泊曰意；体裁劲健曰力；非如松风不动，林狖未鸣，乃谓之意中之静；非如渺渺望水，杳杳看山，乃谓意中之远。十九体的一部分指风格，从标示的题目看，是从作者的思想感情和品德修养着眼。从其解释语句看，除高、逸、贞、德、怨、意、力诸体从形式角度立论外，其他各条也都是从思想感情和品德修养方面进行描述，而且高、逸、闲、达、静、远六体，都较明显地与隐逸生活、出世思想有关。虽然他对诗风十九体的划分角度并不一致，理论的逻辑并不周密，但他对诗歌体貌的分类更趋详细，在诗歌风格学的发展过程中是值得重视的。

皎然论诗，语多玄虚微妙，既受庄子影响，也掺入了佛学的成分，开启后来以禅理论诗之先河。

刘禹锡

【生平】

刘禹锡（772～842），字梦得，彭城（今江苏徐州）人。详见《新唐书·刘禹锡传》《旧唐书·刘禹锡传》《子刘子传》。

【著述】

《天论》《因论》（《刘梦得文集》《刘宾客集》）等。

【学术成就】

刘禹锡在柳宗元《天说》后，续作《天论》三篇，对柳宗元的唯物主义和无神论思想作了重要补充和发展，指出韩、柳论辩的核心是"天人之际"的哲学根本问题。他独创了"天与人交相胜、还相用"（《天论》中）学说，深化了"天人之际"的论辩。

1. 天之道与人之道

刘禹锡坚决反对"天人感应"的神学天命论，在荀子"制天命而用之"的基础上，创造性地阐述了天人关系。他说："天之道在生植，其用在强弱；人之道在法制，其用在是非。"（《天论》上）自然界的各种生物都是为了生存，以强胜弱为其法则；人类社会则是以"是非"观念作为维护社会秩序的准则。自然的职能是"生万物"，人的职能是"治万物"，而人为"倮虫之长"，可利用自然规律对万物进行改造，以服务于人类需要。因此，天与人互相制约、互为消长，交相争胜。他还进一步把"交相胜"和"还相用"视为万物发展的普遍规律。他深刻认识到物质在运动过程中，不仅没有主宰者的操纵，而且绝非单纯的对抗，而是循着客观规律，不断地互相矛盾、统一而不断地向前发展。

2. 人胜天

社会关系上，必须做到"法大行"，然后就能达到"人胜天"。他以"法制"作为社会秩序的准则和判断是非的标准。他说："法大行，则是为公是，非为公非。天下之人，蹈道必赏，违善必罚。”（《天论》上）如此，人的“是非”就战胜了天的“强弱”，人就胜天；反之，则天胜人了。天能胜人是因为人的社会政治状况“不幸”，而不是天的作用。刘禹锡把天人关系中的主要方面置于人，将人定胜天的思想进一步运用到社会问题之中。

3. 理明与理昧

“理昧”，即人对客观世界茫然无知，被客观世界和规律所操纵，就会受到自然的盲目力量支配，任天命而忘人力，就会去祈求天，陷入有神论。“理明”，即人认识和掌握事物的必然性，就会相信自己有力量去征服自然，就会达到人胜天的目标。“理明”还要认识“数”与“势”，“数”指二物之间的内在联系，“势”指事物具有复杂的多样性变化的必然性、规律性。“数”与“势”都和客观事物不可分离。因此认识了“势”的差异性，就不会信天命而重人力。“理明”有一个过程，“以目而视，得形之粗者也；以智而视，得形之微者也”（《天论》中），即由粗及微，由表及里。

刘禹锡认为佛教与儒学可相辅相成，儒学适用于治世，佛教适用于乱世，佛教可以补充儒学在教化方面的不足之处。

司空图

【生平】

司空图（837～908），字表圣，自号知非子，又号耐辱居士，河中虞乡（今山西永济）人。详见《新唐书·卓行传》《旧唐书·文苑传下》。

【著述】

《二十四诗品》《司空表圣文集》《司空表圣诗集》等。

【学术成就】

司空图的诗论，对诗歌艺术分析深入，在晚唐时期具有继往开来的重要作用。

1. 韵味说

司空图在诗歌批评上提出“韵味”说，他说：“文之难，而诗之难尤难。古今之喻多矣，而愚以为辨于味，而后可以言诗也。”（《与李生论诗书》）他说诗歌比其他文体都难作，而且只有领会了诗之“味”的人才能谈诗。然后以醋和盐为例，说明诗的“味”并非口之味，它比酸、咸之味更醇美。他以“近而不浮，远而不尽”来描绘“韵外之致”“味外之旨”。意指优美的诗歌，其所表现的情景使人感到贴近而不肤浅，深远而含蕴不尽，这样的诗篇才称得上醇美或全美的。韵、韵致，指诗歌的气韵、风韵、神韵，它是植根于作者气质、才情基础上而呈现的艺术风貌。通过他所举诗例可见，它们以语言精致的律句来描绘景物，通过景物描写来表现自己的恬淡心境与闲逸情趣，既可使读者看到鲜明生动的形象，又能感受到作者隐逸生活的情趣，具有耐人咀嚼的韵味。他进而提出“象外之象”“景外之景”来作为达到“韵外之致”的重要途径。

2. 诗风“二十四品”

司空图《二十四诗品》共分二十四品，每品以两字标名，揭示诗的风格特色。其品目为：雄浑、冲淡、纤秾、沉着、高古、典雅、洗炼、劲健、绮丽、自然、含蓄、豪放、精神、缜密、疏野、清奇、委曲、实境、悲慨、形容、超诣、飘逸、旷达、流动。《二十四诗品》在指陈诗歌风格特征时，除了少数理论性概括词语外，大量运用了比喻象征的手法来描述，如《典雅》品云：“玉壶买春，赏雨茅屋。坐中佳士，左右修竹。”就是以隐士生活及环境来描绘诗的风格，比较有特点。不管作者是否为司空图本人，都不能减损此书对后世诗论的影响。

司空图上承皎然，论诗重格。在他看来，诗格是诗人品格和精神状态的体现，王维、韦应物心境淡泊平和，爱好宁静生活，故其诗格也高。这既与他本人长期的隐居生活有关，也与他所倡“韵味”主张息息相通。

无能子

【生平】

无能子，晚唐无名氏。详见王明《无能子校注》。

【著述】

《无能子》等。

【学术成就】

无能子对统治者与被统治者的关系，对自然与社会的本质，都有较深入的认识，某些观点包含着天才推测，与现代科学认识很接近。

1. 气论

他指出“气”自然地变化出天地阴阳，也产生了人。万物都是阴阳二气交错流动而成，天地是“阴阳气中之巨物”（《无能子·圣过》）。天地与人类的关系，犹如江海之有鱼鳖、山陵之育草木，既不神秘也无高低尊卑之分。因此天地是无知无觉的，并非主宰万物的神灵，而人和动物也只是体形上有差别。他的自然观继承了前人“气”的一元论观点，但有所发展创新。他对天地与万物形成的猜测是颇有价值的，他说：“天地未分，混沌一炁。一炁充溢，分为二仪。有清浊焉，有轻重焉。轻清者上，为阳为天；重浊者下，为阴为地矣。天则刚健而动，地则柔顺而静，炁之自然也。”（《无能子·圣过》）“炁”同“气”。上述认识排除了神秘的造物主说和天有意志说，认为天地是由一个混沌的大气团逐渐转变成的，完全是气的自然变化过程。

2. 自然起源与人类进化

动物与人都是天地之间的生灵，“天地既位，阴阳炁交，于是裸虫、鳞虫、毛虫、羽虫、甲虫生焉。人者，裸虫也；与夫鳞、毛、羽、甲虫俱焉。同生天地，交炁而已，无所异也”（《无能子·圣过》）。他把世间生物分为五种虫，各以其外观命名，人身体没有鳞、甲等，所以称“裸虫”。就生物性来说，人与动物没有差别。

他认为动物同人类一样，愿生不愿死，动物建造宫室，谋求衣食，生儿育女，因此也是有智慧与思虑的。而且，动物能发出嚎叫、鸣声、鸣啼等不同声音，也可能有自己的语言。人类因不明白动物发音的意思而认为动物没有语言，同样，动物也可能会因不懂人语而认为人类没有语言。其实，“智虑、语言，人与虫一也，所以异者，形质尔”（《无能子·圣过》)，人与动物的最大差别，在于他（它）们“形质”不同。

他接着论及人与动物由杂处而至分离的过程：“太古时，裸虫与鳞、毛、羽、甲杂处，雌雄牝牡，自然相合，无男女夫妇之别、父子兄弟之序……”（《无能子·圣过》）这段话描述远古时期人的生活状态，与近现代科学对猿人及原始社会的研究结论，在一些主要论点上相吻合。其一，均认为最早的人类（裸虫、猿人）是从动物界分离出来的，曾经历过与动物杂处并生的阶段。其二，均认为人类早期两性自由结合，没有夫妻与父子兄弟等人伦观念。其三，生产能力极低，生活极简陋，居则筑巢挖洞，食则不弃毛血，不懂种植粮食。其四，生与死都听凭自然，没有繁复的仪式事项。其五，没有私有财产，风气淳朴。其六，没有管理者、统治者。

他还论述了人类由原始社会向文明社会转变的过程，并指出君臣之统治、尊卑之礼节，都是人为设置的，圣人“强立宫室饮食以诱其欲，强分贵贱尊卑以一其争，强为仁义礼乐以倾其真，强行刑法征伐以残其生，俾逐其末而忘其本，纷其情而伐其命”（《无能子·圣过》）。他对统治者的各种作为都表现出质疑，不承认其等级制度、仁义礼乐、刑法征伐的神圣不可侵犯性，认为这些给民众造成了损害。同时也说明人类社会本是淳朴自然发展的，只是由于圣人的误导，人类才步入争利、争贵与争强之迷途。

3. 无欲而无私

他深入地论证了如何以无为、无欲作为处世立身的原则。他说：“夫无为者无所不为也，有为者有所不为也。故至实合乎知常，至公近乎无为，以其本无欲而无私也。欲于中，渔樵耕牧有心也；不欲于中，帝车侯服无心也。故圣人宜处则处，宜行则行。理安于独善，则许由、善卷不耻为匹夫；势便于兼济，则尧、舜不辞为天子。其为无心，一也。”（《无能子·答华阳子问》）他欣赏的“无为”，其实质是“无不为”，表面上似乎未坚执什么，事实上却可以做任何事。反之，“有为”则一定会“有所不为”，一心要实现自己某个目的，就会丢失掉其他东西。因而最切实的行事原则是合乎常理，最大限度地出以公心则接近于“无为”，立足于无欲方能无私。

如果自身藏有私欲，即使做渔民、樵夫、农人、牧民也会有心理负担；如果自身不藏私欲，即使当帝王、公侯也没有心理负担。所以，真正通达的人是不拘泥的，该归隐就归隐，该入世就入世。归隐，就合于独善其身之理，如上古高士许由、善卷那样；入世，就是兼物济人顺应情势，如尧、舜那样不辞天子之位。以上两类人在“无心”这一点上，是完全一致的。

无能子以“不欲于中”为基础，将道家的无为与儒家的入世有机地结合起来。这个立身处世原则不但适于居高位者，也适于一般官吏和普通人，是那个时代罕有的一种积极向上的立身处世原则。

杜光庭

【生平】

杜光庭（850～933），字圣宾，号东瀛子，处州缙云（今浙江永康）人。赐号“传真天师”。详见《历世真仙体道通鉴》。

【著述】

《道德真经广圣义》《太上老君说常清静经注》《道教灵验记》《录异记》《广成集》《洞天福地岳渎名山记》《西湖古迹事实》等。

【学术成就】

杜光庭将以往关于老子的种种神话加以系统化，使老君创世说更为生动而富有神圣性。他的老君创世说能打动人心，迎合了唐末五代社会崇拜老子的风尚。

1. 以道化一

杜光庭说老子《道德经》“非谓绝仁义圣智，在乎抑浇诈聪明，将使君君臣臣父父子子，见素抱朴，泯合于太和；体道复元，自臻于忠孝”（《道德真经玄德纂·序》）。他认为仁、义、乐、礼、智、信与天地之德、宜、和、节、辩、时相合，“弘淳一之源，成大同之化；混合至道，归仁寿之乡”。所以，道士们很自然地将儒家的礼法伦理思想转化为道教教义。

他看出了儒、释、道三家在心性修养上的一致之处，认识到“修道即修心”，“修心即修道”，三教所说虽形式不同，但是一个道理。他说：“凡学仙之士，若悟真理，则不以西竺、东土为名分别。六合之内，天上地下，道化一也。若悟解之者，亦不以至道为尊，亦不以象教为异，亦不以儒宗为别也。三教圣人，所说各异，其理一也……但能体似虚无，常得至道归身。内修清静，则顺天从正；外合人事，可以救苦拔衰，以此修持，自然清静。”（《太上老君说常清静经注》）尽管他承认三教“其理一也”，主张“悟真理”，不要有门户之见，但仍然归结于“以道化一”，期望于“至道归身”。

2. 精、气、神的炼养

杜光庭同样取宇宙论，确认万物与人类化生的实有性，在修炼途径上，更看重精、气、神的炼养。他说：“所生我身，大约有三：一曰精，二曰神，三曰气。受生之始，道付之以气，天付之以神，地付之以精。三者相合而生其形，人当受精养气存神，则能长生。”（《道德真经广圣义》）他认为人的生命由精、气、神三者构成，不可缺失。修仙的功夫要从“炼心”开始，这是“性修”。在步骤上要经过炼形为气、炼气为神的层级。这样的修仙观念与方法，显然已经超越了外丹道，也超越了重玄学，为宋元内丹道的兴盛奠定了坚实基础。

杜光庭以道为本、纳儒入道的宗旨，为后世道教所沿袭。他还将茅山宗与天师道的斋醮仪式统一起来，加以规制化并给予义理方面的说明，亦为后世道教所沿用。

谭　峭

【生平】

谭峭，具体生卒年代不详，字景升，号紫霄真人，泉州（今福建泉州）人。南唐国子司业谭洙之子。详见《云笈七签》。

【著述】

《化书》等。

【学术成就】

谭峭《化书》旨在探索自然与社会变化的特征和原因，寻求国富民安之路。

1. 自然观上的“虚”

谭峭继承了老子的“道”为世界本原的说法，认为天地间万物均由道演化而来，而道的本质是“虚”。他说：“道之委也，虚化神，神化气，气化形，形生而万物所以塞也。道之用也，形化气，气化神，神化虚，虚明而万物所以通也。”（《化书·道化》）“虚”是世界万物的本原，虚化为神，神化为气，气生万物，最后万物复归于“虚”。一切事物都在变化，“动静相磨”（《化书·术化·动静》），化生万物。火、水、云、雪、虹等自然现象，都是由动、静的两种物质形态相互磨荡而形成的。

道之委，是指道的流变，即道生万物的过程，由虚经历神、气阶段而变化为有形物，有形物即是万物滞塞的原因。道之用，是指道的原理的体现，即万物回归于道的过程，有形物经历气、神阶段而变化为虚，虚才能使万物通达无阻。这段话是要说明，万物产生于虚，又还原于虚。只有把万物的本原与归宿都归于虚无，他的万物皆化观点才有理论基础。既然世界的统一性是虚，那么世间一切事物的差别都是可以泯灭的，达到“虚实相通”的“大同”境界。因此，他这个理论不仅体现在自然观方面，也体现在社会观方面，他主张在全社会的人中“均其食”，建成“无亲、无疏、无爱、无恶”的“太和”世界。

2. 均食

谭峭认为如将饭平均给天下人，那么仁义礼乐的道德秩序就会建立起来，民众也就没有了怨气，太平世道就可出现，即“食均则仁义生，仁义生则礼乐序，礼乐序则民不怨，民不怨则神不怒，太平之业也”（《化书·俭化·太平》）。以均食求太平的主张，曾在汉末张鲁的五斗米教中流传，谭峭发挥原始道教的传统，反映了当时民生的艰难。谭峭认为，社会演变成人人争斗乃至互相残杀的局面，根源在于统治者骄奢聚敛和争权夺利。他以“七夺”总结了民众生活贫困的原因：王者夺其一，卿士夺其一，兵吏夺其一，战伐夺其一，工艺夺其一，商贾夺其一，道、释之族夺其一

(《化书·食化·七夺》)。“七夺”导致“食不均”的状况出现，不仅造成一部分人没饭吃，而且会助长食有余者的贪欲，导致奢侈僭越和暴力。因此只有“均食”才是解决办法，“能均其食者，天下可以治”(《化书·食化·奢僭》)。

3. 重俭

谭峭重俭与均食的思想是联系在一起的，即“俭者，均食之道也”(《化书·俭化·太平》)。重俭主要是就统治者而言，他主张“俭”首先应从君王做起，“于己无所与，于民无所取。我耕我食，我蚕我衣，妻子不寒，婢仆不饥，人不怨之，神不罪之。故一人知俭则一家富，王者知俭则天下富”(《化书·俭化·悭号》)。他设想着由君王带头，群臣效法，上下一齐重俭、知足，在全社会形成不贪、不奸的良好风气。

他也把“俭”看作“五常之本”，认为仁、义、礼、智、信都须与俭相配，以防止过度。这里所谈的“俭”，已不仅仅是物质生活方面俭朴、节约之意了，而是引申为一种含蓄、节制的行事准则。“五常”与“俭”相辅，就避免了过头、夸张。举例说，如果光强调仁，而无“俭”，无节制，那就可能导致“泛仁”，对任何人都以仁相待，实际上就包含了不仁。谭峭对“俭”的广义理解，在思想史上是个颇有价值的新思路。这是他对老子“满招损”“谦受益”思想的发展。礼如果过度就使人迷惑，而“俭”过度则回归于淳朴原始。

“均食”主张体现了谭峭对远古社会的赞赏，他找不到彻底改造社会、铲平压迫剥削制度的蓝图，只能寄希望于“太古之化”能重现。他以蝼蚁平等互助的生存状态来形象说明“太古之化”，意在指出君王与众人均平，心才能够相通，这样才有致治的良好起点。

下 编

第一章
宋代学术史概论

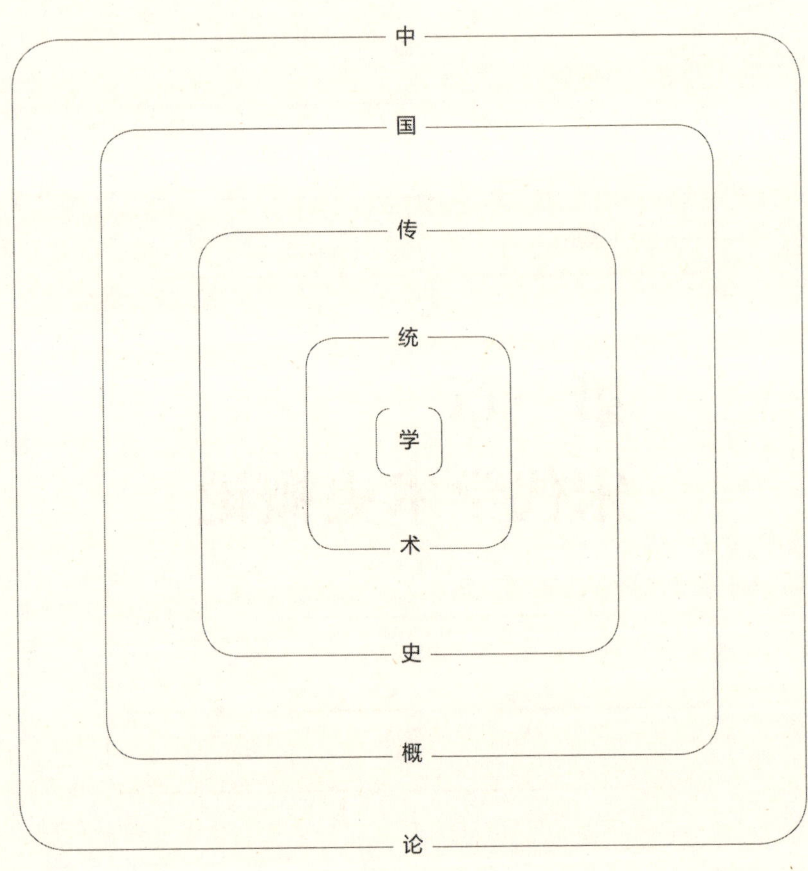
中
国
传
统
学
术
史
概
论

总论：理学为主的多元学术

一 理学（道学）

唐代经学发展到北宋庆历、熙宁年间，《五经正义》的地位发生动摇。汉唐儒生恪守的传注，甚至一些经书都受到了怀疑。从此，义理之学的宋学逐渐代替了重训诂注疏的汉学传统。经学的哲学化，是经学自身革新、改造的结果。哲学化了的经学，也称理学或道学，其实也是新儒学。

中国的儒学经历了汉唐经学的兴衰之后，由于复兴儒学运动、疑经思潮的推动，宋代的学者创立了一种以义理解经的新经学，即宋学。宋学既是中国儒学发展史上的一个重要阶段，又是经学研究的一大学派。真正奠定宋学地位的是周敦颐、邵雍、张载、程颢、程颐和朱熹等著名理学家。他们不仅深入研究《周易》《论语》《孟子》《大学》《中庸》等儒家经典，而且通过阐发经书中的义理，建立了一个包括天道、地道、人道在内的系统学说。

宋学的宗旨不仅仅是重新阐述经典，它的学术使命重在建立一套包括宇宙论、心性论、修身功夫论等各种理论问题在内的思想学术体系，以与释老之学相抗衡，复兴儒学并承传道统。周敦颐为理学开山，他的《太极图说》《通书》首次将儒家伦理观念纳入一个无极太极、阴阳五行、万物化生以及立人极的宇宙论思想体系中，为理学思想体系奠定了基本框架，故而被推崇为“道学宗主”。张载则进一步以“太虚即气”的气本论来统一宇宙本体，建立起包括太虚、气、神、性、心、诚、礼等范畴在内的思想体系。二程（程颢、程颐）为了强调儒家伦理原则的绝对性，将其提升为“天理”，以天理论来统一宇宙本体。同时，他们还倡导“性即理”“格物致知”，以建立“性与天道合一”的理学思想体系。

二程的洛学经过其弟子们的传播，在南宋得到了进一步的发展。朱熹是二程的四传弟子，他综合了濂（周敦颐）、洛（二程）、关（张载）等各家学说，建立了包括理气论、太极阴阳论、天命之性与气质之性论、心统性情论、格物致知论在内的理学思想体系，完成了理学集大成的任务。

南宋时期还有其他理学家建立的不同学派，包括胡宏、张栻的湖湘学，吕祖谦的婺学，陆九渊的象山学派。尤其是陆九渊提出“心即理”“发明本心”的思想学术宗旨，形成了与程朱理学并立的心学派。宋理宗以后，程朱理学得到官方支持，变为官学。所以，元代的理学主要是朱学的传承和延续。但在一些理学家那里，也表现出朱陆合流的特征，反映了心学派仍有存在和发展的势头。

宋学除了主流的理学或道学之外，还存在许多非主流的儒家学者与学派，统称子学。尽管其中有的学派还成为一时的学术正统和思想主流（如王安石之学），但是，随着程朱理学成为宋学的主流与占统治地位的意识形态，其他儒学学派大多成为非主流的子学。如宋初就出现了宋学的开创性人物范仲淹、欧阳修和被称为“宋初三先生”的胡瑗、孙复、石介等，他们大胆地疑古辨伪，对《易传》《周礼》《毛诗》作了不少考辨，并阐发儒家经典中的义理，开宋学学风。此后，如北宋司马光的涑水之学、王安石的荆公新学、苏氏父子的蜀学，南宋时期吕祖谦的婺学以及陈亮与叶适的事功之学，均在思想学说上有重要创新，故而也是推动宋元思想学术发展的重要学派。

二　史学

宋代史学之盛，主要体现在各种体裁、不同内容和风格的史学著作的不断出现，尤其是史学思想得到进一步发展，各种史学流派也在展开论战。欧阳修无疑是宋代史学上开风气的人物，他的史学成就最高，《新唐书》《新五代史》是其代表作。司马光主持编写的《资治通鉴》是宋代史学的杰出成果，成为“通史”的典范。郑樵《通志》是一部重要的、具有创新意义的史学著作，它体现了宋代史学由疑古辨伪转向史学批评的发展趋势。马端临的《文献通考》是又一部重要的通史著作，它主要记载自上古至南宋宁宗为止的历代典章制度。根据马端临本人看法，此书将“文”（历史文献）“献”（前人评论）“考”（自己的史学见解）三方面汇成一个整体。《文献通考》的出现，推动了中国典章制度史的发展。

三 佛道、道教

宋元时期，佛教禅宗比较活跃。宋代禅宗主要有临济、云门和曹洞三派，其中临济宗、云门宗较为活跃，对禅学多有开拓。宋代禅学的发展主要体现为“灯录”十分发达。北宋景德元年（1004），道原编成的《景德传灯录》被认为是禅宗第一部以“灯录”命名的灯录体著作，也是禅宗自创立以来关于传承世系、人物记录最完整、系统的著作。其后，又有临济宗李遵勖于北宋天圣七年撰《天圣广灯录》，云门宗惟白于北宋建中靖国元年撰《建中靖国续灯录》，临济宗悟明于南宋淳熙十年撰《联灯会要》，云门宗正受于南宋嘉泰二年撰《嘉泰普灯录》。南宋淳祐十二年（1252），普济将此五部灯录汇集起来，编成《五灯会元》。禅宗以外，宋元时期的其他佛教宗派亦有流传和发展。另外，还出现了一个比较典型的民间佛教教派白莲教，它在宋元时期的下层社会很有影响。

宋元时期的道教发展更加显著，北宋、辽、西夏、元的统治者对道教采取保护政策，道教一度兴盛，教派林立，既有正一、上清、灵宝三大传统教派，又出现了太一教、真大道、全真道、金丹派南宗、净明道、清微派、神霄派、华东派、天心派、武当派等新道派。宋元道教重内丹学，出现了《悟真篇》《翠虚篇》《金丹大要》《中和集》等一批内丹学著作。内丹学以道教传统的宇宙论、内丹术、炼养术为基础，因兼容佛学、儒学及中医、天文知识而更加成熟和完善。宋元时期，符箓派道教亦很活跃，不仅旧的符箓派十分流行，还产生了新的符箓派，并出现了融合儒、道的净明道。宋元时期的外来宗教也在各地传播，包括摩尼教、祆教、伊斯兰教、犹太教、基督教等，体现了宋元时期宗教思想文化的发展。

四 文学理论

宋代文学批评主要有五大特点。第一，诗话崛起，改变了中国文学批评“大一统”格局，使文学理论批评更加专业化、专门化，文学批评样式也更多样化。第二，文学批评理论的基本审美倾向是“情理冲突”而以“理”为尚。第三，文学批评各有宗主，诗宗杜甫，文宗韩愈，成为时代风尚。第四，崇雅，尤其是词学批评，更表现出雅致化的美学倾向。第五，文学批评具有强烈的针对性，如江西诗派理论为自己张目，反对者撰诗话矛头指向江西诗派；再如李清照《词论》就是针对柳永、苏轼、秦观等人的词学理论。

五　文献学成绩

宋代四修国史，每修一次，就有《艺文志》，每类皆有小序，《通考》尚间引之，并详细条列其部类及卷数。唯《中兴艺文志》似是据《中兴馆阁书目》《续书目》及嘉定以前书为一编，元人修《宋史》，即据此志，删除重复，合为一志。

宋代的公藏目录，北宋有王尧臣等《崇文总目》，现存残本；南宋有陈骙等《中兴馆阁书目》、张攀等《续中兴馆阁书目》，均亡佚。史志目录有《旧唐书·经籍志》、《新唐书·艺文志》、郑樵《通志·艺文略》；“补志”有王应麟的《汉书·艺文志考证》；专科目录之史部目录，有高似孙《史略》；专科目录之子部目录，有高似孙《子略》等。

私藏目录有在当时通行一时的李淑《邯郸图书志》、田镐《荆州田氏书目》等，均已亡佚。现存宋代著名私人藏书目录有以下三家：晁公武《郡斋读书志》、陈振孙《直斋书录解题》、尤袤《遂初堂书目》。这三家书目，尤其以晁、陈二目为中国古代私人藏书目录的代表性著作，历来受到重视。后来有人称目录学为“晁陈之学”，表明了他们两人在目录学方面的显要地位。《郡斋读书志》书中不但有读书心得，还附入了不少遗闻佚事，可以作为辨章旧闻的资料。《直斋书录解题》每种详载卷数和撰人姓名，并品题书中的得失，考证极精。它把历代典籍分为五十三类，不标经史子集之目，其实列经之类凡十，史之类凡十六，子之类凡二十，集之类凡七，仍是按照四部分类法。

宋代的辑佚成果有北宋无名氏从唐人马总《意林》、李善《文选注》中辑出的古书《相鹤经》。

宋人的辨伪，较之唐人进步很大。其特点有三：一是参与此事者多，二是被辨出或怀疑的书多，三是方法有重大改进。首开这一风气的是欧阳修，他的《易童子问》被认为是对孔子作的《十翼》提出辩难。继欧阳修之后，郑樵、叶适、赵汝谈、赵汝楳等先后对《十翼》提出辩难，使《十翼》除《彖传》《象传》以外均被认为不是孔子所作。其后吴棫、朱熹辨《古文尚书》，苏辙、黄震怀疑《管子》，晁公武怀疑《文中子》，陈振孙怀疑《关子明易传》，郑樵攻《诗序》，等等，先后呼应。

最能代表宋人辨伪成就的是朱熹。他怀疑或辨定的伪书有40余部，而且有自己独特的辨伪方法（详见白寿彝《朱熹辨伪书语·序》）。

胡 瑗

【生平】

胡瑗（993～1059），字翼之，泰州海陵（今江苏泰州海陵区）人。因世居陕西路安定堡，世称“安定先生”。详见《宋史·儒林传》《宋元学案·安定学案》。

【著述】

《周易口义》《洪范口义》《皇祐新乐图记》（《尚书全解》《春秋口义》《春秋要义》《胡先生中庸义》《武学规矩》《论语说》《资圣集》皆佚）等。

【学术成就】

南宋理学家推崇胡瑗、孙复、石介三人，称赞三者开儒家讲学的风气之先，奠定了理学产生的思想基础，敬称他们为“宋初三先生”。

1.《易》学

《周易口义》是胡瑗最重要的学术成果，是其《易》学代表作。这部书在王弼《注》与孔颖达《疏》的基础上进一步发展，在解释体例上有三个特点。第一，强调《序卦传》。也就是认可卦与卦之间有相互转化的关系，而且转化不是随意的。第二，他重视讲“成卦之义”。如他讲《剥》《复》，体现了很明显的阴阳消长的倾向，《大有》有五个阳爻一个阴爻，所以这一卦以一爻为主，六五爻是《大有》的成卦之主。除了爻之间的关系，他更注重从上、下二体之间的关系探究“成卦之义”。如《蒙》卦下卦为坎，上卦为艮，所以是“山下有险”之象，所以有“蒙”义。六十四卦中，有三十一卦他都是用二体义来解释的。第三，强调《乾》之四德。他认为所有卦中的“元亨利贞”都是一致的，只是在不同的处境中，四德的具体表现不同。

2. 生生之德

胡瑗讲《周易》，特别强调“生生之德”。如《复》卦的彖辞末句“复其见天地之心”，他解释为“天地以生成为心”（《周易口义》）。因为天地以生成为心，所以天地就是永恒不息的绝对创造，绝不可能有一个创造停止的阶段，这个世界也就永远不会有绝对虚无的阶段。同样是说不可见的本体，王弼看到了“无”，胡瑗则看到了其中的“生生不已”，这是他的思想突破。在他讲“天地以生成为心”时，仁义这样的道家价值在哲学的本根意味就已经呼之欲出了。这预示着儒学复兴的可能。

3. “苏湖教法”

胡瑗在苏州郡学和湖州州学的施教方法，被仁宗钦定推广于官方太学后，其“苏湖教法”一直为后世理学家所效法。明体达用，是苏湖教法的宗旨。体指儒家纲常礼教，用指以纲常原则教化天下，明者即树立，达者即实现。胡瑗以此为教育方针，旨在以儒为宗而整饬风俗。兼重义理和心性，是胡瑗教法的基本特征。胡瑗施教，既重视阐明儒家义理，又重视心志开发。他认为，传授儒家精神不可拘泥于汉儒重训诂传统，而当使诸生明晓忠孝仁义的本质。同时，胡瑗又极为重视从心性方面教育学生。胡瑗从开发心志角度出发，提出人性修养的任务和灌输义理的必要性，在于使天下人“至明而不昏，至正而不邪，至公而不私”（《周易口义》）。他一扫当时倾重辞赋的风气，主张以经义和治事教育学生。

胡瑗的“苏湖教法”弘扬了儒学，论证了君臣父子的封建纲常秩序，培养了一批北宋朝廷的名臣，开启宋代儒学的新风，为宋初儒学的复兴作了铺垫。

孙 复

【生平】

孙复（992～1057），字明复，号富春，晋州平阳（今山西临汾）

人。人称“泰山先生”，石介等皆师事之。详见《宋史·儒林传》《宋元学案·泰山学案》。

【著述】

《易说》《春秋尊王发微》《孙明复小集》等。

【学术成就】

孙复的《春秋尊王发微》为整个宋代《春秋》学奠定了基础。胡瑗崇儒重在讲论辩说，而孙复则侧重疑传治经，而且不重训诂。

1.《春秋》学

孙复认为《春秋》有贬无褒，只要是《春秋》里记录的事，都是贬抑，没有褒扬。另外，他解释经文极为深刻细致，但不完全尊信三《传》。如他解释鲁隐公三年“春王三月，日有食之”时，对“日有食之”做了发挥，认为它强调的是“历象错乱”（卷一），而这恰恰反映出周王室的王纲不振。因为“历象错乱”可不是简单的事，它说明“史官废职”，也就是说专管历象的人没有尽到职责。如此解释之后，“日有食之”这样一个看起来是客观的记述，也体现了孔子的批判。因孔子强调王朝的历象一定要正，孔子回答颜渊的话“行夏之时，乘殷之辂，服周之冕”（《论语·泰伯》），排在第一位的正是“行夏之时”。

2.疑其传，不重训诂

孙复说：“后之作疏者无所发明，但委曲踵于旧之注说而已。复不佞，游于执事之墙藩者有年矣。执事病注说之乱六经，六经之未明，复亦闻之矣。”（《孙明复小集·寄范天章书二》）这段话，可视作孙复不重训诂的纲领。他指出，注疏庞杂，反使六经不明；历代注疏层层因袭，无所新见；宋初注疏只是乱经，无真理可言；恪守旧注已成沉闷规范，压迫和窒息人们的思想。故而，他呼吁冲决注疏训诂的罗网，改变北宋开国以来70年的陈腐学风。为此，他著《春秋尊王发微》直从儒家经义，清除烦琐注疏，其“弃传从经”的思想实开宋代理学之先河。他还指出，注疏训诂和浮辞文风是经义之二害，章句注疏多借浮辞文风而趋向烦琐铺张。因此，他强调不可以文害道，“文者道之用也，道者教之本”（《孙明复小集·答张洞书》）。

3. 尊用儒术，倡明王道

孙复以尊用儒术、倡明王道为其学术使命，他主张“复三代之至治也，于是尊用儒术，励精古道”（《孙明复小集·罪平津》）。如何复明儒家王道？他认为，一是在指导思想上，只能用儒家六经来“尊儒求治”，才能恢复先圣王道。二是在行为规范上，则必须严守治天下、经国家的“三纲”。又强调“君为臣纲”“父为子纲”二条格外重要，他说：“君君、臣臣、父父、子子，邦国之大经也。”（《孙明复小集·世子蒯聩论》）其中，“君为臣纲”则是“成天下之至治者”。三是清除有违儒学的一些邪说。从外部说，自战国以来有墨家、法家，尤其是汉魏以下的佛老之说；从内部说，则是儒者的章句训诂、烦琐注疏。他称这些内外邪说为“儒者之辱”（《孙明复小集·儒辱》），必须尽在革除。

孙复的《春秋尊王发微》，被学界公认是宋代经学开风气之作，打破了宋初学术界谨守先儒注疏、不敢提出异议的局面，开创了“弃传从经”的疑传之风。

石　介

【生平】

石介（1005～1045），字守道，一字公操。兖州奉符（今山东泰安岱岳区）人。曾创建泰山书院、徂徕书院，世称“徂徕先生”。泰山学派创始人。详见《宋史·石介传》《宋元学案·泰山学案》。

【著述】

《徂徕集》《徂徕石先生文集》（《易口义》《易解》《唐鉴》《三朝圣政录》已佚）等。

【学术成就】

石介的文章《怪说》，把文章（杨亿倡导的“西昆体”）、佛、老称为“三怪”，可以说构成了那个时代儒家思想的屏障，是石介持守精神的体现。

1. 根本圣道

孔子儒学是石介一生尊崇的根本圣道，是其反对传注、力求原本的目的所在。他说："道始于伏羲氏，而成终于孔子。"（《尊韩》）又说："孔子之道，治人之道也，一日无之，天下必乱。"（《辨私》）他认为孔子儒学的重要性，如同人的粟米布帛，少缺即会饥饿冻死。他指出孔子之道的核心，即是以仁义礼智信来规范和处理人世间的五伦关系，重点在臣忠于君、子孝于父、妇节于夫。石介提出行孔子之道，应以《周礼》《春秋》为根本典章。他说："《周礼》明王制，《春秋》明王道，可谓尽矣。执二大典以兴尧舜三代之治，如运诸掌。"（《二大典》）他认为，应排斥佛老异端，独尊孔子一教。

2. 疑古弃传的治学态度

他治经旨在"通明经术，不由注疏之说"（《上范思远书》），靠己心与圣人之心相合，主张从心性根本上理解圣道。故而，他质疑郑玄"遍注诸经，立言百万"只是"妄也如此"（《忧勤非损寿论》）。他针对郑注中"文王以勤忧损寿，武王以安乐延年"一语，批驳道："文王享年九十有七，所不至禹、汤者三岁，岂为损寿？""武王继父之事，受天之命，顺人之心，与八百诸侯同伐纣，以生万民，以名天下。天下有一夫横行，武王则羞，为安乐乎？"（《忧勤非损寿论》）石介勇于求实，向注经权威挑战，不以郑玄是非为是非的怀疑精神和批判态度，结束了唐代到宋初学者不敢议论孔安国、郑玄的局面。这种疑古弃传的治学态度，为后来理学家所推崇。

石介疑古而弃传注，鞭辟郑玄注疏，致力于明倡孔子之道，其思辨和激情打破了训诂传注的沉闷空气，为宋代理学的诞生扫清了道路。

范仲淹

【生平】

范仲淹（989～1052），字希文，世称"范文正公"，苏州吴县（今江苏苏州）人。详见《宋史·范仲淹传》《宋元学案·高平学案》。

【著述】

《范文正公文集》(《范文正集》《范文正奏议》)等。

【学术成就】

范仲淹是北宋前期开儒学新风气的领导人物,胡瑗、孙复、石介、李觏、欧阳修等人,都曾由他举荐而走上复兴儒学的历史舞台。

1. 兴学育才,推进儒学

范仲淹认为要改变士风、陶铸人才,就必须恢复五代以来衰落的学校制度。他认为人才的养成,必须通过学校来灌输青少年六经之道,因而提出宗经劝学的主张。他踏入仕途之后,出守所至,必先兴学,并为延聘良师。同时,他建议改革科举制度:士子在考试之前,应先在学校受教育;考试内容应先策论而后诗赋;取士重才识之外,更须注重德行。除了奖掖儒士、提拔后进之外,他在从政之暇,也好讲学。以范仲淹为中心的这一派学者,是以《易》《中庸》为学问的根本,他们是濂学、洛学与关学的先导。

2. 四德说

范仲淹的四德说,是对以往《易》学思想的概括和新阐释。他认为元亨利贞是"道之纯、道之通、道之守、道之干者也"(《四德说》),会通天地人物国家而释之,开内圣外王之学的先河。他从《易》道天地人之际和谐共处的立场出发,以四德贯穿国家、天地、人事、物象,构建他理想王国的化境。他以《乾》《坤》之德(代表天地)为纲,表达了道之纯善、通嘉、用和、守干融为一体的思想,体现了"天行健,君子以自强不息"的进取精神。于地为万物滋长、厚载不息的阴阳平衡,春生夏长,秋收冬藏,循环往复,生生不已的生态平衡观念;于人则温良乐善,人才荟萃,兼济天下,正直忠毅,惠民丰财,典则权衡的蓬勃兴旺的盛世模式。他通过对元亨利贞的诠释,从理论上阐明了:就宇宙内部机制而言,以乾健为统率,以坤顺为从属,动而生阳,静而生阴,协调互济,共同构成天人整体的和谐。首次沟通了自然的天道观和道德本体论,为理学家们,尤其是张载的进一步研究发其端。

3. 澄清吏治

范仲淹《上十事疏》中的前五项：明黜陟、抑侥幸、精贡举、择长官、均公田，都是谈澄清吏治的问题。他又提出四项建议来改革官吏升迁制度。第一，严定考绩之法，使无功不擢，有善必赏。第二，以保任制度来取代例行升迁。保任就是京朝官与郡县官吏，在三年任期届满时，如能在安抚转运使、提点刑狱等之中找到五位保举者的话，才能申报升级，否则要等到满五年之后才能考虑例行升迁。第三，因功升级应该基于明确的政绩。第四，为了吸引人才，国子监与全国的监司应该每年推荐有学问与德高望重的人士来为政府服务。其中保任制度最值得注意，这是他革新整个官僚计划中的重点，他希望通过这个制度提拔一批干练的官吏，以贯彻其改革的主张。

4. 改革文风

范仲淹的创作，已经超脱了五代文风的流弊，他在诗文改革运动中，扮演着相当重要的角色。他和柳开、石介等人，既攻击当时流行的西昆体，也攻击沿袭五代余绪的时文。他强调文章和习尚的关系，向仁宗建议“兴复古道”（《奏上时务书》）。既然文学的基本内容是明道，文学的基本功能是致用，那么必然要求以提倡散体古文和质朴的诗歌来达到这个目的。他的策论取士，就是通过政治的力量来革救文弊。他不仅在理论上和政治上助成诗文改革运动，而且在创作上贯彻了自己的文学主张。

学术风气的转变，不仅能重振儒学，使宋代学术大放异彩，同时也激励了萎靡不振的士气，使士大夫以名节志操相砥砺，扭转了整个时代的颓风。在这一时代潮流的酝酿中，范仲淹是一个起领导作用的中坚人物。王安石变法的某些部分，如官僚机构、科举、教育与军制的改革，也是以范仲淹庆历新政的措施为蓝本的。

欧阳修

【生平】

欧阳修（1007～1072），字永叔，号醉翁、六一居士，世称“欧阳文忠公”，吉州庐陵（今江西吉安）人。详见《宋史·欧阳修传》《东都事略·欧阳修传》《宋元学案·庐陵学案》。

【著述】

《新唐书》《新五代史》《集古录》《诗本义》《六一诗话》《欧阳文忠集》等。

【学术成就】

欧阳修的学术成就表现在经学、史学、金石学与文学批评等多方面，他的《新五代史》是宋代唯一一部列入“正史”的私修纪传史著。

1. 经学成绩

以经为正、不惑传注代表欧阳修舍传从经、疑传求真的治经精神，体现在他对《易》《诗》《春秋》的研究中，而以《诗本义》最为突出。首先，他正本清源，以意逆志，探究《诗》的本义。他对毛《传》、郑《笺》中的“臆说”“衍说”“曲说”“妄说”一一作了辨析批驳。他致力于探究诗人主观感情抒发的流程，能从整体上把握诗歌内在的机杼意脉，所以才有可能捕捉到诗人的心灵奥秘，从而对毛、郑的谬说提出鞭辟入里的评骘。其次，核其真伪，黜其怪妄，疑《系辞》等非孔子所作。他治《易》，除了就《系辞》《文言》诸篇提出质疑、发表己见外，他的真知灼见和过人胆识还突出地表现于对天人关系的论述上。最后，求情质实，舍传尊经，推尊《春秋》笔法。他本着“质诸人情”（《石鹞论》）的原则，对《左传》语怪好奇深为不满。他欣赏《春秋》“简而有法”的记述原则，肯定其出以公心，遣词用语务求简洁、准确，烛幽索隐，物无遁形，以寓褒贬之意。

2. 史学观

欧阳修的史学观有四个。第一“不没其实”，“为言信”“善恶明”（《魏梁解》）。他认为只有还历史本来面目，实事求是地撰述史事，才能取信于人。只有论从史出，才能别是非、明善恶，从而起到劝善惩恶的教化作用。而且为撰写史书提供原始资料的行状、墓志铭、神道碑也都必须坚持不虚美、不溢恶的写作原则，而史传散文“事信言文，乃能表现于后世”（《代人上王枢密求先集序书》）。第二，书人不书天，重人事，轻天命。他以“著其灾异，而削其事应”（《新唐书·五行志》）作为《五行志》的编纂原则，为后世史学家作了示范。第三，知古明道，激浊扬清，劝善惩恶。他认为礼义是胜佛老之本，又是天下致治不可或缺的精神储备，五代之所以沦为乱世，根本原因在于礼崩乐坏。第四，简而有法的行文规范，既是《春秋》所具有的特长，也是他本人的追求。

3. 开创金石学

欧阳修将辑录的金石文字用以纠谬补正，纳入治史系统工程。他不仅大力搜集整理拓片，而且编著了《集古录》。他凭借丰富的阅历和治史经验，深知碑刻墓志之属多出亲朋故旧的手笔，甚或以重金请托而得，隐恶扬善以至溢美之词在所难免，因此论人物功过不能贸然以碑碣为主，至若世系、名字、乡里、官封、年岁、子孙则可以碑志正史。他的《集古录》跋尾以金石考史，纠谬补正多至300余处，足证以金石正史的重要地位。他还用金石刻辞考实典章制度、地理沿革，或以史为鉴、排抵佛老。

4. 文学主张

欧阳修的文学主张有：通经学古、切于事实，中于时病而不为空言；本深而末茂，言之所载者大且文，则其传也章；写人情之难言，诗“穷而后工”（《梅圣俞诗集序》）；反对追奇求怪，力主博取众长，取其自然而又勿为一体。其中最为著名的是他论诗的“穷而后工”说，此说滥觞于韩愈。他的达与穷是两个相对的概念，特指政治上的得失。仕途蹭蹬虽使其备尝艰苦，但为他广泛接触社会、洞察人情世态，提供了丰富的创作素材。生活的磨炼，使其更趋成熟。他“穷而后工”的说法，是对韩愈“穷苦之言易好”的深化与发展。他在文学上的独创还表现在谈诗歌创作的两大基本要素：一是“见虫鱼草木风云鸟兽之状类”，二是“内有忧思感愤之郁积”（《梅圣俞诗集序》）。这是说内在的忧思感愤，必须借助于外在的景物才能淋漓尽致地表达，即托物抒情、情景相生。

欧阳修以其集录之广博、考订之精审、论断之独到，开我国金石学研究之先河。他还再振谱牒之学，开创了小宗谱模式。

李 觏

【生平】

李觏（1009~1059），字泰伯，世称“盱江先生”“直讲先生”，建昌军南城（今江西南城）人。详见《宋史·儒林传》《宋元学案补遗》。

【著述】

《周礼致太平论》《袁州州学记》《潜书》《广潜书》《庆历民言》（《直讲李先生文集》《盱江先生全集》《李觏集》）等。

【学术成就】

李觏解《易》注《易》不仅为阐明他的哲学思想，更是为解决当时的社会现实问题，医国救民，经世致用。在他的整个学说中，礼居于核心位置。

1. 万物都在“易”中

所谓“易”，就是变易、变化、发生、发展，变动不居，往来无穷。他认为，宇宙万物都是由“气”产生和形成，而“气”是由阴、阳两个矛盾对立的方面组成。阳气的特性是浮、升、动、刚；阴气的特性是沉、降、静、柔。由于阴、阳二气的浮沉、升降、动静、刚柔的矛盾运动，不息变化，相感相应，相交相合，从而化生了宇宙万物。因此由“气”化生和构成的宇宙万物，在阴阳的矛盾对立中处于不停的运动状态，这就是万物都在“易”中的道理。而《易》《礼》《乐》都是圣人根据阴阳往来、动静变化之形、万物兴衰之象而制定的。

2. 礼论

他以礼制作为施政、立教、治国、安民、修己、育人的准绳和根据，礼是人的一切行动和全部生活的最高准则，也是圣人施教的主要依据和思想主旨。礼是“法”的总纲、总名，是圣人会合仁、义、智、信之德性而成的，是人能否变贤的标准，所以人必须重视礼、学习礼、实践礼。他说人们的物质欲求，不仅不是过错和恶的表现，而且合乎人的本性和圣人对礼的规定，并且是“礼之大本”（《李觏集·礼论第一》）。同时，夫妇、父子、长幼、君臣、上下、师友、宾客、死丧、祭祀之礼等，都是根据人性、人情而为之节制、调节，顺乎人欲、人情而产生的，所以也是“礼之大本”。

3. 性三品论

李觏同意性三品论，并提出“性之品三，而人之类五”（《李觏集·礼论第四》）的人性学说。他认为人性是“天之命”“畜于内”的，“圣人者，根诸性者也。贤人者，学礼而后能者也”（《李觏集·礼论第四》）。而下愚，是不识性的人。因为圣人先天具有仁义礼智信之性，所以圣人天生具有本然善性。贤人之性是中性，是学习礼而后知仁义礼智信之美德而得到的，这种中性即扬雄所说的“善恶混”之性。人之三品，即上智、中人、下愚。但他同时又把“中人”再分为三类：学而得其本者，为贤人，与上智同；学而失其本者，为迷惑，守于中人而已矣；兀然而不学者，为固陋，与下愚同。这样的话，性之“三品”就表现为人之“五类”了。

李觏的改革思想为王安石提供了理论借鉴，可视为王安石变法的先导。他所提倡的义利并行的义利观和王霸并用的强国论，到南宋便引发了陈亮、叶适与朱熹关于王霸、义利的论争。

司马光

【生平】

司马光（1019～1086），字君实，号迂叟，陕州夏县（今山西夏县）涑水乡人，世称“涑水先生”。详见《宋史·司马光传》《宋元学案·涑水学案》。

【著述】

《资治通鉴》《通鉴举要历》《稽古录》《本朝百官公卿表》《注古文学经》《易说》《注太玄经》《注扬子》《书仪》《涑水纪闻》《类篇》《传家

集》《温国文正司马公文集》等。

【学术成就】

司马光的《资治通鉴》是我国编年史中包容时间最长的一部巨著，也是司马光对古代社会统治经验和教训所作的政治总结。

1. “资治”史学

《资治通鉴》是以“资治”为目的的政治通史，是要为统治者提供历史借鉴的。司马光说：“专取国家盛衰，系生民休戚，善可为法，恶可为戒者，为编年一书。”（《进〈资治通鉴〉表》）对于刑赏、仁暴、义利、信诈、名实、才德、奢俭等足以为统治者借鉴之用的，记之尤详。司马光强调统治者“不可以不观史，善者可以为法，不善者可以为戒”（《传家集·乞令校定〈资治通鉴〉所写〈稽古录〉札子》），说自尧舜以来，每言“稽古”，就是要以古为鉴。司马光表示，他作此书的目的是要以史明道，并以自己所理解的儒学义理作为判断历史借鉴的标准。他把史学看作“儒”之一端。维护先王礼教，重建儒家理想的纲常伦理和礼乐教化制度，是司马光“资治”的主旨所在。

2. 重礼乐教化

司马光认为三代之前，统一万国，建立起制度法令，这是王的时代。而后王权衰落，进入霸的时代。在他看来，历史是退化的，今不如古。他妥善地将纪传体糅入编年体中，使纪传之详细与编年之简明结合起来。《资治通鉴》起自周威烈王二十三年（前403），他在“臣光曰”中说，周天子于这一年初命韩赵魏三家为诸侯，“自坏”了君臣之礼，导致其后战国大乱。他以此说明自己总结历史经验，以礼乐教化为主要标准的原因。

3. 非“正统论”

司马光不赞成正统论，他的看法是：“窃以为苟不能使九州合为一统，皆有天子之名而无其实者也。虽华夷仁暴，大小强弱，或时不同，要皆与古之列国无异。岂得独尊奖一国，谓之正统，而其余皆为僭伪哉?”（《资治通鉴》卷六十九“汉中王即位皇帝”论）他用曹魏而不用蜀汉年号，仅仅出于事实本身，并不认为只有曹魏是正统。在正名分、辨正统的争论中，司马光的看法无疑更为合理。

4. 反对新法

司马光与王安石的政治分歧主要在免役法和青苗法问题上，此二法是王安石新法的主要内容。王安石试图通过有钱者出钱、无钱者服役的方式，改变原来的贫困户替富裕户服役的现象；通过向农户贷款，解决青黄不接时农户的生活生产困难问题。司马光却认为，免役法并不能改变穷人替富人服役的现状；青苗法也只是有助于富户的生产。

梁启超认为新编年体，汉人创例之后，两晋南北朝也有继承者，但都只停留在断代的原则上有所编纂，很少通代著作。贯通古今的《资治通鉴》一出，后世名家继作不断，于是《资治通鉴》一书，遂成专门之学。

王安石

【生平】

王安石（1021～1086），字介甫，号半山，又称荆公、临川先生，抚州临川（今江西抚州）人。详见《宋史·王安石传》《宋元学案·荆公新学略》。

【著述】

《杂说》《周官新义》《诗义钩沉》《老子注》《王临川集》《临川集拾遗》《临川先生文集》等。

【学术成就】

王安石不仅主持了著名的“熙宁变法”，在变法中通过政治手段改革了科举制，因而改变了宋代学术界状况，而且他为变法所做的理论论证，成为这一时期意识形态的主流，有力地影响了北宋中后期思想领域，为后来的性命义理之学开辟了道路。

1. 道论

他首先指出道是“先于天地而不为壮，长于上古而不为老”，“道乃在天地之先”，“夫道者，自本自根，无所因而自然也”（《王安石老子注辑本》)。道先天地而生，是一切的本原。然后谈“天”，“天不因人而成”，“夫天之为物也，可谓无作好，无作恶，无偏无党，无反无侧”(《洪范传》)，说天没有意志和情感，天地化育万物是无目的的自然过程，道是万物遵循的规律，天地也须依道而动，在道的支配下化育万物。因此，天不为人而存在，对人没有偏爱，也不受人的需要和欲望控制。灾异或祥瑞，也非“国家之失”或君主盛德所导致的，而是天道运行的正常现象，“水旱常数，尧汤不免”。撰造祥瑞，不过是“以文天下之平”，四方来献灵芝，并非苍天感动于盛德而生出的，不过是献灵芝者为求恩宠赏赐，“希世有力之大臣，穷搜而远采。山农野老，攀缘徂杙”(《芝阁记》)所致。

2. 万物一气说

王安石说：“生物者，气也。”天地运行，循道而动，道是什么呢？“道无体也，无方也，以冲和之气鼓动于天地之间，而生养万物，如橐籥虚而不屈，动而愈出。”(《王安石老子注辑本》)这是讲道无形体，流动于天地之间，使天地生养万物。他又说：“道有体有用。体者，元气之不动。用者，冲气运行于天地之间。”(《王安石老子注辑本》)“道有体”是指道附于具体实物，以元气为其根本。元气是道的本体，道生万物，全由元气化出。元气分化阴阳，阴阳因元气交合成“冲气”。“冲气”非两极状态，而是“无所不和”。阴、阳、冲气流转运行，衍生出水、金、土、木、火五行，分别代表“阴极”“阴中”“冲气”“阳中”“阳极”五种状态。五行共同造生万物，“水施之，火化之，木生之，金成之，土和之。施、生以柔，化、成以刚。故木挠而水弱，金坚而火悍。悍坚而济以和，万物之所以成也”(《洪范传》)。所以，气是生物化生成的原因。

3. 人性论

他认为人之性，也因人之形气而生。他说：“神生于性，性生于诚，诚生于心，心生于气，气生于形。形者，有生之本……不养生，不足以尽性也。”(《礼乐论》)“夫人之为性，心充体逸则乐生，心郁体劳则思死。”(《风俗》)人之性无关于好与恶，好恶所出全在于生理与心理状况健康与否。因此，尽性须得“养生”。一方面要以礼乐养人之性，即节制生理要求；另一方面又要以衣食养人之形气，即满足基本生理需要。在这个前提下，王安石提出性情一元，性不可以善恶言。

他说："喜怒哀乐好恶欲未发于外而存于心，性也。喜怒哀乐好恶欲发于外而见于行，情也。性者，情之本。情者，性之用。故吾曰：性情一也。"（《性情》）意思是，作为人人都有的性与情，就是喜怒哀乐好恶欲，性是它没表现出来、潜在于内心的方面，情是它表现出来、显化于行动的方面，性与情相统一，不存在谁高谁低的问题，也不存在谁善谁恶的评价。他把传统儒学的仁义礼智信隔离出了性、情问题，以现实可见的喜怒哀乐好恶欲取代"五常"，相比先秦诸子抽象地谈论性善性恶是一种进步。同时，他以"性本""情用"将性与情统一起来，又是对汉唐性情对立说的一种发展。

4. 三不足

"三不足"即天变不足畏、祖宗不足法、人言不足恤（《宋史·王安石传》），为王安石新学的精神实质。天变不足畏，是说天地与人了不相关，日月之蚀（食）和地震等不足畏惧，天上的日月星辰阴阳之气"可端策而数"，地上的山川丘陵万物之形"可指籍而定"（《礼乐论》），其变化规律是可以掌握的。因此在灾异面前，他持"以天下之正理考吾之失"（《洪范传》）的态度。祖宗不足法，法随时变，王安石为政尽变"祖宗旧法"。人言不足恤，是说只要新法合乎儒经义理，就不必顾虑反对者的议论。"三不足"正是他变法的依据。

5. 变法

他认为当时的危机是"内则不能无以社稷为忧，外则不能无惧于夷狄。天下之财力日以困穷，而风俗日以衰坏"（《上仁宗皇帝言事书》）。改革势在必行。改革的目的在于富国强兵，关键在于增加财力。为说明改革的合理性，他提出了"权时之变"（《非礼之礼》），即根据时代变化而修正先王之礼法，这是先王礼法中原有之意。先王所用礼法会因时代久远而生弊，不合时世，后人应当"讲先王之意以合当时之变"（《上仁宗皇帝言事书》）。不敢逾越古人一步，以为是遵古人礼法，恰恰背离了先王之政。另外，他明确主张皇帝专权，认为国家的政治、军事、经济、教育大权，不可旁落。历史上尧、舜、禹等各代之盛，正因"人主擅操柄，如天持斗魁"（《兼并》）。所以在他的变法中，不仅没有削弱中央集权，反而处处为加强它而努力。

荆公新学，在北宋中后期社会产生了很大的影响，是朝廷南渡之前居思想界主导地位的思想和学派。尤其是新教学法，使传统的记诵经传被探求义理取代，大大推动了儒学的复兴和学术的成长。

苏　轼

【生平】

苏轼（1037～1101），字子瞻，号东坡居士，眉州眉山（今四川眉山）人。详见《宋史·苏轼传》《宋元学案·苏氏蜀学略》。

【著述】

《东坡易传》《书传》《论语说》《广成子解》《东坡七集》《东坡乐府》等。

【学术成就】

苏轼的“性非善恶”论比“性善”论更能代表北宋中后期的主导见解。从苏轼思考“性”而得的哲学内涵来说，它实际上被包含在诸子学说的“心”概念之中。王阳明“心学”对“性”的理解，就采用了苏轼性论。

1. 道论

苏轼以为阴阳未交之前的本然“状态”，是对道的最好形容，而不是道本身。“一阴一阳者，阴阳未交而物未生之谓也，喻道之似，莫密于此矣。”（《东坡易传》）阴阳未交时，一切具体状态还没出现之前的“状态”，没有任何确定性，只抽象地保存于我们所用的总名相对应者，故此“状态”可以形容这总名。

道在万事万物中的体现为“易”，他假设一个万物未曾化生的时刻（“够不生”），那么此刻的“道”无从显现为“易”，正可谓之“道”。道即“大全”，包罗了自然之理的全部。作为自然之“大全”的“道”，其内涵“廓然无一物”，却“不可谓之无有”，其本身却近于虚无，难以进一步训明。"全"是苏轼道论的一个关键点，他通过这个"全"而要求人们认识世界、处置事物的全面性，从而得出他的"善"概念，也通过"全"而在世界的整体性上迈向形而上的领域。

他把道建立在实际事理的"真"的基础上，打破韩愈诉诸列圣相承之权威性的"道统"论。"君子以理推之，故知其有必然者矣。"（《苏轼文集·书义》）真理大于权威，苏轼的"道"概念就建立在来自认识实践的事物自然之理的广泛基础上。

2. 性论

苏轼认为"善"的内涵不是由先验性的概念演绎来确定的，而是从社会实践中产生的。"夫太古之初，本非有善恶之论，唯天下之所同安者，圣人指以为善，而一人之所独乐者，则名以为恶。"（《苏轼文集·扬雄论》）因此，"善"可由形而下的具体标准来检验。唯其是社会性的，所以不能为自然之"道"、自然之"性"所固有，不能说"道"与"性"本善；但由于"道"是包括人类社会及其文化在内的一切存在的总名，所以从"道"生"善"也有着必然性。

"性"与"道"通过"全"联系在一起，"道"的全体完美无损地实现出来就是"善"。"君子之于事物也，原其始不要其终，知其一不知其二，见其偏不见其全，则利害相夺，华实相乱，乌能得事之真、见物之情哉？"（《苏轼文集·书义》）"得事之真，见物之情，以之事天则天成，以之事地则地平，以之治人则人安。"（《苏轼文集·书义》）人类遵循的自然之理，全而不偏，使自然之全体无损，天下事物各得其所，尽遂其自然之理，则"善"莫大焉。

"性"非善非恶，它与自然之"道"相应。"君子日修其善，以消其不善，不善者日消，有不可得而消者焉；小人日修其不善，以消其善，善者日消，亦有不可得而消者焉。夫不可得而消者，尧舜不能加焉，桀纣不能亡焉，是岂非性也哉？"（《东坡易传》）"性"与善恶有着同等的关系，可以发而为善，也可以发而为恶，它的本身则不可以善恶论。人类普遍之"性"，是圣人与小人所共有的。声音的存在要诉诸人的根本听觉能力，作为自然之全体的"道"，其存在也要诉诸人的根本觉悟。这种根本觉悟，就是人之"所以为人者"的"性"。与"道"为自然之全体的抽象总名相应，“性”也是人情之全部的抽象总名。“情”是指具体人情，喜怒哀惧爱恶欲之类，一切生命表现皆是；“性”则既是“命”（天命、道）的演绎，也是对所有“情”的总概括。

3. 性命自得

苏轼认为尽“性”就是“命”。“命”的含义是命令，但实际上并没有命令，只是人们穷理尽性到了完全自由的境界，这个境界不可言说，故假称为“命”。所谓“性命自得”（秦观《答傅彬老简》），即顺“性”而行。但在苏轼的认识中“命”的这种自由境界，必然是对儒家礼教的自觉践履，所以“性命自得”的实际内涵是顺“性”而行，又与礼教无丝毫隔阂，似孔子所云“从心所欲而不逾矩”。“性”→守“性”为贞→“贞”有“静”与“应物而动”两个方面→据“静”以知万物之理，“应物而动”便是循理而行，循理而行的结果使万物各得其宜，即是“善”。

4. 名实之辨与正统论

苏轼把名实之辨用于史论，“名”（位）指史实，“实”指道德批评的结果。“实”是有争议的，“名”却是确定的，对待当前的政治固应要求名、实相符，贤者贵之，不肖者贱之，但书写过去的历史，却应该名、实分开，因为“名”决定于当时，“实”是今人批评的结果，不能用今人批评的结果去改变过去的史实，即“不以实伤名”。过去曾经“贵”（得“名”）的，不论其“贤”与否，历史书上仍要如实承认其“贵”，不能因为今人视之为“不肖”而夺其“贵”。苏轼已证《春秋》是尊重史实的，圣人是不以贤不肖乱贵贱的，那么他就可以顺理成章地在“正统”论问题上提出“不以实伤名”的主张。在他看来，这也并不妨碍历史学劝善惩恶的大义，因为贵、贱外还有贤、不肖在，“名”外还有“实”，实录外还有批评在。唯“不以实伤名”，而“名卒不能伤实，故名轻而实重”（《苏轼文集·正统论》）。

他认为“正统”是“名之所在焉”。名，即“有天下”。在历史上，凡曾拥有过中国的中央政权之地位、称号的，就是正统。历史上的政权，凡既具有中央政权之地位、称号，又合乎“正”与“统”，那是名实相符的，如尧舜禹三代；但历史上“固有无其实而得其名者”，如秦被批评为不“正”，曹魏、五代又不“统”，是无“正统”之“实”，可它们名义上仍是中央政权，那就不妨承认它们有“正统”的名义。按苏轼之说，得“正统”之名不能掩其不道德之“实”，得“正统”为无益（《苏轼文集·正统论》），善者不待之彰其善，恶者只因之更彰其恶而已。这样，苏轼的“正统”论实已越出当时所谓正统论的一般范畴，在某种意义上可以说他取消了正统论，因为他所许的“正统”并不值得尊尚，不反映史家的道德评判，只是叙录历史上曾有中央政权之名义的政权而已。

苏轼的蜀学，坚持把道与文融为一体、学术与文艺冶为一炉。它继承欧阳修，与新学对立，与二程理学同属元祐之学，足以与之分庭抗礼，并实盛行在前。同时，苏轼重视实践，尊重历史，寓道德于事功，开启南宋浙东学派的先河。

周敦颐

【生平】

周敦颐（1017～1073），字茂叔，原名敦实，道州营道（今湖南道县）人。曾筑室庐山，以故乡濂溪为名，世称“濂溪先生”。详见《宋史·周敦颐传》《宋元学案·濂溪学案》。

【著述】

《太极图说》《通书》（《周元公集》）等。

【学术成就】

周敦颐是宋明理学的奠基者，在世时成就不显，但他对二程的启蒙作用是多方面的。

1. 太极宇宙论

周敦颐说“无极而太极”（《周元公集》卷一），用“无极”来形容“太极”在空间和时间上的无限。太极的运动产生“阳”，动之极便产生“静”，“阴”也由此而生。阴阳的运动衍生五行之气，又由此而衍化出万物。他进而推论天道表现为阴阳，地道为柔刚，人道为仁义。这是对

《周易·系辞》上“易有太极，是生两仪，两仪生四象，四象生八卦”这段话的阐发，但周敦颐不讲八卦而讲五行，八卦虚而五行实，是“五行朝元”。

他的宇宙论图式既是一个至真的、生生不已的存在，又是无形的存在。这种至真的无形的存在又必然体现为阴阳的综合体、动静的综合体。阴阳动静的综合体最终经过复杂的凝合变化就展现了五行，而在阴阳对立的综合体当中是有太极的，在五行当中又各具太极，并不是说太极变为阴阳后太极就消失了，阴阳变成了五行之后阴阳就消失了。五行是阴阳的某种表现，阴阳是太极的某种表现，太极根本上是无极的，也就是无形的。

2. 诚静

《通书》开篇说：“诚者，圣人之本。”在他看来，“诚”是宇宙本原“太极”衍生在人类身上的一种本然之性，它是“纯粹至善”的。人类的伦理行为受到“诚”的支配，本性是至善的。他认为“圣可学”，若受到外界物欲和环境的影响，人的善性就会偏离“中道”而变为恶。要保持自身善性，就要有一套道德修养功夫，即“主静”。他说“无欲故静”，只有做到“无欲”即无私念，才能“静虚动直”，“静虚则明，明则通。动直则公，公则溥”（《周元公集》卷一《圣学》）。静虚是没有私欲，动直是行事出于公心，这样就会使天下百姓受益。

3. 圣人论

周敦颐认为圣人的重要性就在于能发现人类社会的价值原理，发现人类社会价值的根据所在。他用三个概念来讲圣人，即诚、欲、几。诚，即“寂然不动”，没有主动欲念的意思。“欲”是指对分外的、多出来的那部分的追求。“诚”的本质，就是不逾越自己的分限而作为，不超越自己的本分而作为。“几”就是“动而未形，有无之间”。“几”是对寂和感、诚和神关系的一种补充。如果仅仅讲“寂然不动，感而遂通”，那么人就是完全被动的，没有任何的主动性，正是“几”的主动状态才能把寂和感两者真正关联起来。“动而未形，有无之间”（《周元公集》卷一《圣学》）指的是本分内的追求，这种本分内的追求虽然属于动，但因其不是刻意的、额外的追求，所以可理解为动而非动的状态。

4. 志学

志学是修养的功夫。周敦颐认为学要立志，立志的标准是“圣希天”，即圣人追求的是天的境界；“贤希圣”，贤人追求的是圣人的境界；“士希贤”，一般的士人追求的是贤人的境界。他还具体提出了儒家士大夫的理想和目标：“志伊尹之所志”，“学颜子之所学”（《周元公集》卷一《志学》）。这个世界总需要有道义的担当者，也需要有智慧的担当者。所以他提出“圣可学”，而且学圣人以“一为要”，就是要纯一、专一，并且无欲。他说“无欲则静虚动直”，无欲的结果是无论是动还是静，都能做到公平。“静虚”的效果是“明”，明自然通达；“动直则公”，公正的人才能博大。因为没有过分的欲望，所以我们能虚静，静则虚，虚就是内心中没有任何成见。因为没有任何成见，所以才能客观、如实地看待事物，因此就明通。直则无私念，无私念所以公平，公平才能真正做到博大。

周敦颐的学术，从本体论到政治思想再到修养功夫论，是一个相当完整的架构。以后道学家争论的理气关系、动静关系和理欲关系等问题，都可以在周敦颐的学术思想中找到“具体而微”的端倪。

张　载

【生平】

张载（1020 ~ 1077），字子厚，凤翔郿县（今陕西眉县）横渠镇人。因长期在家乡讲学，世称“横渠先生”，尊称“张子”。详见《宋史·张载传》《横渠先生行状》《宋元学案·横渠学案》。

【著述】

《西铭》《崇文集》《正蒙》《横渠易说》（《张子全书》《张载集》）等。

【学术成就】

张载的学术思想是一个气本体的架构，包含虚与气、形与象等多对概念关系。

1. 太虚即气

张载说“太虚即气”“凡象皆气也”，把气看作宇宙的本原，整个世界都是气衍生的。“太虚不能无气，气不能不聚而为万物，万物不能不聚而为太虚。”（《正蒙·太和》）他认为气是一种物体，气有聚散之变，聚则为万物，散则为太虚。“太虚”虽然无形，但不等同于虚无。他进而认为，太虚之气有阴阳之分，各有不同的特点，且相互激荡。二气处于和谐状态时，他称之为“太和”。他说：“一物两体，气也。”（《正蒙·参两》）所谓两体指虚实、动静、聚散、清浊等相互对立的属性，它们都存在于一个统一体中。

2. 心、性、诚、礼的人道论

张载分别人性为“天地之性”和“气质之性”（《正蒙·诚明》），“性无不善”，全在于人是否善于以天地的禀性来验视自己的思想行为。“天地之性”是永恒的，又是博大的，是太虚之气在人身上的一种自然体现，也是人的本性。“气质之性”是个人后天感于外物或者阴阳二气形成的不同特质，包括饮食男女、耳目口腹之欲，或者刚柔、缓急、才愚等。张载主张改变气质之性，追求外物时应合于礼的要求。去掉那些“气质恶者”，从而回复到本来的善性，即天地之性。

3. 认识论

张载把知识区分为“见闻之知”与“德性所知”。“见闻之知”是一种感性知识，是“物交而知”，他认为耳闻目睹是有局限的，特别是对深层次的“道”无法由闻见得知。“德性所知”是一种理性的知识，只有“不以见闻梏其心”（《正蒙·大心》）而“尽心”方有所得。世间万物都有一种共性，孟子所谓“尽心则知性知天”就是这个道理。所谓“尽心”，是要让心不被狭小的见闻限制，要让心扩展开如“天心”一般，让它“大”起来，充满浩然之气，获得最高的智慧。知性知天，就是关于“性与天道”的问题，正是理学家的终极关怀。

4. 感论

张载说“天地万物，无一物相肖者”（《正蒙·太和》），差异的普遍存在是“感”的逻辑前提。张载的“感”有三种：天地阴阳二端之感、人与物蓦然之感、圣人之感。天地阴阳二端之感，即两体之感。天地阴阳二端之感、屈伸之感，只有利没有害。“屈伸相感”也即鬼神相感，鬼是消散，神是生长，所以张载说：“鬼神者，二气之良能也。”（《正蒙·太和》）“良能”，指固有的知和能。意为阴阳消长的变化既体现在大的历史时代，也体现在人的个体中。人与物蓦然之感，是人与物之间比较狭隘的感。它不再仅仅是利了，而是利害相杂。这种感有真实的部分，也有伪妄的部分，所以人生才会迷惑和茫然。圣人之感，指圣人能超越蓦然之感回复到天地阴阳二端之感，也就是正感，所以他能感天地万物。

张载的名言“为天地立心，为生民立命，为往圣继绝学，为万世开太平”（《张子全书·近思录拾遗》）被冯友兰称作“横渠四句”，激励着历代学人对国家与社会的担当精神。

邵 雍

【生平】

邵雍（1011～1077），字尧夫，自号安乐先生，范阳（今河北涿州）人。世人尊称“康节先生”。详见《宋史·道学传》《邵氏闻见录》《宋元学案·百源学案》。

【著述】

《皇极经世书》《伊利击壤集》《先天图》《渔樵问对》等。

【学术成就】

《皇极经世书》之《观物内篇》《观物外篇》是邵雍的学术代表作，前书讲“体”，后书讲“用”。而观物时的“无我”状态，构成了他认知世界的基本态度和方式。

1. 先天之思

邵雍认为“太极”与“道”同义，是天地的本原，是先天而生的。“太极一也，不动，生二，二则神也。神生数，数生象，象生器。”（《观物外篇》下）“太极”是永恒不动的绝对体，由太极生出天地（阴阳），阴阳的变化产生“数”，“数”又生出“象”，最后衍生万物。天生于动，在阴阳的交互作用下形成日月星辰；地生于静，在刚柔的交互作用下形成水火土石。“阳以阴为体，阴以阳为性。动者性也，静者体也。……阳不能独立，必得阴而后立，故阳以阴为基。阴不能自见，必待阳而后见，故阴以阳为唱。”（《观物外篇》下）也就是说，虽然阴阳相互依存，但阴是体，属静，是事物的根本和基础，这与老子说的万物变化而“归根曰静”的思想是一脉相承的。

2. 象数之学

邵雍根据《周易》八卦图和陈抟所传图，把符号、数字按一定规律形象化地组合起来，勾画了一个新的宇宙图式，称为“先天八卦图”（《皇极经世书》卷九）。他声称其先天八卦是伏羲八卦，不同于世人所传的文王八卦，它合于宇宙自然固有的法则。二者在八卦卦位上有所不同。他根据先天八卦制定了六十四卦次的排列以及其他图式，用以更为“准确”地推算宇宙和人事社会的变化，创立了自己的“先天象数之学”。

他把古往今来的历史全都套进自己发明的“数”的公式之中。用“元、会、运、世”四个时间单位来表示历史的进程：一“元”为十二“会”，一“会”为三十“运”，一“运”为十二“世”，一“世”为三十年。推算下来，每个时间单位“元”共包含有十二万九千六百年。他认为时间是无限的，每“元”前后又有另外的“元”。历史是循环的，每“元”的终结便是另一“元”的起点。他把世界看作动态的，有其发展的历史，但又是机械循环和先天而定的。

邵雍认为自然无为是“道”的本质，返回到这种“无为”的先天时代是他的最高社会理想。尧之前的三皇时期就是先天时代，崇尚自然无为，最符合宇宙本原“道”的精神。尧之后的时代是后天的，有四个阶段：皇、帝、王、伯（霸）。世运的转变一代不如一代。各个时代的治理方式不同，皇用无为，帝用恩信，王用公正，伯用智力，各个时代分别代表着道、德、功、力（《观物内篇》）。皇、帝、王、伯像四季一样，周而复始，而它们的盛衰都被先天的“数”安排好了。

3. 观物之术

观物是邵雍对待世界的一个基本态度，他的整个人生态度首先建立在静观明理上。观物，就是认识外部世界，他将观物分为目、心、理三个层次，“观之以理”（《观物内篇》）为最高。圣人能正确地观物，是因为圣人能够“不以我观物”，而是“以物观物”。他认为“情”与“性”是相对的，“性”是物“理”的表现，是先天存在的，而“情”是人后天养成的。排除了“我”即偏暗的“情”，超然自我地“观物”才能有正确结果。他说：“以道观道，以性观性，以心观心，以身观身，以家观家，以国观国，以天下观天下。”（《伊川击壤集·序》）他的观物，是排除了“我”的观物，是“去情复性”的翻版。

邵雍的体用论中，特别强调“体以四立”与“用以三尽”。“体以四立”，即朱熹所谓“想得一举眼便成四片”（《朱子语类》），所有事物在他眼里都能看出四片；“用以三尽”，他强调用之三，即人的主体性的发挥。

程颢、程颐

【生平】

程颢（1032～1085），字伯淳，学者称“明道先生”，洛阳（今河南洛阳）人。详见《宋史·道学传》《宋元学案·明道学案》。

程颐（1033～1107），字正叔，世称“伊川先生”，洛阳（今河南洛阳）人。详见《宋史·道学传》《宋元学案·伊川学案》。

程颢与程颐共创“洛学”，世称“二程”。

【著述】

《周易传》《定性书》《识仁篇》（《二程全书》《河南程氏遗书》《河南程氏外书》《明道先生文集》《伊川先生文集》《二程粹言》《经说》）等；《周易程氏传》《遗书》《易传》《经说》，后人辑录为《程颐文集》（《二程集》）等。

【学术成就】

宋明理学和唐宋儒学复兴运动真正确立方向、基本概念架构、基本逻辑结构以及达成思想共识，到了二程（尤其是程颢）才真正完成。

1. 天理论

天理就是道，道就是天理。二程之学虽宗“四书”，但“天理二字却是自家体贴出来”（《二程外书》卷十二）的。“理”是宇宙的本原，是形而上的、永恒的、适用于万事万物的，是“体”。阴阳之气则是形而下的，是“用”，表现于具体事物的“理”只是“天理”所“照”出的结果。

二程认为“父子君臣，天下之定理，无所逃于天地之间”（《二程遗书》卷五），这种统治秩序就是“天理”在人间社会中的具体体现。每个人在社会中都处于一定的位置，应各守其分，不可僭越，“为君尽君道，为臣尽臣道，过此则无理”。二程主张“存天理、灭人欲”，“人欲”是对于那些超出了他们认定的不合“天理”的“私欲”而言。

二程在认识论上有所不同。程颢说“心是理”，强调通过自我内省取得知识，使心寂然而内外两忘以达到穷理尽性的境界。认为己之心与圣人之心无异，万善皆备，扩充此心即可传圣人之道，“天理”在这里成了主观的存在。程颐则认为“理”是超越事物而存在的，体认天理需要“用敬”，用严肃的态度、崇敬之心，如此涵养久之，天理自然明。二人又提出“致知”在于“格物”，需要穷究事物之理，进而可以体悟到客观存在的“天理”，开南宋心学之源。

2. 人性论

程颐说：“生之谓性。性即气，气即性，生之谓也。”（《二程遗书》卷一）以为万物皆受乾元一气而生，有生都有气，受气都有性，人性乃相对之善。人之善恶本来不齐，此乃宇宙真相，而此真相是理。善乃中节，恶乃过不及；无善则无恶，无恶则无善，不是二物；人受气即有性，故善恶皆是性。

程颢以为人性皆善，不过气有清浊；禀清气生的为善人，禀浊气生的为恶人。故曰：“性无不善，而有不善者，才也。”（《二程遗书》卷十八）“性出于天，才出于气。气清则才清，气浊则才浊。才出有不善，性则无不善。”（《二程遗书》卷十九）故性就是理，性发动之时是情。性是善的，唯情须得其宜。

3. 以觉言仁

程颢以为以“觉”言仁是以“一体”言仁的基础。为什么人能感受到和天地万物为一体？因为人能真正地觉知天地万物的存在。这才是仁，无所不包。知觉什么呢？当然是义理。所以这里讲的不仅是和万物之间的通感关系，或者是见到不幸发生时的恻隐之心，而且涉及知觉、体认义理的问题。人和万物之间都有通感关系，“浑然与物同体”（《二程遗书》卷二上），发展下去难免流为“兼爱”。所以他说学者一定要体认到“仁”，又说“义、礼、智、信皆仁也”。仁义礼智信不分开，义礼智信都是仁的不同表现，是“仁”这个更高原则和道理的具体化。

4. 定性

程颢认为人之所以“累于外物”，是因为犹有内外之别，也就是有一种“自我”的限制。如果没有“自我”的限制，你就会发现天地万物都是与你有感通关系的。虽然我们的爱有一个由近及远的等级，承担的责任有一个由大到小的范围，但“爱有等差”并不是爱有边界。哪一件事不是你分内之事？哪一个人的安顿不是你分内之事？哪里有“外”？如果你内外两忘，则“澄然无事”，就没有拖累而能定了。他又说“知止则自定”（《二程遗书》卷二上），知道自己的分限就自然能定，而不是用“定”帮助你“止”。一方面，我们对天地万物都有爱；另一方面，我们又是在具体的社会生活中面对、实践这个爱。动静无非自己分内之事，自然而然能不动心。

5. 形上形下

程颐说：“一阴一阳之谓道。道非阴阳也。”（《二程遗书》卷三）阴阳已经落入器这个层面，已经是有分别的了。有阴有阳就不再是一，而是二了。一旦有二，就有分别，有了分别，其实就不能是形上层面的了。有了阴阳，就有刚柔，也就有终始、聚散、幽明等分别，进而就有消长、生灭、成毁，也不再是形而上了。所以他又说：“道非阴阳也，所以一阴一阳道也。”（《二程遗书》卷三）也就是说，理、道或形而上者，是一阴一阳的所以然，也就是一阴一阳背后的根据。由此可见，程颐构造出了明确的形上、形下的分别。

6. 格物致知

程颐解释《大学》中的“格物”说：“格犹穷也，物犹理也，犹曰穷其理而已也。”（《二程遗书》卷二十五）就是研究事物的道理，并且弄明白。他认为“穷理”的途径很多，可以读书讲明义理，讨论古今人物，分辨是非，恰当地对待与处理所有应对的事物。这样的方法中包含了对客观事物道理的探索，讲明了儒家的修养功夫里特别重要的就是明理。明理是根本。“真知”不是一般的“知”，“真知”是真切地知，知得深便行得实，知得不深便知而不行。“格物致知”只是第一步，紧接着一个“诚意”的环节，就是要解决知行不能合一的问题。

二程同学于周敦颐，共创“洛学”，为理学奠定了基础。他们的学说以“穷理”为主，认为“一物之理即万物之理”（《二程遗书》卷二上），主张“涵养须用敬，进学则在致知”（《二程遗书》卷十八）的修养方法，目的在于去人欲，存天理，宣扬“气禀”（《二程遗书》卷一）说。

张　栻

【生平】

张栻（1133～1180），字敬夫，后改字钦夫，又字乐斋，号南轩，学者称“南轩先生”，世又称“张宣公”。汉州绵竹（今四川绵竹）人。详见《宋史·道学传》《宋元学案·南轩学案》。

【著述】

《张南轩公全集》、《南轩集》、《南轩先生论语解》（《癸巳论语解》）、《南轩先生孟子说》（《癸巳孟子说》）、《南地易说》等。

【学术成就】

张栻与朱熹、吕祖谦讲学为友，时称“东南三贤”。以他为代表的湖湘学派，在南宋理学中占有重要地位。

1. 同体异取

张栻首先从理与天、性、心的关系方面提出了“同体异取”（《癸巳孟子说·尽心上》）的命题，以阐述他的理本论观点。首先，他认为“天”是“理”的本然状态，理即天，天即理，都是同一的客观精神实体。但当理被人们所禀受时，则变为性。性是理在人身上的体现，而心则主宰性。它们表现形式虽然各异，但实际同为一体，皆本于客观精神实体的理。这样，他肯定了理为宇宙本体的性质。其次，他从构成本体论的基本属性来论述理为宇宙的本体。理是流行无间，无处不在、无时不有的绝对精神，理决定事、物，是第一性的。再次，他认为理即规律，是决定事物之“所以然”的。最后，理还是伦理道德原则，就是人伦道德关系的尊卑上下的等级秩序。这就把封建伦理上升到“天之理”的高度，把伦理本体化了，是为了论证伦常的天然合理性。

2. 原性之理，无有不善

这是张栻的人性论，是对孟子性善论的发挥。首先，他以性具“四德”来论性善，“四德”是由孟子“四端”扩充而来，但比之更为根本。其次，他以“天命之性”论性善，他认为人生之初，性由天命，所谓“原人之生，天命之性，纯粹至善而无恶之可萌者也”（《癸巳孟子说·告子上》）。这样，就把居于“纯粹至善”的四德之性，提到“天命”的高度，神化了封建伦常。最后，他还以“气禀之性可以化而复其初”（《癸巳孟子说·告子上》）论性善。他认为人之所以由善变恶，是由“气禀之性”所造成的，不能归咎于“性”本身。因为“天命之性”是“纯粹至善”的，只是由于“气禀之偏”而变为不善。所以“气禀之性”不仅可以变化，而且可以恢复其“性之本善”的初始状态。由此，他得出“愚者可使之明，柔者可使之强”（《癸巳论语解·卫灵公》）的积极结论。

3. 居敬主一

张栻说：“夫主一之谓敬，居敬则专而不杂，序而不乱，常而不迫，其所行自简也。”（《癸巳论语解·雍也》）他认为“居敬”即“主一”，要求心要专一而不为欲念所“杂”；行要“简”而不为外物所“乱”。张栻“居敬主一”的修养方法是无适，无适就是他所说的“居无越思，事靡他及”（《南轩集·主一箴》），即做到思想言行纯正专一，丝毫不逾越道德伦理规范，以合乎天理。他还认为，只要持之以恒地践履，则圣贤可以效法。这说明他的“居敬主一”，实际上是一种追求道德自我完善的内心修养。

张栻有时还用“太极”表明为宇宙万物的本原，但他又提到“心”为万物的主宰者，这点带有心学的倾向。

沈 括

【生平】

沈括（1032~1096），字存中，号梦溪丈人，浙江杭州钱塘县（今杭州）人。详见《宋史·沈遘传》附。

【著述】

《梦溪笔谈》《长兴集》《志怀录》《清夜录》《灵苑方》《良方》《浑仪议》《浮漏议》《熙宁奉元历》《天下郡县图》《南郊式》《营阵法》《乐论》《图画歌》（《沈括全集》）等。

【学术成就】

沈括学术横跨自然科学与人文社会科学，在其所涉猎的天文、历法、数学、物理、地理、地质、生物、化学、农学、医药、文学、史学、音乐、美术等领域，他都取得了非凡的成就。

1. 自然科学

沈括在数学领域的成就，涉及测量学、运筹学、几何学、组合数学等。最重要的贡献在于，他在融会贯通前人算学创造的基础上，首创隙积术和会圆术，取得了等级差数求和与球面三角学的突破性成就。他在物理学领域，涉及普通物理学中的光学、力学、热学、磁学、结晶学以及声律等众多内容，尤以磁学记录内容最丰富，成就最大。他的化学成就主要表现在石油、冷光、胆水浸铜、炼钢、制盐等方面；他的天文学成就有多个方面，从天象的观测与记录、天文观测仪器的改进到历法的修订与理论总结等都有涉及。医学上，他编成了《灵苑方》《良方》两本医药学著作。

2. 人文科学

沈括关注考古，但并非专为考古，而是根据工作的需要，为了弄清某一事物发展演变的轨迹，才下功夫穷究原委、寻根溯源去研究古器物、古建筑。经过长期积累，他在考古方面颇多建树，为宋代金石学的确立与繁荣作出了贡献。他视音乐为资治之具，因此关注并研究古代的乐律，完成了音乐专著《乐论》。他的《图画歌》介绍了两晋、唐五代至宋的名画家50余人，书画所涉及的门类有山水画、人物画、虫鱼画、仙佛鬼神画、花鸟画、小景画、宫妆服饰画、殿阁楼台画等，丰富多彩。

《梦溪笔谈》在沈括的众多著述中，是流传最广、影响最大的一部书，它集中反映了沈括在自然科学与人文科学领域的成就。

朱熹

【生平】

朱熹（1130～1200），字元晦，又字仲晦，号晦庵、晦翁，别称紫阳，徽州婺源（今江西婺源）人，朱熹是二程的三传弟子李侗的学生，与二程合称“程朱学派”。详见《宋史·道学传》《宋元学案·晦翁学案》。

【著述】

《四书章句集注》《太极图说解》《通书解说》《周易读本》《楚辞集注》《周易本义》《诗集传》《四书或问》《论语集注》《孟子集注》《太极图说解》《西铭解》《参同契考异》《伊洛渊源录》《朱子语类》《近思录》等。

【学术成就】

朱熹的学术思想凝聚了“北宋五子”的贡献，但他的包容不是没有原则。他的一生都在战斗，思想的论辩贯穿了他整个学术生涯。

1. 天理流行

朱熹的天理观、理气观是他的理学思想核心，他的宇宙观、人生观与认识论都由此而衍化，并形成体系。他认为理和气本无先后，未有无理之气，也未有无气之理，理、气是不相离的。但是一定要区分的话，还是理在气先。他说："未有天地之先，毕竟只有理也。有此理，便有此天地；若无此理，便亦无天地，无人无物，都无该载了！有理，便有气流行，发育万物。""理未尝离乎气。然理形而上者，气形而下者。""然理又非别为一物，即存乎是气之中；无是气，则是理亦无挂搭处。气则为金木水火，理则为仁义礼智。"（《朱子语类》卷一《太极天地上》）朱熹把理作为观念上的本体，所谓"形而上之道"，气是物质性的素材，所谓"形而下之器"，有理，便有气流行，进而发育万物。由于理衍生万物，一事即一理，穷究各事各物之理，终极之理也就得到体认。朱熹认为，虽如程颐所说，一草一木皆有理，但格物应有先后缓急，最为急需的应是穷天理、明人伦、讲圣言，通晓仁义礼智这一类大道理。

2. 心性论

朱熹说人、物由理气二者而成，理即太极，太极即性，是人、物所共得，此为本性。他以为本然之性，实际与气质相密接，是以论气质之性时，势不得不杂言气、心为一身主宰，具众理而应万事，"心者，气之精爽"（《朱子语类》卷五《性情心意等名义》）。心与性的关系，乃"性者心之所具之理"，"心以性为体"（《朱子语类》卷五《性情心意等名义》）。此乃经验之心，为气所凝成。此外有超越之心——因理而刺动之道心及因气而刺动之人心。恻隐、羞恶等心为道心，一切嗜欲等为人心。至于情之方面，以为情通性之气而为所发动，心统性与情者。故从性方面见之，心寂然不动；从情方面见之，则感而遂通。情出于性，"性情可以为善"；四端发于性，七情由四端发出。于是哀惧由恻隐发出，怒恶由羞恶发出，惜不能遍及，于是他说："但七情不可分配四端，七情自于四端横贯过了。"（《《朱子语类》卷八十七《礼运》）

3. 格物致知

朱熹以为格物致知及穷理是同一的，而格物的精神功夫必须做到十分。所以他释"格"为"至"，包括三层含义：第一层为即物，也就是接触事物，尊重事物的客观性；第二层为穷理，即研究事物的道理；第三层为至极，即把所研究的道理推至极处。也就是说，穷理是一个长期过程，天下事理不能穷尽，只能一点点地积累。他说："众物之表里精粗无不到，而吾心之全体大用无不明。"（《大学章句》）一方面，对所有事物的外表、内在、细节、大体都有清楚的了解，对客观事物的知识、秩序有了充分把握。另一方面，也使得人心灵的固有秩序彰明起来，使心灵的秩序具体化，成为人们判断选择的引领。即研究的事物越多，心就越灵明，人的认识能力就越强。

4. 涵养功夫

朱熹把人、物之性看作与生俱来的，是一种形而上的本性，与形而下的气相对立，性得"天地之理"，形得"天地之气"。他认为人性本善，仁义礼智等是天理赋予人性的粹然道德，这是人类与虫兽的根本区别。而人的善恶之分是因"气禀不同"，是后天形成的。人要恢复其本性，就需要一套修养功夫。周敦颐持"主静"，程颐说"涵养须用敬"，朱熹改"主静"为"主敬"（持敬），避免落入禅学。持敬是指体认天理的涵养功夫，做到精神专一，庄重肃穆，怀畏谨之心，如事上帝，也就是自我道德修养方式。朱熹说："学者须敬守此心，不可急迫，当栽培深厚。栽，只如种得一物在此。但涵养持守之功继继不已，是谓栽培深厚。如此而优游涵泳于其间，则浃洽而有以自得矣。"（《朱子语类》卷十二《持守》）

朱熹通过经典诠释、历史重构以及对思想世俗化的努力，再度确立了"道统"。他重新凸显了作为思想依据的"经典"，指示了理解经典意义的新途径。他通过思想的一系列具体化和世俗化的努力，使本来属于上层士人的道德伦理原则，渐渐进入民众的生活世界。

陆九渊

【生平】

陆九渊（1139～1193），字子静，抚州金溪（今江西金溪）人。因书斋名“存”，世称“存斋先生”。又因讲学于象山书院，人称“象山先生”。与其兄九韶、九龄相为师友，并称“三陆子之学”。详见《宋史·儒林传》《传习录》《宋元学案·象山学案》。

【著述】

《象山先生全集》(《陆九渊全集》) 等。

【学术成就】

陆九渊“本心”概念的提出，正是在儒家趣味已成为士大夫普遍的精神趣味背景下，因为儒家生活的合理性无须证明，所以陆九渊才会认为程朱向外寻求的“格物穷理”是“支离”的，要去寻找更简易、更直接的思想和方法。

1. 本心

陆九渊的“本心”根源于孟子，他运用孟子的“良知良能”解释“本心”，强调良知、良能是“我固有之，非由外铄我也”(《与曾宅之》)，这一本心不是从外面陶铸、塑造而成，是我本来就有的。他直接把孟子的“四端”即恻隐、羞恶、恭敬、是非这样的道德情感等同为仁义礼智，这是本心论的关键。本心是每个人都具备的饱满的道德情感，所以它既是人的“应当”、一种“自然”，也是一种“必然”。本心也是心之本来之体，人心未受污染、未受遮蔽之前，就完整地包含恻隐、羞恶、恭敬、是非之情，而这些道德情感都是纯善无恶的，由这种本心发显出来的行为也应该是善的，人们之所以会有各种各样的恶，在于人欲的遮蔽。

2. 心即理

陆九渊讲的“理”是有客观性的，即“此理乃宇宙之所固有”，“固不以人之明不明、行不行而加损”(《与元晦书》二)。这点与朱熹大约一致。“心即理”的“心”就是本心，也就是孟子所讲的“心之所同然”。人们对义理是有共同喜好的，只不过圣人“先得我心之所同然”(《与曾宅之》)。所有人的心本质上都是同样的心，所有的万物之理本质上都是同样的理。最高的恰当、完善，一定是归于一体的，最纯的道理并无二致。所以，此心和此理不容分别。从本心角度理解人心的话，作为天地本性的仁义礼智，落在人的行为上，自然而然地表现为恻隐、羞恶、恭敬、是非之情，也就是“心即理”的逻辑。

3. 六经注我

他说：“万物森然于方寸之间，满心而发，充塞宇宙，无非此理。”（《象山语录》卷二）他视心或理为永恒不变，无论是千万世之前出现的圣人和之后的圣人，还是东南西北海中出现的圣人，其心其理都是相同的，且万世不变。他还说：“收拾精神，自作主宰，万物皆备于我，有何欠缺？”（《象山语录》卷四）世间万物都包罗在自己心中，宇宙万物之理和人心之理是没有差别的，客观和主观同一。

“《六经》注我，我注《六经》”；“学苟知道，《六经》皆我注脚”（《宋史·儒林传》）。陆九渊认为儒经本身并不需要注释，凭自己的理解就可以了，甚至可用《六经》来解释自己的思想。他对学生也强调自己的领悟。既然自我心中一切皆已具备，那么朱熹等人所说的格物、穷理的方法便不足取。自己心中的理本来就是上天赐予，非由外来，自己只要发明本心即可。他称此为“易简功夫”（《鹅湖和教授兄韵》）。

4. 尊德性

在如何得到真理的方法论上，朱熹强调道问学，格物穷理，陆九渊强调尊德性，发明本心。朱熹认为陆氏“教人为太简”，陆则认为朱“教人为支离”。朱熹主张“先博览而后返之守约”，也就是通过广泛阅览（包括书和事物）然后体悟到理；陆九渊主张“先发明其本心而后使之博览”（《宋元学案》卷七七《槐堂诸儒学案·朱先生泰卿》）。在著名的鹅湖之会上，陆氏三兄弟和朱子门人围绕治学方法等问题，进行了激烈的辩论。

虽然陆学（象山学）未能受到统治者重视而逐渐冷落，但所幸未成绝响，至明代王阳明起而使心学终成显学。

吕祖谦

【生平】

吕祖谦（1137～1181），字伯恭，世称“东莱先生”，婺州（今浙江金华）人。详见《宋史·儒林传》《宋元学案·东莱学案》。

【著述】

《东莱集》（《东莱吕太史文集》）、《书说》、《吕氏家塾读诗记》、《春秋左氏传说》、《唐鉴》、《宋文鉴》、《古文关键》、《易说》、《东莱书说》、《东莱博议》、《大事记》等。

【学术成就】

吕祖谦不拘门户之见，以综合当时各家学说为己任，在经济、政治、哲学、人格、伦理、教育与历史等多方面都有所建树，而以理学最著。

1. 性、心本善

吕祖谦首先虚构了一个“中正仁义之体”（《与朱侍讲》）的天之性。天之性如何演绎成人之性呢？他的逻辑是天人一体，万物一源，因此天之性也就是人之性。与天同性的“吾之性”既然是“中正仁义之体”，它就包含着仁义礼智四德，那么为何在现实生活中却有人常常做出悖逆于四德之事呢？他以张载的“气质之性”为依据来说明，认为人之所以有恶，是由于禀受的“气质有偏”。同时他也指出，人的气质之性虽然偏离了“中正仁义之体”的天之性，但它并不是固定不变，而是可以通过后天的主观努力加以矫正改造。只要人们注意克服“有偏”的气质之性，即可恢复至善至美的天地之性。

2. 守初心

吕祖谦认为道心是人的“本然之心”“本心”，有时亦称“初心”“内心”。它含有仁义礼智四德，是善而非恶。人心是“私心”，有时称之为“外心”。它与“气质之性”是同一类的，搅搅扰扰，危殆不安。人之所以由善而恶，就是因为丑恶的人心遮掩了至善的道心。因此，他提出了“守初心”之说。他说：“人当件件守初心，如自贫贱而之富贵，不可以富贵移其所履。惟素履，故无咎，盖不为地位所移也。此最是教人出门第一步。”（《易说·履》）在他看来，不管遇到什么事情，只要紧紧地守住“初心”，使“本心”不受外界事物的影响，即能达到与天地同流不息的精神境界。

3. 致知、力行并重

吕祖谦既有“守初心”一说，因而他认为人们要探索自然和社会的奥秘，把握客观事物的内在规律，就不必求助于外，只须求诸内心。他认为心具有认识一切事物的能力，人心和太阳一样光明，只要不断地扩充内心固有的光辉，就能准确地认识客观世界的一切。心与万物的关系犹如明镜和镜中之影，与其他认知器官相比，心不受时间、地点的制约，可直接感知事物。但当他在观察社会、研究历史的过程中，又深深感到“实理难精”（《陈同甫恕斋铭》），只有对天地变化、草木繁茂精加考察，才能求其故。因此，在认识方法上他提出了“致知”和“力行”相统一的思想。他认为认识活动中如能知、行兼顾，则能避免“笼统零碎之病”（《别集·与邢邦用》）。知与行犹如识路与走路，知而不行，知也就失去其实际意义而流入空虚。

吕祖谦主张明理躬行，学以致用，反对空谈心性，开浙东学派之先声。他所创立的婺学（金华学派），也是当时最具影响的学派，在理学发展史上占有重要地位。

陈亮、叶适

【生平】

陈亮（1143～1194），原名汝能，字同父（同甫），号龙川，学者称“龙川先生”。婺州永康（今浙江永康）人。详见《宋史·儒林传》《宋元学案·龙川学案》。

叶适（1150～1223），字正则，号水心居士，世称“水心先生”，温州永嘉（今浙江温州）人。详见《宋史·儒林传》《宋元学案·水心学案》。

【著述】

《龙川文集》《龙川词》《中兴五论》《酌古论》等；《习学记言》、《水心先生文集》、《水心别集》（《叶适集》）等。

【学术成就】

以陈亮为代表的永康学派（龙川学派）和以叶适为代表的永嘉学派，都反对空谈，力主事功，是南宋事功学派的两位代表。

1. 陈亮的“道外无事”

陈亮认为道并非离开“形气”而存在，而是常行于事物之间，“天下岂有道外之事哉！”（《勉强行道大有功》）他认为道赖人以存，没有游离于世界之外的道，这与程朱主张道是客观的存在和心学派主张的道在心中都不同。

陈亮提倡义利双行、王霸并用。他鄙视朱熹所谓“得不传之绝学”。（《与朱元晦秘书》；朱熹认为有一个绝对真理的道存在，程子得到了这个“不传之绝学”，自己也继承其端绪。）他否认朱熹等人三代以道治天下、汉唐以智力把持天下的说法，他认为汉唐出现万物之阜蕃的面貌，是有大功大德的事业，足以上接三代统绪，虽杂有霸道，却是本于王道的。至于征伐讨逆之事，夏商周三代也常有。义利双行，天理、人欲可以并行，义利、理欲都不是对立的。

2. 叶适的“利、义之和”

叶适提出“物之所在道则在焉”（《习学记言》卷四十七），来反对道和器的割裂独立，认为虽道无限，具体器物有限，但道并不能脱离具体器物而独立。他借义、利之辨，作为批评朱熹道、器分割的武器。他认为义或利虽分属不同概念，两者有尖锐的对立而呈现紧张冲突的时候，却也有以义规范利、不以义抑利的辩证综合的意思。因此，他认为以利合义，不但不害义沦为不义，且能达成经世济民的儒家淑世之志。有鉴于宋代的积弱不振，叶适认可崇义养利、隆礼致利，他的这一义利观也是古代君臣经营天下公共事务的方针。就儒家的外王理想和抱负而言，经世致用、博施济众以解决天下民生疾苦，责无旁贷。他认为古人舍己为人，为大众谋福利，可谓道义光明，但后世儒者在解读“不谋利”和“不计功”时流于片面，导致道义与功利一刀两断。在义、利失去联系和辩证性的统合下，道义成为无法促进福国利民的虚语。

陈傅良把陈亮思想归结为“功到成处便是有德，事到济处便是有理”

（《宋元学案》卷五六《龙川学案》），虽然并非意在赞美，但道破了陈亮思想的关键。叶适主张功利之学，反对空谈性命，对朱熹学说提出批评。他所代表的永嘉事功学派，与当时朱熹的理学、陆九渊的心学并列为南宋三大学派。

谢良佐

【生平】

谢良佐（1050～1103），字显道，人称“上蔡先生”或“谢上蔡”，蔡州上蔡（今河南上蔡）人。师从二程，与游酢、吕大临、杨时号称“程门四先生”。详见《宋史·道学传》《宋元学案·上蔡学案》。

【著述】

《上蔡语录》（《论语说》）等。

【学术成就】

谢良佐继承师门极务于为己之学，其思想学术切近平实，不尚虚玄高远，为“切问近思之学”（《伊洛渊源录》卷九《谢学士》）。

1. 论仁

谢良佐以“觉”与“生意”来论仁，他继承程颢的仁说，提出了心有知觉（即体认万物一体之理）之谓仁的观点，将仁体直接视为本心之体认（知觉）。他说：“心者，何也？仁是已。仁者，何也？活者为仁，死者为不仁。今人身体麻痹，不知痛痒，谓之不仁。桃杏之核可种而生者，谓之桃仁、杏仁，言有生之意。推此，仁可见矣。”（《上蔡语录》卷一）又说：“有知觉，识痛痒”，便唤作仁。他将程颢的“以生为仁”进行阐释，指出仁是人心、心即仁，同时他又将仁等同于天理。此天理是指化生万物的本体，由此理、仁、心都具有了天地万物的最高范畴，有宇宙本体的含义。他为了将心与仁沟通，又提出“觉”的概念，“以觉释仁，谓仁为活物，要于日用中觉得活物，便见仁体”（《朱子语类》卷一百一《谢显道》）。

2. 求是

谢良佐以“求是”来论穷理，他欲穷理，而欲理会透的愤悱之心，体现了他积极求解、切问而近思的学术宗旨。愤悱之心使他具有求是求真求实的精神，他强调学者且须穷理，格物穷理是为了认得天理，求得“是处”。天理即本心，即仁，他强调天理自然，而非人为臆造，与“任私用意，杜撰做事”（《上蔡语录》卷一）的人欲相对；天理客观存在，具有永恒性，不可移易；作为当然之则，天理不离日用而存在。人之视听言动、人伦物用等皆来自于天理，故经由人道的穷究和实践，可实现与天道的合一。他对天理的推崇，凸显了穷理的必然性。穷理的最终目的，是与理为一。他说穷理是寻个是处，是处即是对“真我”的认识，真我即“理便是我”，即与理为一之“我”、本心，是现实之我的自我超越与升华。

3. 下学而上达

谢良佐主张为学不可好高骛远，须从小事、切己之事做起。洒扫应对，是日常家务及待人接物之事，也是儒家童蒙教育的基本内容。谢良佐以为只有在洒扫应对上用心，心与事为一，才能“养取诚意出来”（《西山读书记》卷二十一《小学》），诚意即天道、天理。学须从理上学，尽人之理，斯尽天之理，学斯达矣。他以二程天道性命一以贯之的义理来阐释下学上达，认为天人一理贯通，本心即天地之心，人只要顺理自然，不私意人为，便可由切己之事推至天地之理。在他的理学视域内，下学而上达不仅是由人事的学习与积累而通达天命的为学之序的问题，更是克己省察、去私无己、与天为一的修身问题。

谢良佐是两宋之际理学史上承上启下的重要人物，他开启了心本体化的序幕，对洛学向心学的转化影响显著。

黄庭坚

【生平】

黄庭坚（1045～1105），字鲁直，号山谷道人，晚号涪翁，洪州分宁（今江西九江修水）人。详见《宋史·文苑传》。

【著述】

《山谷词》《山谷集》等。

【学术成就】

黄庭坚的学术成就有融合儒释道的哲学伦理学，以心性论为核心的新儒学，最为著名的是以他为领袖的江西诗派的诗学理论。

1. 心性学

在对儒家经典的阐释中，黄庭坚是同时代人中较早重视心性问题的人，心性问题也是他革新传统儒学的切入点，由此构建起他的道德修养与人格境界的体系。在道德修养中，他强调道德规范只有化为内心的自觉要求，才能造就一种完美的人格，因此他反复教人“养心探道”“养心治性”“正心诚意”（《山谷别集》卷十七《与徐师川书》）。他不认可章句之学的传统，反对恪守古训的人云亦云，而主张转向以心体悟的新颖学风，即是向心这一精神本体的复归。因此，在解读儒家经典时，他强调体悟圣人的道心比书本上的言论更重要。礼和心是道德修养、人格建构的两个方面，他通过对二者关系的探讨，突出心对礼的决定作用，阐明礼只有通过心的觉悟才能塑造出完美的人格，否则只是虚应故事、徒具形式。

2. 句中有眼，意在无弦

黄庭坚论创作，非常重视法度的谨严，注意篇章结构的惨淡经营、字句的精心锻炼。然而，他又有更高的要求，即达到自然浑成，也就是自由地合乎规律、平淡而意境深远的境界。杜甫的“一洗万古凡马空”是他推崇的句法榜样，谢朓的“澄江静如练”是他向往的句法境界。他论句法主要指诗句的构造方法，包括格律、语言的安排，也关系到诗句的艺术风格、意境、气势，所蕴含的内容是多角度、多层次的。“句中有眼”也称“句眼”，是指一句诗或一首诗中最精练、最传神而又有空灵意趣的一个关键词。“意在无弦”（《山谷集》卷十二《赠高子勉四首》），用来形容陶潜诗的意象超越，纯出自然而不事雕琢，与“句中有眼”的精于字句锻炼相对举，标志着诗歌创作的两种境界。

3. 点铁成金，夺胎换骨

“点铁成金”与“夺胎换骨”是黄庭坚总结的如何活学活用前人作品的方法。点铁成金，被他用来专指活用古人成语典故来追求字句的翻奇出新。夺胎换骨，大意指吸取化用或翻用前人作品中的意蕴而加以丰富、扩充与改造。杜甫和韩愈的确注重读书学古，同时两人都强调创新。黄庭坚片面地认定他们的作品“无一字无来处”（《山谷集》卷十九《答洪驹父书三首》），不仅抹杀了二人的创造性，也是对后人创造力的限制，造成对杜诗、韩文字字求出处，以及自己创作中处处掉书袋的风气。

黄庭坚在经典解读和礼仪上都突出了心的根本作用，凸显了道德意识的自觉在道德与儒学复兴中的核心意义，这一点正是以后理学家创立内圣之学的关键。

郑　樵

【生平】

郑樵（1104～1162），字渔仲，自号溪西逸民，南宋兴化军莆田（今福建莆田）人，世称“夹漈先生”。详见《宋史·儒林传》。

【著述】

《通志》《夹漈遗稿》《尔雅注》《诗辨妄》等。

【学术成就】

郑樵的学术成就主要体现于《通志》，其精华则集中在《二十略》中。《二十略》代表了郑樵的经旨之学、礼乐之学、语言学、自然科学、文献学与史学等各领域的学术成就。

1. 会通的史学思想

他说：“百川异趋，必会于海。……万国殊途，必通诸夏。”（《通志·总序》）如孔子总会天下诗书礼乐于一手，通贯二帝三王之历史演变，故而其道光明，百世不厌。刘知几提倡通识，希望总括万殊、包罗万有，郑樵继承这个思想，希望总会百家之学。《通志》体例为“凡例殊途，经纬异制，自有成法，不蹈前修”（《夹漈遗稿·上宰相书》），表明自己的独创性。《通志》全书分为帝纪、后妃传、年谱、二十略、世家、宗室、列传、载记诸部分，分类已自成一家，内容上也有其特点。他把氏族、六书、七音、昆虫草木等为一般正史所不载的内容纳入研究范围，成为《二十略》。他说《二十略》是“总天下之大学术而条其纲目”“百代之宪章，学者之能事”（《通志·总序》）而无不包括。

2. 科学态度

郑樵最恨“空言著书”（《通志·总序》），所以他治学非常注重实地考察、使用分析与综合的考辨方法。为了考古，他到四方游历；为了研究动植物，他“与田夫野老往来，与夜鹤晓猿杂处”（《昆虫草木略·序》）。《通志》中有许多图画，是他实地考察事物情状的成果。他把氏族分成三十二类，书籍分成四百二十二类，并把字书中的所有文字都分配到六书，韵书中所有文字都分配到七音。分析完之后，再去综合。他的每一种著作中，必有一部书是笼罩全体的，《通志》则是他一生学问的综合。

郑樵学术上的会通思想、批判精神与科学态度，已越来越为人们所接受。诚如张舜徽所评价的：“二千年间，论史才之雄伟，继司马迁而起者则有郑樵。”（张舜徽《史学三书平议》）

严　羽

【生平】

严羽（？～？），字丹丘，一字仪卿，自号沧浪逋客，世称“严沧浪”。邵武莒溪（今福建邵武莒溪）人。详见《闽中理学渊源考·严仪卿先生羽》。

【著述】

《沧浪诗话》等。

【学术成就】

严羽的《沧浪诗话》，不同于大多数宋诗话的随笔性质，它比较有系统，标志着以诗话形式探讨诗歌艺术理论进入更自觉的阶段。

1. 兴趣说

严羽提出诗歌艺术的五项标准：体制、格力、气象、兴趣与音节。其中，兴趣，是他从盛唐著名诗人诗歌中提炼出来的。兴，指的是诗人对外界事物的感触所发生的情思，也指联想、委婉含蓄等表现手法。趣，相当于诗歌的韵味，与钟嵘的“滋味”、司空图的“韵外之致”、杨万里的“风味”相近，与兴的含意相通。因此，他的一些似乎有点神秘的说法，如空中之音、水中之月、镜中之象等，实际上都是力图描述出诗歌中的形象应该空灵蕴藉、深婉不迫，与现实保持一定距离，令人神往而不要太落实。

2. 妙悟与熟参

“妙悟”与“熟参”是严羽以禅喻诗的成果。悟指掌握诗歌创作的规律，参指钻研诗歌创作的规律。严羽认为认识辨别诗歌的体制是从事创作与评论的基本功，通过辨体认识到诗歌应有的艺术特征，这就是悟或称悟入。汉魏之作自然地具有这种艺术特征，所以不须讲悟。从谢灵运到盛唐诗人有意识地掌握了这种艺术特征，如兴趣、格力、气象等，这就是“妙悟”“透彻之悟”。熟读历代各种流派和重要作家作品，认真钻研体会，是提高识别能力、进入悟境的途径，这就是“熟参”。

严羽的《沧浪诗话》综合前人与时人的论诗旨趣加以系统化而有自己的建树，在诗歌理论史上产生很大影响，成为明代诗学权威。

张伯端

【生平】

张伯端（987? ~1082?），改名用成，字平叔，号紫阳。浙江天台（今浙江台州）人。详见《历世真仙体道通鉴》卷四九。

【著述】

《悟真篇》等。

【学术成就】

内丹道家认为，人其实是天地宇宙最优化的创造物，人自身的禀赋已经是圆满自足的。因此，人无须假求于外物，只须调动、激发起体内本有的因素、成分，使之协和、提升起来，即可得道成仙。张伯端对于内丹道的表述最为系统。

1. 三教会通

张伯端认为，佛教以空寂为宗，讲求出离生死轮回之苦；道教以炼养为真，追求摆脱世间利欲的困迫；儒家以穷理尽性至命为说，贬斥个体意念之私执。三教论说都是围绕着人的终极关怀而展开的，它们在生死问题上的解决可说殊途同归。在他看来，三教宗旨都是“教人修种，以逃生死”，“臻乎性命之奥”，因此他自己就是出入于儒释道之间，致力于这种“混一而同归”（《悟真篇·原序》）的工作。

但三家对“真心”的认识不同：儒家要求所作所为符合礼仪法度，佛教要求了无一念中见真性、求解脱，道教要求于无妄心中生真念，由此而达于返本还原的境界。“真心”不同，导致三教的修炼方法也不同，且各有优劣。他主张“先以神仙命术诱其修炼，次以诸佛妙用广其神通，终以真如觉性遣其幻妄，而归于究竟空寂之本源”（《悟真篇·原序》），始则由儒入道，次则由道参禅，复次摄禅摄性，最终复返于自然大化的本源和本性、性命的初始或本真，从而把性命双修的思想完全贯彻到三教合一的思想中。

2. 内丹理论

张伯端说：“人人本有长生药，自是迷徒枉摆抛。”（《悟真篇》卷上《七言四韵》其六）每个个体生命都是阴阳交合的产物，具有自足性。所谓炼丹无非使本体内阴阳水火通过一种内修的功夫得到结合、升华，由是便可求得长生。至于如何通过内修的功夫炼取金丹，他说：“先把乾坤为鼎器，次将乌兔药来烹，既驱二物归黄道，争得金丹不解生。”（《悟真篇》

卷中《七言绝句》其一）鼎器是指人头顶的泥丸宫与下腹的下丹田；乌兔喻日月，日为阳，为元神，月为阴，为元精。烧炼的方法，就是导引元神精依一定秩序运行通关，而最后归于黄道（中宫真土）。这一过程叫做炼精化气，继而再经历炼气化神、炼神还虚的功夫，便可证入仙道。

张伯端传法于石泰、薛道光、陈楠、白玉蟾，他们后被誉为南宗五祖。与王重阳创立的北派亦即道教（又称北七真派），二者并列为全真教重丹法清修的两大派。

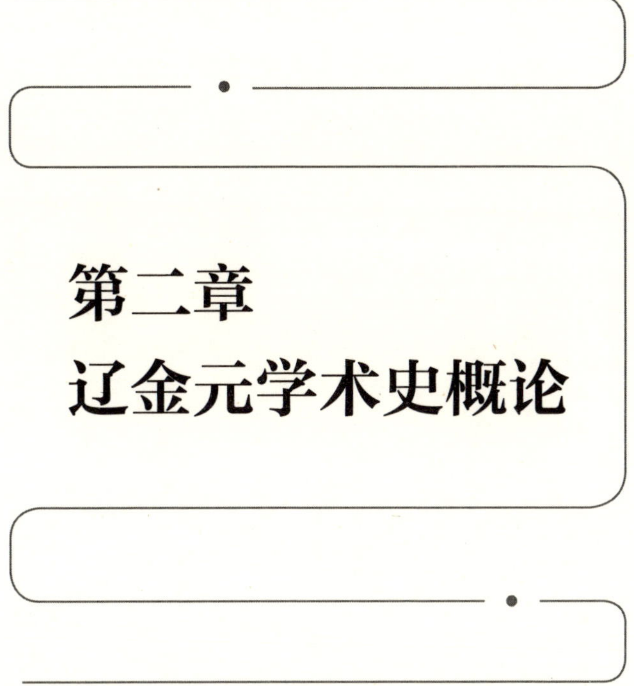

第二章
辽金元学术史概论

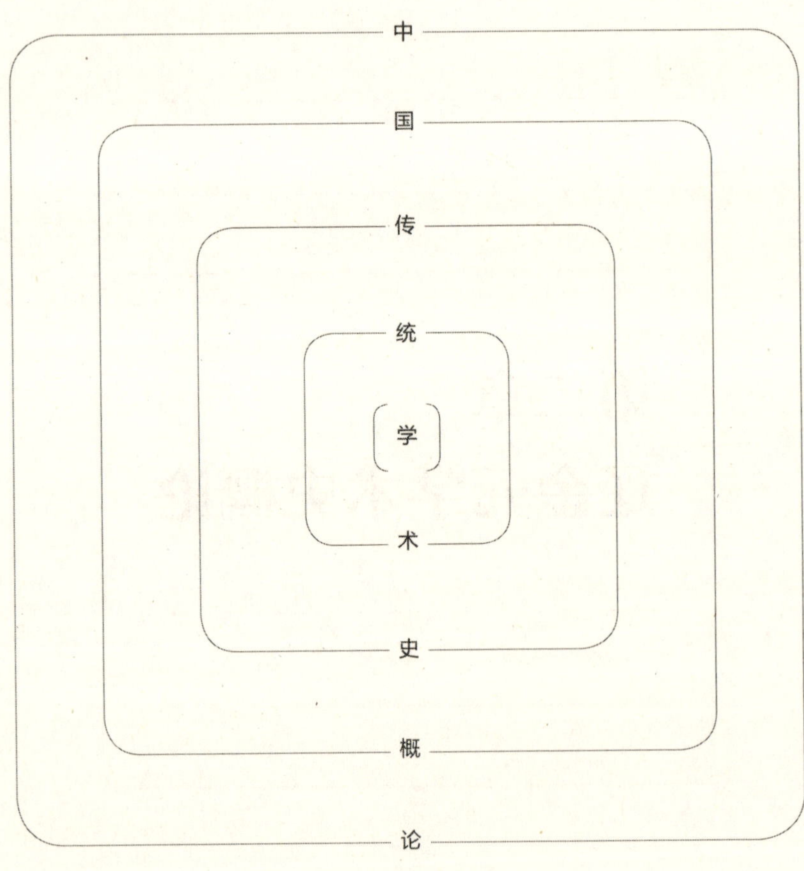
中国传统学术史概论

总论：理学与心学之间

一 理学

金攻灭北宋政权后，理学诸家也随之而南迁。但金代境内的一批儒学之士如赵秉文、王若虚、李纯甫等人并没有放弃对“道学”或“心性”问题的探求，理学在金朝后期甚至有复苏的迹象。但总的来说，金代理学毕竟呈现衰微的状况，赵复被看作北方理学的传承者。（见《元史·赵复传》）赵复在太极书院讲学，以《四书集注》为主要传授内容，姚枢退隐苏门后，得传其学，后继者有许衡、窦默、郝经、刘因等人，程朱之学在北方广泛传播。

理学思想适应了蒙古统治者的需要。元仁宗延祐年间（1314～1320）恢复科举考试，以程朱之说为准，使伊洛之书“家传而人有之”。于是理学思想在元代有了更为广泛的传播，读经崇儒之风大增，其政治社会影响直至明清两代。

陆学在元代远不如朱学兴盛，虽有承传，但其影响与朱学无法相比。尊信陆学的人物尚有刘埙、陈苑、赵偕等，他们仍坚守陆学“门墙”，始终与朱学对垒，在元代有一定的影响。

更多有识之士看到了朱、陆学说的不足，自觉地将二者合流，减少了空疏，具有了笃实。许衡在心性问题上游离于朱陆之间，吴澄更直言陆氏“本心”说之长，学者郑玉评判朱陆两家云：“陆子之质高明，故好简易；朱子之质笃实，故好邃密。盖各因其质之所近而为学，故所入之途有同尔。”（《师山集·送葛子熙之武昌学录序》）

合流的方法，就是立足于陆学的本心论，兼取陆学的某些观点与朱学的理气论与理欲之辨。王阳明的学说也以陆学为宗，又融合了朱学的一些内容，从而形成了博大、精细的王学体系。他这种兼融朱陆的办法，不过是沿承元代朱陆合流的趋势。因此，从南宋的陆学到明代的王学，元代的理学实为宋明学术之间的过渡。也可以说，由宋到元、再到明，从理学史上说，元代的朱陆合流，是起有嬗变和传递的重要作用的。

二 史学

脱脱帖木儿主持编修了《宋史》《辽史》《金史》，功不可没。首先，修史涉及不同民族的政权，各政权的官方语言各异，文献难辨，他邀请不同民族的史学家通力合作完成，难度很大，贡献也很大。其次，他在《宋史》中列出“奸臣”名录，这是难能可贵的。最后，脱脱修史视野开阔，不以一家为正统，给予宋、辽、金同等历史地位，也为后世研究东亚地区的封建化进程提供了重要的史料支撑。

三 文学理论

金、元时期，诗文创作与批评虽不及宋朝繁荣，但也产生过一些有成就的作者与批评家。王若虚与元好问都是由金入元的文坛领袖。由宋入元的方回则为江西诗派的理论作了总结与发展。杨维桢是元代后期颇有影响的人物。他们在宋明之间，起着承前启后的作用。

王若虚《滹南遗老集》中有《文辨》四卷、《诗话》三卷，对诗文创作发表了许多看法。他论诗文强调“以意为主”，崇尚“真”与“似”，由此分析文学作品内容与形式的关系、文学的真实性问题，从而总结苏轼、白居易的创作特点与成就，非常推崇他们。

金元两代，涌现了不少戏曲理论批评的论文和专著。虽然这些批评还不够系统，显得琐碎，但比之前代，已有较大进展。燕南芝庵的《唱论》是一部金元时代论述声乐的专著，该书以“乐府”指称唐宋的“词”，以“套数”指称北曲的散套，它还归纳了十七宫调的歌唱特色。周德清的《中原音韵》是一部论述北曲音韵的重要著作，后来北曲作家制曲，演员唱曲，正音咬字，多以之为准绳，甚至南曲也深受其影响。

金元两代的小说批评主要以沈既济、李公佐、赵令畤、洪迈对“传奇”的批评，刘辰翁对《世说新语》的评点和罗烨的《醉翁谈录》为代表。其中以罗烨《醉翁谈录》为著，该书卷首《舌耕叙引》中的《小说引子》《小说开辟》是两篇比较全面地总结话本创作经验的理论文章，在我国小说理论批评史上有着重要的意义。

四 文献学成绩

元代虽常设秘书监，立兴文署，刊刻诸经子史，然未撰修目录。仅至正时曾以秘书监所藏古书名画编号缮写，今亦不传。唯王士点等《秘书监志》中录其藏书之大略。

元代的史志目录有《宋史·艺文志》和马端临《文献通考·经籍考》；专科目录有钟嗣成的《录鬼簿》。

元代的辨伪之学也有承前启后的作用。第一，赵孟頫、吴澄是继宋代吴棫、朱熹之后进一步辨《古文尚书》之伪的人。尤其吴澄，他在《校定古文尚书二十五篇序》中明确指出二十五篇系收拾遗佚连缀而成，对后来梅鷟、阎若璩等启发最大。另外，郝经、王充耘对伪《古文尚书》也有辨证。元代学者能抓住这一大问题做文章，是有历史意义的。

第二，出现了中国历史上第一部辨群书之伪的专书——宋濂《诸子辩》（作于元顺帝至正十八年）。在这部书中，宋濂对上起周秦、下至唐宋的 40 部子书逐一进行审辨，共得伪书 27 部（包括疑伪）。此书打破了古书辨伪的零散状态，是后世辨伪大家的先导。

第三，陈应润的《周易爻变义蕴》首发《易先天图》之难。他认为先天诸图杂以《参同契》炉火之说，非《易》之本旨。

耶律楚材

【生平】

耶律楚材（1190～1244），字晋卿，号玉泉老人、湛然居士，辽东丹王突欲八世孙，义州弘政县（今辽宁义县）人。详见《元史·耶律楚材传》《新元史·耶律楚材传》。

【著述】

《湛然居士集》、《西游录》、《辨邪论》（今存序）等。

【学术成就】

耶律楚材在宗教、处世哲学、诗歌、音乐、史学、天文历法与医学等方面均有建树。

1. *以儒治国，以佛治心*

耶律楚材推崇上古三代，并把其中的大同社会作为治世最终目标；宣扬早期儒家思想的仁义观，目的在“泽民”；宣扬早期儒家思想的教化作用，“君父之教臣子，岂欲陷之于不义，而不义者亦时有之。三纲五常之教，有国有家者，莫不由之，如天地之有日月星辰也。岂可因一人之有过，使万世常行之道独见废于我朝乎？”（《中书令耶律公神道碑》）他认为儒家的教化作用是万世不变之法，并不能因为个别人的过错而对其妄加否定。

他把儒释道三教所尊崇的孔子、释迦牟尼与老子称为三圣人，认为三教起初在立教宗旨上并无二致，即所谓“三教元来共一庵”（《再和西庵上人韵》）。他认为三教都是对尘世有益的事物，并区分了三者的不同功用：“若夫吾夫子之道治天下，老氏之道养性，释氏之道修心，此古今之通议也”（《寄赵元帅书》）；“以能仁，不杀、不欺、不盗、不淫，因果之诫化其心，以老氏慈俭自然之道化其迹，以吾夫子君君臣臣、父父子子之名教化其身，使三圣人之道若权衡然行之于世，则民之归化，将若草之靡风，水之走下矣”（《西游录》卷下）。由于他认为当时的道教各宗派都是老氏之邪，因而更多谈儒释二教的功用，认为“穷理尽情莫尚佛法，济世安民无如孔教”（《寄用之侍郎》）。他认为三教可以并行不悖，“三圣人之教鼎峙于世，不相凌夺，各安攸居斯可矣”（《西游录》卷下）。他认为三教追求的所谓道，都易知易行，后人务求新奇，炫人耳目，才使三教思想之间产生了诸多歧异。他本人试图走一条中庸之道，调和三教的矛盾，达三教合一的理想境界。

2. *养素之道*

耶律楚材所谓“养素”，就是涵养素性，包括为学与修德。为此，他提出了许多有价值的命题，如慎择术、自强、为学精专等，这些命题散见于他的诗文中，没有进行专门论述，但其中却隐含着人生道路的循序渐进过程。一是慎择术，他多次谈到君子择术的重要，强调“君子之择术也，不可不慎”（《寄赵元帅书》）。他认为，君子只有选择正确的人生方向，才能去做进一步努力。正确之术，当指他认为对人生有益的传统儒学与禅学思想。二是立志不贰，他认为：“大丈夫立志已决，若山岳之不可移也。安能随时而俯仰，触物而低昂哉！”（《西游录》卷下）作为君子，人生的正确目标一旦树立，就应当坚持不懈，持之以恒。虽然他有时也承认“人间取舍本千差，世路穷通如六博”（《和南质张学士敏之见赠七首》）的客观现实，但他更强调的是“贫困志不渝”的精神力量，认为只有做到志不贰，才能“守穷待变变则通”（《用前韵感事二首》）。三是持盈守谦，这主要表现在对己对人两个方面。他非常强调“知人者明，自知者智”（《示从智》）。在他看来，只有正确地看待自己与他人，才能时常保持清醒的头脑，才是明智的。具体表现为：对己自律，为官勤勉，对人宽容。

耶律楚材在中国连年战乱、民族文化垂危的情况下，以拯救斯民为己任，辅佐蒙古统治者，积极推行汉法，实施了一系列有利于社会发展的政治、经济与文化举措。

元好问

【生平】

元好问（1190～1257），字裕之，号遗山，世称“遗山先生”。太原秀容（今山西忻县）人。详见《金史·文艺传》。

【著述】

《中州集》、《续夷坚志》、《壬辰杂编》、《杜诗学》、《东坡诗雅》、《诗文自警》（《遗山集》《遗山先生文集》）等。

【学术成就】

元好问的《论诗》绝句三十首，系统地阐述了他对诗歌创作的看法，对汉魏至北宋许多作家作品进行评论。

1. 重真情实感

元好问反复强调写诗要有真情实感，“故由心而诚，由诚而言，由言而诗也。三者相为一。情动于中而形于言，言发乎迩而见乎远，同声相应，同气相求，虽小夫贱妇孤臣孽子之感讽，皆可以厚人伦、美教化，无他道也”（《遗山集·杨叔能小亨集引》）。可见他重视真情实感，也是重视诗歌的感染力，重视诗歌的教化作用。他评阮籍诗，肯定他的不平之气；批评潘岳《闲情赋》，就因其虚伪做作；别人重视杜甫诗的排律，元好问却看重他诗歌思想的深刻。

2. 倡雄浑、高古、自然、醇雅的诗风

元好问所推崇的诗风是雄浑、高古、自然、醇雅的，不满于柔靡、轻艳、险怪、雕琢之作。因此，他赞美建安诗人曹氏父子、刘桢等以及晋代刘琨诗风的雄壮似虎，向往陶潜诗歌的朴素真淳、历久如新，北朝民歌《敕勒川》的引吭高歌、浑然天成，唐元结所作的音节自然、合于天籁；肯定唐代陈子昂，宋代欧阳修、梅尧臣的复古之功，谴责六朝、唐初、宋初竞尚声律藻丽的风气，对孟郊的寒苦，卢仝的怪癖，温庭筠、李商隐的新声，秦观的柔弱等都进行讥评。

元好问的《论诗》绝句有明确的目的、严肃的态度、比较全面的论述，在文学批评史上有相当的影响。

丘处机

【生平】

丘处机（1148～1227），字通密，自号长春子，登州栖霞（今山东烟台）人。与马钰、谭处端、刘处玄、王处一、郝大通、孙不二同师重阳王真人。详见《新元史·释老传》。

【著述】

《长春祖师语录》《大丹直指》《磻溪集》《摄生消息论》《鸣道集》等。

【学术成就】

丘处机所撰《大丹直指》，更明确地回到生命的本原来研讨生命的固守问题。

1. 法为有心生

丘处机的“道”具有主观唯心色彩，他在很多时候都把它等同于主观意识之“心”。因此，他主张泯灭一切差异、对立观念，做到“是非人我绝谈论，却返生前混沌”（《磻溪集》卷六《自咏》），又说如此便可“一性昭彰乍显”（《磻溪集》卷六《自咏》）而得道成仙。在这种心生一切的思想下，他又大力宣扬“修心”的作用，以为“要升天入地，俱在心为”（《沁园春·智慧男儿》）。

2. 大丹论

丘处机说：“盖心属火，中藏正阳之精，名曰汞、木、龙；肾属水，中藏元阳真气，名曰铅、金、虎。先使水火二气，上下相交，升降相接，用意勾引，脱出真精真气，混合于中宫，用神火烹炼，使气周流于一身。气满神壮，结成大丹。非特长生益寿，若功行兼修，可跻圣位。”（《大丹直指·序》）他概述了内丹道的大旨，认为人与万物都是由阴阳二气交感化生的。胎儿在母体中自然地禀得了先天真气，但离开母体后真气不免耗散。丹道的修炼就是用意念勾引，使后天之气与先天真气结合，交会于中宫，再用神火烹炼，结成大丹。服用大丹，即可益寿长生。

丘处机对道教的主要贡献有两个：一是为提高道教的社会地位和影响力付出了极大的努力，将全真教的发展推向一个新高潮；二是留下了很多著述，大大充实了道教的思想库。

许　衡

【生平】

许衡（1209～1281），字仲平，世称“鲁斋先生”，河内（今河南沁阳）人。元代理学的“南吴北许”，即指吴澄和许衡。详见《元史·许衡传》《新元史·许衡传》《宋元学案·鲁斋学案》。

【著述】

《鲁斋遗书》（又名《鲁斋全书》）、《读易私言》、《鲁斋集》、《鲁斋心法》等。

【学术成就】

许衡辅佐元世祖继承中华儒学，使儒学传统尚能流传，这是他对中华文化的贡献。他为理学承流宣化，使其道统不至断绝。

1. 天道观

许衡以道作为其哲学的最高范畴，认为道是宇宙的本体。他说："太极之前，此道独立。道生太极，函三为一，一气既分，天地定位。"（《稽古千文》）道是宇宙中最先存在的本体，由道而生太极，太极生气，气分阴阳，阴阳合而有天地万物。许衡强调了道的绝对性和它独立的本质。道也就是理，他也叫作"天理"。理的含义之一，就是所以然与所当然。许衡认为，理是万物所由产生的根据，它是本原，它先于万物而存在，通过气化流行而产生万物。

他认为万物由理产生之后，理仍然是烛照万物，万物并没有离开理，二者相即不离。他说："事物必有理，未有无理之物，两件不可离。"（《鲁斋遗书》卷一）无物则理无从体现，无所寄托。但物是体现理的，所以理才是本原的东西。所有事物都先得理才能成形，万物由理产生，这是必然的。因而，所以然之理也叫作"命"，即事物得以产生的必然根据。理作为"所当然"之理，是事物变化发展的规律和法则。万物不仅有其产生的根据，而且有其运动变化的内在必然性。许衡说："每一事，每一物，须有所以然与所当然。"（《鲁斋遗书》卷一）事物运动变化的规律，在其运动过程中，在与其他事物的相互联系中表现出来，因而也叫作"义"，即事物运动变化所宜行的轨道。事物的发展变化，须是阴阳相荡，刚柔相摩，一阴一阳，一刚一柔，这是"物理"所当然，是一种客观必然性。只有二刚或二阳，事物便不能正常运动变化，也就不成其为事物。相对于事物的"所以然"之理而言，事物的"所当然"之理是第二位的，先有该事

物的产生和存在，才会有该事物发展变化的规律，故许衡说："所当然者，是末流也。"（《鲁斋遗书》卷一）

2. 论心性

许衡把心、性、理三者看成一回事。他说："天生人物，既与之气以成形，必赋之理以为性。"（《中庸直解》）天生人和万物时，就赋予人心以理，形成人性。他把心、性、理笼统地"一以贯之"。他认为在心体未发之时，其修养方法是持敬，即"身心收敛，气不粗暴"（《论明明德》），如恐"鬼神临之，不敢少忽"（《论明明德》）。心里常存敬畏，其心即能如明镜止水，自定常存；在心之已发而又未发之时，即心与外物将接而未接的一瞬间，也就是人欲将萌但还没有形成的时候，其心体之动尚在几微潜滋之时，虽他人不知，但"我自家心里独自知道"（《大学直解》），这叫作"独知"。对于这种情况，其办法是谨慎。许衡很重视这一步功夫，因为他认为心与外物刚刚接触之时，正是"一念方动之时也。一念方动，非善即恶"（《鲁斋遗书》卷二）。一个人的善恶，始于最初的一念之差。所以，谨慎就是要抓住一闪念的意思；到心之已发，即心与外界事物已经接触的情况下，许衡强调审察的功夫。审察是对已发生的行为而言，而对行为的审察，还是要抓住行为背后的意念。因此，这一方法不是靠外来，而是以内省，由自己判断和纠正自己在行为上的偏颇，以使自己的行为规范在道德的轨道上。许衡所谓持敬、谨慎、审察的功夫，基本上是强调自觉。所谓自觉，是启端和扩充心体本有的知或良知。

3. 论知行

许衡主张知行并重，践履笃实。他说："世间只两事，知与行而已。诲之使知，劳之使行，其忠爱无穷焉。"（《鲁斋遗书》卷二）许衡从知与行的作用角度说明二者的重要性。他认为知先于行，真知是为了力行，所以知与行，二者并进。能真知即可力行，而行之所不力，是因为知之不真。如能获得真知，即是行。

许衡所谓知，并非指掌握客观事物的规律，而主要是知天命、明人伦之类的自我修养；他所谓行，也绝非指实践，而是指符合封建道德规范的政治活动和道德行为。所以他说教育（即"知"）的目的是："小学教人

自下事上之道”，“大学教人自上监下之道”，“上知所以临下，则下服；下知所以事上，则上安”。(《小大学或问》)

许衡作为北方理学家的代表，使程朱理学得行于元代，并由私学变成官学，取得正统地位。他提出天理在于良心、人有良知良能的思想，成为从朱学、陆学到王学的桥梁。

方　回

【生平】

方回（1227～1307），字万里，号虚谷，徽州歙县（今安徽黄山）人。详见《癸辛杂识》等。

【著述】

《瀛奎律髓》《桐江集》《桐江续集》《续古今考》《文选颜鲍谢诗评》等。

【学术成就】

方回学贯四部，但其著作大多亡佚。其《瀛奎律髓》的选诗与注诗，具有文学批评的意义。他对所选之诗多详加批点，标明句眼，指出写作特点，颇为后来宋诗派学者所推重。

1. 心境论

这是方回关于人格修养的理论。他说“治其境莫如治其心”（《桐江集》卷二《心境论》），外境的改变不如内心的修养重要。仅仅改变居处环境，即使住在山林海泽之中，而内心仍想着尘世间的富贵荣华，这种人算不得高洁。人人内心自有一种境界，只要下足内心修养的功夫，不必如幽人逸客隐居山林。此说，成为南北合流的学术潮流之一，也是针对宋末、金末乱世之中士人归隐心态的一剂针砭。他第一次把诗中展现的种种境界，统统视为人的心境。方回所谓“心”就是情、意的概称，“我之境与人同”指的是日常生活环境，“我之所以为境”（《桐江集》卷二《心境论》）则是诗的艺术境界。他在区别生活的物境与诗人的主观意境，其实是悟到了诗境形成过程中，诗人主观方面的作用。

2. 杜诗学

因为把杜甫看作江西诗派“一祖三宗”中的“一祖”，所以方回极为推尊杜甫，对杜甫其人其诗做了比较全面的论述，可看作他的杜诗学理论。他从六个方面论杜甫及其诗歌：杜诗的渊源、杜诗与时代的关系、着题诗、夔州诗、杜诗技法、学杜门径。尤其值得关注的是，他详细分析杜甫不同时期的诗歌风格，如说杜甫中年成都之作如绣如画，诗工且丽；晚年夔州、湖南之作，则入于“绣与画之迹俱泯”的境界，诗格“顿挫悲壮，剥浮落华”（《桐江集》卷一《程斗山吟稿序》）。归纳总结了“杜诗之法”的四个要点：拗体、变体、用事与用字。此外，对学杜门径的总结：由黄、陈入杜，由贾岛入杜，由汉魏与盛唐入杜，都是他的发明。他在“江西家法”的基础上，从杜诗风格的渊源承传上讲师法杜诗，既能从上而下，溯源探流，又能由下而上，沿波讨源；既强调由宋、晚唐而入杜，更提出由汉魏、盛唐而寻杜，广参博取，实际上对“一祖三宗”之说带来的偏失起到了矫正的作用。

3. 崇尚“格高”

方回明确标举“格高”为评诗标准。他的“格高”既指诗歌苍劲自然的风格，又指诗歌中所反映的高尚真率的人格，两者密切交融为一种特殊的境界。他对杜甫诗歌，就特别赞许其后期瘦硬枯劲的作品。《瀛奎律髓》中关于“拗字”“变体”等打破平仄、对偶格律手法的总结，都是属于从锻字炼句以达到自然老成的实践途径。他进一步揭示诗歌艺术风格高是作者人格高尚的反映，因而要做到诗歌的格高，并不是讲求某些表现手法的纯熟，更不是炫耀学问的深奥和语言的工巧，不是排比道德性命之说或补凑风云月露之状，而在于提高作者的思想品格修养，强调对真情实感的抒写，注意到“风赋比兴，情缘事起”（《桐江续集》卷八《读张功父南湖集并序》）。

方回对于诗歌的现实性、时代感也有所论述，比如关注杜诗的忧世悯生的怀抱，对动乱时期的诗歌肯定其哀以思和哀以伤，而对粉饰太平、流连光景之作常怀不满。

郭守敬

【生平】

郭守敬（1231~1316），字若思，顺德邢台（今河北邢台）人。详见《元史·郭守敬传》《新元史·郭守敬传》。

【著述】

《授时历》《推步》《立成》《历议稿》《乾坤选释》《上中下三历法式》《时候笺注》《修改源流》《仪象法式》《晷景考》《五星细行考》《古今交食考》《新测无名诸星》《距离考》等。

【学术成就】

郭守敬在天文历法、天文仪器制造与水利工程等科学技术领域都取得了重大成就，他重视科学实践，重视数学的运用，追求实践与理论的统一。

1. 测验之器莫先仪表

郭守敬“测验之器莫先仪表”（《元史·郭守敬传》）之说，包含了两个重要的天文学思想：观测是天文学实验方法的基本特点；不断地创造和改革观测手段，是天文学家致力不懈的课题。在郭守敬的首倡下，授时历创作集体毫无争议地认同了中国古代历本的主流思想，即以对日月星辰的实际测验作为历法的根本，而且付诸实践。他所设计、制作的天文仪器，根据其功能可分三类：测量天文者，如简仪、高表、景符、窥几、仰仪、玲珑仪、丸表、赤道式日晷、星晷定时仪、宝山漏、行漏、大明殿灯漏、柜香漏、屏风香漏等；演示天象的，如玲珑仪、证理仪、日月食仪、浑象、水浑莲运浑天漏等；安置、校正前两类仪器者，如候极仪、悬正仪、座正仪、正方案等。这三类仪器既相互独立成器，满足特定需求，又相互补充与印证，构成一个系列化的天文仪器整体，保证了天体测量的精确度与可靠性，以及天文普及的广度。

2. 先之以精测

郭守敬等人真正地把对日月星辰的实际测验，作为历法根本的思想。郭守敬所主持的晷影、冬至时刻、冬至点位置、闰应、转应、交应、合应、历应、日出入时刻、恒星位置、四海测验等一系列测量工作，以及回归年长度及其古大今小法、日月交食法等的认定，都无不为测知并吻合天道而作，也都充分体现了“历之本在于测验”（《元史·郭守敬传》）的思想，又均是精测优先的具体体现。他对于其中每一项测算工作，又有更为具体的理论阐述和技术措施。

明代颁行实质为授时历的大统历，复制或仿制郭守敬的天文仪器，继续修浚通惠河等实际作为，都是对郭守敬及其科学技术的最高肯定。他制作的简仪，是对中国传统浑仪的继承，又是具有创造性的发展。

刘　因

【生平】

刘因（1249～1293），字梦吉，因慕诸葛亮“静以修身”一语，遂自号静修，学者称“静修先生”，雄州容城（今河北容城）人。详见《元史·刘因传》《宋元学案·静修学案》。

【著述】

《静修集》、《四书集义精要》、《易系辞说》（今佚）等。

【学术成就】

刘因治学重在博采众说，融会贯通，而不专守一家之言。他试图兼取周、程、张、邵和朱熹各家之长，以“极其大、尽其精，而贯之以正”（《元史·刘因传》）。

1. 理势相因

刘因认为，理是天地万物的本体，天地万物皆由理所生，万物形体消灭后又复归于理。他说：“天地之间，理一而已。爰其厥中，散为万物，终焉而合，复为一理。”（《静修集·希圣解》）宇宙天地之中，只有一个共同的理，这个居中的理散为万事万物，最终又聚合为一个共同的理。刘因的“理”即天理，其聚散特性表明理既是一般，又是特殊，是一理与万殊的统一。

刘因的“理”，除上述本原之理外，还有当然之理的意义。他更强调理为天地万物运动变化的规律，他说：“夫天地之理，生生不息而已矣。凡所有生，虽天地亦不能使之久存也。若天地之心，见其不能使之久存也，而遂不复生焉，则生理从而息矣。成毁也，代谢也，理势相因而然也。”（《静修集·游高氏园记》）天地万物之理，就是生生不息之理，是万物新陈代谢的过程和规律。理是事物变化的必然规律，即所以然者；势是发展的必然趋势，即所当然者。理势相因，形成了事物的成毁代谢。

2. 性之善恶决于气

刘因认为，太虚之气（元气）是万物之根源，也是人性之来源。人性善恶，取决于阴阳二气。气有刚柔，禀而为性，刚柔各有善恶，即：“然刚柔虽各有善恶，而其所谓善者皆阳，所谓恶者皆阴。是刚柔之善恶又不系乎刚柔，而系乎阴阳而已矣。”（《静修集·皇甫巽字说》）刘因用物质性的气来说明人性之善恶，他认为善恶来源于阴阳二气，而不是来源于理，也不是心。因此，他的人性说既不同于程朱的“以理为性”，又不同于陆九渊的“以心为性”。

3. 齐物、以道观物

刘因坚持物以道为体，舍道则物无所依据的思想。对有形可见的客观事物的实在性、真实性，刘因在认识上表示怀疑，进而认为人们不能认识客观事物的本来面目，所以应当放弃对其认识。他说：“物齐也，齐之则不齐矣。犹之东、西也，东自东而西自西，固不齐也。然东人之西，则西人之东也，是曰东亦可，曰西亦可，则是未始不齐也。然东、西之形既立，指其西而谓之曰东，则为东者必将起而争之，而不齐者出矣。不齐之，则物将自齐而平矣。”（《静修集·书康节诗后》）齐之、不齐之，表示对事物现象去认识、分辨之意，亦即人为之意。在刘因看来，就物之本相来说是齐的，如果人为地去齐，反而不齐。而我们所见到的“东人之西，西人之东”，只是相对的现象而已，所以从不同的地方去看，说东亦可，说西亦可，在刘因看来，这两者在对待中是同一的，是“未始不齐也”。所以，“不齐之，则物将自齐而平矣”。但是，如果两人各站东西，“东、西之形既立”，他们都以自己的既定标准衡量东、西，就要相互争论谁是东谁是西，那么，“不齐者出矣”。在这种情况下，作为第三者的我，最好的办法是不为东、西二者所制，而是超于东、西之上去“制其东、西”。

“如是，则谓之无所著可也；一有所著，则不西而东矣。”（《静修集·书康节诗后》）无所著，也就是不事先确定一个标准，只“立于中而制”。刘因认为，这样的争论并非认取共同的本相，只是根据东、西相对的现象而引起的。因此，他认为据物的现象去认识和争论，则未免偏而不全，故应无所著，其物反而自齐。这个“齐”是指东也可、西也可，是一而同，而非二而异，这样也就无所谓齐与不齐了。所以刘因说，物在现象上的不齐，并非是物的本相，物的本相是齐的，只是“人惟见其不同，而不知其同也”。而物的本相之所以是齐的，是因为“有道以为之主”（《静修集·庄周梦蝶图序》）。以道观物，是刘因的独创思想。这说明刘因并非真的不要标准，他的“道”就是标准。

刘因“古无经史之分”（《静修集·叙学》）的思想，在思想禁锢的当时，惊世骇俗。王阳明的“春秋亦经，五经亦史”、李贽的“经史相为表里”与章学诚的“六经皆史”等说法，都是对此说的延续与发展。

吴　澄

【生平】

吴澄（1249～1333），字幼清，抚州崇仁（今江西崇仁）人。因所居草屋题曰“草庐”，故学者称“草庐先生”。详见《元史·吴澄传》《新元史·吴澄传》《宋元学案·草庐学案》。

【著述】

《五经纂言》、《孝经章句》、《吴文正集》、《列子解》（今佚）等。

【学术成就】

吴澄与许衡齐名，但他是南方人，成学于南宋，直承宋理学端绪。吴澄理学的重要特点，就是以朱学为主，兼宗陆学，主张“和会”朱陆两家的思想。

1. 道统论

吴澄19岁著《论》（失题），当仁不让地以继承道统自命。吴澄说：“道之大原出于天，神圣继之。尧舜而上，道之元也；尧舜而下，其亨也；洙、泗、邹、鲁，其利也；濂、洛、关、闽，其贞也。分而言之，上古则羲、黄其元，尧、舜其亨，禹、汤其利，文、武、周公其贞乎！中古之统，仲尼其元，颜、曾其亨乎，子思其利，孟子其贞乎！近古之统，周子其元，程、张其亨也，朱子其利也，孰为今日之贞乎?”（《新元史·吴澄传》）他强调道统的神圣性，天为道之原，然后才是尧舜禹继之。他据元、亨、利、贞的排列，把道统传递的顺序分为上古、中古与近古，每一时期又各自具有元、亨、利、贞的传递道统的周期，以此来证明道统传递的合理性。值得注意的是，吴澄排列近古时期从周敦颐到朱熹的道统周期，将朱熹置于“利”，而不是终结的“贞”。他的意思是近古时期的这个传递周期还没有结束，需要有人来补足。显然，吴澄本人想以“贞”为己任，承绪道统，跻身于道统谱系中的正统地位。

2. 天道观

他说天地万物是这样形成的：“天地之初，混沌洪濛，清浊未判，莽莽荡荡，但一气尔。及其久也，其运转于外者，渐渐轻清，其凝聚于中者，渐渐重浊。轻清者，积气成象而为天；重浊者，积块成形而为地。天之成象者，日月星辰也；地之成形者，水火土石也。天包地外，旋绕不停，地处天内，安静不动。天之旋绕，其气急劲，故地浮载其中，不陷不坠，岐伯所谓大气之举是也。天形正圆如虚球，地隔其中，人物生于地上。地形正方如博骰，日月星辰旋绕其外，自左而上，自上而右，自右而下，自下而复左。”（《吴文正集·原理有跋》）吴澄讲的“气”，是指天地未分之前的混元之气，名为“太一”。而阴阳未分时的“太一”，不名为“太极”。吴澄认为，太极是道，不是天地未分之前的混元之气，也不是阴阳未分之时的太一。“太极”是道，只是借“太极”称名罢了，所以是宇宙的根本和主宰。

太极为道，没有动静可言，气则有动静，道在气中，气动时有太极，静时有太极，太极为气之动静的主宰。不过主宰并不是另一物，而只是理，在气之内，同气合为一物。理是形成现象界的所以然，是它的道理、主宰。他说：“凡物必有所以然之故，……所以然者理也。”（《吴文正集·评郑夹漈〈通志〉答刘教谕》）这是对朱熹理气论的发挥。他也同样主张，“无理外之气，亦无气外之理”（《吴文正集·答人问性理》）

3. 主敬与思诚

他视朱熹的“道问学”为次要的事，认为先要“尊德性”，否则是颠倒次序。他认为道问学只是“考于外”，而先尊德性方是“中、有主也”。故先要默默澄心，识得本心，之后才可以泛观博览。而欲反之吾心，必须通过“敬”与“诚”的方法。他主张反身以诚，以敬持身。吴澄所谓主敬的功夫，不仅以虚守自存本心，还包括恻然之心的发见。即由于敬，则可以发现自己身上固有之“良心”（《吴文正集·仁本堂说》）。这种良心的发现，他也叫作“敬心之发”。后来王阳明提出的“致良知”说，虽说远超孟轲、陆九渊，但当绕不开吴澄的发见良心之说。

他的诚指“修身之诚”，所以也在于“随事用力”。他认为诚是与生俱来的，“人之初生，已知爱其亲，此实心自幼而有者，所谓诚也”（《吴文正集·陈幼实思诚字说》）。诚就是“真实无妄”，无妄即无邪。他认为，要保持诚，即是“思”。所谓“思”，即是去其恶欲的过程。思就在于达到无邪、无妄，即可达到无过无不及的“中”。能“中”，就可以复其心中固有的诚。由此看来，吴澄“思诚”的功夫同“主敬”功夫一样，也是在念虑上的自省自思。“思诚”作为一种修身之道，“不止于一语一事之诚”（《吴文正集·题诚悦堂记后》），而在于“知性尽心”“养性存心”的同时，“用力于圣贤之学”（《吴文正集·题诚悦堂记后》）。这里讲的“用力”，实际上是指向内冥索，认识本心，以得天理的功夫。

吴澄和会朱、陆的学术倾向，反映出从宋代程朱理学到明代王学过渡的历史轨迹。

马端临

【生平】

马端临（1254～1323），字贵与，号竹洲，饶州乐平（今江西乐平）人。详见《新元史·儒林传》。

【著述】

《文献通考》《大学集注》《多识录》等。

【学术成就】

《文献通考》（以下简称《通考》）是马廷鸾与马端临父子二人的心血，也是马端临政治思想、经济意向、史学思想、治史方法等多种学术成果的最主要代表。

1. 会通因仍之道

《通考》总结的治国安民之术丰富多彩，大要有五。一是劝农力本致富实，主要举措是使流民归业、荒田垦辟。二是轻徭薄赋，这是解救民贫、安定民生的关键。三是变法革新顺人情，只有随顺人情革弊政、行新法，始可巩固统治。随顺人情，即顺民心、顺时势、顺情理、顺大局。四是斟酌古今明利害，不可复古，不可开倒车。比如井田制是在封土建侯的前提下实行的，既然不可封土建侯，一味地恢复井田制就是一种倒退。五是赈饥济困重荒政，救灾的根本在救贫，增强抗御灾害的能力。其他如广开门路选举贤能、恤民疾苦反对滥刑等，都是马端临搜集到的宝贵的治国安民之术。

2. 变通张弛之故

《通考》对所记录的史事，除在表征、时间上求其融会贯通之外，更对其内容、实质求贯通。为通古今之变，对一些制度的变化发展，不仅知其然，而且知其所以然。他从总体上认识中国历史的发展，将其区分为公天下、家天下及秦所开创的一统天下。他运用变通张弛之故以处理问题：

理顺变通张弛线索，如纸币的出现，从唐代飞钱说到宋代便钱务，然后才说到交子；树立变通张弛的典范，如废井田的商鞅，立两税法的杨炎，行新法的王安石，治理洛阳农业的张全义和李亶、柴荣的“爱民重农”，都是典范；清除变通张弛障碍，如秦桧之流不顾百姓死活，穷凶极恶，祸国殃民，必须清除；寻觅变通张弛的要旨，如解决财政问题，不外乎节用廉取、量出为入，根本在于“爱民重民”。

3. 考核精审，持论平正

《通考》的治史方法可总结为五个方面。第一，综合分析，明其原委。突出的特点是综合诸家之说，层层剖析，追根溯源，既有批驳之论，又有独立的见解。他用此法解决了五服之制与封禅等悬而未决的问题。第二，比较异同，区别优劣。在比较中发现分歧，必求其故。如考证出唐宋十六卫之制，名称有异，而其职责依旧。他的比较研究法，从文献典籍入手，比较同一事物的不同记载。以历史事件为纲，比较其演变过程与特征。从比较中发掘历史的底蕴或脉络。第三，纠谬正误，还其真相。如他考证出“进士加论一首”始于宋太祖时，而非始于宋太宗时。他在纠谬正误中，围绕主题，由点及面，对有关问题一一进行清理。第四，弥补疏失，力求全备。如翰苑经筵为至“清要显美”之官、左右神策军、魏晋禄秩等，杜佑《通典》不载，他都予以补充。第五，谨慎存疑，不妄加臆断。他的“疑”富于建设性：指出疑点，避免谬种流传；展示其思考路数，有启发引导之功；通过质疑问难，使问题接近解决；接受教训，尽力避免造成讹误的可能。

马端临《文献通考》以杜佑《通典》为蓝本，为谋求治国安民之术，探讨会通因仍之道，讲究变通张弛之故。《通考》是中国古典典章制度方面的集大成之作，体例别致，史料丰富，内容充实，评论精辟。

许 谦

【生平】

许谦（1269～1337），字益之，号白云山人，世称“白云先生”，婺州金华（今浙江金华）人。许谦与何基、王柏及金履祥并称“金华四先生”。详见《元史·儒学传》《新元史·儒林传》《宋元学案·北山四先生学案》。

【著述】

《读四书丛说》《读书丛说》《诗集传名物钞》《温故管窥》《治忽机微》《自省编》《白云集》等。

【学术成就】

许谦在知行关系问题上，提出“知行兼进”的主张，于朱熹的知行学说有所发展。

1. 由传以求经，由经以知道

许谦十分重视儒家经传，要巩固朱学的正宗地位，就必须羽翼朱熹的传注，维护理学的道统。因此，许谦明确提出“由传注以求经，由经以知道”（《白云集·与赵伯器书》）的主张。他认为“六经”是“载道之器”，学者必从“六经”中求道，别无他途。进而他论述了道、经、传（注）的关系，即道以经存、经以传显，求道必然是一个自传注而经而道的递进过程。许谦把传→经→道，看作治学求道的必经路径。因此他特别重视训诂传注，认为如果离开传注而去求经知“道”，就如同把梯子架在空中，最高的“道”就失去了依托，从而也会动摇朱熹理学的正宗地位。许谦不仅主张对朱熹的著作要“句而诵，字而求”（《白云集·答吴正传书》），还要求对朱熹所作传注进行再笺注，以明朱子之学。

2. 知行兼进

许谦在谈到学和思的关系时，说：“思以理言，学以事言。不干事上学以求合于理而悬空思索，必无益于己。”（《读四书丛说·论语上》）“学以事言”和“思以理言”，类似于感性认识和理性认识，为认识的两个阶段。许谦认为思以学为基础，即理性认识以感性认识为基础。如果不在事上学，只能是“悬空思索”，空营无益。因此，必须把二者统一起来。因为“凡一事必有理，有此理必有此事。但习其事而不思其理，则昏罔而无得，但思其理而不习其事，至于临事，其心又必危疑不安，欲学者知行兼进”（《读四书丛说·论语上》）。理不离事，一事必有一理。要思得事物之理，就必须接触事物，亦即思中之学；而要习学其事，又必须思其理，亦即学中之思。学与思二者不可偏废。

但许谦的知、行，并未获得广义的认识和实践的意义，只是限于道德知识和道德践履的狭小范围，如他所说：“知者，智也；行者，仁也。”（《北山四先生学案》）所以，他的知行兼进，只是说要想成圣成贤，只有在知（明理）和行（力行）上下功夫。圣人总是人做的，任何人都可以学而至。倘没有成圣成贤，那只怪知行功夫未到家。

3. 天道观

许谦也讲太极生阴阳。阴阳所以由太极产生，是因为阴阳为太极本身所具有。他说：“太极之中，本有阴阳；其动者为阳，静者为阴。生则俱生，非可以先后言也。”“一元混沦，而二气分肇，譬犹一木，折之为二，两半同形，何先后之有？”（《白云集·答或人问》）许谦以为太极的动静产生阴阳，同时他又坚持太极的动静即为阴阳。在此，许谦的思想不是太清楚。但有一点是明确的：阴阳虽生于太极，但并非在太极之后，阴阳是作为太极中的两个对立面而存在的。太极生阴阳，如同一木为二，两半同形，无有先后。大意为：太极生阴阳，阴阳各具太极，阴阳生五行，五行亦各具太极、阴阳，太极、阴阳贯穿于宇宙变易的整个历程之中。

阴阳与太极无有先后，但存在于太极之中的动、静，是有先后之分的。许谦说：“动、静亦不可谓无先后。自一气混沌，其初始分，须有动处，乃其始也……但未动之前，亦只为静。”（《白云集·答或人问》）宇宙的变易始于动，而在未动之前，却是绝对的静。许谦以动解释宇宙的变易，而又把动之端归结于静的观点，接近于周敦颐的“主静”说，但不完全一样，同朱熹的“动静无端”说也有区别。

许谦作为元代朱学大师，与北方著名理学家许衡齐名，并称“南北二许”。

第三章
明代学术史概论

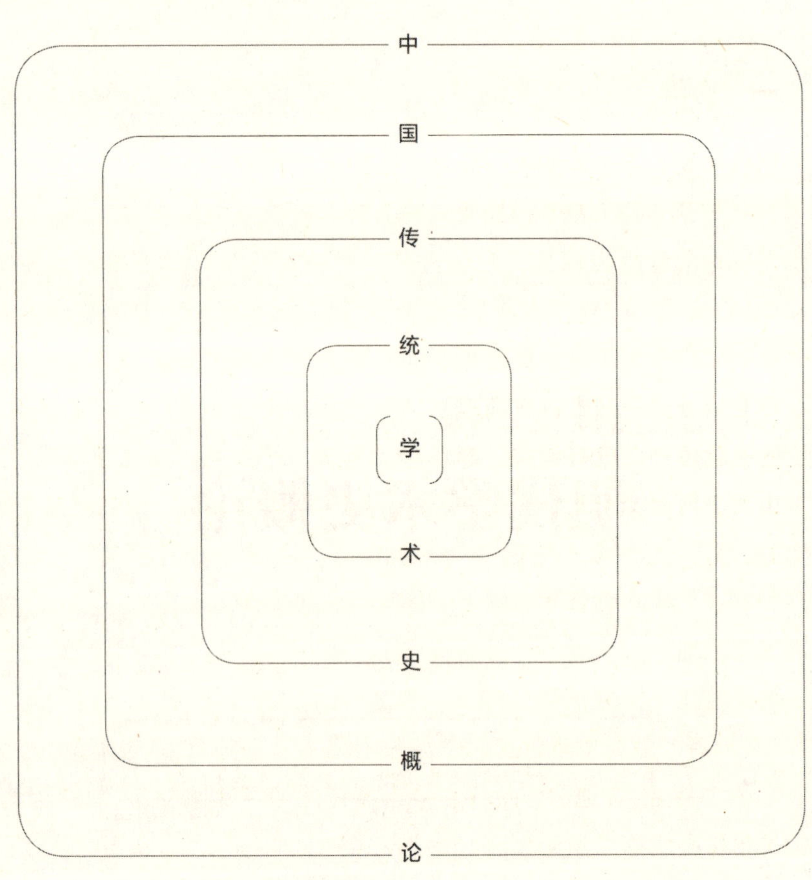
中
国
传
统
学
术
史
概
论

总论：心学为主的多元学术

一　心学

明代初期，出于加强大一统封建帝国统治的需要，理学（主要是程朱理学）被统治者拉入政治的庙堂，成为官方哲学。永乐年间，在朱棣的御临下，以程朱思想为标准，汇辑经传、集注，由胡广等人编出《五经大全》《四书大全》《性理大全》，诏颁天下，统一思想。这三部书的出现，标志着程朱理学思想统治及独尊地位的确立。

尽管官方倡导和支持程朱理学，为其统一政权服务，然而理学传统所包含的文化理想仍没有消失。薛瑄学宗程朱，开山西“河东之学”，门徒遍及山西、河南、河北、关陇一带，蔚为北方朱学大宗。他的河东学派以“气中有理”，理气无“缝隙”为思想宗旨，主张“道器不离”“性气相即”的观点。在心性修养方法上，提出“气中求性”的思想。薛瑄的思想开启了明代理学“气论”一系的端绪。

与薛瑄几乎同时代的吴与弼，也是朱学大宗，他在南方创“崇仁之学”。吴与弼“兼采朱陆之长”，“寻向上功夫”，强调“静中体验”“静中思绎”的“静观”。他的学生陈白沙和娄谅发展了他的思想，流衍为明朝中期王守仁心学的“发端”和“启明”。

明代中期，朱学虽然还是官方哲学，但在学术界已逐渐退居次要地位，扮演思想史主角的是王守仁的心学。王守仁的思想经过三个发展阶段，最后形成了心学体系。其学说集宋明理学史上心学一派之大成，达到了心学的高峰。王守仁心学的中心思想，是所谓“发明本心良知”。它注重人的主体精神的价值，以人的存在和精神质量为参照来确立世界万物的意义，这实质上是对人的尊严和价值的确认，有着重要的理论意义和实践意义。

王学的后学分了若干派别，浙中有王畿、钱德洪，这一派在上层社会影响甚大；江右王学以邹守益为正传；南中王学有薛应旗，造就不大；此外还有楚中王门、粤闽王门、北方王门，地域很广，但没有突出的学者。

值得注意的是泰州学派。它虽出于王门，但又与王门不同。这派在民众中影响很大，平民色彩极为浓厚。其开创者王艮，倡“淮南格物”之说，提出著名的“百姓日用即道”的思想，以“人人君子，比屋可封”为自己的社会理想。李贽、何心隐、罗汝芳是泰州学派的有名学者，他们的“异端”思想非常值得重视。

明朝中期，与王守仁心学相对的有罗钦顺、王廷相，他们主张“天地未生，只有元气”的气学思想。他们的理论是明朝初期薛瑄气学思想的延续。

明代后期，东林学派的顾宪成、高攀龙，在学术思想上，批评王学末流的空疏之弊；在政治生活上，直言敢谏，抨击时弊，最后遭到明政府的严厉镇压。黄宗羲称他们是“一堂师友，冷风热血，洗涤乾坤”（《明儒学案·东林学案》）。刘宗周和黄道周是明末两位儒学大师。刘宗周创“慎独”之说，讲学于蕺山。明亡，不食而死。黄道周精于《易》学象数，其天文、历算之学，十分深邃。明亡，起兵抗清，兵败被执，以死殉国。在学说思想上，他们都是博学高识之士；在政治生活中，他们刚直不阿，尚气节，重操守，敢于“犯颜谏争”，堪称“万世龟鉴”。无论是东林党人，还是明末两大儒师，他们对旧理学的批评以及新思想的提出，都可视为早期启蒙思想的先驱。

二　史学

明王朝重实录而不修国史，因此私家撰史之风盛行。野史、笔记的撰述非常活跃，如郑晓《吾学编》、邓元锡的《明书》、朱国祯的《皇明史概》等。此外，专门反映治河、漕运、水利和农政、盐政等经济史著述也很丰富。晚明时期，史学取得了出色成绩，出现了王世贞、李贽、王圻、焦循与谈迁等名家，史学思想上以王世贞、李贽与王圻最著。

《弇州史料》是王世贞的史学代表作，该书内容包括明代的典章制度、人物传记、边疆史地、奇事逸闻等，具有很高的史料价值。王世贞治史

"求真"，他还专作《史乘考误》，对实录、野史、家史进行考误和辨析。

王圻的《续文献通考》，记述了他最为关注的水利、河渠、漕运、盐法等关系到国计民生的大事，把水利提到"国家大政"高度，反映出他经世致用的学术思想。

三　文学理论

明初的诗文批评，以宋濂、刘基、高启等人为代表。他们的文学理论或宣扬理学，强调文章为政教服务，或倾向复古，偏重模拟。但宋濂文论中也有异端因素，刘基论诗力主讽刺，高启表现诗人的自觉意识，都值得注意。其后，"前后七子"的文学复古运动，在一定程度上扫荡了萎靡不振的文风。登上文坛的先后有王慎中代表的唐宋派、三袁代表的公安派与钟惺代表的竟陵派。最后，以陈子龙与艾南英的论争做一总结。

明代的戏曲批评，主要集中于戏曲美学论争：一是何良俊与王世贞等关于《西厢记》《拜月亭》《琵琶记》的优劣高下之争；二是吴江派与临川派围绕着声律、文辞而展开的"汤沈之争"。这两次戏曲艺术之争，涉及戏曲本质特征、内容形式、社会功能等一系列重要的理论和实践问题，开创了明代戏曲批评的新局面。明代戏曲理论专著很多，如徐渭《南词叙录》、何良俊《曲论》、王世贞《曲藻》、王骥德《曲律》、黄周星《制曲枝语》、朱权《太和正音谱》、贾仲明《录鬼簿续编》、沈宠绥《度曲须知》等，标志着戏曲批评的成熟与规模化。

明代的小说批评，主要围绕《三国演义》、《水浒传》及"三言二拍"等展开，特别是关于历史演义小说的创作主旨、艺术特征、审美价值、社会功用等方面的批评与论争。批评形式多种多样，一是题序跋记，如蒋大器《三国志通俗演义序》、李贽《忠义水浒传序》等；二是小说评点，如李贽评点《水浒》；三是笔记，如王世贞《艺苑卮言》、胡应麟《少室山房笔丛》等。

四　文献学成绩

宋、元旧刻，今存绝少。明代刻书极多，存者亦多，但有优劣之分。以明中叶为限，嘉靖以前校刻古书，皆比较谨严。万历以后虽不无佳刻，但改窜之风颇盛。明万历以后刻书之滥，与空疏学风的兴起是同步的。

明代的公藏目录有杨士奇《文渊阁书目》（不分经史子集，惟以千字文编号，每号若干橱，有册数而无卷数，甚简陋）、张萱、孙能传《内阁藏书目录》（分为部类，并注撰人姓名，间有解题，然其文甚略，于原书卷数不尽著，差可备考）、焦竑《国史经籍志》（抄撮史志，多非实有其书，不足据）；史志目录有王圻《续文献通考·经籍门》；特种目录之辨伪目录为胡应麟的《四部正讹》。

明代私人藏书目录较宋代又有很大的发展，不仅数量多，而且收录范围有所扩大。不少私人藏书目录还收录了小说、传奇之类书目。现有明代私人藏书目录主要有下列几家：叶盛《菉竹堂书目》、周弘祖《古今书刻》、朱睦㮮《万卷堂书目》、晁瑮《宝文堂书目》、高儒《百川书志》、祁承㸁《澹生堂书目》、徐𤊹《红雨楼书目》、钱谦益《绛云楼书目》、黄虞稷《千顷堂书目》、赵琦美《脉望馆书目》等。

明代的辑佚成果有，嘉靖后期张四维参与重抄《永乐大典》时从中辑出的《名公书判清明集》，张四维同时还从《永乐大典》中抄出《折狱龟鉴》，黄永年指出“这是从《大典》辑佚书之始”。

明代的古籍辨伪在宋元基础上得到更大发展，以胡应麟的《四部正讹》和梅鷟的《尚书考异》为著，此两书使古籍辨伪学进入一个新阶段。《四部正讹》是一部综合性的辨伪专书，共辨出伪书97部（包括疑伪）之多，他在此书卷首和卷尾系统提出了关于作伪的手段、作伪的动机、伪书的类型、辨伪的方法等一整套辨伪学理论。尤其是他自己总结的辨伪八法，至今仍是辨识伪书的基本方法。梅鷟的《尚书考异》是现存最早的专辨一书之伪的专书。梅鷟最突出的方法是“参考诸书，征其剽剟”（《古文尚书疏证》提要），对清代辨伪学产生了直接影响。

刘　基

【生平】

刘基（1311～1375），字伯温，因封诚意伯，故称“刘诚意”。处州青田（今浙江青田）人，故又称“刘青田”。详见《明史·刘基传》。

【著述】

《郁离子》、《覆瓿集》、《犁眉公集》（《诚意伯文集》）等。

【学术成就】

刘基幼习《春秋》，后又师从郑复初习濂洛之学，受理学的浸润较深。但他的学术，能兼融儒道、和会朱陆。

1. 盗天

刘基的“盗天”说，主要讲如何在天地中取物用物的问题。他说：“人，天地之盗也。天地善生，盗之者无禁。惟圣人为能知盗，执其权，用其力，攘其功，而归诸己，非徒发其藏，取其物而已也。”（《郁离子·天地之盗》）“盗”，比喻人类对天地的依赖与对自然的索取。他说人类利用万物有善取或不善取，或称善盗不善盗两种方式。善盗者（圣人）洞悉、掌握天地运行的规律，万物变化的机枢（执其权），善于运用各种自然之力、万物之功来为人类服务。他们不是以发掘天地库藏、夺取自然资源为主要目标，而是充分发挥人的智能、技术，掌握自然万物的特性和规律，做到物广其用。这是一种高级的创造性的利用自然，体现了人的本质。因此能使自然长久地保持勃勃生机与再生活力。相反，庶人则不善盗。他们不明天地之道、万物之理，不能掌握万事万物的特性和规律，只知道直接简单地发掘现成的宝藏，掠夺各种自然资源，因此“各以其所欲取之，则物尽而藏竭，天地亦无如之何矣”（《郁离子·天地之盗》）。严重的结果是，整个自然生态系统断裂了，生态循环堵绝了，最终人类自己也会受到严重的惩罚。

2. 必有见于行

刘基虽然受理学先贤影响较深，但又受到永嘉学风的熏染，在知行关系方面与空谈性理的理学家不同，“行”是其知行观的核心。他认为行是验测一切言、义的根本标准，即使作经明道的圣人亦在其列。他说：“物有甘苦，尝之者识。道有夷险，履之者知。”（《覆瓿集·拟连珠》）他进而提出，学习的目的是“措诸用”。中国的科举、铨选制度，长期以来以

"四书""五经"为绳墨，为学与致用严重脱节。刘基申论这一看似简单的问题，在当时却具有特殊意义。

3. "格物致知"与"求诸心"的统一

刘基吸取了朱熹格物论中的合理因素，改变了朱学格物的内容，以耨田、观水为"格物"，主客体具有明确的规定性，这个格物的认识过程是由客体及主体、由物及内的正确认识方式。刘基的"格物致知论"具有观著知微、察显见隐和推类而知的特点，并未以认识客观事物的表象而终止认识的过程。由于这种知识须依据于一定的内求功夫而获得，他又强调"求诸心"的作用。他说："志，道之正也，立乎其大而小者不遗焉。"(《覆瓿集·章秀才〈观海集〉序》) 他以大海喻心志，大海无所不包，心志亦当如此。他认为："人也者，天之子也，假乎气以生之。"(《覆瓿集·天说上》) 人心、万物是一气流行而成，而理是载气而行的，人心、万物都统摄于一理，因此，心外有物，心外有理。

明初学风是致用的，思想是多元的，因此刘基学术思想中体现出的丰富或是驳杂，从某种意义上看，都代表着特定的时代精神。

宋　濂

【生平】

宋濂（1310～1381），初名寿，字景濂，学者称"潜溪先生"。其先金华之潜溪（今浙江义乌）人，至濂乃迁浦江（今浙江浦江）。详见《明史·宋濂传》。

【著述】

《凝道记》《诸子辩》《文宪集》《潜溪集》（《宋文宪公全集》《宋学士文集》）等。

【学术成就】

宋濂"荡名相"（《送璞原师还越中序》）的方法，是通过对物和物的名相二者离两边的所谓不二法门，以排除心中之物。实际上，这是把现实世界中的人心虚空化了。他认为这样就可以清除物欲，使心能莹彻不昧，显出“真知之心”，从而达到识心、明心之目的。

1. 理存心中，心为大

宋濂认为理是绝对本体，理即“天地之心”，通过元气而有万物和运动，元气是具体体现天地之心的意志和作用。如人能体验到天地之心，即可与天地并运，与日月并明，与四时并行（《萝山杂言》）。他所说的“心”，非小我之心，而是大我之心、圣人之心、天下之心、古今同一之心。他所谓的理存于心中，心是主要的，理是从属于心的。因此，他还提出“心为大”，心一立，四海国家可以治；心不立，则不足以存一身。如何明心呢？宋濂以为“人伪之滋，非学不足克之也”（《全有堂箴》），克除人伪之法在于学，就是读记录圣人之心的“六经”。

2. 吾心

宋濂认为，求道问学、修养道德，就在于体验和获得天地之心，从而实现“君子之道”。人之所以能体验到天地之心，是因为“吾心”本具一切，“吾心”本具“太极”。他说：“天地一太极也，吾心一太极也，风雨雷霆皆心中所以具。苟有人焉不参私伪，用符天道，则其感应之速，捷于桴鼓矣。由是可见，一心至灵，上下无间，而人特自昧耳。”（《宋文宪公全集》卷八《赠云林道人邓君序》）意思是说，人之所以能够与天地之太极感应而“桴鼓”相应，就是因为“吾心”本具太极。若要做到这一点，必须使吾心“洁净莹彻”“不参私伪”，不杂入私性伪妄，这样方显出吾心之“至灵”，就能与天地合一。因此，他提出要识心、明心。

宋濂把心比作一面镜子，“如鉴之明也，万理森然，随物而应之”（《全有堂箴》）。当心遇外物而动时，就显现出心本具有之万象，其能“无大不包，无小不涵”。心如镜子的比喻，是说：万物的存在是心活动的结果。心不动，万象俱寂；心一动，则万象森列。

3. 识心、明心的方法

因为“吾心”本具一切，所以吾心自有“至宝”，就需要认识它。宋濂提出以佛资儒、儒佛并用的识心、明心的方法，就是向内冥悟。首先是使同万象世界相接的心，回到所谓“常寂”的状态，心只有在“常寂”的状态中，才能光明莹彻，显出“真知之心”。就是把人的思想、精神同实在的万象世界分离开来，以超乎万象世界。宋濂取佛氏“空寂之义”，主要是指“荡名相之粗迹”。原话是“慕真乘则荡名相之粗迹”，慕真乘，即向往真乘。真乘，即佛徒修道中经过声闻、缘觉之后的最高境界。要达到这一步则需要“荡名相之粗迹”。荡，即荡除、清洗；“名相”之“名”，即物的名称、概念，“相”即物相，物的形象。因为映入人心、扰动人心的，就是这些代表物的“名相”。清除了“名相”，人心即可归于虚寂。清除的办法就是要认识到它不真实、不可靠，即“粗迹”。如认识到映入人心的“名相”是不真实、不可靠的，是一种虚幻，那么蒙蔽人心的物就从人的认识中被排遣了。

宋濂调和朱陆的倾向，反映出元末乃至明初理学，在儒、佛更趋接近的情况下所出现的一种思想动向。这说明当时部分理学家所重视的，不是朱学的格物穷理，而是向内的身心冥悟。

方孝孺

【生平】

方孝孺（1357～1402），字希直，一字希古，号逊志，因其故里旧属缑城里，故称“缑城先生”；又因在汉中府任教授时，蜀献王赐名其读书处为“正学”，亦称“正学先生”，浙江宁海（今浙江宁波）人。详见《明史·方孝孺传》《明儒学案·诸儒学案》。

【著述】

《周礼考次目录》《缑城集》《逊志斋集》《方正学先生集》等。

【学术成就】

方孝孺以民本思想为指导，提出了仁义治国的一系列主张。他也主张以法治国，但他重法亦重人。他继承程朱理学，并作了更为深刻和全面的阐释发挥，被时人誉为程朱复出。他的学术成就是多方面的，关键是他不只论道，更重践行。

1. 治心以得天道

方孝孺说："宇宙之内，特以是心为之宰耳。"（《逊志斋集·心远轩记》）他所说的"心"与宋濂同，也是指"参配天地"之心，获得天道大我之心。他认为，道在日用常行之中，只要养其心志，即可体验天道。养其心志以端其"本"，"本"即"心"，端本就是正心，又称"治心"。能正心，则嗜欲好恶就可以得其正。治心是学道的要旨，治心是修齐治平的开始。方孝孺不重视外修，偏重内省的直觉方法，主张由"克己"达到"忘己"，从"无己"到"真知"的明志见性。

2. 格君

方孝孺继承儒家内圣外王的思想体系，并以此作为养民、育民、利民的人君之职的实现途径。"格君"说，就是阐发君主如何向外借力的问题。他说："诚以格君，正以持身，仁以恤民。"（《逊志斋集·杂诫》第十四章）通过格君，才能持身，实现养民。格即纠正，格君就是"格君之非"，做臣子的都应该真心实意地匡正君主，帮助人君认清自身角色，即弄清君职。格君的核心在于"格君心之非"，即治心。"心"，就是内在的德性或道德意识的涵养。格君之道有二：一是外力，即臣子们的帮助、匡正；二是人君自身加强自我修养，这是"人君之学"。所谓人君之学，又包括五种"治心之术"与八个"为政之方"。治心的主要手段是礼乐仁义，通过这些手段使君主明白君之职在养民、利民、育民。

3. 道明气昌

方孝孺推崇庄周、李白和苏轼的作品，认为其文能传之于世，在于文章汪洋恣意，纵横豪放有气势。他通过分析，得出他们能写出佳作的原因在于"气昌"。"气昌则辞达"（《逊志斋集·与舒君》），而气之所以昌，则是因为"道明"。所以，他主张以道御气，"道者气之君，气者文之帅也"（《逊志斋集·与舒君》）。以道御气，方向明确，时时紧扣住"明道"之纲，这就使得气昌有了保证。气昌，文章自然辞达。他批评当时文人不是无才，而是无气。他的"气"，既指文气，也指人世间的道德之气、浩然正气，又指作者的创作精力。

方孝孺由孝及忠，身体力行，忠以尽职，终于铸成了他视死如归的品格和卫道精神。

陈献章

【生平】

陈献章（1428～1500），字公甫，号石斋，别号碧玉老人、玉台居士等，因曾在白沙村居住，人称“白沙先生”，广东新会人。详见《明史·儒林传》《明儒学案·白沙学案》。

【著述】

《言行录》、《言行附录》、《白沙子》（《陈白沙集》）等。

【学术成就】

陈献章的“自得”之功，克服了朱熹心与理为二的矛盾，将二者合一化。他从本体论至方法论，全面地发展了朱熹的心学思想，把朱子学演变为心学。

1. 静中养出端倪

“静”指的是守静的功夫，“端倪”说的是本体。陈献章为明代践履极为笃实的理学家，因此能了解“静”的重要性而用以教人。他还提出“静坐以养其善端”。门人林缉熙记录其语云：“人所以学者，欲闻道也。求之书籍而弗得，则求之吾心可也，恶累于外哉？此事定要觑破；若觑不破，虽日从事于学，亦为人耳。斯理识得为己者信之。诗文、末习、著述等路头，一齐塞断，一齐扫去，毋令半点芥蒂于胸中，然后善端可养，静可能也。”（《白沙学案》）以理学观点而言，学至养出善端，即是“闻道”，善端即是本体之别名。悟得此一本体，即是闻道。学至于闻道，才是切切实实地为己，所谓“举足第一步”（《白沙学案》）。

2. 随处体认天理

陈献章说：“日用间随处体认天理，着此一鞭，何患不到古人佳处也？”（《白沙学案》）此为一种动中涵养本体的守静功夫。由静入动，是他守静功夫的自然进展，而不是转变。他要求这一阶段的守静功夫，要做到动静合一、内外合一及察用观体。他说：“夫道，无动静也。得之者，动亦定，静亦定；无将迎，无内外。苟欲静，即非静矣。故当随动静以施其功也。”（《白沙学案》）道即本体，本体之呈现，无分于动静，故动静合一。而动静之所以能够合一，实由于“随动静以施其功”的一个湛深的定力在撑持。如能动静合一，自亦内外合一。他要求此时不仅是“识到”，更能“行到”。他提倡动静交养的功夫，目的在于磨炼本体，亦即“为己”。如果一味地驰求于外，仅做知识的积累，便是“为人”。

3. 新认识论

陈献章最初恪遵朱熹“穷理集义”之教，但陷于支离之弊。然后他舍繁求约，弃书静坐，另辟新路线。舍弃外界的权威与源头，只求内心的领悟，最终得见心体开放——以虚明静一之心直叩自然，由心物交感而认识真理。既有新觉悟，一旦豁然贯通，于是日用应酬，皆可从心所欲。他以心中所得，继往开来，高倡“新认识论”，传之于世。“新认识论”即以自然为宗，体认天理。解释自然之义，乃是道与天理；再进一层，承认天理为客观普遍存在之真理，是由吾心格之，随处体认。是物我并重，内外合一，天人一贯之学。

陈献章之学，源出于程朱，近于周陆，而其造诣高大，已臻创造独立之境。

湛若水

【生平】

湛若水（1466～1560），字元明，号甘泉，广东增城（今广州）人。从陈献章游，不乐仕进。详见《明史·儒林传》《明儒学案·甘泉学案》。

【著述】

《心性图说》、《圣学格物通》、《杨子折衷》、《甘泉明论》、《遵道录》

(《甘泉先生文集》《湛甘泉集》) 等。

【学术成就】

湛若水把作为心之本体的天理，放在天地万事的参照者的位置，实际上是对人的存在价值的确认，类似古希腊哲学家的“人是万物的尺度”。

1. 天地古今，同此一心

湛若水把“心”视为具有知觉作用的实体，但他又强调只有能体认天理的才是“心”。他直截了当地把“心”表述为天地万物的本体，明确指出，心之体与物之用不可分开，物不能离心而独立存在。他以“心之体”与天地万物相对照，成为包乎、贯乎天地万物的宇宙本体。以主观的心本体，即心所具有的理，更进一步说，是以主体所具有的精神境界或人格理想来赋予外物以价值意义。天地万物，只有在人的主体精神对其进行了体认之后才有存在意义。正是在这个意义上，湛若水才特别强调“心即天理”，把心对于天地万物的本体意义定位于它的人格理想和伦理内容上。他说人有了一颗“方直而不偏”(《圣学格物通·正心上》) 的心，也就有了体认客观外界，乃至天地万物的主体精神世界，只有在这种情况下，心才具有本体意义。湛若水认为，有了本体之心，人自然会有符合伦理道德的言语行为。人的精神境界、理想人格、伦理观念都是由心产生出来的，就像各种生物一样。

湛若水把作为心之本体的天理 (即人的主体精神境界) 放在天地万事的参照者的位置，也就为客观外物确立了一个主体坐标。他把对“心”的理解绘成一图。图为一个大圈，内含三个小圈。大圈标明为“宇宙”，三个小圈分别标为“性”“情”“万事万物天地”。所谓“心无所不贯”，是说天地之万事万物、人的性情，无不是以心之本体即天理来确认其价值意义的。所谓“心无所不包”(《甘泉学案》)，是说上下四方、古往今来的一切事物现象都在心体的认识范围内。他是以人的主体精神，即人的人生境界来赋予外界以价值意义。这实际上是对人的生命质量的极高要求，是对人的存在尊严的最大确认。

2. 体认于心

体认于心，是为了达到“吾心之中正”的精神境界和完成儒家的道德修养。湛若水把天理作为“一大头脑”，认为“随处体认天理”是圣学功夫的“至切至要、至简至易处”。他更深一步地提出：“吾所谓天理者，体认于心，即心学也。”（《甘泉学案》）心的本体是天理，因此体认天理就是“体认于心”，确切地说，是体认心之本体。他认为天理是人不能违抗之定理，讲天理则无我无物，无自私之心，因此，天理就是良知。他主张“体认于心”是“随处体认天理”而不是致良知。

在湛若水看来，人人固有的初心，就是良知。但由于受私欲的浸染，须要涵养扩充。因此不能说凡心之知都是善的，皆为良知。“良知必须用天理，天理莫非良知。”（《阳明先生墓志铭》）湛若水认为，良知不是人为的，而是出于天理之自然。他说：“天理者，即吾心本体之自然者也。”（《圣学格物通・进德业二》）天理存在于人心之中，是为人所自然固有的、不用人为规定的本性。良知是心中天理的自我认识，是心的本体。就心的功能——思虑——而言，只有体认天理，才能尽得良知，才能有所遵循而不乱。在论述了致良知就是体认心中天理之后，湛若水又进一步阐述了“体认”的具体含义，即去掉心中的私欲，去其蔽而使“本然之觉”得以扩充。他认为，所谓格物，其实就是“破其愚，去其蔽”，警发心中天理即良知良能，归根到底是为了“去蔽”，而最大的蔽就是人欲。

3. 勿忘勿助

“勿忘勿助”与“主敬”，是湛若水“体认于心”的两个主要方法。湛若水的主敬与朱熹基本一致，都是主张动静一体，并且把“敬”用儒家的伦理道德标准来规范，要求人们按照这些规范去思想和行动。他解释“勿忘勿助”说：“心虚而‘中’见，犹心虚而占筮神。落意识、离虚体，便涉成念之学。故体认天理，必以勿忘勿助自然为至。”（《甘泉学案》）他还说：“说勿忘勿助之间便是天理则不可，勿忘勿助之间即见天理耳，勿忘勿助即是中思。”（《甘泉学案》）所谓“勿忘勿助”，是指保持心境的虚空，没有杂念的那种本然状态，在这种本然的心境状态中，天理自然可见。勿忘勿助是成圣成贤的重要道路，他说：“欲见‘中’者，必于勿忘勿助之间，千圣千贤皆是此路。”（《甘泉学案》）他认为天理是“人道之序”，是“威仪三千，礼仪三百”，所以必须用“敬”的态度才能体认、践履；还因为天理是人心固有，所以必须用“勿忘勿助”的态度让它自动表现、显示。

湛若水的思想是心学走向成熟的重要阶段，至王阳明时，理学向心学的转变就彻底完成了。

王守仁

【生平】

王守仁（1472～1529），幼名云，后改守仁，字伯安，浙江余姚（今浙江宁波余姚）人。因曾筑室于会稽山阳明洞，世称“阳明先生”。详见《明史·王守仁传》《明儒学案·姚江学案》。

【著述】

《传习录》、《阳明则言》、《孝经大义》、《大学问》（《阳明全书》）等。

【学术成就】

王守仁思想比较接近陆九渊，两人都讲心即理，但问题的起点不同。他的思想表达更为极端。

1. 心外无理与心外无物

程朱一派主张“理在心外”，陆九渊等人主张“理在心中”，王守仁则提出“心即理”，标志着心学的成熟。他的“心”指精神实体，并且具有主宰人身、化生万物的规定性。他说：“心外无物，心外无事，心外无理，心外无义，心外无善。”（《与王纯甫》二）“心”即“天理”。他所说的理即“礼”，亦即仁、义、礼、智、信。他说：“良知上自然的条理不可逾越此，便谓之义；顺这个条理，便谓之礼；知此条理，便谓之智；终始是这条理，便谓之信。”（《王阳明全集》卷三）天理和人欲不能并存，“心即理”的根本目的即由“知善知恶”达到“为善去恶”，恢复人性至善的本来面目，以维护封建统治秩序。

2. 致良知

“致良知”亦称“致知格物”，是王守仁关于认识方法的核心思想。这是王守仁最为得意的理论发明，被他称作“孔门正法眼藏”（《与杨仕鸣》）。他将《大学》的“致知”与《孟子》的“良知”结合，归根到底是指“三纲五常”和人的道德修养。他说人性本善，所以“知无不良”，只要恢复人的本性，就可以“致良知”。恢复本性的根本方法，就是“存天理，去人欲”，“人之善恶，由于一念之间”（《南赣乡约》），圣人之所以没有恶的一闪念，是因为他去掉了私欲，存了天理，故其“心与天地一体”，“与天地同流”，对天下之人无分内外远近。而一旦人人身致其良知，天下就实现“大同”了。

3. 知行合一

王守仁不同意朱熹的“知先行后”论，认为它们是一回事，因为“只说一个知，已自有行在；只说一个行，已自有知在”（《王阳明全集》卷一）。知、行绝对不能分开，因为“未有知而不行者，知而不行，只是未知”；“知是行的主意，行是知的功夫；知是行之始，行是知之成”（《王阳明全集》卷一）。在他看来，知不仅是行的起点，也是行的归宿。他强调知行认识过程两个阶段之间的统一与联系，突破了长期以来把知与行两者互相割裂、绝对对立的形而上学认识。

4. 四句教

“四句教”就是，“无善无恶是心之体”，“有善有恶是意之动”，“知善知恶是良知”，“为善去恶是格物”（《王阳明全集》卷三），这是阳明学说的四大纲领。无善无恶是心之体，是说心之本体是“廓然而大公，物来而顺应”的，直指人心，要人一循天理，不可私意来安排。如果做一件事先有个好善恶恶之心，便容易失于偏私，产生主观或成见。有善有恶是意之动，是说性无不善，知无不良，唯常人往往为物欲所昏蔽，而掩其本体，故意念萌动，便不免有善有恶。“知善知恶是良知”与“为善去恶是格物”，是指“真知力行”的功行，意念之萌动有善有恶，良知自然会知得。

王守仁的学说是会合佛、道二家思想的精髓，集陆九渊、杨简之大成，中国心学发展至此，遂臻于高明博大，成为一种属于纯粹观念论的哲学思想体系。

罗钦顺

【生平】

罗钦顺（1465～1547），字允升，号整庵，泰和县（今江西吉安泰和）人。详见《明史·儒林传》《明儒学案·诸儒学案》。

【著述】

《困知记》《整庵存稿》《整庵续稿》等。

【学术成就】

罗钦顺对两宋道学传统都有所继承，他的思想可以视为两宋道学在明代的发展。

1. 理只是气之理

罗钦顺认为程朱的弊病就是在“一阴一阳之谓道”上面加了“所以”二字，加了“所以”就是过分强调了理和气的分别。他强调的是理只是气之理。他所说的“理”有两种可能：作为气的属性的理，其实就是气的刚柔、动静、清浊的属性；理是气的运行规律。气的属性源自气的结构，气的结构消失了，理也就消失了。规律则不同，规律就是气必然如此运行的方式，在这种情况下理是强于气的。罗钦顺认为理、气不是二物，但也不是一物。他既说“理须就气上认取”，即理一定要在气上才能看到，也说了“然认气为理不行”，理只能“当于气之转折处观之”（《困知记·续录卷上》），转折处，就是消长变化之际。

气化之所以能往来无穷，根源于感应的普遍存在。感应是普遍的，理就是感应过程中必有的规律、条理，或者说万物之间只能以这样的方式来感应。以人心的感应为例：人触物而感，当恻隐则恻隐，当羞恶则羞恶，说明人心中有恻隐、羞恶这样的感应结构。感应的方式是确定的，不可能以别的方式来感应。理就是气之转折中的固有条理，而气之转折根源于气的消长之间的感与应。阴阳二气之间的感应有其固有的方式，这样的方式或者模式就叫作理。

2. 论心、性

罗钦顺强调心、性之别，认为不能说心即理，只能说性即理。因为，人的本性就是道体本身，所以是无为的，没有主观的造作。知觉的能力在于人心，心是有动静的，理则是静的，性是静态的体。他还以道心、人心区分性情，他说："道心为性"，"人心为情"（《明儒学案·罗整庵钦顺》）。对于性与理的关系，他说："理之所在谓之心，心之所有谓之性。"（《困知记》卷上）性即理，但不能错认了心、性之间的分别。因此，谈到修养功夫时，他认为只能追求心与理一。心与理一，就是心能充分了解自己所有的性和理。只有充分地尽心才能真正地知性，知性才能知理。至此，心所觉知者一定就是理，即万物之理。真正做到尽心知性之后，我们就通晓了天地万物以及人的道理，照此理生活，也就自然而然地达到了至善。

3. 识心不识性

这是他对于陆王心学和佛教的批判。在他看来，陆王的千言万语，讲的不过是昭昭然的灵觉。儒家当然要讲灵觉，耳能听，目能视，"寂然不动，感而遂通"，但仅仅有灵觉是不够的。光讲灵觉，却忘掉了灵觉背后的本性，就成了禅宗了。阳明的最大问题是把自己看得太高明，罗钦顺则认为自己只是"困知勉行"而已。罗钦顺以为，心学表面上倡导圣学，其实私底下用的还是禅宗。而阳明晚年确实是认为禅、道、儒是可以会为一途的。

罗钦顺在明中后期的时代氛围里，批判地继承了两宋道学思想的主流，一定程度上校正了当时的风尚。

王廷相

【生平】

王廷相（1474～1544），字子衡，号浚川，世称"浚川先生"。仪封（今河南兰考）人。详见《明史·王廷相传》《明儒学案·诸儒学案》。

【著述】

《雅述》、《慎言》、《昏礼图》、《乡射礼图注》、《丧礼论》、《申明宪纲录》（《王氏家藏集》）等。

【学术成就】

王廷相的气本论既把元气和生气、气本和气化统一起来，又把气和道统一起来，气为体而道为用。前者克服了张载学说的矛盾，后者改造了朱熹的道体而气用的思想。

1. 气本论

王廷相认为气有两种：元气（浑浑者）和生气（生生者）。它们都是道之体，“气者，造化之本。有浑浑者，有生生者，皆道之体也”（《慎言·道体》）。他的气本论认为，气是可感知的物质实体。而且，气充塞宇宙间，“天内外皆气，地中亦气，物虚实皆气也，通极上下，造化之实体也”。王廷相强调“虚”为气的一种存在状态，“虚不离气，气不离虚”。他指出：“不可知其所至，故曰太极；不可以为象，故曰太虚。非曰阴阳之外有极有虚也。二气感化，群象显设，天地万物所由以生也，非实体乎?”（《慎言·道体》）他认为，“太极”是气在时、空上的无边无涯，“太虚”是气在存在状态上的无形无象，无论太极、太虚都是气之实体。他虽然也把太极视作自己哲学的最高范畴，但是却将太极的属性改造为气，以气说太极。

2. 性从气出

王廷相的“性从气出”，是在吸收改造告子“生之谓性”（《孟子·告子上》）的基础上发展的。生之谓性，是指人的生存和生殖本能，这种“性”没有任何道德属性。所以，他否定了有超乎形气之上的天命之性（天地之性、义理之性、本然之性），认为性不离气，性从气出。性不是别为一物，不是超乎形气之上的；性原是形气所具有的，与形气相合；性离气，性无着落处；气离性，气也无法成为“生气”，只能是没有生命的死气。

要注意的是，他并不主张气就是性。他所说的性是一个动态的概念，即性是“生之理”，有生气即有性，无生气即无性。生气，就是生人生物之气。有生气则必有生理，“生之理”便是性。这实质上是把人性看作一种可能性，即人具有了人性，也就有可能按照仁义礼智的道德规范去践履和修养自己。正是在这个意义上，王廷相反对把人性区分为静态的气质之性和天命之性，而是以“生”和“性”两个概念把人的精神世界和形体器官联在一起，使其具有了静态与动态、存在与可能的内在联系。

3. 心有体用说

王廷相认为“心之本体”是指思维器官，是有形体之物，是作为认识器官的物质实体。心之用，是指认识器官的认识作用。有体则必有其用，有思维器官则必有其功能。他所说的“心有体用”，是说人心是实体，具有知觉等认识功能，它可以随物而感，因事而悟，认识事物之理，即“智觉者心之用，虚灵者心之体”。《雅述》上篇他认为心体的功能必须依存于两个条件才能产生作用：一是依存于人体，即思维器官是人体的一部分，不能与人体分离，更不能看成凌驾于人和万物之上的独立本体；二是依存于感觉经验，即所谓“闻见”“觉者智之原”（《雅述》上篇）。在他看来，感觉是智慧的源泉，感官同外界的接触，是认识事物规律、获得知识的起点。王廷相把思和见闻，理性认识和感性认识统一起来，以感性认识和见闻为认识的基础。

王廷相以性为“生之理”改造了宋儒“性即理”的理本论的思想。

王　艮

【生平】

王艮（1483～1541），字汝止，号心斋，原名银，王守仁更其名为“艮”，泰州安丰场（今江苏东台）人。学者称“心斋先生”。详见《明史·儒林传》《明儒学案·泰州学案》。

【著述】

《心斋语录》《翰林集》（《明儒王心斋先生全书》《王文贞公集》）等。

【学术成就】

王艮反对以《四书集注》为代表的章句之学，主张“以经证悟，以悟释经”，不但要以个人的想法去解释经典，也要以经典来印证自己的思想。这一思想后来发展为“经传印证吾心”之说，表现出明显的异端色彩。

1. 百姓日用之道

王艮的“百姓日用之道”是以“百姓”为本，“百姓”主要是指广大下层群众。王艮不承认道的神圣性，而十分强调“愚夫愚妇，与知能行便是道”（《心斋语录》上）。他还把百姓日用当作检验道的标准，他说：“圣人经世，只是家常事。”（《心斋语录》上）又说：“圣人之道，无异于百姓日用。凡有异者，皆谓之异端。”（《心斋语录》上）他认为只有合乎平民百姓要求的，才是真正的圣人之道，否则便是异端。王艮力图用“百姓日用之学”来填平圣、愚之间的鸿沟。他虽然景仰圣人，但不把他们奉为至高无上。相反，他总是竭力按照自己的理想把圣人变为没有特权的平民。愚夫愚妇其所以“日用而不知”，原因在于没有学习。圣人先知，他的责任就是要“以先知觉后知”，当百姓皆知时，就可以达到“人人君子，比屋可封”的理想世界。

2. 安身立本

安身立本，源出《大学》“自天子以至于庶人，壹是皆以修身为本”。他说，身与天下国家是一物，但以身为本，以家国天下为末。安身的基本条件是物质生活上的安，即一方面要吃饱穿暖，能够生活下去。不只是个人，而要天下人都吃饱穿暖，才找到了大家都安身的先决条件。另一方面要人身上的安，即要尊身、爱身、保身，避免辱身、害身和失身。他认为身与道是相互联系的，道尊则身尊，身尊则道尊。因此，“学也者，所以学为师也，学为长也，学为君也”（《心斋语录》下）。以天地万物依于身，不以身依于天地万物”（《心斋语录》上）。王艮把人身视为天地万物的依据，以人为最高尊严，人的存在及安身是最有意义的。

王艮还要求“成己成物”上的安，包括两层意思：一是“我之不欲人之加诸我”（《心斋语录》下），认为人应该有自己独立的人格、思想和意志，不为他人所束缚所支配，不随波逐流；二是“吾亦欲不加诸人”（《心斋语录》下），也就是说不应将自己的意志强加于他人，应当尊重他人的独立人格、思想和意志。前者是安身立本，后者推出“安人安天下”。王艮安身立本的核心思想，就是要通过正己正物、爱人敬人来调整人和人的关系，实现其理想世界。

3. *人人君子*

王艮“人人君子”的社会理想是依据“百姓日用之道”和“安身立本”的理论设计出来的。它的目的是为“王者”设计“治天下”的蓝图。在这种理想的鼓舞下，王艮终生抱定“出则必为帝者师，处则必为天下万世师”（《心斋语录》下）的信念，为自己选择了一条特殊的道路。王艮“人人君子”的理想世界是以尧舜时代为范本。他的社会理想及政治思想比较集中地反映在《王道论》一文中。在这篇文章中，王艮借助歌颂尧、舜、周公时代的历史，表达了自己的社会理想以及改革封建社会政治、经济和文化教育制度等方面的要求。王艮的“王道论”很有些教育救世的思想。他认为实行“教养之道”，即对人民施行教育和发展社会经济就可以通向“人人君子”的理想王国。

王艮是泰州学派的创始人，他首先把“圣人之道”从天空降到人间，把先天心体变成了物质存在。他的“百姓日用即道”思想，表面是对王守仁思想的革新，实质是对封建伦理道德的质疑和弱化。

杨　慎

【生平】

杨慎（1488 ~ 1559），字用修，初号月溪、升庵，又号逸史氏、博南山人、洞天真逸、滇南戍史、金马碧鸡老兵等，四川新都（今成都新都区）人。详见《明史·杨慎传》。

【著述】

《丹铅总录》、《丹铅续录》、《丹铅余录》、《丹铅新录》、《丹铅闰录》、《卮言》、《谭菀醍醐》、《艺林伐山》、《墐户录》、《清暑录》、《周官音诂》、《杨慎文集》、《南中集》（《升庵集》）等。

【学术成就】

杨慎极诋陆王心学，推崇朱熹，继承其考据传统，广征博考，遍涉经史百家、稗官小说与世间各种名物。

1. 合性情说

杨慎系统总结了孔子以来各家关于人性的论述，提出了“合性情论”《升庵集·性情说》和“情”非“人欲”之说。他承认人有共同本性和情欲，上智、下愚都有天命之性与气质之性。圣人不能无人欲，愚人不能无天理，二者不能分割，应统一在一起。他认为性与情出于“五行”“六气”，说明性和情都有其客观基础。性与情不能分离，他把水、火比作“性”，把水中的气泡、灯的光亮比作“情”；把树的根、干比作性，把旁荣侧秀比作情。认为情受于天性，情寄于性。君子与小人的区别就在于，君子能以性来制约情，小人则放纵了情妨碍了性。他说人欲都能得到恰当的满足，则可以“全生”，得到部分满足则是“亏生”，六欲完全被扼杀，则会戕害人的身体。因此人的情欲不应该被禁止，而应使“得其宜”。

2. 信信，信也；疑疑，亦信也（《丹铅续录原序》）

杨慎重视历史，认为历史以事实和文辞来明治乱、寓褒贬、别善恶，可与经互为表里，但是他并不盲目相信历史，认为读史应独立思考、大胆怀疑。他认为善疑是学者成功之始，也是一种自信。由于修史者的好恶，同一件史实，因作者的观点不同，往往记述也大相径庭。他不仅不迷信，还以自己的渊博学识重新审视历史，作出科学的解说。他为求证历史的真实，还历史本来面目，认为不仅可以“以经证史”“以诗证史”，而且可以旁求野史、家传、墓志、小说以证史。

3. 文献音释上的成绩

杨慎颇通文字、音韵、训诂，因此文献音释上多有创获。文字上，他尊信《说文》，鄙弃后世穿凿之说。但他又不拘守《说文》，而是上考古文字，下参有成就的文字学著作。音韵上，他虽仍宗叶韵说，但又有突破，不信吴棫的著作。他用自己理解的传注来比附叶韵，使叶韵的含义不同于旧说，变成转音相叶的意思，并认为某字所转之音是该字古时所具有之音，不是临时迁就该读之音。训诂上，他的成就主要有二：一是因音求义，二是综考文献以定字义。因音求义，主要表现为明假借。杨慎不仅文字、音韵、训诂的理论水平较高，而且善于把理论用于实践，解决古文献的音释问题。他指出古书致误的原因一在妄改，二在误刻，而妄改更主要，因此重视古书校勘，力求对错乱的古书正误返真。他擅长理校，尤其善于运用文字、音韵、训诂知识以校古书文字之误。但也参用他校、对校。他重视并擅长天文、地理、名物、典制、史实等方面的考证，他的考证有两个特点：一是注意名实结合，即考证名称时能注意把文字训诂与事实考证结合；二是注意把文献与实物互相印证。

杨慎的考证成果有广度而缺乏深度，承袭胜于独创，亦有出于猎奇心理而轻信伪书、伪物的情况，但总体上说成就是突出的，作为明代考据学者的突出代表，他的成果对当时和后世都产生了积极影响。

王畿

【生平】

王畿（1498～1583），字汝中，号龙溪，学者称“龙溪先生”，山阴（今浙江绍兴）人。详见《明史·儒林传》《明儒学案·浙中王门学案》。

【著述】

《王龙溪先生全集》（《大象义述》）等。

【学术成就】

王畿把王阳明的心本体论变为玄妙虚无的心体论，还有他的良知说、功夫论、理想人格论等都使他的学术带有鲜明的个性，在当时影响很大。

1. 四无

王畿的“四无”说包括这样四个分命题。一是为什么无善无恶的心体流行于意、知、物之间，使这三者也是无善无恶。他用“体用显微只是一机，心意知物只是一事”（《天泉证道纪》）来解释。说明心之本体是

"微"，意与物之用是显。知即良知，也属于本体层面。在体用一原和显微无间中，体与用并不是等同的。外在的用，原于内在的体，意物之动，原于心体之无。这样，就成了无意之意，无物之物。二是什么叫无善无恶。他说："天命之性，粹然至善，神感神应，其机自不容已。无善可名，恶固本无，善亦不可得而有也。"（《天泉证道纪》）他说心体之无善无恶即是至善。先天心体的无善无恶，必然神妙无碍地感应于外，与意、物"只是一机"而"不容已"地流行于其间，于是意与物一齐皆无了。三是从动静范畴上来说明四无。心体之所以静虚动直，是由于无欲，而他认为无欲就是至善。这样，前面所说的"粹然至善"与"粹然无欲"属同一义，都说明自性（自心）的无善无恶。四是区分了"动而无动"和"动而动"。前者为自性流行的特点，是动静相兼的，后者则著于动，属于与静相对的动。王畿用来说明前者是无心之心的"自性流行"，虽流行，但动而无动，即流行于意，虽动于意而又不动于意，于是意也成了无意之意；流行于物，虽动于物而又不动于物，于是物也成了无物之物。"四无"说对阳明来说，确是久欲发而未发的，为王畿所说破。

2. 性命合一

王畿认为"性是心之生机""命是心之天则"，而两者是合一的。他说口、目、鼻、耳、四肢，五者的欲是人的性，是"心之生机"。然而，如果放纵而不对它们加以节制，命即"自然天则"就被毁坏了。他还提出"立命所以尽性"说。说明节制五者之欲，是为了"尽性"，即全面地保存了"心之生机"。他还说，仁、义、礼、智、天道这五种父子君臣宾主之间的关系是"天则自然"，是贤者和圣人的"自然天则"，即贤圣的天然属性，这些都是"命之不容已者也"，是生命之必然。但如果都诿之于天然，不知反之于人性，即反之于"心之生机"，只讲命而不讲性，则"生机息"。所以，尽性以立命，就是尽人心的生机，努力使仁、义、礼、智、天道等在人的生命中建立起来。

3. 从先天心体上立根

王畿以"四无说"为宗，提出要"从先天心体上立根"。就是立一个玄妙虚无的心体，心之本体成为"天根""天机"，或者是"人心的一点灵机"。他说："心本至善，动于意始有不善。若能在先天心体上立根，则意所动自无不善，世情嗜欲自无所容，致知功夫自然简易省力。”（《三山丽泽录》）王畿认为，“人心一点灵机”就是良知，是做圣之基。“良知知是知非，其实无是无非。无者万有之基。”（《明儒学案》卷一二）这样一来，无善无恶之心本体，就成为“无”，心体上立根，就是立“无”。“无”为万有之基。

王畿把王守仁的“四无说”发展为“天根”，也即“无”的概念，使王守仁原本还可把握的心体变为虚远玄秘的“天根”，这既是对王守仁本体思想的发展，也是对王学的否定。

罗洪先

【生平】

罗洪先（1504～1564），字达夫，号念庵，江西吉安府吉水黄橙溪（今江西吉水谷村）人。详见胡直的《念庵罗先生行状》、徐阶的《念庵罗公墓志铭》及《明儒学案·江右王门学案》。

【著述】

《念庵集》（《冬游记》《夏游记》）等。

【学术成就】

罗洪先虽宗良知学，然未尝及守仁门，常举《易大传》“寂然不动”、周子“无欲故静”之旨以告学人。

1. 主静无欲

罗洪先此说受到聂豹“归寂说”的影响。他重视“静坐收心”，但反对“揣摩”。所谓“揣摩”，即“执心”或“执理”，这与“收心”功夫有着根本不同。他虽然承认功夫不分内外，但是静坐收心则是首要的根本功夫。若能静坐收心，于静中把握“自家境界”，则应事处物之际的所谓“外面一切功夫”便自然水到渠成。这实际上涉及阳明后学当中所争论不休的“执内”或“遗外”的问题。他之所以反复强调断除欲根、静坐收心的重要性，更为直接的思想原因在于当时所流行的“现成良知”论。也就是说，是坚信“良知时时见在”，还是坚持“收摄保聚”的修养功夫，这在他的思想历程中，常常表现为一种冲突。

2. 批判现成良知

罗洪先的批判是基于“以利欲之盘固，遏之犹恐弗止矣”“以血气之浮扬，敛之犹恐弗定也”（《念庵集·夏游记》）这一认识。心之本体固然至善，但是处在现实状态之中的人心，则未免有种种难以除去的私欲以及难以遏制的血气。因此，如果以为“知之所发”或“意之所行”（本然状态→现实状态），便是“心体”，便是“功夫”，则其后果不堪设想。在批判的基础上，他提出“世间那有现成良知”（《念庵集·松原志晤》）说。他说：“今之言良知者，恶闻静之一言，以为良知该动静、合内外，而今主于静焉，偏矣，何以动应？此恐执言而或未尽其意也。夫良知该动静、合内外，其统体也。吾之主静，所以致之，盖言学也。学必有所由而入，有入室而由户者。苟入矣，虽谓良知本静亦可也，虽谓致知为慎动亦可也。”（《念庵集·答董蓉山》）他的“动静合一”乃是本体论命题（就“统体”而言），“主静”才是致良知功夫（“盖言学也”）。

罗洪先的“收摄保聚”说，是他思想上的一个归结点，与道教的收敛内观、炼丹养生之术也不无关系。

李 贽

【生平】

李贽（1527～1602），初姓林，名载贽，后改姓李，名贽，字宏甫，号卓吾，别号温陵居士、百泉居士等。福建泉州人。详见《明史·耿定向传》附。

【著述】

《九正易因》《藏书》《续藏书》《焚书》《续焚书》《史纲评要》《初潭集》等。

【学术成就】

李贽继承和发展了泰州学派王艮、颜山农、何心隐、罗汝芳等人的进步思想，公开以异端自居，既否定《六经》《论语》《孟子》等为“万世之至论”，也批判“存天理，灭人欲”为虚伪说教，尊重人的自然性情。

1. 童心说

童心就是真心，即“夫童心者，绝假纯真，最初一念之本心也”（《焚书·童心说》），其实指未受封建道学熏染的真情实感。这种真情实感包含着好货、好色等人的最初本心、自然的欲望，体现了晚明时期人们自我意识的觉醒。李贽关注于批评世俗的迷信和盲从，才大胆地提出了“不以孔子之是非为是非”的观点。在他看来，不仅不能盲从圣人，也不能盲从儒家的经典。他认为“六经”、《论语》、《孟子》都是“道学之口实，假人之渊薮”，与纯真的“童心”不可同日而语。

2. 私心说

李贽针对王守仁的心体“至善”与“无善无恶”的矛盾，提出了“私心说”。他认为人人皆有私心，圣人也不能无。“趋利避害，人人同心”，他把王守仁的良知说变成了“私心说”，认为私心就是“本心”。他引申了王守仁的心体有善有恶的结果，实际上是良知说的自我否定。在否定良知说的基础上，李贽继承了心学中张扬主体价值的精神，大胆提出了一系列的异端思想。如他认为，几千年来以孔子之是非为是非，因此“无是非”，现在要以“我”的是非为是非；他提倡个性解放，反对歧视妇女；他还提出“穿衣吃饭，即是人伦物理；除却穿衣吃饭，无伦物矣”（《焚书·答邓石阳书》）。把良知说从虚幻的心体中直接落实到人们的实际生活，这和王守仁把良知与伦理道德规范相接轨完全不同。

3. 发愤著书说

李贽继承司马迁的“发愤著书说”，通过读《水浒传》强烈感受到作者的感情波澜，提出《水浒传》也是发愤之作。他说：“盖宋室不兢，冠屦倒施，大贤处下，不肖处上，驯致夷狄处上，中原处下，一时君相犹然处堂燕雀，纳币称臣，甘心屈膝于犬羊已矣！施、罗二公身在元，心在宋，虽生元日，实愤宋事。”（《焚书·忠义水浒传叙》）他认为“不愤则不作矣”，主张有为而作、缘情而作，并将作品是否能体现出作者之“愤”看作衡量作品成败得失的首要标准，即“不愤譬如不寒而颤，不病呻吟也。虽作何观乎！”他看出作家正直的个性，遇到与之格格不入的社会环境，面对肮脏的现实，于是产生出“愤”来。他将情感因素从个人范围扩大到社会范围，是对司马迁思想的发展。他不仅认为作者是发愤而作，还认为批评家如果也有怨愤的话，就容易通过阅读作品与作者发生共鸣。

李贽用“童心”反对虚假的伪道学，提倡一念之本心，反对程朱理学的所谓天理，提倡要敢于正视私心与人欲。此说打破了封建专制及其社会秩序对人们思想的束缚，在当时具有极重大的启蒙意义。

吕 坤

【生平】

吕坤（1536～1618），字叔简，一字心吾、新吾，自号抱独居士，宁陵（今河南商丘宁陵）人。详见《明史·吕坤传》《明儒学案·诸儒学案》。

【著述】

《呻吟语》《实政录》《去伪斋文集》《交泰韵》《阴符经注》《闺范图说》《小儿语》等。

【学术成就】

吕坤在学术上追求“独见之言”和勇敢的批判精神，大胆表明自己不是道学、不是仙学、不是释学，也不是老、庄、申、韩，“我只是我”。

1. 以理抗势

吕坤的“以理抗势”认为，天子虽然掌握着天下最高的权势，但也应该有所约束和畏惧。权势虽然贵，但理更尊贵，“势之尊，惟理能屈之”（《呻吟语·谈道》），天下之权势必须接受天下公理的制约。理既是政治性原则，又是天下人心的公意，相当于古代的“礼”，也具有道德的性质。

现实的政治生活中，理与势之间常常发生矛盾和冲突，作为儒者，在这一矛盾中只能选择理而去抗势，即“以理矫君”。连匹夫匹妇也应如是，因为“天地间人惟得道者贵”《呻吟语·品藻》。谁掌握了真理，谁就是高贵者。这是因为理能使人心服，无理之威不能使人心服。

2. 批判道学、释学及朱熹理学

吕坤称道学为“伪”“腐”，以为应当去“伪”去“腐”，以事功之学批判道学。他批判王学根源于禅学，自佛教传入以至于今，使人们鄙视孔孟。他称佛教为异端，说释道是为自身守道，而儒家为经世用道。他也批评朱熹，除了理论批评，还有专著针对朱熹的《家礼》和《资治通鉴纲目》。他提出，礼如果符合人情，就应予尊重。如果不符合忠信和人情，就应予以辨明。他对朱熹著作的批判，就是以此为标准。

3. 一气更聚散，万有为终始

吕坤持气一元论，也洞察到物质不灭的原理。他认为气是天地万物的本原，气的聚散形成了宇宙万物形形色色的差异。主宰天地乾坤的气是永存的，旧的消失了，在混沌中必又形成新的天地。产生这一变化的原因，并非有神秘的力量，而纯粹是“元气”的主宰。“元气”是无休止地运动发展的，物质也就永恒不灭。他不但把万物的变化归之于“一气之流行”，而且指出了“气化”的流行不息形成了“天地万物所赖以常存者‘恒’”（《去伪斋文集·明恒》），即物质不灭的规律。因此，他既反对理学把理说成是主宰的精神本原，也反对道、器分离。

吕坤强调“学知”，反对“生而知之”。在知行观上强调“能行方算得知，徒知难算得行”，体现出他重事功的思想。

张　岱

【生平】

张岱（1597～1680），又名维城，字宗子，又字石公，号陶庵、天孙，别号蝶庵居士，晚号六休居士。山阴（今浙江绍兴）人。详见《张子文秕·自为墓志铭》。

【著述】

《陶庵梦忆》《西湖梦寻》《夜航船》《琅嬛文集》《快园道古》《石匮书》等。

【学术成就】

张岱在文艺创作上卓然成家，有丰富的创作实践体验，并通晓多种艺术门类，更兼有史家和哲人的认识力，他的文艺美学思想充满深厚的历史感与辩证法。

1. 诗画界限论

张岱所处时代，书画同体论较盛行，源头为苏轼对王维诗的评语“味摩诘之诗，诗中有画；观摩诘之画，画中有诗”（《东坡题跋·书摩诘〈蓝田烟雨图〉》）。张岱认为，诗与画本身尽管无高低之分，但分属于不同的艺术门类，决不能互相替代。有最具诗意或能写出最好诗句的题材，未必能画出最好的画；反之亦然。因为二者用来摹仿或表现的媒介和手段完全不同。他明确指出，“有诗之画，未免板实”，而“以有画意为诗，诗必不妙”（《张子文秕·与包严介》）。从风格而言，尽管张岱主张山水诗、画都追求意趣，但画当以实在、坚实为基础，而诗则不然。“诗以空灵才为妙诗”，须主体“生气灌注”，即作者须“情感佩然”（《四书遇》）且直接贯注其间，要尽可能做到言有尽而意无穷，显示出作者的灵气，表现因素胜于画。

2. 艺术范畴论

张岱探讨的艺术范畴有实在与空灵、“生”与“熟”、“雅”与“俗”等，择其精华谈谈。他没有把实在、摹写与空灵、朦胧对立起来，而是认为“天下坚实者，（乃）空灵之祖”（《张子文秕·跋可上人大米画》），甚至“以坚实为空灵”，也就是说坚实、实在、形是画的基础，而空灵和神韵则是在充分写实基础上才能臻至的高境界。他以弹琴为例，提出“练熟还生之法”，适用于一切艺术门类。他批评何鸣弹琴，认为其根本缺点在于“不能化板为活，其蔽也实”，即未能克服生硬、板实；而王本吾无生硬之病，纯熟之至，但匠气太重，“不能练熟为生，其蔽也油”（《张子文秕·与何紫翔》)。张岱也重视化俗为雅，在他看来，所谓的“俗”并不是真正的俗，而是人的审美偏见，其实“大俗”往往是因观察者的智慧含蕴未发，若出以真“智慧”，在相当多的情况下，大俗即大雅。他自己所作的生气勃勃、高度口语化的新文章就是这一理论的产物。

3. 治史原则和历史观

张岱集史料专家和史学理论家于一身，他治史有自己一以贯之的原则和对历史事件的独特观点。首先，“事必求真”与“宁阙勿书”。如他论刘六、赵燧等农民起义，虽称其为盗贼，但依然清晰地认识到“官逼”是因，“民反”是果。民军的破坏性如“梳”，官兵的破坏性如“篦”，自毁社稷的正是皇帝与文官武将自身。但他对农民起义军的一些残忍做法，也能激烈地批判。他批评张献忠酷爱剥人皮，说：“古今流贼之暴，自黄巢、赤眉之后，未有若张献忠之甚也。”(《石匮书后集·盗贼列传》)其次，因为满怀强烈的忧患意识，所以他对现实政治毫不留情地进行批判。如他批判崇祯皇帝的后继者：弘光只知荒淫，其他四王“唐王粗知文墨，鲁王薄晓琴书，楚王但知痛哭，永历惟事奔逃。(而)黄道周、瞿式耜辈，欲效文文山之连立二王，谁知赵氏一块肉，入手即成腐臭。如此庸碌，欲之图成，真万万不可得已”(《石匮书后集》卷五)。他批评东林党人之末流“纳垢藏污，如九方皋之相马，马失而驽，驽失而蟆，愈失而非其棼矣”(《石匮书后集·门户列传》)。最后，他突破成王败寇的传统，不以成败论英雄。他推崇历史上的大智大勇者，如孔子、张良与项羽等人，说：“故凡豺狼当道，请剑无门，虽能以一身挫其锋，以片言折其角。”(《古今义烈传·凡例》)

张岱生前本以史学名家，写下了近500万字的史学著作，但因其史著(尤其是《石匮书》)一直密锁深藏，鲜为人知，所以今人只以散文家目之。张岱的史才、史识在“浙东四大史家”中，被时人认为是“最为佼佼”(王雨谦《硕迈集》)，他的史学贡献尚待全面、深入的研究。

第四章
清代学术史概论

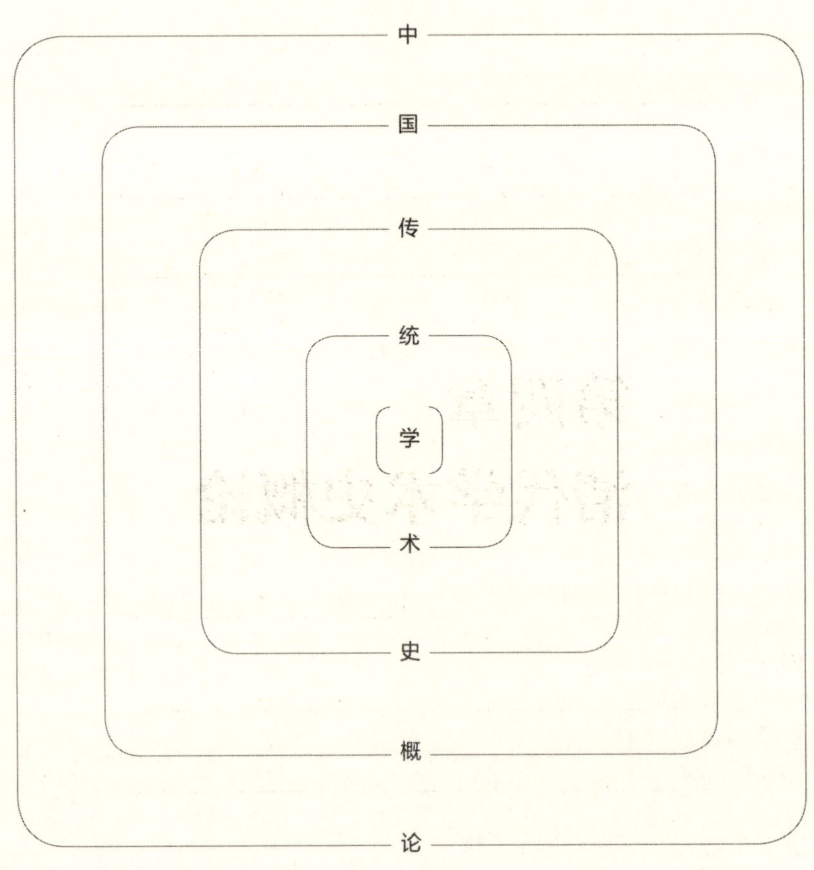
中
国
传
统
学
术
史
概
论

总论：传统学术的复兴与大总结

一　汉、宋之争

清及近代的经学以汉学为主，宋学为次；以古文经学为主，今文经学为次。

清初顾炎武、黄宗羲、王夫之三人具有强烈的民族意识，不与清廷合作，他们总结明亡教训，批判或修正王守仁的心学及其空疏学风，继承宋元明考据学传统，开清代考据学之先河。

乾嘉学派不讲经世致用，沉溺于朴实的考据，训诂考证、复归汉学，是对中国传统学术的一次空前的整理和总结。乾嘉考据不只是文字训诂方法，它重怀疑、重证据和实事求是的治学原则，在方法论方面，达到了中国古代学术的高峰。朴学学风是对于宋明以来的空疏学风的否定，反理学的性质不言自明。乾嘉学派按师承与地区分为三派，吴派：擅长经史，具有博详的特点，宗汉，主要学者有惠周惕、惠士奇、惠栋、钱大昕、王鸣盛、余萧客、江声、顾广圻、汪中等；皖派：擅长经子小学，具有专精的特点，不佞汉，宗古求是，主要学者有江永、戴震、金榜、卢文弨、孔广森、凌廷堪、段玉裁、王念孙、王引之等；浙东派：以史学为主，主要学者有万斯同、全祖望、邵廷寀、邵晋涵、章学诚等。

道咸以至近代，今文经学复兴，并经历了由学术到议政的变化。庄存与戴震同时，著《春秋正辞》发挥微言大义。其后传刘逢禄、宋翔凤。宋翔凤著《左氏春秋考证》，影响不大。以上今文的经学还处在经学研究阶段。

自刘逢禄下传之后，分为两派：有人仍限于经学研究，如魏源、邵懿辰、戴望、王闿运、廖平、崔适、皮锡瑞等；有人则借以议政、变法，如龚自珍、康有为、梁启超等。但古文经学仍占主导地位，如俞樾、孙诒让、章炳麟、王国维等都是继承这一传统。

宋学在清代虽不处于主导地位，但贯穿始终。一方面统治者提倡，借以禁锢思想。另一方面学者相传，师承不断，主要有孙奇逢、李颙、刘汋、张履祥等，详见江藩《国朝宋学渊源记》。大多数汉学家，虽然在学术上与宋学对垒，但在修身行事上仍宗奉理学。其实这种学术与思想的二元情况，在汉学家中是普遍现象，如戴震那样批判理学实属个别。

二 文学理论

清朝是文学批评史上一个集大成的时代，明清之际的主要文学思想是强调汲古返经。钱谦益、黄宗羲、顾炎武、王夫之、魏禧等人，莫不呼吁文人回到古学，尤其是经学的立场上来审视文学的价值、意义和功能，确立文学批评的标准。其后的文章批评理论，主要有桐城派、汉学家与阳湖派的散文理论，以及阮元的骈文理论。随着反清浪潮和遗民意识渐渐平息，清政权逐步稳定，清代文学批评开始形成自身的特色。“醇雅”成为超乎其他标准的艺术准绳，王士禛的神韵说，方苞的义法说、雅洁说，朱彝尊为首的浙西派词学观，分别代表了该时期诗、文、词归雅趋正的规范和方向。

清前期的文学批评进一步加强了对诗歌、散文、词形式的建设，注意对构成诗、文、词艺术因素的声调格律、章法结构、词体规则的总结，出现了一批专门探讨诗歌声律的著作，如王士禛《律诗定体》《古诗平仄论》、李宗文《律诗四辨》、赵执信《声调谱》等。清前中期的诗歌理论异彩纷呈，代表者有叶燮的《原诗》、沈德潜的格调说、厉鹗及宋诗派、袁枚的性灵说与翁方纲的肌理说等。

词学方面，前期有万树编著的《词律》，陈廷敬、王奕清主持编成的《钦定词谱》。词学中兴是清代一个突出的文学现象，其中尤以清初陈维崧为首的阳羡派、朱彝尊为首的浙西派，以及嘉庆以后张惠言为首的常州词派声势浩大。

清前期的戏曲批评相当活跃，金人瑞评点的《西厢记》颇为流行；李渔的杂著《闲情偶寄》中论曲的部分，记载了他丰富的艺术实践经验和系统的理论成果。其他还有丁耀亢、黄周星、尤侗、吴伟业等，他们运用不同形式对戏曲的社会功用、艺术特征以及其他一些理论批评问题，发表了一些颇有见地的意见。前中期，著名剧作家洪昇特别重视戏曲创作中“情”的作用。孔尚任《桃花扇》剧本卷首所列《小引》《小识》等文字，以及全剧的评点，系统地阐明了他处理题材、结构情节等匠心所在。另外，徐大椿（《乐府传声》）、李调元及焦循（《花部农谭》）等人对地方戏曲的批评也值得重视。

清代前中期小说理论的新发展，表现在序跋、笔记、诗赋及评点等各方面，又以评点最突出。小说评点的新局面是金人瑞开创的，继他之后毛纶、毛宗岗评《三国演义》、张道深评《金瓶梅》、脂砚斋评《石头记》、闲斋老人评《儒林外史》、冯镇峦评《聊斋志异》等竞相争奇，形成了一个波澜壮阔的崭新局面，在小说评点史上出现了一个鼎盛时期。

三 文献学成绩

清及近代的目录学与版本学不但服从于藏书的需要，而且更服从于治学的需要。目录体制齐全，且“辨章学术，考镜源流”的一类最为突出。版本则重在鉴别和利用，尤贵宋元古本。清代的私家藏书很发达，对目录、版本的研究情况也比较复杂，本期史志、官目与私目三类目录都很齐全，而以私目最盛。私目又分为私藏目录，如钱谦益《绛云楼书目》等50多种；私撰书志目录，分提要和题识两类。提要如钱曾《读书敏求记》等20余种，题识如《钦定天禄琳琅书目》等40余种。其他特种目录还有版刻目录、丛书目录、禁书目录、举要目录等，同时还有目录学理论著作，如章学诚《校雠通义》等。

校勘学集前代大成，并有长足进步，成为古代校勘学的高峰。清代学者的校勘成果，一方面体现在大量精校的专书之中，另一方面体现在诸书题识及读书札记之中。究其源流，大致可分为两派：一派强调对校，多列异同。以卢文弨、顾广圻等为代表，卢氏提出“相形而不相掩”的校勘原则，顾氏奉行“不校校之”的校勘宗旨。另一派强调理校，以戴震、段玉裁、王念孙、王引之、俞樾等为代表，他们都有深厚的小学功底，博览群书，谙熟诸书体例及致误的规律，善于以理校定是非，同时也不排除其他校法。

辨伪学承袭前代传统，并随着考据学的深入发展而有很大提高。清初三大家顾炎武、黄宗羲、王夫之非常重视辨伪，他们辨及宋人伪造的《易》图、伪《古文尚书》《诗序》及《春秋》的义例笔法，表现出去伪存真、严谨求实的科学态度。在他们的影响下，阎若璩和胡渭成为清初著名的辨伪学者。清初辨伪学代表作有阎若璩《尚书古文疏证》、胡渭《易图名辨》、朱彝尊《经义考》、万斯大《周官辨非》、万斯同《群经疑辨》与姚际恒的《古今伪书考》等。清中期辨伪学著作有惠栋《古文尚书考》、丁晏《尚书余论》、范家相《家语证伪》、孙志祖《家语疏证》以及崔述《考信录》等。晚清及近代的辨伪主要围绕经今、古文的问题，如刘逢禄《左氏春秋考证》、魏源《诗古微》《书古微》与康有为的《新学伪经考》等。

清及近代的辑佚成为本时期文献考据学的一个重要方面，稽考和缀合都更加精密，所辑范围也更加扩展，比较全面。惠栋搜辑旧注成《易汉学》，后又有《九经古义》，余萧客辑有《古经解钩沉》，黄奭有《汉学堂丛书》，后王鉴修补印本改名《黄氏逸书考》。乾隆时厉鹗辑有《宋诗纪事》《辽史拾遗》，嘉庆以后辑佚事业更加发展，产生不少规模可观的辑佚丛书，如洪颐煊《经典集林》、王绍兰《萧山王氏十万卷楼辑佚七种》、王谟《汉魏遗书钞》等十数种。

晚清以前，在考古方面没有重大发现，学者们普遍重视对金石材料的搜集、整理，并与小学及文史的研究相结合，传统的金石学又出现一个高峰。清末文献资料有两次重大的考古发现：甲骨卜辞和敦煌卷子，对古文献学乃至文史的研究都产生了巨大影响。此外，罗振玉、王国维的《流沙坠简》及《补遗》，选录简牍、纸片、帛书等考古资料，也是清代文献学成绩之一。

黄宗羲

【生平】

黄宗羲（1610～1695），字太冲，号梨洲、南雷，学者称“梨洲先生”，浙江余姚人。详见《清史稿·儒林传》《国朝汉学师承记》。

【著述】

《明夷待访录》、《思旧录》、《行朝录》、《明文案》、《明史案》、《明文海》、《明儒学案》、《易学象数论》、《孟子师说》、《明文授读》、《授书随笔》、《南雷文约》（《南雷文定》）等。

【学术成就】

黄宗羲的学术涉及哲学、经学、史学、文学、天文、历法、地理、数学等诸多学科，以哲学、史学等方面的成就最为卓著。

1. 天下为主，君为客

它有别于儒家的民贵君轻。苏宗羲把朝代与天下区别开来，认为朝代兴亡与天下治乱并无关系，既然是“天下为主，君为客”（《明夷待访录·原君》），那么“天下之治乱，不在一姓之兴亡，而在万民之忧乐”（《明夷待访录·原君》）。黄宗羲反对“君为臣纲”的君臣关系，他认定臣不是君之臣，不能“私其一人一姓”，宣扬“故我之出而仕也，为天下，非为君也；为万民，非为一姓也”（《明夷待访录·原君》）。黄宗羲理想中的君臣关系，应该是共同负担人民公共事务的分工关系，“天下不能一人而治，则设官以治之，是官者，分身之君也”（《明夷待访录·置相》）。因此，天下大事，由天子、大臣共同议定。在同样致力于天下万民安乐的前提下，君臣二者“名异而实同”。

2. 史学特点

黄宗羲重视现代史、尊重文献的精神，与以考古为尚的吴皖派明显不同。他的史学有四个优点。第一，注意搜求史料，他作《明文海》《明儒学案》都是搜求数百家的著述，积数十年之力而后成。第二，注意表志，他开创了清人补正史表志的风气。第三，注重组织与条例。以《明儒学案》为例，他搜集明代学者做有系统的排比，以简单叙录而综括各学者的学术宗旨，搜辑明代儒者的载籍，考订其年代先后、思想变迁之迹。以上为归纳他的治史方法。第四，他治史学的最大成就与精髓在于表彰人物，他所表彰的人物又以高义奇昂为主。

3. 气外无理

黄宗羲认为气的运动变化形成四季循环和万物兴衰，气是宇宙存在的根本形态。在理与气的关系上，他坚持以气为本、理是气的理的观点。明初学者薛瑄曾借日光与飞鸟为例，把理比作日光，把气比作飞鸟，认为飞鸟载日光而飞行，故理、气无先后可言，但日光并不与鸟同往俱灭，故气有聚散，理无聚散。黄宗羲批评道："盖以大德敦化者言之，气无穷尽，理无穷尽。不特理无聚散，气亦无聚散也。以小德川流者言之，日新不已，不以已往之气为方来之气，亦不以已往之理为方来之理。不特气有聚散，理亦有聚散也。"（《明儒学案·河东学案》）不仅指出鸟与日光不俱有、不俱无、不可为喻的逻辑错误，还从本质上指出气与理同样处于守恒状态，不存在谁有聚散的问题；然而从具体事物来看，则是理、气都处于日新不已的变动状态，又不存在无聚散的问题。

4. 一本万殊与会众合一

《明儒学案》不仅是较早的学术史，而且还反映出会学术异同、戒门户之见的思想。黄宗羲指出："学问之道，以各人自用得着为真。凡倚门傍户，依样葫芦者，非流俗之士，则经生之业也，此编所列，有一偏之见，有相反之论。学者于其不同处，正宜着眼理会，所谓一本而万殊也。以水济水，岂是学问?"（《明儒学案·发凡》）诸多的学术派别及思想，往往相反相成，因此不可以一家之言断案，而要采取居中持平的态度，力戒党同伐异的门户之见，尤其要注意不同之处。《明儒学案》没有对任何学派刻意褒贬，对于那些"特起者，后之学者不甚著名"的"诸儒"，也立了《诸儒学案》。黄宗羲师承刘宗周，学术渊源为王学，他尊王但并不贬朱，追求评价学术是非的公道。

5. 工商皆本

黄宗羲以为凡"切于民用"者皆为"本业"。首先，以是否"切于民用"，作为衡量本、末的标准。其次，抑制工商不是圣王的思想。那些把"工商为末"当作圣王教导的言论，是对圣王思想的无知和曲解。最后，单独提出工商为"本业"。工、商一直排在士、农之末，黄宗羲在历史上首次提升工、商地位，使之成为与士、农平等的"本业"。

黄宗羲讲学主张实用，反对空谈，提倡“治学以六经为根柢”，强调博览经史、融会贯通，对以后全祖望、章学诚的浙东史学派的兴起很有启迪。

顾炎武

【生平】

顾炎武（1613～1682），原名绛、继绅，字忠清、宁人，后改名炎武，江苏昆山人，学者称“亭林先生”。详见《清史稿·儒林传》《国朝汉学师承记》。

【著述】

《日知录》《天下郡国利病书》《音学五书》《历代笔录记》《廿一史年表》《历代宅京记》《区言》《萬录》《肇域志》等。

【学术成就】

顾炎武的学术方向主要集中于经世致用之学。他治经，不但长于汉学，更精于宋学。他的《郡县论》与《日知录》中的大部分，都是他政治思想的代表。

1. 经世之史学

从《天下郡国利病书》《肇域志》到《日知录》，从经学到史学，顾炎武的学术实践充满了求实的精神。顾炎武通贯古今，多结合近世国情，论史谈政。如论述古今度量衡，“今代之大于古者，量为最，权次之，度又次之”（《日知录·权量》）。又如论国家财用，揭露明朝搜刮民财由来已久，以致灭亡。他强调古代史家“据事直书”的优良传统，视此为“万世作史之准绳”。对于明史的研究，他非常重视《邸报》和《明实录》的史料价值。仅就《日知录》所涉及的明代史事，他也力求做到“所谓兴革之故，须俟阅完《实录》，并崇祯《邸报》一看，然后古今之事，始大备而无憾也”（《蒋山佣残稿·与公肃生男》）。

2. 社会政治思想

顾炎武首先反对“独治”，主张“众治”。他说：“人君之于天下，不能以独治也；独治之而刑繁矣，众治之而刑措矣。”（《日知录·爱百姓故刑罚中》）他甚至提出了“以天下之权寄之天下之人”《日知录·守令》的命题，虽然这是他在“权乃归之天子”“天子之权乃益尊”的限定条件下提出的，但仍然是十分有价值的。其次，他要求改革生员制度。生员是一个经科举考试之后而形成的准官僚群，他们大多毫无才干，却享受种种免役特权，与官僚、胥吏勾结在一起，成为社会公害。顾炎武主张限制生员数量，选拔真正的有才之士来充任官吏。最后，他强调“清议”的必要。他说：“然则政教风俗苟非尽善，即许庶人之议矣。故盘庚之诰曰‘无或敢伏小人之攸藏?’而国有大疑，卜诸庶民之从逆。子产不毁乡校，汉文止辇受言，皆以此也。”（《日知录·直言》）这段议论与黄宗羲的《学校》一文相比，颇有相合之处。他说：“天下风俗最坏之地，清议尚存，犹足以维持一二。至于清议亡，而干戈至矣。”（《日知录·清议》）

3. 经济思想

经济，大体指经世济民。顾炎武虽讲究致富之道，但颇严于义利之辨。关于财富，他不但注重分配，更重视生产。《日知录》里有论均田制的说法，他提倡均田，更赞同当时所谓平均分配与增加生产的办法；国家的货币主要是用来互相贸易与平均分配的。关于租税，他赞同郡国租税全归中央。他之所以批评明、清二代田赋制度的不合理，是从历代经济政策得失方面的考证；他所谓的“财富”，即通常所指的货币而言。他批评明代的社会经济，不赞成“财聚于上”，是因为他认定货币乃交换的媒介和价值的尺度。他不同意银钞的使用，也是斟酌古今情况，分析其利弊之后的看法；他虽主张增加生产，却反对浪费与奢侈。他主张国民节约，一方面可增加储蓄，另一方面可以转移风气与增进生产。

顾炎武治学有突出的两点，讲求实学和学以致用。这是两个有联系的概念：学不务实，根本谈不上学以致用；学不致用，则讲求实学也成空谈。

王夫之

【生平】

王夫之（1619～1692），字而农，号姜斋，因晚年隐居石船山，故学者称“船山先生”，湖南衡阳人。详见《清史稿·儒林传》。

【著述】

《周易稗疏》《考异》《尚书稗疏》《诗稗疏》《春秋稗疏》《尚书引义》《大学衍》《中庸衍》《周易外传》《永历实录》《春秋世论》《读通鉴论》《宋论》《张子正蒙注》等。

【学术成就】

王夫之对于中国古代传统学术做出了多方面的贡献。他作了大量的经学笺注，以阐发自己的观点。他对诸子百家有着深入的研究，对老、庄学说既能深入其思想体系内部，汲取其精华，也揭示其主观片面，反映其谬误。

1. 太虚即气

王夫之以张载的元气本体论为起点，详尽地发挥了“太虚即气”的命题。“天人之蕴，一气而已”，气是宇宙万物之源，自然界和人类社会的实际内容就是气。王夫之写道：“两仪，太极中所具足之阴阳也……非太极为父、两仪为子之谓也……太极非孤立于阴阳之上者也。”（《易传·系辞上》注）意思是，太极和阴阳二气（即两仪）不是生成与被生成的关系，太极也不是孤立于万物之上的终极真理。“阴阳二气充满太虚，此外更无他物，亦无间隙，天之象，地之形，皆其所范围也。散入无形而适得气之体，聚为有形而不失气之常，通乎死生犹昼夜也。”（《张子正蒙注》卷一）既然气是世界万物之源，整个宇宙间都充满了气，那么物质的运动变化，就是气的聚散变化。气的根本属性是运动，气是一切运动变化的主体。

2. 太虚本动

王夫之说：“阴阳具于太虚絪缊之中，其一阴一阳，或动或静，相与摩荡。”《张子正蒙注》卷一“絪缊”指的就是阴阳二气的运动变化，包含有非常丰富的内容。气为固有，运动也为固有，存在与运动是紧密相联的。他说：“太虚者，本动者也。动以入动，不息不滞。”《周易外传》卷六肯定了运动是物质的绝对属性。至于运动与静止的关系，王夫之说：“止而行之，动动也；行而止之，静亦动也；一也。而动有动之用，静有静之质，其体分也。”（《张子正蒙注》卷一）“静者静动，非不动也。”（《思问录·内篇》）他精辟地指出这样一种关系：动与静既是统一的，又是有区别的。两者的关系是互相依赖、互相包含的，即“动静互涵，以为万变之宗”。王夫之以其深刻的观察力，把物质与运动有机地结合起来，认识到了运动的绝对性和静止的相对性，以及两者的相互关系。

3. 能必副其所

“所以知”或“能”指主体的认识功能，“所知”或“所”指客观的认识对象，即客体。王夫之认为，作为认识对象，必须有客体的存在；要具有认识作用，必须有认识能力。所以，强调认识作用是由客观对象引发的，正确的认识必须符合客观对象。他还强调能、所关系和体、用关系的统一性，客观对象是体，是“俟用者”，主观认识作用是用，是“有功者”。客观决定主观，而主观又具有能动性。他说：“‘惟心、惟识’之说，抑矛盾自攻，而不足以立。”（《尚书引义》卷五）认识的产生须具备形、神、物三个条件，也就是感觉器官（形）、思维器官（神）和客观事物。三者结合，才能产生认识。

4. 势、理合一

王夫之认为历史是进化的，而不是循环的。他指出：“唐虞以前，无得而详考也，然衣裳未正，……婚姻未别，……人之异于禽兽无几也。”（《读通鉴论》卷二十）他从社会发展由低到高的规律出发，认为不应过度美化人禽未分的野蛮时代，古法不可拟。他把历史发展的趋势称为“势”，强调趋势、机势的不可抗拒性（以郡县制为例）。既然有不以人的意志为转移的“势”存在，“势”背后就必然存在某种规律性的东西，即“理”。他说：“势者事之所因，事者势之所就，故离事无理，离理无势。势之难易，理之顺逆为之也。理顺斯势顺也，理逆斯势逆矣。”（《尚书引义》卷四）势和理的关系是辩证统一的，势不离理，理不离势，势理合一。理是势所造成的，势又受到理的支配和制约。势理合一，形成了人类历史发展的必然趋势，王夫之将其归结于自然的“天”。他说：“势字精微，理字广大，合而名之曰天。”（《读四书大全说·孟子》）“顺必然之势者，理也；理之自然者，天也。君子顺乎理而善因乎天，人固不可与天争，久矣。”（《宋论·哲宗》）历史的必然趋势是自然而然的，不是神的意志，也不是人的主观意志所能决定的。

5. 天下惟器

“天下惟器”是王夫之道器观的重要论点。他说：“盈天地间皆器矣”，“天下惟器而已矣”（《周易外传》卷五），世界上真正存在的只有具体的事物——器，道则存在于具体的事物之中。“据器而道存，离器而道毁”，没有器就没有道，没有个别就没有一般。主张有某种事物，就有某种规律；没有某种事物，也就没有某种规律。“能治器而不能治道”，即人们能制作某个具体事物，而不能去创造事物的规律。“治器者则谓之道”，即治器必须遵循客观规律，亦即道。王夫之讲清了道、器之间的关系，也从根本上驳斥了“天不变道亦不变”的观点，从而在一般（普遍）和个别（特殊）的关系问题上做出重要的理论贡献。

王夫之建立了一套历史理论体系，他的史论在中国史学史上独树一帜。此外，王夫之通晓天文历算知识，对明末传入的“西学”也曾做过评述，赞扬了西方学者能测定七曜（日、月、五星）的实际距离。

傅　山

【生平】

傅山（1607～1684），初名鼎臣，后改为青主，字青竹。清人关出家为道士，自号朱衣道人，祖籍山西忻州，他本人生长于阳曲（今山西太原）。详见《清史稿·傅山传》。

【著述】

《老子注》《庄子注》《管子注》《荀子注》《列子注》《墨子注》《鬼

谷子注》《公孙龙子注》《淮南子注》(《霜红龛集》) 等。

【学术成就】

傅山是有名的书画家、医学家和思想家。他的著作大多亡佚，现存仅有《霜红龛集》《荀子评注》(手稿) 和一些医学著作。

1. 市井贱夫最有理

此说出自《杂著录·圣人为恶》篇，大意如下。一是，理与无理的关系是辩证统一的。客观存在的发展过程是一个“无理胜有理”的过程。理即现实存在，它具备存在的依据，随着它自身的自然规律，由产生、变强再到衰亡，失去了存在的条件，便成为无理。无理就是现实存在的理中的否定因素，它也随着自身的自然规律，在理中作为新生的因素，逐步以柔弱胜刚强，以无理胜理，最终使自己转化为有理者。他指出，这种“无理而有理”的道理，“不读书”或“徒读书”两类人都不能认识到。二是，市井贱夫最有理的观点就是建立在上述“无理胜有理”的理论基础上。他一反贱商传统，认为商人最懂物之理。这里的“理”指具体商品的结构和质量的规定品格。商人最懂商品流通之理，商人最懂商品制造之理。

2. “性恶说”新解

傅山否定孟子的性善说，但肯定其中如公刘好货、太王好色、文王好勇等性恶因素的论述。他基本肯定荀子的性恶说，但批评此说中含有的性善说因素。可见，他在性善、恶之辨中，追求的是善恶之中都有的理。他重视“恶”的作用，对“恶”的内涵作了自己的划定。他一方面说“圣人不辞恶”，即圣人不是善人。另一方面又说“杀者善之义”，也就是说，善与恶是相互转化的，只有杀这种恶，才能有善。他的“恶”有两种含义，一是“为恶饥而食”，这是正常的恶，是符合道德规范的。二是被圣人所杀恶者之恶，他们“无仁义”，对这种恶只能“杀之而已”，这才是真恶，比如对桀纣这样的恶者，就是要杀的。也就是说真恶是违背了“公义”的，所以“以公义杀”不是恶而是善了。

傅山的实学科学思想以及社会变革思想，对近代中国的发展前期影响很大。他反对清王朝的气节以及爱国主义的民族精神，在近代中国的发展后期受到特别的赞赏。他的高风亮节与学贵创新的精神，成为近代思想家反对封建专制与列强入侵的原动力。

金圣叹

【生平】

金圣叹（1608～1661），名采，字若采。一说原姓张。明亡后改名人瑞，字圣叹，自称泐庵法师。明末清初苏州吴县人。详见《二十七松堂集·金圣叹先生传》。

【著述】

《沉吟楼诗选》《唱经堂才子书汇稿》等。

【学术成就】

金圣叹重视小说“文”之佳妙的评点，一改小说评点重事之传统，开辟了小说评点的新天地。

1. 六才子书

他说“古人之才也者，世不相延，人不相及”（《第五才子书水浒传·序》），因此他选定《庄子》《离骚》《史记》《杜诗》《水浒传》《西厢记》为六才子书。这种选法兼顾各种体裁和文学样式，《庄子》代表子，《离骚》代表赋，《史记》代表史，《杜诗》代表诗，《水浒传》代表小说，《西厢记》代表戏剧，是他深刻思考的结果。他审视六书的独到之处，在于注意不同文体作品所具有的文学共性。他认为六位才子的创作都是“心绝气尽，面犹死人”的惨淡经营，文成于难，真非苟且。他提出文章的三种境界：“心之所至手亦至焉者，文章之圣境也；心之所不至手亦至焉者，文章之神境也；心之所不至手亦不至焉者，文章之化境也。”（《第五才子书水浒传·序》）六才子的作品皆已抵达化境，能做到于无字句处得出妙处。

2. 评点《水浒传》

金圣叹以评点《水浒传》作为发愤著书的一种体现。出于“为文计，不为事计”的思想，他评释《水浒传》时不惜假托、腰斩、窜改、附会，完全把施耐庵的《水浒传》变成了自己的著作。他在评释中诉斥君权，说“万方有罪，罪在朕躬”。他腰斩《水浒传》后面五十回，最后伪造一回张叔夜杀尽好汉的梦幻作为全书结尾。他的删订，使文法的精严和“春秋笔法”的主题有机结合，既有了文本的审美，又较为明确地表达了他的政治立场和意识形态。他评价《水浒传》中的一百单八将时，只恶宋江，对其余人物不仅都“饶恕”，还深表同情。他以“不得已”三字点出“逼上梁山”之义，而“朝廷闭塞，奸臣不明”是主因。他分析《水浒传》艺术时提出的典型人物论、结构论以及“格物澄怀”的创作论，都是他的文学理论发明。

3. 评点小说的新形式

金圣叹完善了传统评点小说的形式，开创了将序、读法和总批、夹批、眉批等方式综合运用的批评新格式，为小说批评提供了更加宽广的天地。他的评点关注小说“文”之佳妙，表现在注重字句的解读、结构的划分、段落的总结、主旨的归纳、文法的分析以及文意的揣摩等方面。第一，他善于用分段、归纳段意、断句、字法分析等方法将文章的大小结构展现出来。第二，文章佳处的品味，如指出其章法、笔法、笔势、文情等妙处，通过文法技巧的分析来解读其中的含义，常能发现为人所忽视的细微处。第三，对文章的深层解读。他读书善于解析出文字背后的意思，并进行意义的延展。最明显的例子就是对“独恶宋江”和“晁宋争权”的改写和批点。

金圣叹主张提高通俗文学的地位，金批本《水浒传》的出现，标志着《水浒传》评论史乃至小说批评史的一个重要阶段的到来。

万斯同

【生平】

万斯同（1638～1702），字季野，号石园，门生私谥“贞文先生”，浙江鄞县（今浙江宁波鄞州区）人。从黄宗羲游，得闻蕺山刘氏学说，以慎独为宗。详见《清史稿·文苑传》。

【著述】

《明史稿》《历代史表》《儒林宗派》《读礼通考》《群书疑辨》《石园诗文集》等。

【学术成就】

万斯同的学术成果表现在经学、史学、考证与学术史研究等多种门类，尤以在《明史稿》修纂过程中成熟的史学思想与理论著称。

1.《礼》学为主的经学成就

万斯同的经学成就有《诗》学、《礼》学和《书》学，而以《礼》学为主。他的《礼》学详于丧、祭两礼，其祭礼主要体现于禘论，禘祫之祭是古代帝王的大祭，而历来解释纷纭。万斯大已有关于禘祫的论著，他在其兄的基础上予以进一步发挥。他以破立论，所驳主要对象为郑玄的“二年祫三年禘”说、“禘为丧毕之祭”说、“祭于后稷庙而不祭始祖所自出”说和“祫大禘小说”。万斯同以史视经，所以他对礼的探讨，突破了以往仅仅局限于周朝或三代，而探求三代以后的演变。同时，考虑到礼制必然因时世迁移，他还主张变革古礼。

2. 民族与经世思想兼顾的史学

浙东史学是以民族思想为指导的，万斯同也一样。他的民族思想与人民性结合在一起，不是单纯的民族主义。他对前明野史悉发隐微、征考本末、推辨得失而保存“一代之遗佚”，也是为了颂群后之谟烈、名臣之伟德。他虽重视总结明亡教训，但也有明清对比、以明讽清的形式。他提倡名节立身，并对谢翱的民族气节作了分析，认为谢翱抗节不仕于元，是“感怀故国”的民族气节，绝不是对文天祥的个人恩怨。他高度赞扬了王应麟、黄震在宋亡后潜隐山泽的行为，认为“其高风峻节，真足师表万世”（《群书疑辨·书宋史王应麟传后》）。同时，他还批评《宋史》对于上述二人，还有其他人的“晚节”不提一字。万斯同的经世史学，旨在总结古今典章法制，探究明亡教训，劝善惩恶。

3. 学术史

万斯同学术史上的贡献主要在于《儒林宗派》一书。此书不沿袭理学家的道统观，而是开宗明义，从孔子开始立“圣门学派”，下至刘宗周，每一朝代都有学派或学者，而且皆立儒家人物表，是第一部较科学、客观、严谨的学术通史。此书兼综百家，又不分儒林、道学，且广泛收录为前人所轻视的汉唐间儒者，持论公允。但他在魏晋玄学中既收王弼，却漏掉了何晏、郭象，他贬低永嘉、永康年间的事功之学，排斥邓豁渠、李贽、林三教、何心隐、管志道等人，也损害了学术史的完整性。

万斯同的经学具有强烈的经世精神，这是明清之际实学思潮的内容之一。他的经学成绩，标志着从宋明经学向乾嘉汉学的过渡。

惠 栋

【生平】

惠栋（1697～1758），字定宇，又字松崖，学者称“小红豆先生”，江苏苏州吴县人。祖周惕，父士奇，皆治《易》学。详见《清史稿·儒林传》。

【著述】

《九经古义》《周易本义辨证》《古文尚书考》《左传补注》《后汉书补注》《周易述》等。

【学术成就】

惠栋是乾嘉学派形成时期的代表人物，他第一次明确举起复兴汉学的旗帜，以恢复汉代的训诂为宗旨。他在《易汉学》中提出的“四辨两说”为汉、宋分疆，立汉学门户。

1. 辨河图、洛书

“四辨两说”包括辨河图、洛书，辨先天、后天，辨两仪、四象，辨太极图，重卦说和卦变说。他认为汉学的天然合理性，是与宋学的谬误作对比而体现的。惠栋以为古来河图、洛书之说已全部化成《周易》本书和《尚书·洪范》，没有另外的河图、洛书了。他考证出河图、洛书说不是起于刘牧，而是起于道士陈抟。由于掌握了确切的文献依据，他坚持郑玄的九宫图与宋儒河图、洛书本无关联的观点。

2. 辨先天、后天

邵雍称自己画“先天八卦图”所根据的“象数”原理，在没有天地以前就已存在，故图称“先天图”，学称“先天学”。惠栋批驳道：“以先天为伏羲卦，后天为文王卦，妄也。”（《易汉学·辨先天后天》）他不仅彻底摒弃了先天图说，还强烈批评宋儒所造的纳甲图。他说：“后世道家之说，托为伏羲而加之文王周公孔子之上，学者不鸣鼓而攻，必非圣人之徒也。”（《易汉学·辨先天后天》）宋儒不研究后天而热衷于先天，是与汉学求实的本旨水火不容。在他看来，认识后天就认识了一切，而汉《易》是认识后天的。

3. 辨两仪、四象

惠栋认为四象离不开大自然的时空方向，太极生两仪，当可指混沌元气（太极）既分，即有天地之分（两仪）。阴阳二气之谓，天地之谓。至于“太少”，有太阳（旺盛的阳气）、少阳（将生成八卦的阳气）、太阴（纯阴之气）、少阴（将生成八卦的阴气），也是自然阴阳之气，所谓“太少在阴阳之中，有阴阳即有太少，非先有阴阳，后有太少也”。（《易汉学·辨两仪四象》）惠栋考汉《易》既以大自然的时空构成四时、四象，大自然的天地、阴阳之气、太少阴阳之气只能为“两仪”。惠氏父子由汉《易》理而主张太极之气生天地自然，天地自然生时空。

4. 辨太极图

太极图是周敦颐融合佛道，将陈抟的《无极图》改变而成的，它是说明世界本体及其形成发展的图式。惠栋据史考出的无极图传授次序是：河上公→魏伯阳→钟离权→吕岩→方士。后来，方士传给陈抟，抟以刻石，传于穆修，修以无极图授周敦颐。惠栋说，无极说在汉代，即使在道家也未尝“诩为千圣不传之秘也”（《易汉学·辨太极图》），而宋儒却将其制造出来故弄玄虚。

5. 重卦说

重卦，就是重易之八卦为六十四卦。一般认为文王作重卦，虞翻、王弼认为伏羲重卦，惠栋则认可京房、郑玄的观点，以为神农重卦。他发掘《易传》内证论证：《系辞下》说：“八卦成列，象在其中矣。因而重之，爻在其中矣。”即八卦成象在先，而后重卦成爻六。又据“法象论”可知八卦的制作：“古者庖牺氏之王天下，于是始作八卦。”可见伏羲作八卦，但伏羲氏继而“作结绳而为网罟，以佃以渔，盖取诸离”，而离卦为八纯卦，可见伏羲未作重卦。《系辞》下又说：“庖牺氏没，神农氏作，盖取诸噬嗑。”继而又证之以《论语》《左传》和京房《易积算法》征引的孔子说，与《系辞》相符。最后他展示了一个易的简史：八纯卦→重卦→揲蓍之法。

6. 卦变说

惠栋推崇虞翻的卦变说，即讲论卦与卦之间的转换生成关系。一是八卦以乾坤为父母卦，其余六子卦由父母卦生成。他说，乾卦中二爻五爻换成坤即成离，坤卦中二爻五爻换成乾即成坎。二是十二消息卦变为杂卦。惠栋引虞翻概述之，首先说十二消息卦皆由坤卦和乾卦生成，将十二消息卦说成是“阳息阴消”，自乾坤二卦转换而成。虞翻将阳息卦和阴消卦对应组合，即成复姤、临遁、泰否、大壮观、夬剥五组。惠栋将十二消息卦以外的杂卦分别纳入以上五组，认为都是以上五组转换生成而行诸杂卦。

卦变说的内在逻辑十分明显，它是由乾坤“阳息阴消”而生成其余十个消息卦，又将十个消息卦按阴阳对待分成五组，以五组消息卦转换生成诸杂卦而成正例，其余少数不循此例而转换生成的卦为变例。这样，可以说六十四卦均由乾、坤二卦转换生成，六十四卦浑然一体，其间存在着以转换生成为特征的辩证对待和转换关系。虞翻的卦变说是烦琐的象数学，而惠栋考论卦变说，却为我们简易地揭示了卦变说的转换生成特征。同时，他还批评了朱熹在此问题上有违卦变说的内在逻辑。

惠栋首次明确地张起了汉学之幡，以他的学术成就而成为乾嘉学派的第一代大师。他专注于汉儒《易》说的钩沉辑佚，志在全面恢复汉代《易》学的模样。

全祖望

【生平】

全祖望（1705～1755），字绍衣，号谢山，浙江鄞县（今浙江宁波）

人。详见《清史稿·儒林传》。

【著述】

《鲒埼亭文集》《汉书地理志稽疑》《古今通史年表》《经书问答》《句余土音》等。

【学术成就】

全祖望治学，既继承了清初诸老的优良传统，又认真总结了明末清初以来的经验教训，纠正了他们的偏颇。

1. 续补《宋元学案》

全祖望精心修补《宋元学案》，主要表现在四个方面。第一，增补了原本所无的学案：共计三十二个，凡三十三卷，约占全书所立学案的三分之一。第二，增定序目，精心撰写各学案的《序录》，补编各学案的师承传授表。第三，修定、次定和补定原本。第四，考订史实，以补原本的不足和失误。同时，他所撰的百卷《序录》，既表达了他推重宋元理学、赞赏各派学者学术争鸣的态度，也厘清了宋元理学的发展脉络，充分展示了各种学派及其学者。内容博大、头绪繁复的《宋元学案》，全祖望在黄宗羲原本的基础上，精心修补而青出于蓝，与他不同凡响的理学思想和治学倾向是密切相关的。

2. 《水经》学

全祖望在七校《水经注》的过程中，写了一系列有关该书的序跋和书信。前人评曰："谢山所治之书，莫大于《学案》，莫精于《水经》。"（薛福成校刊《全校水经注跋》）他首先纠正该书的"经注相混"，然后考证该书是"东汉初人为之，曹魏初年人续成之"；他七校《水经》，曾广泛参考并吸收前人的研究成果，故其校本实为博考而集大成之作。他曾对明、清诸多校本，一一作了评论。对于清初诸老的成果，在给予充分肯定的同时也指出存在的问题；他对该书"经与注乱"和"注之自相乱"，以及如何发现和纠正此种情况，均有详细的说明，并列举具体事例作了论述；此外，他指出："是书于天下之水，东方则朝鲜，西方则交趾，俱无所遗，独闽中不具。"（《五校本题词》）对于这个原因，他作了言之成理的分析，并曾想作《闽水经》补充之。

3. 人物传记的成就

全祖望的人物传记成果斐然，首先，表现在立传的人物上，体现出他表彰“故国忠义”的主旋律。其传主大概三类：抗清殉难的烈士、不与清王朝合作的隐逸之士、坚持民族大节的遗民学者和诗人。他为这些人立传，其意在“大阐幽德”，使后人皆知他们“尚忠义”的大节。其次，表现在人物传记的文献价值上，他的传主资料来源于五个方面：传主的文集、诗集和杂著，由传主的家属和友好所提供的，作者的父祖辈所口述的，参照和折中各家的记载，作实地的访问和调查。翔实的资料，保证了传主事迹的可信及其评价的实事求是。最后，表现在人物传记的艺术成就与美学价值上。他的人物传记既是一项历史工程，也是一项文学与学术工程，且具有系列性的特点。

全祖望的经史研究和诗文创作，具有鲜明的个性，且贯穿着一个宗旨：为“故国忠义”树碑立传。

袁　枚

【生平】

袁枚（1716～1798），字子才，号简斋，晚年自号仓山居士、随园主人、随园老人。钱塘（今浙江杭州）人。详见《清史稿·文苑传》。

【著述】

《小仓山房诗文集》《随园诗话》《随园诗话补遗》《随园食单》《子不语》《续子不语》等。

【学术成就】

袁枚既不继承郑、孔的汉学，也不追随程朱理学，而是钟情于子游的“文学”，在当时具有反潮流的意义。

1. 性灵说

袁枚性灵说的理论核心是从诗歌创作的主观条件角度出发，强调创作主体必须具有真情、个性、诗才三要素。他在这三块理论基石上又生发出创作构思需要灵感，以表现个性为主，感情等所寄寓的诗歌意象要灵活、新鲜、生动、风趣，诗歌作品宜以感发人心、使人产生美感为其主要艺术功能等观点。袁枚主张诗人须具有鲜明的个性，艺术表现要个性化或有独创性，因此提出“著我”以标举。袁枚反对“复性黜情”，他强调真情是创作的先决条件。他说：“有必不可解之情，而后有必不可朽之诗。”《小仓山房诗文集·答蕺园论诗书》要求感情的饱满、强烈，无法摆脱，形成一股创作冲动。袁枚又认为，并非诗人有真情、有个性即可写作，他还须具备表现性灵的诗才，在进行艺术构思时才会产生灵机，能自然如天籁地描写出富于生气的形象，以生动地书写性灵。

2. 《子不语》与小说观

袁枚的《子不语》继《聊斋志异》之后，成为清初文言笔记小说的一个代表。“子不语”题名显示出他的批判性格。他以为语怪、力、乱、神，不仅在中国有久远的传统，而且有助于反映天地自然的变化，有助于丰富文章的内涵，而且唯此“人教方立”，可与“圣人敬鬼神而远之”之理并行不悖。他又从个人性情、爱好方面解释题名：“文史外无以自娱。乃广采游心骇耳之事，妄言妄听，记而存之，非有所惑也。”（《子不语·序》）同时，他写此类小说，就如同下棋一样，也是一种游戏活动，为寡欢乏味的生活增添刺激的乐趣。

袁枚在乾嘉诗坛上影响巨大，他的诗论影响了近代中国和日本汉诗界用来批判复古风气，维护诗歌表现性情与个性的本质，从而写出真正感人的诗歌作品。

颜　元

【生平】

颜元（1635~1704），字易直，又字浑然，号习斋，直隶博野（今河北保定）人。详见《清史稿·儒林传》。

【著述】

《四存编》（《存学》《存性》《存治》《存人》）、《四书正误》、《习斋记余》等。

【学术成就】

颜元坚决反对理学，他痛斥理学“千余年来，率天下入故纸堆中，耗尽身心气力，作弱人、病人、无用人者，皆晦庵为之”（《〈朱子语类〉评》），举出他的实学一派与之抗衡。

1. 理气融为一片

颜元认为“气质之性”是人生存的基础，他否认有离开“气质”而独存的“性”。理学家认为人有气质之性，又有义理之性；气质之性为恶，义理之性为善。朱熹把罩灯纸比喻成气质，把灯光比喻成性，颜元驳斥道：“气质拘此性，即从此气质明此性，还用此气质发用此性。何为拆去？且何以拆去？”（《存性编·性理评》）朱熹又把水清比喻成天地之性，把水浊比喻成气质之性，意谓天地之性纯善，气质之性驳杂不纯，颜元反驳说：“水流未远而浊，是水出泉即遇易亏之土，水全无与也，水亦无如何也。人之自幼而恶……引蔽习染，人与有责也，人可自力也。如何可伦？”（《存性编·性理评》）颜元以为，人的气质之性中含有思想和欲望，人们经过教育和引导可以弃恶从善，因此人的气质之性和义理之性是相互依存而非割裂开来的。程朱的人性论要求“存天理，去人欲”，这是把“义理之性”与天理相联，“气质之性”与物欲相联而得出的结论；颜元的人性论则从人的自然之性出发，对人的欲望予以肯定。

2. 习行格物

颜元把格物致知的“格”解释为“手格猛兽”“手格杀之”之“格”，格物必须要“犯手拨弄”“犯手实做其事”，“物”是“三物”，即“六德”（智仁圣义忠和）、“六行”（孝友睦姻任恤）、“六艺”（礼乐射御书数）的统称。他否认虚妄的理的存在，他的认知对象是实实在在的事物。他说格物就是“躬行实践”，就是实行、实习，通过“习行”获得知识。然后又指导实践，即为行－知－行的三段式。他反对朱熹教人读书静坐、冥思的方法，认为对客观世界的认识，是与客观世界搏斗而获得的。他的思想体系是体用兼全的，“体”即在“用”之中。他本人也履行着习行的精神：他自幼学兵法、技击、驰射、阴阳且无一不精；他在书院讲学时筹建文事、武备、经史、艺能等六种不同的学科，摒弃了“道无所载”的虚学，这种以实践为方法的学术分类在当时别具一格。

3. 认识论

颜元十分强调人的感官与客观事物相接触而获得的直接经验，他提出：“目彻四方之色，适以大吾目性之用……耳达四境之声，正以宣吾耳性之用。”（《存人编·唤迷途·第二唤》）认为眼观四方之色，方能发挥视觉的作用；耳闻四境之声，才能发挥听觉的作用。为此，实习、实行才是获取学问知识的真正途径。颜元认为没有实践而仅仅通过书本掌握的空洞无用的学问，只能使人更愚蠢。他说：“心上思过，口上讲过，书上见过，都不得力，临事时依旧是所习者出。”（《存学编·学辨二》）“心中醒，口中说，纸上作，不从身上习过，皆无用也。”（《存学编·性理评》）仅仅按照书本读过、想过、讲过，到真正用的时候还是不行；没有亲自实践过的知识，是无用的知识。颜元强调习行比讲读重要，包含有实践是认识的基础、实践高于理论、习行是检验知识真伪的意思在内，是认识论上的进步。

颜元的人性论，主要还是从自然、生理的角度着眼，尚未发掘出社会实践对人性的重要影响，也难以涉及人性的社会本质。颜元强调在实际的行为中获取知识，反对脱离实际的死读书，但他又有过分贬低读书的片面倾向。

戴　震

【生平】

戴震（1724～1777），字东原，安徽休宁（今安徽黄山）人。师从江永。详见《清史稿·儒林传》《国朝汉学师承记》。

【著述】

《古历考》《尔雅文字考》《声韵考》《声类表》《方言疏证》《藏府算经论》《考工记图》《通释》《续天文略》《毛郑诗考》《尚书义考》等。

【学术成就】

戴震是乾嘉考据学鼎盛期的首领，其治学以训诂明孔孟之道。他对古籍的考证、辨析与整理，将汉学推向高峰。他把考究名物训诂、典章制度与讲求义理结合起来，使乾嘉考据学登上新台阶。

1. 气化即道

戴震在《孟子字义疏证》中所阐述的基本观点：道指阴阳气化，即物质的运动、变化；理指气化过程中的条理，也就是事物运动的规律；气则是万物的本原。他说："道，犹行也；气化流行，生生不息，是故谓之道。""行亦道之通称……阴阳五行，道之实体也。"（《孟子字义疏证·天道四条》）他认为"道"和"理"都离不开气，气才是世界本原。阴阳二气和五行的运动变化就是道的实际内容，表现了世界的物质性和物质与运动不可分的思想内容。

戴震指出，程朱关于"理是形而上，气是形而下"，把"理"说成"气"的主宰的认识，是背离《易》的原意的。他指出形而上和形而下并不是精神和物质的区别，而是同一物质性的气的不同形态。形而上指的是气化流行尚处混沌未分状态，形而下指的是由于阴阳气化而产生了人和物以后的状态。这种解释进一步论证了只有气才是天地万物的本原，并成为批判程朱学派"理气之辨"的重要依据。戴震进一步认为，生生不息的气化过程是有条理的。"一阴一阳，其生生乎，其生生而条理乎?"（《原善》卷上）"惟条理，是以生生，条理苟失，则生生之道绝。"（《孟子字义疏证·仁义礼智二条》）气化之所以能连续不已，是因为有条理，如果没有条理，运动变化就不能进行下去了。这是对客观世界运动和规律的内在联系的精辟见解。

2. 血气心知

戴震在认识论上的观点与程朱学派的观点相反，他提出了"血气心知”的认识论。戴震认为，人具有认识能力，人的血气心知来自于阴阳五行。人从阴阳五行的“气化流行”中分得一份，是物质的形体“血气”，人的认识作用是以人的生理机能为基础的。他指出人与动物的不同，就在于人能够认识和掌握自然规律，而动物只能适应自然。“人之异于禽兽者，虽同有精爽，而人能进于神明也。”（《孟子字义疏证·理十五条》）“夫人之异于物者，人能明于必然，百物之生各遂其自然也。”（《孟子字义疏证·理十五条》）戴震认为通过人的感官产生感觉，进而“心通其则”，通过思考和分析，进而认识事物的规律。声、色、臭、味都是客观的，而不是主观的。“盈天地之间，有声也，有色也，有臭也，有味也。举声色臭味，则盈天地之间者无或遗矣。外内相通，其开窍也，是为耳目鼻口。”（《孟子字义疏证·理十五条》）人的感官的形成，是为了适应客观世界这众多的客观现象，而人的感觉是外界客观事物直接作用的结果：“耳之能听，目之能视，鼻之能臭，口之知味，魄之为也，所谓灵也，阴主受者也；心之精爽，……魂之为也，所谓神也，阳主施者也。”（《孟子字义疏证·理十五条》）感官之外的心是主宰感官的，心可起到神明的作用，是感官的主宰者。味、声、色和理义都是客观存在的，并不在感觉和心中，却能为人的感觉和心所辨别。

3. 理存于欲

戴震对于人性情欲的肯定，是与其“血气心知”的认识论一致的。戴震明确地指出，人都有喜怒哀乐、怀生畏死之情，都有对饮食男女的需要，都有求生存、平等的欲望。这些都是人的自然的情欲，是人的本性，是血气心知反映在人性方面的实在内容。人类“有欲而后有为”，人欲对人类的存在有重要意义。他总结说：“人生而后有欲、有情、有知，三者，血气心知之自然也。”（《孟子字义疏证·才三条》）“欲”是人对声色臭味的要求，“情”是人的喜怒哀乐的表现，“知”是人辨别是非美丑的能力。“欲出于性。一人之欲，天下人之所同欲也，故曰‘性之欲’。”（《孟子字义疏证·理十五条》）欲是性之欲，是人类赖以生存繁衍的本性，是人所共有的。如果没有这些欲望和要求，人也就不存在了。戴震论证的“欲”是人的本性，是饮食男女和生养之道，是人类赖以生存的条件，这也就证明了所谓“气质之性”并不是产生罪恶的渊薮，而是合理的和至善的，从而批判了程朱理学把性分为“天命之性”和“气质之性”，并把后者说成产生人欲、产生罪恶根源的谬论。

关于理与欲的关系，戴震认为是则与物的关系，是自然与必然的关系。“自然”指的是本来的情况、情欲，“必然”是指应当遵循的道德准则。人的感情欲望是“血气心知之自然”，理是必然。自然与必然并不是截然不同的两回事，必然是自然发展的趋势和规律，理是欲的适应满足和调整，自然的目标是归于必然，是自然的完成。他所讲的天理是存人欲的天理，是对程朱理欲观的否定。

惠栋治学求古，戴震治学求是，从惠栋到戴震，标志着清代汉学从兴起到成熟，形成了比较系统的理论体系。戴震在研究方法上治经求古又求是，动摇了理学在中国学术史上的主流地位，形成了汉、宋并存的新局面。

纪昀

【生平】

纪昀（1724～1805），字晓岚，一字春帆，晚号石云，道号观弈道人，直隶献县（今河北沧州）人。曾任《四库全书》总纂修官。详见《清史稿·纪昀传》《国朝汉学师承记》。

【著述】

《四库全书提要》《阅微草堂笔记》《纪文达公遗集》等。

【学术成就】

纪昀以严峻的眼光审视既往的经世思潮，继而在深沉的反省中重申儒学“务实”传统，张大经世的实学精神。

1. 以实心励实行，以实学求实用

首先他提出“六经”的经世价值论，他认为所谓“六经”并非仅仅是儒家的经典，作为文明初期启蒙意识的筛选、升华以及最后凝聚，它实质上是中华文化的“原典”。这类中华“原典”不具有宗教意味和神化色彩，而是人文的、伦理的、现世的，其本质是社会政治性的世俗经验结晶。原始儒学既然以“务切于人事”为学术要旨，心性派的经世路线自然被置于“非正宗”的位置上。因此，纪昀推重有关国计民生的“实学”著作，如《农桑辑要》《农政全书》《三吴水考》《银海精微》等书。他对经验性的“实行”或“实践”也高度重视，如他在《阅微草堂笔记》中记载的“寻访石兽”的故事。他大力赞扬那些由实地考察和亲身经历中产生的学术著作，如明人张国维的《吴中水利书》、清人陈仪的《直隶河渠志》等。

2. 神道设教

面对“官吏率贪虐、绅士率横暴、民俗亦率奸盗诈伪”的严重社会问题，纪昀深怀忧虑，担心“积百年冤愤之气，而发之一朝”（《阅微草堂笔记·槐西杂志一》），“一决横流，势所必至”（《阅微草堂笔记·姑妄听之三》）。为此，他提出救治社会病态、解决社会问题的社会整合方案，这就是“神道设教”。虽然他本人对鬼神是半信半疑，但他借《阅微草堂笔记》使人们相信“暗室亏心，神目如电”，冥冥中无时无刻有鬼神监视，有因果报应的冥律制裁，其不良倾向与越轨行为便会有所收敛控制，即使在无人在场的情况下也不敢胡作非为。他充分发挥《阅微草堂笔记》对现实的批判作用，用之揭露吏治问题、奴婢问题与世态问题。以无所不在、惩恶扬善的“神道”来惩治上层社会中倚仗权势、横行不法的种种恶行，这是纪昀“果报”的一大主题。无所不在的“神道”还惩治人性中种种卑劣不良的品性。纪昀的“神道设教”既包括对封建礼教秩序的维护，又在善与恶的对峙与惩恶扬善中涵泳着一种朴素的生活逻辑，展现出不容忽视的社会道德思想。

3. 对理学的集中批判

纪昀“崇实黜虚”的价值观本来就站在宋明理学性理之说的对立面，所以对理学的批判在他的学术思想中占有很重的分量。他首先以“气外无物”“理外无气”的唯物观念反击理学的“理先气后”“理为气本”的理一元论。对于宋明理学以“穷理”为本的路线，纪昀展开多层次、多侧面的清算。他指出理学“务精微”的性理空谈有悖于儒学“务实用”的传统。他揭示理学家摒斥功利、务尚心性之学的种种弊端与“窒碍难行”的实际社会效应。他批判“存理灭欲”长期“强制其心”，最终将导致“天理”的高度膨胀与人心的萎缩与衰颓。长此以往，将会导致整个国民性的冷漠与自私。

纪昀反对的是理学家全然排斥“人情”的“溪刻”，他力图恢复的是深具弹性和温馨人情味的原始儒学的“礼”的传统。他的终极关怀是在礼与情、理与欲的伦理范畴中找到适合社会现状、合乎人情的新解释。

赵翼

【生平】

赵翼（1727～1814），字云崧，一字耘松，号瓯北，又号裘萼，晚号三半老人，江苏阳湖（今江苏常州武进区）人。详见《清史稿·文苑传》。

【著述】

《廿二史札记》《皇朝武功纪盛》《陔余丛考》《檐曝杂记》《瓯北集》等。

【学术成就】

赵翼治学涉及经、史、子、集，考证时征引大量宋元之后的文献资料，博采众长，以彼证彼，成就了自己的学术风格。

1. *治史四法*

赵翼的治史四法为：枚举法、比较法、归纳法与推理法。赵翼所撰《廿二史札记》实为“廿四史”，众多史书内容庞杂，若泛泛而论，既难理出眉目，也易顾此失彼，因此他常用枚举法，即将具有相近性质史料，逐一列举，就其共性略发议论，从而揭示其中规律性的内涵。比较法，即把古人载述的同一件、同一类事，放在一起作比较，考见出事物（事件）的相似性。归纳法与枚举法有相同处，但不同在于归纳法是以胪列的史料为基础，进而论述某一方面的问题或某一制度的特征。推理法，即根据史书所提供的信息，加以分析判断，进而推论前人成说是否合乎历史实际。

2. 排比史料与揆之以理的考证方法

赵翼的考证，在排列史料、比而较之的同时，还辅之以推理，以“立出自己一种意见”。如他对于“猖獗”“折扇”和“螺填”等的精彩考证，不仅依靠丰富的史料以求得“公则”，还根据自己所积累的生活经验，揆之以情理，使结论更能服人。梁启超称，清代学者治学往往“轻主观而重客观，贱演绎而尊归纳”（《清代学术概论》），说的是当时学术精神的主要趋向。但赵翼治学既注重客观史料的罗列，也不忽视主观上的推理判断，似乎更符合科学精神。

3. 性灵与学问兼擅的诗歌理论

赵翼曾说：“力欲争上游，性灵乃其要。”（《瓯北集·书怀》）他以“性灵”论诗、强调师法自然、向民间学诗、抒发真情等都与袁枚相同，但也有自己独特的见解：“乃知人巧处，亦天工所到。”（《瓯北集·书怀》卷二四）在他看来，“天工”与“人巧”不能截然分离，“人巧”乃“天工”的体现，“天工”能激发出“人巧”。人的主观努力在诗歌创作中起重要作用，所谓“组织能成锦五彩，锻炼不惜锤千钧”（《瓯北集·赠张友棠孝廉》）。在《瓯北诗话》中，他指斥李梦阳等人所称李白“全乎天才”、杜甫“全乎学力”为“真耳食之论”，他认为“思力所到，即其才分所到”，学力涵养出性灵，性灵流溢进诗篇。

赵翼治学实事求是，不为“凡古必真，凡汉皆好”的时代风气所拘束。他的考证，虽没有表现出太明显的功利倾向，但书中所考证的不少事项，多与国计民生有关。赵翼除研究经史外，还注重对俗文化的观照，《陔馀丛考》就是他独特学术追求的体现。

钱大昕

【生平】

钱大昕（1728～1804），字晓征，号辛楣，又号竹汀居士，江苏嘉定（今上海嘉定区）人。详见《清史稿·儒林传》《国朝汉学师承记》。

【著述】

《廿二史考异》《十驾斋养新录》《潜研堂文集》等。

【学术成就】

钱大昕治经主张以训诂求义理，且不专治一经，亦不拘泥于汉儒之说，只是专通其大义。他生逢经学大盛的乾嘉时代，却把更多的精力放在当时被贬为次一等的史学上，反映了他的见识。

1. 全面考证的史学

钱大昕校勘的范围通贯二十二史，他的重点在于考证，对于史籍的缺脱讹误，既要知其然，更要知其所以然。他运用例证、分析、比较、推理、综合和专题考证等方法疏通和校正史籍。钱大昕的一些考证方法独具特色，是他的创新。如在《魏书·崔玄伯传》中有“加周兵将军”一语，于是他遍举《魏书》中各传所见的“晋兵、吴兵、楚兵、秦兵等将军凡十一种，及曾任此职的人姓名”。再如，他收集了《南史》中几乎所有的“虎”字材料，说明《南史》纪传中于“虎”字多不避讳，避讳处皆后人所改，但李延寿原文尚有未改之处。这被称作综合研究的考证方法。专题考证则可以离开《廿二史考异》原书而独立成文，如“汉侯国考”“裴松之三国志注所引书”“宋奉使诸臣年表”等，这也是钱大昕所独有的考证方法。《廿二史考异》的重点是在前四史以及唐、五代、宋、辽、金、元诸史，考证范围涉及极广，几乎对所有被发现的问题都进行考证。南北朝诸史则重点对年代、职官、地理作考证。他说：“廿二家之物，文字繁多，义例纷纠，舆地则今昔异名，侨置殊所；职官则沿革迭代，冗要逐时。欲其条理贯串，了如指掌，良非易事。”（《廿二史考异·序》）考证二十二史的难度，当如钱大昕本人所言。其考证所取得的成就，无论在数量上还是在质量上，都略高《十七史商榷》和《廿二史札记》一筹，成为乾嘉考据史学的杰出代表作。

2. 历史考证的三个重点

钱大昕认为历史考证有官制、舆地和氏族三个重点。在官制方面，《廿二史考异》中有对秦汉的尚书和中书、唐朝的三省六部等问题的考证。

《十驾斋养新录》《潜研堂文集》对中央、地方官制在历史上各个朝代的渊源变化、职能作用、官名称谓有更为详尽的考证。他与秦蕙田共同商讨的《五礼通考》以及在三通馆纂修官任上的编纂工作，也都反映了他在职官方面的研究心得。在历史地理方面，他对正史中的《地理志》作了大量烦琐而精审的考订，如魏晋南北朝时期的“侨置州郡”，“涉笔便误”、错误百出的《元史·地理志》等课题，都经钱大昕的努力而更正。他还十分重视地方志，参加过《热河志》《一统志》的编纂，退休后应邀担任《鄞县县志》《长兴县志》的总纂。在氏族谱牒方面，《廿二史考异》对魏晋南北朝的门阀和谱系、辽金元时期的族与姓等问题，《十驾斋养新录》对“郡望”等问题，《潜研堂文集》对唐代的氏族大姓等都作了考证。

3. 考证的方法与特点

用金石铭文考证史书的讹误或用史书鉴定金石铭文，是钱大昕在金石学方面经常使用的方法。使用这两种考证方法，无疑会使考证的结论更具说服力。年代学是考史的基础学科之一。钱大昕深通天文历法及有关数学的专业知识，对梅文鼎、利玛窦、汤若望等中西数学家的著作都有研究。用这些知识推算论证历史年代，十分真实可信。乾嘉时期甚为发达的文字音韵学，同样为钱大昕所擅长。他也十分重视文字音韵训诂的重要性：“六经皆载于文字者也，非声音则经之文不正，非训诂则经之义不明。”（《潜研堂文集·小学考序》）用小学的研究成果考证史籍，在《廿二史考异》和《十驾斋养新录》中占有很大比重。

钱大昕的考据史学，在内容上订正和补充了史籍中众多的讹误和缺漏；在方法上更加科学和严谨；在学科意义上使史学研究更加独立而成为一门完整的学科。

章学诚

【生平】

章学诚（1738～1801），字实斋，号少岩，浙江会稽（今浙江绍兴）人。详见《清史稿·文苑传》。

【著述】

《文史通义》《校雠通义》《史籍考》《和州志》《永清县志》《亳州志》《湖北通志》(《章氏遗书》《章学诚遗书》) 等。

【学术成就】

章学诚《文史通义》所论不仅属于史学，也论理学，谈文事。他论史要点有通史之倡导、方志学之建立等，而以“六经皆史”最著名。

1. 六经皆史

章学诚说：“六经皆史也。古人不著书，古人未尝离事而言理，六经皆先王之政典也。”(《文史通义·易教上》) 此说不是章学诚首创，但他深入地研究和论证，第一次赋予这个命题以重要意义，并用于探讨学术源流。他发挥这一观点时说，“古无经史之分”；“盈天地间，凡涉著作之林，皆是史学”(《文史通义·报孙渊如书》)；“夫子之述六经，皆取先王典章，未尝离事而著理”(《文史通义·经解》)。“六经”实际上是先王的政典，古代官府部门的典章文献保存下来，后代称之为“经”，这其实就是历史。章学诚的这种史学观点与他的“道不离器”的哲学观点相联系。器是古代典章制度，道是社会历史发展规律，圣人借“六经”以见道，“六经”也就是历史。六经皆史的提出，批判了乾嘉时期过于烦琐的考据学风，强调学术必须经世。六经皆史的提出，还扩大了史学范围，改变了史学一直居于经学附庸的地位。

2. 史德与心术

刘知几提出史家应具有才、学、识三长，章学诚对此作了重要发展。他强调说：“能具史识者，必知史德。德者何？谓著书者之心术也。”(《文史通义·史德》) 何谓“心术”？他说史家如果能够自觉地认识到并在撰述上“慎辨于天人之际，尽其天而不益以人”，就“足以称著书者之心术”(《文史通义·史德》) 了。天指的是客观历史，人指的是史家自身。章学诚的“天人之际”指的是客观历史与史家主观意识之间的微妙关系，而史家之史德与心术在其中将起到决定性作用。

史家的史德与心术，受到各种复杂原因的影响。章学诚举出魏收、沈约等人偏离了史实客观性原则的例子。他要求史家“载笔之任，自宜心术端淳”（《文史通义·唐书纠谬书后》），如果“不知言公之旨，而欲自私自利以为功，大道隐而心术不可复问矣”（《文史通义·言公》）。史德与心术是规定史家撰写信史、探求史义、建设史学的带有根本性质意义的重要范畴。

3. 方志学

章学诚重视方志之学，以为它相比正史有自己的可贵之处。第一，载事周悉完备。方志虽为一地之史，但记载内容非常广泛，有天文、地理、方物等。近人考证史书或研究人物，有很多须借助方志。第二，记事亲切可信。地方志取材除据官府文移之外，还有私家著述，包括金石遗文、图像谱系，还有方言风谣等。且因地近易核，时近迹真，其资料胜于正史。第三，材料多平民化。方志着重之点全在民众，比如社会制度、俗礼习尚、民生利病等不详于正史的内容，足补史书之缺。第四，志材特别珍贵。方志中的政治、典制、外交、军事等材料，颇多补正史之缺。而社会、学术、经济等资料仅见于方志者更是弥足珍贵。尤其是赋役户口、物产物价等内容，是考究国计民生的最好资料。

章学诚《文史通义》内容美备，不只长于六经要旨、史家流略、正史义例以及史体改革各项，而更在于对史德的重视与对方志学的倡导。

崔　述

【生平】

崔述（1740～1816），字武承，号东壁，直隶大名府魏县（今河北魏县）人。详见《清史稿·儒林传》。

【著述】

《考信录》《易卦图说》《五服异同汇考》《大名水道考》《闻见杂记》《知味录》《知非集》《无闻集》《小草集》（《崔东壁遗书》）等。

【学术成就】

崔述的学术以辨识真伪、考信、求实为核心，《考信录》是其代表。

1. 求真与辨伪

崔述怀抱求真的愿望，而致力于辨伪。他说："今为《考信录》，专以辨其虚实为先务，而论得失者次之，亦正本清源之意也。"（《崔东壁遗书·考信录提要》）他主张对古籍，要先核清事实的真假，再进行得失与价值大小的评论。崔述看到了古籍中真伪混杂的状态，认为这将危及圣人之道的存在。从卫道护圣出发，他痛感以"六经"考信其他古籍的必要性和迫切性。他的初衷有其局限性，但他求真求实，又不是"六经"所能限制的。他认为考信是治学之本，求是才能真知。

2. 注重实效的研究方法

崔述考信辨伪的方法，首先是从时代特征来考察伪误。历史人物的活动或历史事件，都不会孤立存在，不会超越时空，都与当时社会有着千丝万缕的联系。如汉人好谶纬，所以《尚书·泰誓》有"乌流""活覆"等祥瑞；晋人喜排偶，则所撰《泰誓》以斮胫、剖心相对。其次是以政治、经济制度为辨伪的基点。用后来的政策制度说明前代的事，显然系作伪。称王称伯都不是包羲、虞、夏所能有的，可断为后人伪加。再次是从文体、语言方面进行察伪辨伪。最后是要周问详察。崔述所总结的史学方法，是为他考信求真的史学理论服务的，是寻找考信求真的认识规律。

3. 治法

崔述的施政方略是有张有弛，有宽有严，有安抚也有镇压，两者结合，相互为用，这是他治法的基本方略；"怀保小民"，是崔述治法方略的根基。他认为："民生厚而德正，用利而物成，万物之理得矣，天地之气和矣。"（《崔东壁遗书·唐虞考信录·舜命官考绩下》）礼乐教化，要以厚生正德为前提；"治法"要明，明是圣人御天下的要道。君主以一人治天下，虽有极高才能，但有如天之仁，地域辽远难以周知，所以明才最要紧。如何明呢？只要人主能多接近地方官吏和庶民百姓，就不致被蒙蔽，即可达明。

崔述是我国古代历史上集疑古辨伪思想之大成的学者之一，他使疑古辨伪之学发展到了一个新阶段。

黄丕烈

【生平】

黄丕烈（1763～1825），字绍武，一字承之，号荛圃、绍圃，又号复翁、知非子、抱守主人、求古居士、宋廛一翁、复见心翁、长梧子等。藏书室名士礼居、百宋一廛、陶陶室等。江苏吴县（今江苏苏州）人。详见石韫玉《独学庐四稿·秋清居士家传》。

【著述】

《士礼居丛书》《仪礼校正》《士礼居藏书题跋记》《荛圃藏书题识》《荛言》《芳林秋思》《百宋一廛录》《汪本隶释刊误》等。

【学术成就】

在黄丕烈的学术成就推动下，形成了中国目录学史上一个极为重要的派别——版本目录学派，而版本学的崛起与独立之功，更是首推黄丕烈。

1. 求古求真的版本学

求古，即求在古书中贯注的过去藏书家的精神，他认为"凡有一物，必有一物之精神贯乎其中"（《荛圃藏书题识·杨太后宫词（宋写本）》），不忍其灰飞烟灭。求真，即求古书之真，藏书时既求古书版本之真，也求古书内容之真。他的求古、求真是从"网罗散失、参考旧闻"着手的，因此，搜集散失罕见的古籍善本、阐明古籍版本的授受源流、鉴定古籍版本的优劣真伪和价值大小，就构成了他藏书活动的主要内容。

他坚持认为鉴别古书版本的优劣，必须深入对一书各本文字内容的对勘中。在鉴别古籍版本价值方面，他提出了"有用无用"与"名实相符"的标准。一个版本的有用无用，既取决于其文字内容是否准确，又取决于其是否对学术研究有重要的参考价值。对古籍版本来说，"名"就是古书现在版本的样子，"实"是指古书当初成书时的原貌。对于藏书活动来说，"名"是指外界所传，"实"是指藏书家藏书的实际情况。

“佞宋”，是他对宋元旧本书的优点有深刻的感受和清醒的认识所得的结论。所以他主张校书要以宋本书为准，并总结了宋本书有存亡、起废、憭惑、条纷四大作用。这就是说，宋本书可以使古书字句缺失、晦涩不通的地方得到补足顺畅；屡经翻刻传抄、面目全非的本子，由于得宋本而重新完善；众本文字互异，可以由宋本而取决；乱纷纷的古书经过与宋本的对勘而得到整理，从而产生了新的善本。

“无宋刻，则旧抄贵矣”（《荛圃藏书题识·李群玉诗集三卷后集五卷（校明抄本）》），宋元旧刻传世越来越少，很多书籍是靠传抄流传下来的。抄手的态度认真，书法好，文字错误少，则其价值就高。有些抄本是用影抄的方法，据宋元旧刻一笔一画描摹下来，书籍的字迹、版式、图记，都与原本非常相似，其版本价值并不亚于旧刻书。他对校本并非一概否定，但他以“余素不信校本”（《荛圃藏书题识·韩诗外传十卷（校元本）》）来提醒人们，校本也因校勘者的学识高下、才力大小、校勘态度好坏以及所依据的底本优惠而有优劣高下之分，不能盲目地相信校本，不能不加分别地以为一切校记、校语都是正确的。

2. 求善本的校勘学

黄丕烈说校书必据善本，主张以宋本定是非，所以首先要广罗众本，直到得宋本止。校勘时，力主“死校”而兼用“活校”。“死校”是将一书的祖本或其他较早的版本与底本互异的文字校录在底本上，目的是在自己所收藏的版本上保存其他善本的面貌，今人称之为“对校”。“活校”即本校、他校、理校，黄丕烈也会综合使用，但不多。校勘时，他还注意总结“校之例”和“古书致误之例”。“校之例”就是校勘工作的常规惯例，狭义的理解主要指校勘时采用的标记方法。黄丕烈在题跋中，总结了许多“古书致误之例”，如字形近而误、抄改致误、抄手删削、装潢致误、修版挤行致误等。

3. 版本目录学

版本目录是古籍版本鉴定工作的总结和记录，是古籍整理成果的结晶。他非常重视版本目录的编撰。他的编目不注重分类和评介书的内容，不讲究著录的体例和方法，与传统目录有很大不同。他的编目，注重鉴别书的版刻情况，考订其卷帙完缺，理清授受源流，让后来学者了解一书的不同版本及其流传情况，这既有助于校勘讹误、订补残缺，又可帮助学者避免产生因读误本而妨碍学术研究的错误。他编撰的目录是版本目录，他意识中的目录学是以版本著录为首要内容的版本目录学。版本目录学是版本学与目录学尚未分家时，目录学中的一个主要派别。各种目录中，他最看重的是藏书目录，而藏书目录是最有可能成为版本目录的一种。

黄丕烈的一生事业就在于藏书、鉴书、校书、刻书、为书编目和写跋语上，一切活动都是围绕“存古”这一目的和兴趣，求古是为了存古书之形，求真是为了存古书之义。

焦　循

【生平】

焦循（1763～1820），字里堂，甘泉（今江苏扬州方巷）人。详见《清史稿·儒林传》。

【著述】

《易通释》《孟子正义》《六经补疏》《周易王注补疏》《书义丛钞》《禹贡郑注释》《毛诗地理释》《毛诗鸟兽草木虫鱼释》《论语通释》《雕菰楼集》等。

【学术成就】

焦循学术成果丰富，涉及经学、天文历算、医学、地理学、生物学、文学、方志等各方面，尤以《里堂学算记》《易学三书》《孟子正义》最有成就。

1. 重视数学

焦循用甲乙、丙丁、子丑为符号，用归纳法找出其规则性，改变中国古代算术用实例说明定律的作法，试图把中国古代数学引向公理化、通则化。他说：“名起于立法之后，理存乎立法之先。理者何？加减乘除之错综变化也。而四者之杂于《九章》，不啻六节之声杂于各部。故同一今有之术，用于衰分，复用于粟米；同一齐同之术，用于方田，复用于均输；同一弦矢之术，用于勾股，复用于少广……踵其后者，又截粟米为贵贱衰分，移均输为借差互征。名目既繁，本原益晦。盖《九章》不能尽加减乘除之用，而加减乘除可以通《九章》之穷。”（《加减乘除释》）“立法”在这里指数学中的法则、法规，由此而产生发现的定义和概念，就是“名”；这些法则和规律则早已在天地间存在着。焦循区别了客观存在的“理”，以及被人们所认识了的“理”，即他所说的“名”，这是有道理的。很显然，他从中西算学中得到了逻辑思维训练。他的努力，使中国数学的研究，在方法上前进了一步。

2.《易》学

焦循的《易》学研究，也是以其研究数学的方式为基本方法。他称这种数量关系为“比例”，说“近者学《易》十许年，悟得比例引申之妙”（《雕菰集·周易用假借论》），即得出《易》中卦爻变化的三条根本原则：旁通、相错、时行。他认为有了这三条原则，就可以推求《易》中六十四卦以及三百八十四爻的变化，认识客观事物之间的数量关系。焦循用“比例”法治《易》学，忽略了自然哲学和人生伦理的含义，但是从方法论的角度讲，他敢于突破传统传注的范围，从参伍错综中分类归纳，得出通则，再以此通则演绎其他实例，不借助传注和他家评说，完全从本经中推求，也是一种创造性的方法。焦循的《易》学研究还贯穿着“变通”的哲学思想。他认为“义在变通”是治《易》的宗旨。旁通、相错、时行三个概念，在根本上都是用来讲变。

3. 人性论

焦循继承了戴震的观点，他说：“性无他，食色而已。……有圣人出，示之以嫁娶之礼，而民知有人伦矣……禽兽之性不能善，亦不能恶。人之性可引为善，亦可引为恶。惟其可引，固性善也。”（《雕菰集·性善解》）他首先指出人性无非食色而已，并非神秘莫测。然而人性中之所以有善恶问题，原因在于能知。“性何以善？能知故善。”（《雕菰集·性善解》）强调人能知，所以人性是善的。他以发展、变化的观点来看待人的特性，人能知，所以通过后天的教育和努力，才可以达到最高的道德标准。在这个问题上，他还吸收了孟子的观点，认为：“非性善无以施其教，非教无以通其性之善。教，即荀子所谓‘伪’也，‘为’也。为之而能善，由其性之善也。”（《孟子正义》）他把教当作实现人性善的必要条件。

焦循的治学途径，是由数学而《易》学，并由此发挥其哲学思想。他的数学研究，为他在乾嘉学术界赢得了一席之地，他的《周易》研究，则使他跻身于乾嘉第一流学者的行列。

阮　元

【生平】

阮元（1764～1849），字伯元，号芸台，江苏仪征人。详见《清史稿·阮元传》。

【著述】

《十三经校勘记》《经籍撰诂》《皇清经解》《浙江通志》《广东通志》《两浙金石志》《积古斋钟鼎款识》《两浙辅轩录》《淮海英灵集》《文选楼丛书》《研经室集》《畴人传》等。

【学术成就】

阮元的学术研究成果，主要见于《研经室集》。他在其书《自序》中说：其一“则说经之作”；其二“则近于史之作”；其三“则近于子之作”；其四“则御试之赋及骈体有韵之作或有近于古人所谓文者”。

1. 实事求是的经学

阮元编纂和汇刻汉学家的研究成果外，还总结了汉学的学术方法和学风。其基本要点有三。第一，强调以训诂求义理的重要性。乾嘉汉学注重考据，唯汉是尊。阮元针对乾嘉汉学的弊端，反复陈述以训诂求义理。其原因是：“圣贤之道存于经，经非诂不明……舍经而文，其文无质；舍诂求经，其经不实。为文者尚不可以昧训诂，况圣贤之道乎？”（《研经室二集·西湖诂经精舍记》）第二，认为训诂应以汉人的注疏为准绳。因为“两汉学行醇实，尚近于春秋列国之时”（《研经室集·诂经精舍策问》）。

愈到后世，对经书的解释距经书原意愈远，训诂既为探求古训义理，自然要研究距孔孟最近的汉人注疏。第三，在训诂中讲求“实事求是”。他总结的“实事求是”之学重申了经学研究的内容：士人读书，应先从读经开始；研究经学，应先从注疏开始；研究注疏，应先从训诂开始；欲明训诂，则应从声音文字开始。实事求是，是对乾嘉汉学在方法论上的总结性结论。

2.《畴人传》的科技思想

《畴人传》以科学为准绳，摒除一切方术迷信之类的内容。他的重要科技思想有四点。第一，在科学上，他反对墨守成规、拘守古法。“使不效于今，即合于古，无益也。苟有效于今，即不合于古，无伤也。”《畴人传》第二，肯定了中国古人在天文学和数学上的成就，指出西方的科学技术并非自古以来就比中国强，“吾中土之法之精微深妙，有非西人所能及者”。《畴人传》第三，认为中国的科技水平自明末落后的主要原因之一，是理学的空疏学风。“自明季空谈性命，不务实学，而此业遂微，台官步勘天道，疏阔弥甚。于是西人起而乘之，不得不矫然自异矣。”《畴人传》第四，西方与中国一样，科技发展都经历了“由浅入深，由疏渐密”的过程。西方先进的科学技术，在某些方面吸收了中国古代科技的优秀成果，这是人类智慧的共同结晶。因此，中国要加快科学技术发展速度，也必须吸取西方新法之长，“会通中西之术”，“集古今之长而为之”。

3. 情性统一

对于人性与人欲问题，阮元基本上继承了戴震的“性为血气心知”的理论。他肯定人的自然本性，肯定人欲的合理性、必然性。他说：“欲生于情，在情之内，不能言性内无欲。欲不是善恶之恶，天既生人以血气心知，则不能无欲。”（《研经室集·性命古训》）在此基础上，他提出了“情性统一”。阮元说：“情发于性，故《说文》曰：‘性，人之阳气，性善者也；情，人之阳阴气，有欲者也。’许氏之说，古训也。味、色、声、臭、喜、怒、哀、乐皆本于性，发于情也。情括于性，非别有一事与性分而为对。”（《研经室集·性命古训》）晋、唐时代流行与佛教理念，宋明理学所提倡的禁欲主义，都束缚了人们的思想。

阮元是乾嘉学派的终结人物，他对于汉学、宋学的全面性总结，反映了清代学术乃至整个古代学术即将翻毕最后一页的时代特点。

魏　源

【生平】

魏源（1794～1857），名远达，字默深，又字墨生、汉士，号良图，湖南邵阳人。详见《清史稿·文苑传》。

【著述】

《海国图志》《圣武记》《皇朝经世文编》《书古微》《诗古微》《元史新编》《古微堂诗文集》等。

【学术成就】

魏源“师夷长技以制夷”的思想，被后来的洋务派部分地接受。清末维新运动的积极分子，如康有为等人，也是因《海国图志》进一步认识了西方社会，进而决心求教西学，倡导变法。

1. 论今文经学复兴

魏源认为今文经学的复兴实属必然，他说：“夫文质再世而必复，天道三微而成一箸。今日复古之要，由诂训声音以进于东京典章制度，此齐一变至鲁也；由典章制度以进于西汉微言大义，贯经术、政事、文章于一，此鲁一变至道也。”（刘礼部遗书序）他同样也是把今文经学引入现实的通经致用之途，为此编辑了《皇朝经世文编》。他强调微言大义对于《春秋》的重要性远胜于章句，其重点又在“张三世、通三统”。所以，《公羊传》胜过《穀梁传》。他还恪守何休和宋衷对“三科九旨”的解释：张三世、存三统、异内外为三科；时、月、日、王、天王、天子、讥、贬、绝为九旨。反对清儒标新立异。魏源如此重视《公羊传》，是因他认为唯有《公羊传》善于发挥《春秋》“改周制而俟于后圣”的理论，更适于“托经议政”的政治需求，达到“以经术为治术”的现实目的。

2. 师夷之长技

这是近代史上最早提出的向西方学习的主张。魏源明确地宣称，《海国图志》就是“为以夷攻夷而作，为以夷款夷而作，为师夷之长技以制夷而作”（《海国图志·序》）。林则徐与魏源等人，不仅承认西方的先进向他们学习，而且学习的目的是“制夷”。魏源承认西方有超乎中国的“长技”（船舰枪炮等），一反自我封闭的蒙昧主义，主张先“悉夷情”，以便更好地“御夷”“制夷”。因而他要“开眼看世界”，从亚洲、澳洲、非洲、欧洲、美洲依次展开叙述，反映了东方学者的世界眼光。

3. 史学成就

魏源的《皇朝经世文编》是以文章选编的方式提供了清朝前期社会史和学术史的宝贵资料。《海国图志》是气魄宏大的世界史地名著。《圣武记》以具体史实显示清朝统治盛衰的变化，并且明确地通过总结历史经验为当时反抗侵略这一迫切的重大课题提供鉴诫。《征抚记》记载了鸦片战争的“活的历史”，对鸦片战争作了简洁、系统、忠实的记述，鲜明的爱憎与忠实的记载在书中得到较好的统一。《元史新编》的史学价值主要体现在三个方面：在评论元代衰亡的原因和处理疆域问题上显示出进步史识；编撰体例上有明显的创新；第一次突破中国史料的局限，并首创西北诸传，有开榛莽而启泮途之功。

4. 厚、真、重的文学创作论

魏源强调文学“致用”，并在创作上提出与之呼应的“三要”说，即要厚、真、重（《跋陈沆简学斋诗》）。厚，指文学创作者在学问与性情两方面都要具备深厚丰富的生活积累。真，指文学作品应该是在深厚的生活积累上对自然、生活、人生的真实感悟的自然流露。情挚诗真，真者为上，是魏源“三要”的核心。重，指文学创作要有严谨的态度，要反复推敲，慎重落笔，认真思考如何用完美的艺术形式将自己的真情实感表达出来。文学创作过程中，厚、真是生活的积累和灵感的触发，重则是运用恰当的艺术手段，将前两者展现出来。魏源论诗主真情的观点以及对诗歌现实主义创作方法的提倡，对近代资产阶级改良派的诗歌观产生过一定的影响。他的文论，可以看作近代文学理论萌芽的标志之一。

魏源以经世致用为宗旨，提出“变古愈尽，便民愈甚”（《默觚》）的变法主张，具有时代的先进性。

郭嵩焘

【生平】

郭嵩焘（1818～1891），乳名龄儿，学名先杞，后改名嵩焘。字筠仙，号云仙、筠轩，别号玉池山农、玉池老人，湖南湘阴人。详见《清史稿·郭嵩焘传》。

【著述】

《礼记质疑》《订正家礼》《周易释例》《毛诗约义》《绥边征实》《养知书屋遗集》《玉池老人自叙》《史记札记》等。

【学术成就】

郭嵩焘的学术成就包括政治、外交、军事、经济、哲学、经学考据、伦理、教育科技与文学艺术等多个方面，只能择其要概述之。

1. *君与民交相维系*

这是郭嵩焘总结的英国、日本和俄国模式。其核心是“振厉朝纲，和辑人民”（《郭嵩焘日记》），就是要处理好朝廷与人民的关系。他针对晚清吏治腐败，一方面提出“严以驭吏，宽以抚民”。他认为要认真选好各级官吏，官吏们要认真修身，并要认真培养自己的才识与务实精神。另一方面，他认为振厉朝纲，勤求吏治，都离不开人才选择、培养与使用。因此他不仅总结了衡量人才的标准，还发明一套选拔、培养与使用人才之道。从识、德、才三方面衡量人才，而在德、才关系上，他首重德。选才、用才时，要出以公心，决不能以私意援引；用人不疑；要在实践中锻炼和考察人才；以讲学为崇儒育才之本；进用人才不能太骤，但又要敢于破格提拔，要赏罚严明。上述所有举措，都是围绕君与民关系的维系。

2. *兵政同源而异用*

郭嵩焘这一论断，说明他对政治与军事的内在联系及辩证关系有着清晰的理解。他认为“政教为本，军事为末”，政治决定军事行动的性质。

此外，他提出用人为本，练兵为末。他总结出选拔将才的三个要点。第一，志气过人，乃为将选。将才的首要条件是要有气骨或气概。第二，任将必求之于耻。他认为廉耻既是官吏必须具备的重要品格，也是军事将领必备的。廉指廉洁不贪，耻指羞愧之心。第三，不忌功，不妒能。两者都是指要善于对待副手和下级。他还说“三军之事，气之积也”（《郭嵩焘日记》），要使军事行动做到百战百胜，就必须使大帅一人之气变成千万人之气。一方面固然需要将强，另一方面还需要这位强将去做很多具体的组织领导工作，比如采用合理的营制，加强练兵，制定严格的军事纪律，等等。

3. 得几则势如破竹

郭嵩焘多方论“几”：几者动之微。他明确指出“几”是“理势之自然者”（《郭嵩焘日记》），就是说“几”的出现不是人为的、任意的，而是事物发展过程中的客观必然趋势所形成的。作为必然趋势所造成的“几”，可以通过“知微之显，知远之近，知风之自”等具体物质运动发展趋势而加以把握。关于诚、神、几三者的关系，他把“诚”看作世界的本体，即“实有”，“神”为用，即是“诚”的运动变化条理。在此基础上，他认真探讨了“介乎动静之间”的“几”，并以之作为自己一切行动的指南。他重视知几、审几的重要性，因为这样有助于增强人的预见性，有助于个人出处进退、身心修养，而且还可增强人们处理问题的识力。他虽重视知几、审几，但他指出真正把握“几”，又离不开理与势。势为时势，理是一种通行于人我或事物之间的普遍规律。他认为只有在把握理的基础上，才能因时度势去争取主动。

4. 有我性情学问

郭嵩焘说：“诗文当使人一望便知其中有我性情学问，丝毫假借不得。”（《郭嵩焘日记》）他的“有我性情学问”当包括以下三方面。一是爱国爱民之心。他赞扬杜甫、元结和白居易说：“用其忠国爱民之心，经纬物变，牢笼百态，犹有《诗》教之遗。”（《郭嵩焘诗文集》）二是个人的性格特征。他评价吴敏树文章时说其为人“常内自足”，文章便形成了“超远旷逸”的风格。三是要有广博的学识。创作上，他认为只有学问广博，才能使文章当于理而切于事。龚自珍的文章写得好，不仅在于“识解多超出唐宋文人之上"，而且有"读书征实之功"。鉴赏上，他肯定学问有助于加深人们对文学作品的理解。他曾说"诗有考证而益明者"。由于他的学识丰富，同读《七律流别集》，他对一些诗篇的理解就超出了罗汝怀。

郭嵩焘的学术还包括以理制胜、以礼相待的和平外交政策，"以通商贾、阜财用为本图"的经济思想，调和汉宋、坚持致用的经学考据学和"人心风俗为立国之本"的伦理思想，这些都是他坚持实学的成果。

王　韬

【生平】

王韬（1828～1897），原名王利宾，字兰瀛。后改名为王瀚，字懒今、紫诠、兰卿，号仲弢、天南遁叟、弢园老民、蘅华馆主、玉鲍生等，外号长毛状元。详见《弢园老民自传》。

【著述】

《弢园文录外编》《扶桑游记》；译著有《华英通商事略》《重学浅说》《光学图说》《西国天学源流》等。

【学术成就】

王韬的学术成果非常丰富，表现在政治、经济、外交、新闻与教育等多个方面，这些都是他从事多种社会工作的实践硕果。

1. 包含新内容的循环史观

王韬的历史循环说，已不是传统意义上的带有宿命论色彩的历史观。第一，王韬循环说的重点是变，不是注定的未来结果。他宣称"天道循环、运会迭乘"的目的，是为了强调变是人类历史发展的根本属性，是一种永恒的存在，任何人都无法阻挡。第二，他的循环说尤其注重人的作用。他从普法战争中看出人事的力量，"有国家者得人则兴，失人则亡，得人则弱可以为强，小可以为大"（《弢园文录外编·〈普法战纪〉代序》）。第三，王韬循环说的终极社会具有鲜明的近代内容。他的终极理想虽仍借用三代或大同等名，但它是实现了“万国相通”和“工商为本”的社会。

2. 民本学说

王韬把古代的民本学说与近代西方的民主理想融合，使它成为一种富有时代气息的武器，用来批判君主专制主义。第一，他承认民决定国家治乱。他以农民起义为例，说明民有“二心”而奋起反抗，就是长期被统治者忽视、被压榨与蹂躏的后果。第二，他强调民决定民族的强弱。民是国家的元气，民族对抗既是军事对抗，也是民心民志的对抗。第三，呼吁以重民政策取代轻民政策。他认为要通民情、达民隐，开放言路，实行政事公开。第四，主张富民先于富国。他认为发展民间工商业，就是“为生民辟财源”的办法。同时注意教民，使民能够掌握近代社会自谋生计的先进手段而致富。

3. 商为国本

重商，是王韬在深入观察和认真的估量其得失代价后才提出的。因为，商可以使那些娴于技术的工匠和游手好闲之徒自食其力，既减少了社会的不安因素，又可培植社会元气，藏富于民。商能直接为国家带来财富。此外，商还可强兵，不仅现代化武器的制造和供应离不开商，而且“商力富”才能“兵力裕”。王韬也注意到通商在外交上的意义，弱国的闭关绝市很难有效保证民族不受欺辱，而通商则能保国于无形。

从富民以至教民，表明王韬的民本思想具有强烈的资本主义时代气息，超越了传统民本思想。王韬的《循环日报》，是历史上第一份由中国人创办的报纸。他创立了近代舆论意识十分强烈的新闻理论，标志着中国新闻学的正式诞生。

薛福成

【生平】

薛福成（1838～1894），字叔耘，号庸庵，江苏无锡宾雁里人。详见《清史稿·薛福成传》。

【著述】

《庸庵全集》（包括《庸庵文编》《庸庵文续编》《庸庵文外编》《庸庵海外文编》《庸庵文笔记》《出使四国日记》《浙东筹防录》《出使奏疏》《出使公牍》等）。

【学术成就】

薛福成是近代中国直接跨出国门、向西方世界寻求救国真理的代表人物之一。他在中西文化的比较中，积极探索改造中国，使其由贫弱走向富强的方法。

1. “天圆地方说”的新释

薛福成意识到天圆地方与西方天文学所认识到的宇宙无穷是矛盾的，而天动地静与地球绕日而行的观点也是无法调和的，于是他强为辩解道：“西人所测方圆动静，言其形也。圣人所论方圆动静，言其道也夫。”（《出使日记续刻》卷三）他设想出一套“形”与“道”的解释，为圣人旧说补拙。地球是圆的，地球绕着太阳转，对此薛福成不能不认同。但他摆脱不了圣人的说教，于是推论上说以调和：“是故论其道则天圆而地方，论其形则地圆而天亦圆”。

2. 考旧新知

他认为在中国近代社会新陈代谢的进程中，处理新与旧的关系时宜把握这样一个原则：“宜考旧，勿厌旧；宜新知，勿骛新。”（《薛福成选集·考旧新知说》）旧，指中国的古老传统，应审慎地探究，不可轻易厌弃；新，指西方的新知，应认真学习、汲取，但不宜生搬硬套。鸦片战争后的百年历史中，对古和今、中和西的争论从未间断，争论的内涵也在不断地变化，但始终未曾离开对新、旧关系的认识与处理。他认为“不忘旧”是“能自新”的前提，而“能自新”又同“能复旧”具有因果关系。他以日光与流水为例，说明自然界中存在着新质与旧质相互依存、交替的规律。他又以中西的社会现象为例，说明西方科学技术发展离不开前人创建的基础，中国古代圣人以无穷的智慧为全人类建树了震烁古今的“宇宙式文明”。到了近代，中国落后的根源“固在不能更新，尤在不能守旧”。不能“更新”的原因就在于不能“守旧”，丢弃了先祖们勇于创新的优良传统，致使中国古代许多创造发明的成果也失传了，国家安能不衰落！

薛福成对西方文明的真伪虚实、得失利病进行了全方位、多层次的考察，注重中国与西方的比较，力求从广阔的世界联系中多维度地省察中国现实，有助于中国之要务。

主要参考文献

黄宗羲：《明儒学案》，中华书局，1985。

黄宗羲：《宋元学案》，全祖望补，中华书局，1986。

江藩：《国朝汉学师承记》，中华书局，1983。

唐晏：《两汉三国学案》，中华书局，1986。

徐世昌：《清儒学案》，中华书局，2008。

梁启超：《清代学术概论》，上海古籍出版社，1998。

梁启超：《中国近三百年学术史》，河北人民出版社，2004。

孙德谦：《诸子通考》，华东师范大学出版社，2013。

章太炎：《国学概论》，中华书局，2003。

吕思勉：《先秦学术概论》，广西师范大学出版社，2010。

刘汝霖：《汉晋学术编年》，华东师范大学出版社，2010。

刘汝霖：《东晋南北朝学术编年》，华东师范大学出版社，2010。

胡适：《中国中古思想史长编》，安徽教育出版社，1999。

钱穆：《先秦诸子系年》，商务印书馆，2001。

钱穆：《中国近三百年学术史》，中华书局，1984。

顾颉刚：《汉代学术史略》，人民出版社，2008。

吕澂：《中国佛学源流略讲》，中华书局，1979。

汤用彤：《魏晋玄学论稿》，上海世纪出版集团，2005。

冯友兰：《中国哲学史新编》，人民出版社，1989。

徐复观：《两汉思想史》，华东师范大学出版社，2004。

葛兆光：《中国思想史》，复旦大学出版社，2001。

张岂之：《中国学术思想编年》，陕西师范大学出版社，2005。

陆宝千：《清代思想史》，华东师范大学出版社，2009。

曹聚仁：《中国学术思想史随笔》，生活·读书·新知三联书店，2012。

邝士元：《中国学术思想史》，上海三联书店，2014。

《新编诸子集成》，《新编诸子集成续编》，中华书局。

“中国思想家评传丛书”，南京大学出版社。

图书在版编目（CIP）数据

中国传统学术史概论 / 尹玉珊编著. --北京：社会科学文献出版社，2019.10

ISBN 978-7-5201-5522-9

Ⅰ.①中… Ⅱ.①尹… Ⅲ.①学术思想-思想史-中国-教材 Ⅳ.①B2

中国版本图书馆 CIP 数据核字（2019）第 201617 号

中国传统学术史概论

编　　著 / 尹玉珊

出 版 人 / 谢寿光
责任编辑 / 张倩郢

出　　版 / 社会科学文献出版社 · 人文分社（010）59367215
地址：北京市北三环中路甲 29 号院华龙大厦　邮编：100029
网址：www.ssap.com.cn
发　　行 / 市场营销中心（010）59367081　59367083
印　　装 / 三河市尚艺印装有限公司

规　　格 / 开　本：787mm × 1092mm　1/16
印　张：25.75　字　数：407 千字
版　　次 / 2019 年 10 月第 1 版　2019 年 10 月第 1 次印刷
书　　号 / ISBN 978-7-5201-5522-9
定　　价 / 98.00 元

本书如有印装质量问题，请与读者服务中心（010-59367028）联系